2024年度版

わかって合格(うか)る

宅建士

分野別過去問題集

TAC宅建士講座

宅建士本試験は、例年4月1日現在施行中の法令等に基づいて出題されます。本書執筆時（2023年9月末）以後に施行が判明した法改正情報については、TAC宅建士講座の『法律改正点レジュメ』にて対応いたします。

※2024年7月よりTAC出版ウェブページ「サイバーブックストア」内で無料公開（パスワードの入力が必要です）

ご確認方法

- TAC出版 で 検索 し、TAC出版ウェブページ「サイバーブックストア」へアクセス
- 「各種サービス」より「書籍連動ダウンロードサービス」を選択し、「宅地建物取引士　法律改正点レジュメ」に進み、パスワードを入力してください。

パスワード：241010861

公開期限：2024年度宅建士本試験終了まで

はじめに

宅建士試験に合格するには、**インプット**はもちろん、**アウトプット**もとても重要です。実際に過去問を解くことで、**どんな内容が問われるのか**、その範囲や深さなど、試験の傾向がわかります。さらには**自分の理解不足なところ**が見つかり、なにを勉強すべきかがわかります。過去問はまさに、**宝（合格情報）の山**なのです。

本書は全部で305問の問題を収録しています。学習効果を考えて選び抜かれた問題は、それぞれ**中身がつまった良問ばかり**です。

『わかって合格る宅建士 基本テキスト』を読んだら、すぐに**本書で該当箇所の問題を解き**、理解が足りない部分があれば、**『基本テキスト』**で**正確な知識を頭に入れ直す**。そして同時に、**関連知識も確認**する。こうしたサイクルを繰り返すことで、知識が整理され、理解も深まり、**点だった知識が線となり、やがて面になっていきます**。宅建士試験での合格に絶対不可欠な重要ポイントがしっかりとした理解に裏付けされ、頭に刻み込まれていくはずです。

本書には以下のような特長があります。

① 問題文だけではイメージしにくいものには**図解**を用意。**『ちょっとだけヒント』**で**解答を導く際のコツ**もアドバイスしています。

② **『肢別テーマ』**一覧では**選択肢でなにが問われているのか**、〔頻出〕〔ひっかけ〕〔難〕といった**アイコン**では**選択肢のタイプ**をお知らせしています。

③ **『ココがポイント！』**では、**問題の関連知識やまとめ**など、学習に役立つ情報を紹介しています。

④ 持ち運びに便利な**４分冊形式**です。**『基本テキスト』の参照部分**も記載していますので、ぜひセット学習にお役立てください。

皆さんが本書を存分に活用され、宅建士本試験に**合格**されることを心よりお祈りしています。

2023年10月

TAC宅建士講座

本書の特長

すべての問題に重要度

重要な順から★★★～★まで、★マークで表示しています。まずは最重要の★★★から解くなど、学習の進捗度に応じてチャレンジしましょう。

問題・選択肢別のテーマ

各問題・選択肢の出題論点を記載。どんなテーマを学習しているのかを意識することで、より理解が深まります。

間違えた問題には、必ず印を付けておきましょう。試験直前は印が多い箇所を重点的に復習しましょう。

出題された年度・問題番号です。なお、法改正などによる改題がされている問題には「改」と付いています。

問題文だけではイメージしにくいものには図解を用意しました。

問題を解く際のコツなどを解説しています。

Aは、「近く新幹線が開通し、別荘地として最適である」旨のBの虚偽の説明を信じて、Bの所有する原野（時価20万円）を、別荘地として2,000万円で購入する契約を締結した。この場合、民法の規定によれば、次の記述のうち正しいものはどれか。

❶　Aは、当該契約は公序良俗に反するとして、その取消しを主張するとともに、Bの不法行為責任を追及することができる。

❷　Aは、重大な過失があるときは、その錯誤が法律行為の目的及び取引上の社会通念に照らして重要なものであるとしても、常にその取消しを主張することができない。

❸　Aは、当該契約の締結は詐欺に基づくものであるとして、その取消しを主張することができるが、締結後20年を経過したときは、取り消すことができない。

❹　Aが被保佐人であり、保佐人Cの同意を得ずに当該契約を締結した場合、Cは、当該契約の締結にはCの同意がないとして、その無効を主張することができる。

図解

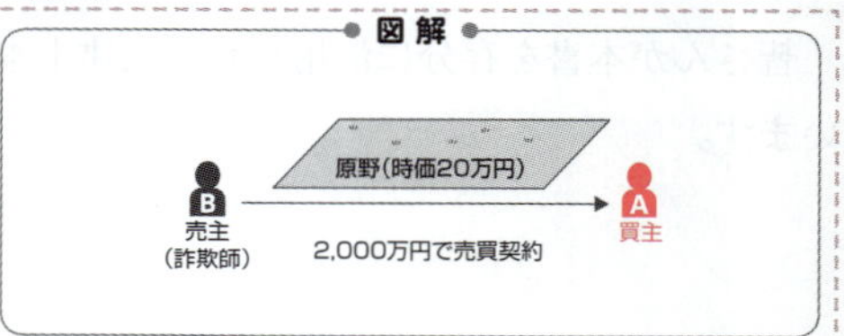

人の表現には、言葉の他に、言葉以外のニュアンスで相手に伝わることもある。

アイコンで選択肢のタイプを表示

よく狙われる論点です。確実に正誤を判断できるようにしましょう。

少しひねりのある選択肢です。ひっかからないように注意しましょう。

難易度は高いですが、それだけに得点に差がつく選択肢です。本試験までには必ずマスターしましょう。

民法等　宅建業法　法令上の制限　その他関連知識

肢別のテーマ　❶公序良俗違反の契約の効力　❷表意者の重過失と錯誤取消し　❸取消権の期間の制限　❹被保佐人の行為の効力

解　説　正解 3

❶ × 公序良俗違反は、「取消し」ではなく「無効」である。

「20万円と2,000万円」という価格差からすれば、**暴利行為**として公序良俗違反の主張も可能だが、その場合、契約は「取消し」ではなく「無効」となる（民法90条）。なお、BはAに対して故意に損害を与えたのだから、Bへの**不法行為責任**は追及できる（709条）。

❷ × Aに重過失があっても、BがAの錯誤を知っているときは、取消しができる。

Aの錯誤（動機の錯誤）に「重過失」があっても、あえて虚偽の説明をしているBは、Aの錯誤を知っているはずである。このように、**相手方Bが表意者Aに錯誤があることを**知っていたとき（または重過失によって知らなかったとき）は、Aは、取消しができる（95条2項・3項1号）。

❸ ○ 契約締結後20年が経過すれば、取り消すことはできない。

取消権は追認しうる時（詐欺に気づいた時）から5年、行為時（契約時）から20年のいずれか早い時の経過により時効消滅するため、売買契約の締結後20年を経過しているのであれば、Aは取り消すことができない（96条、126条）。

❹ × 保佐人Cも取り消すことができるが、「無効」ではない。

ひっかけ

被保佐人が保佐人の同意を得ないでした不動産の売買契約は、保佐人も取り消すことができる（13条1項3号・4項、120条1項）。「無効」ではない。

P! ココがポイント

錯誤の場合、**表意者**に重過失があると、**原則**として**取消しができない**が、**例外**として、次の場合は、取消しが認められることがある（95条3項）。

① 相手方が表意者の錯誤について、**悪意または重過失**の場合
② 相手方が表意者と**同一の錯誤**に陥っていた場合

「わか合格基本テキスト」 **第1編「民法等」 Chap.1–Sec.1〜3**

問題の解答や、解説の一部は赤シート対応です。

特に重要な語句や内容は赤字や**太字**で表記しています。

解説はまず結論から

可能な限り、各解説の**最初に結論**を示しました。「その選択肢のどこが異なっているから×」などを簡潔に記載しています。結論をふまえたうえで解説を読めば、**いっそう理解が深まります。**

問題の関連知識やまとめなど、学習に役立つ情報を紹介しています。

わからなかったところは『基本テキスト』で必ず復習しましょう。

目　次

問題全305問

第1編　民法等（計105問）

第2編　宅建業法（計90問）

第３編　法令上の制限（計73問）

第4編　その他関連知識（計37問）

【執筆担当】

民法等／宅建業法：藤沢正樹（TAC専任講師）
法令上の制限／その他関連知識：吉田佳史（TAC専任講師）

わかって合格る宅建士シリーズ

2024年度版　わかって合格る宅建士　分野別過去問題集

(旧書籍名：わかって合格る宅建士　過去問ベスト300　平成16年度版　2003年12月25日　初版 第１刷発行)

2023年11月26日　初版　第１刷発行

編著者　ＴＡＣ株式会社
(宅建士講座)
発行者　多田敏男
発行所　ＴＡＣ株式会社　出版事業部
(ＴＡＣ出版)
〒101-8383 東京都千代田区神田三崎町3-2-18
電話　03(5276)9492(営業)
FAX　03(5276)9674
https://shuppan.tac-school.co.jp
印刷　株式会社　ワコー
製本　東京美術紙工協業組合

ISBN 978-4-300-10868-0
N.D.C. 673

乱丁・落丁による交換，および正誤のお問合せ対応は，該当書籍の改訂版刊行月末日までといたします。なお，交換につきましては，書籍の在庫状況等により，お受けできない場合もございます。
また，各種本試験の実施の延期，中止を理由とした本書の返品はお受けいたしません。返金もいたしかねますので，あらかじめご了承くださいますようお願い申し上げます。

2024年合格目標

宅建士 独学道場

TAC出版の人気「宅建士 独学スタイル」をご提案します!

人気シリーズ書籍を使用

独学道場の教材は、TAC出版の人気シリーズ書籍!
資格の学校TACの合格ノウハウが詰まった書籍で学べる!

書籍に合わせた専用講義

実力派講師が各書籍専用の講義をわかりやすく展開!
書籍での学習効果をさらに引き上げる!

お得!

「独学」だからこその価格設定!
直前期専用の教材や模試まで付いてこの値段!

TAC出版+TAC宅建士講座による独学者向けコース

木曽 陽子 講師の わかって合格るコース

私が担当します!

木曽 陽子 講師

みなさんは、宅建士試験に合格するための戦略をおもちですか?私が担当する当コースでは、過去問の徹底的な分析の下、合格に必要な知識やポイントをわかりやすく丁寧にお教えしておりますので、効果的な学習が継続できます。合格のためのエッセンスが凝縮された集中講義です。大いにご活用ください!

講義担当講師	木曽 陽子 講師(TAC宅建士講座 専任講師)		
料 金(10%税込)	わかって合格るコース	フルパック	27,500円
		『テキスト』『問題集』なしパック	22,880円
申込受付期間	2023年11月10日(金)~2024年8月29日(木)		

※『テキスト』『問題集』なしパック」は、すでに『2024年度版 わかって合格る宅建士 基本テキスト』および『2024年度版 わかって合格る宅建士 分野別過去問題集』をお持ちの方向けで、この2冊が含まれません。

※本広告の記載内容は、2023年10月現在のものです。
やむを得ず変更する場合もありますので、詳細は必ず、TAC出版書籍販売サイト「サイバーブックストア」の「宅建士 独学道場」ページにてご確認ください。

1 「わかって合格る宅建士 基本テキスト」を読み、「わかって合格る宅建士 分野別過去問題集」を解く

つぎに！

試験に必要な知識を身につける

2 Web講義を視聴する

講義トータル 約25時間

Web講義で合格ポイントを効率的に吸収

学習効果をさらに引き上げる！

さらに！

3 「本試験をあてる TAC直前予想模試 宅建士」「法律改正点レジュメ」で直前対策！

独学では不足しがちな法律改正情報や最新試験対策もフォロー！

4

実力が実戦力に

「独学で合格」のポイント 利用中のサポート 学習中の疑問を解決！ 質問カード

「テキスト」を読んだだけでは、理解しにくい箇所や重要ポイントは、Web講義で解説していますが、それでも不安なところがある場合には「質問カード(5回分)」を 使って解決することができます。
専門スタッフが質問・疑問に回答いたしますので、「理解があっているだろうか？」など、独学の不安から開放されて、安心して学習を進めていただくことができます。

コンテンツPickup!

1回 約30分

『速攻マスターWeb講義』『過去問攻略Web講義』

Web講義のポイント

- コンパクトな講義だから、合格に**必要なポイント**を**無駄なく押さえられる**！
- インターネットがつながる環境なら、**どこでも場所に縛られず視聴できる**！
- いつでもどこでも視聴できるから、**スキマ時間を利用した学習にも最適**！

パソコンのほか、スマートフォンやタブレットから利用期間内なら繰り返し視聴可能！
専用のアプリで動画のダウンロード★が可能です！

★電波のない環境でも、速度制限を気にすることなく再生できます。ダウンロードした動画は2週間視聴可能です。

お申込み・最新内容の確認

インターネットで

TAC出版書籍販売サイト「サイバーブックストア」にて

TAC 出版 検索

https://bookstore.tac-school.co.jp/

詳細は必ず、TAC出版書籍販売サイト「サイバーブックストア」でご確認ください。

2024年度版 宅地建物取引士への道

宅地建物取引士証を手に入れるには、試験に合格し、宅地建物取引士登録を経て、宅地建物取引士証の交付申請という手続

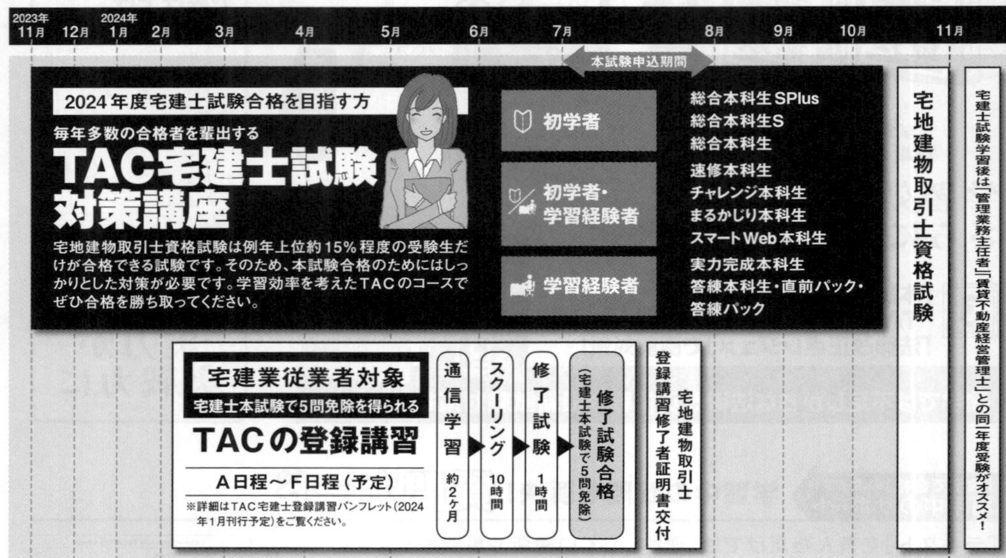

“実務の世界で活躍する皆さまを応援したい”そんな思いから、TACでは試験合格のみならず宅建業で活躍されている方、活躍したい方を「登録講習」「登録実務講習」実施機関として国土交通大臣の登録を受け、サポートしております。

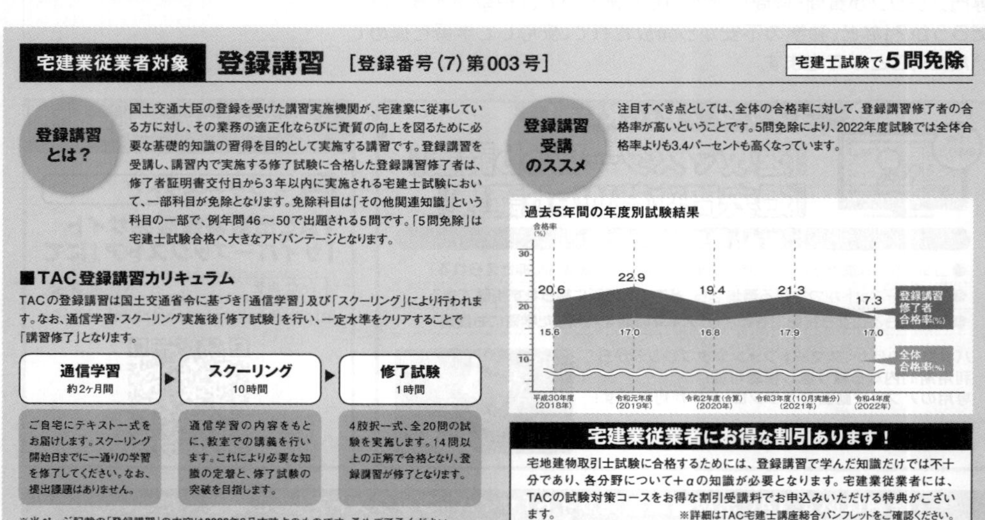

宅建業従業者対象 登録講習 ［登録番号（7）第003号］

宅建士試験で**5問免除**

登録講習とは？

国土交通大臣の登録を受けた講習実施機関が、宅建業に従事している方に対し、その業務の適正化ならびに資質の向上を図るために必要な基礎的知識の習得を目的として実施する講習です。登録講習を受講し、講習内で実施する修了試験に合格した登録講習修了者は、修了者証明書交付日から3年以内に実施される宅建士試験において、一部科目が免除となります。免除科目は「その他関連知識」という科目の一部で、例年問46～50で出題される5問です。「5問免除」は宅建士試験合格へ大きなアドバンテージとなります。

■TAC登録講習カリキュラム

TACの登録講習は国土交通省令に基づき「通信学習」及び「スクーリング」により行われます。なお、通信学習・スクーリング実施後「修了試験」を行い、一定水準をクリアすることで「講習修了」となります。

通信学習 約2ヶ月間	スクーリング 10時間	修了試験 1時間
ご自宅にテキスト一式をお届けします。スクーリング開始日までに一通りの学習を修了してください。なお、提出課題はありません。	通信学習の内容をもとに、教室での講義を行います。これにより必要な知識の定着と、修了試験の突破を目指します。	4肢択一式、全20問の試験を実施します。14問以上の正解で合格となり、登録講習が修了となります。

※当ページ記載の「登録講習」の内容は2023年8月末時点のものです。予めご了承ください。

登録講習受講のススメ

注目すべき点としては、全体の合格率に対して、登録講習修了者の合格率が高いということです。5問免除により、2022年度試験では全体合格率よりも3.4パーセントも高くなっています。

過去5年間の年度別試験結果

年度	登録講習修了者合格率(%)	全体合格率(%)
平成30年度（2018年）	20.6	15.6
令和元年度（2019年）	22.9	17.0
令和2年度（合算）（2020年）	19.4	16.8
令和3年度（10月実施分）（2021年）	21.3	17.9
令和4年度（2022年）	17.3	17.0

宅建業従業者にお得な割引あります！

宅地建物取引士試験に合格するためには、登録講習で学んだ知識だけでは不十分であり、各分野について＋αの知識が必要となります。宅建業従業者には、TACの試験対策コースをお得な割引受講料でお申込みいただける特典がございます。

※詳細はTAC宅建士講座総合パンフレットをご確認ください。

きが必要です。

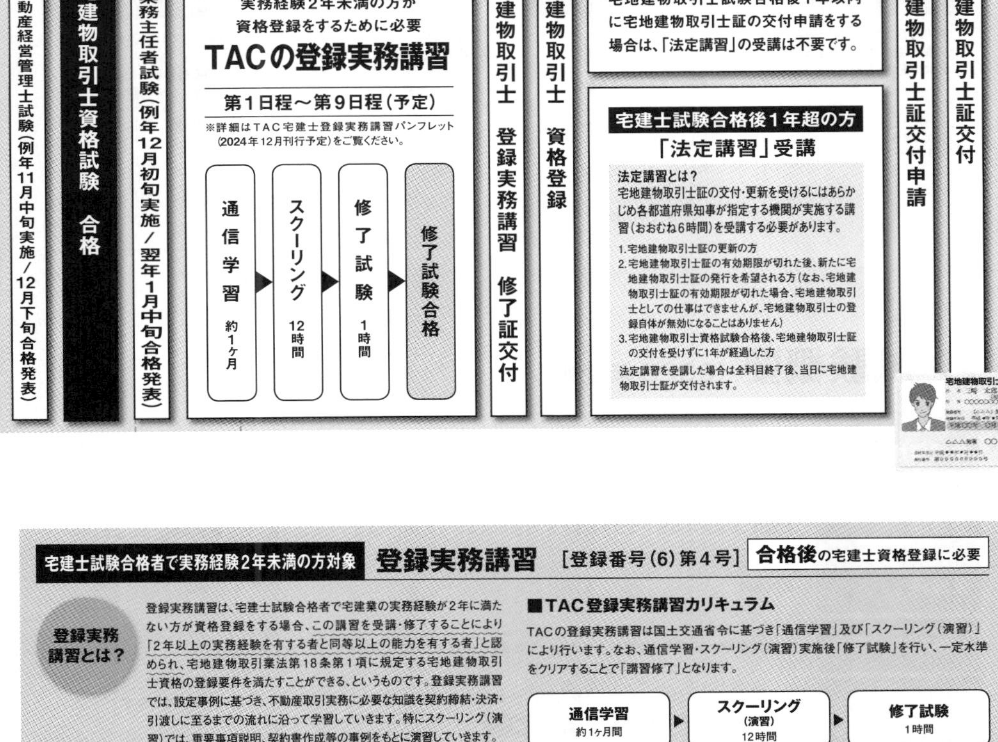

宅建士試験合格者で実務経験2年未満の方対象　**登録実務講習**　［登録番号（6）第4号］　**合格後**の宅建士資格登録に必要

登録実務講習とは？

登録実務講習は、宅建士試験合格者で宅建業の実務経験が2年に満たない方が資格登録をする場合、この講習を受講・修了することにより「2年以上の実務経験を有する者と同等以上の能力を有する者」と認められ、宅地建物取引業法第18条第1項に規定する宅地建物取引士資格の登録要件を満たすことができる、というものです。登録実務講習では、設定事例に基づき、不動産取引実務に必要な知識を契約締結・決済・引渡しに至るまでの流れに沿って学習していきます。特にスクーリング（演習）では、重要事項説明、契約書作成等の事例をもとに演習していきます。

宅地建物取引士証交付手続きのススメ

登録の消除を受けない限り、宅地建物取引士登録は一生有効です。しかし、宅地建物取引士証の交付を受ける際に、試験合格後1年を経過した場合には「法定講習」を受講する必要があるため、合格してから1年以内に宅地建物取引士証交付の手続きをするのがオススメです。

※当ページ記載の「登録実務講習」の内容は2024年8月末時点のものです。予めご了承ください。

■ **TAC登録実務講習カリキュラム**

TACの登録実務講習は国土交通省令に基づき「通信学習」及び「スクーリング（演習）」により行います。なお、通信学習・スクーリング（演習）実施後「修了試験」を行い、一定水準をクリアすることで「講習修了」となります。

通信学習 約1ヶ月間	スクーリング（演習）12時間	修了試験 1時間
ご自宅にテキスト等をお届けします。スクーリング開始日までに一通りの学習を修了してください。なお、提出課題はありません。	実務上必要な重要事項説明・契約書の作成等の事例をもとに、教室にて演習します。	一問一答式及び記述式の試験を実施します。一問一答式及び記述式試験の各々で8割以上の得点を取ると合格となり、登録実務講習が修了となります。

試験ガイド

>>試験実施日程
(2023年度例)

試験案内配布	試験申込期間	試　験	合格発表
例年7月上旬より各都道府県の試験協力機関が指定する場所にて配布(各都道府県別)	■郵送(消印有効) 例年7月上旬～7月下旬 ■インターネット 例年7月上旬～7月中旬	毎年1回 原則として例年10月第3日曜 日時間帯／午後1時～3時(2時間) ※登録講習修了者 午後1時10分～3時(1時間50分)	原則として11月下旬 合格者受験番号の掲示および合格者には合格証書を送付
【2023年度】 7/3(月)～7/31(月)	【2023年度】 ■郵送 7/3(月)～7/31(月)消印有効 ■インターネット 7/3(月)9時30分～ 7/19(水)21時59分	【2023年度】 10/15(日)	【2023年度】 11/21(火)

>>試験概要 (2023年度例)

受験資格	原則として誰でも受験できます。また、宅地建物取引業に従事している方で、国土交通大臣から登録を受けた機関が実施する講習を受け、修了した人に対して試験科目の一部(例年5問)を免除する「登録講習」制度があります。
受験地	試験は、各都道府県別で実施されるため、受験申込時に本人が住所を有する都道府県での受験が原則となります。
受験料	8,200円
試験方法・出題数	方法:4肢択一式の筆記試験(マークシート方式)　出題数:50問(登録講習修了者は45問)
試験内容	法令では、試験内容を7項目に分類していますが、TACでは法令をもとに下記の4科目に分類しています。

科　目	出題数
民法等	14問
宅建業法	20問
法令上の制限	8問
その他関連知識	8問

※登録講習修了者は例年問46～問50の5問が免除となっています。

試験実施機関

(一財)不動産適正取引推進機構
〒105-0001
東京都港区虎ノ門3-8-21　第33森ビル3階
03-3435-8111　http://www.retio.org.jp/

注意 受験資格または願書の配布時期及び申込受付期間等については、必ず各自で事前にご確認ください。
願書の取り寄せ及び申込手続も必ず各自で忘れずに行ってください。

学習経験者対象

学習期間の目安 1～2ヶ月

8・9月開講

答練パック

アウトプット重視

講義ペース 週1～2回 時期により回数が前後する場合がございます

途中入学OK!

実戦感覚を磨き、出題予想論点を押さえる！ 学習経験者を対象とした問題演習講座

学習経験者を対象とした問題演習講座です。
試験会場の雰囲気にのまれず、時間配分に十分気を配る予行練習と、TAC講師陣の総力を結集した良問揃いの答練で今年の出題予想論点をおさえ、合格を勝ち取ってください。

カリキュラム〈全８回〉

8・9月～

応用答練（3回）
答練＋解説講義
1回30問の本試験同様4肢択一の応用問題を、科目別で解いていきます。ここでは本試験に通用する応用力を身に付けていただきます。

直前答練（4回）
答練＋解説講義
出題が予想されるところを重点的にピックアップし、1回50問を2時間で解く本試験と同一形式の答練です。時間配分や緊張感をこの場でつかみ、出題予想論点をも押さえます。

10月上旬

全国公開模試（1回）
本試験約2週間前に、本試験と同一形式で行われる全国公開模試です。本試験の擬似体験として、また客観的な判断材料としてラストスパートの戦略にお役立てください。

本試験形式

10月中旬 宅建士本試験

11月下旬

合格！

開講一覧

教室講座

8・9月開講予定
札幌校・仙台校・水道橋校・新宿校・池袋校・渋谷校・八重洲校・立川校・町田校・横浜校・大宮校・津田沼校・名古屋校・京都校・梅田校・なんば校・神戸校・広島校・福岡校

ビデオブース講座

札幌校・仙台校・水道橋校・新宿校・池袋校・渋谷校・八重洲校・立川校・町田校・横浜校・大宮校・津田沼校・名古屋校・京都校・梅田校・なんば校・神戸校・広島校・福岡校
8月中旬より順次講義視聴開始予定

Web通信講座

8月上旬より順次教材発送開始予定
8月中旬より順次講義配信開始予定

DVD通信講座

8月上旬より順次教材発送開始予定

通常受講料 教材費・消費税10%込

講座	受講料
教室講座	¥33,000
ビデオブース講座	
Web通信講座	
DVD通信講座	

答練パックのみお申込みの場合は、TAC入会金（¥10,000・10%税込）は不要です。なお、当コースのお申込みと同時もしくはお申込み後、さらに別コースをお申込みの際にTAC入会金が必要となる場合があります。予めご了承ください。
※なお、上記内容はすべて2023年8月時点での予定です。詳細につきましては2023年合格目標のTAC宅建士講座パンフレットをご参照ください。

直前対策シリーズ

※直前対策シリーズの受講料等詳細につきましては、2024年7月中旬刊行予定のご案内をご確認ください。

ポイント整理、最後の追い込みに大好評!

TACでは、本試験直前期に、多彩な試験対策講座を開講しています。
ポイント整理のために、最後の追い込みのために、毎年多くの受験生から好評をいただいております。
周りの受験生に差をつけて合格をつかみ取るための最後の切り札として、ご自身のご都合に合わせてご活用ください。

8月開講 直前対策講義

〈全7回／合計17.5時間〉

講義形式

ビデオブース講座　Web通信講座

直前の総仕上げとして重要論点を一気に整理!
直前対策講義のテキスト（非売品）は本試験当日の最終チェックに最適です!

対象者
- よく似たまぎらわしい内容や表現が「正確な知識」として整理できていない方
- 重要論点ごとの総復習や内容の整理を効率よくしたい方
- 問題を解いてもなかなか得点に結びつかない方

特色
- 直前期にふさわしく「短時間（合計17.5時間）で重要論点の総復習」ができる
- 重要論点ごとに効率良くまとめられた教材で、本試験当日の最終チェックに最適
- 多くの受験生がひっかかってしまうまぎらわしい出題ポイントをズバリ指摘

カリキュラム（全７回）
使用テキスト
- 直前対策講義レジュメ（全1冊）

※2024年合格目標宅建士講座「総合本科生SPlus」「総合本科生S」「総合本科生」をお申込みの方は、カリキュラムの中に「直前対策講義」が含まれておりますので、別途「直前対策講義」のお申込みの必要はありません。

通常受講料（教材費・消費税10%込）	ビデオブース講座	￥33,000
	Web通信講座	

10月開講 やまかけ3日漬講座

〈全3回／合計7時間30分〉

問題演習＋解説講義

教室講座　Web通信講座　DVD通信講座

TAC宅建士講座の精鋭講師陣が2024年の宅建士本試験を
完全予想する最終直前講座!

対象者
- 本試験直前に出題予想を押さえておきたい方

特色
- 毎年多数の受験生が受講する大人気講座
- TAC厳選の問題からさらに選りすぐった「予想選択肢」を一挙公開
- リーズナブルな受講料
- 一問一答形式なので自分の知識定着度合いが把握しやすい

申込者限定配付
使用テキスト
- やまかけ3日漬講座レジュメ（問題・解答 各1冊）

通常受講料（教材費・消費税10%込）	教室講座	￥9,900
	Web通信講座	
	DVD通信講座	

※2024年合格目標TAC宅建士講座各本科生・パック生の方も別途お申込みが必要です。
※振替・重複出席等のフォロー制度はございません。予めご了承ください。

宅建士とのW受験に最適！

宅地建物取引士試験と管理業務主任者試験の同一年度W受験をオススメします！

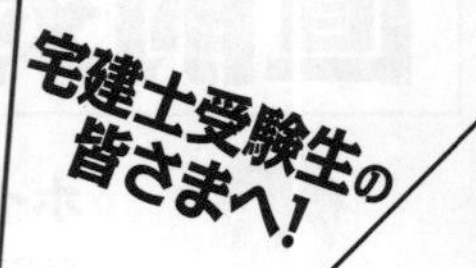

宅建士で学習した知識を活かすには同一年度受験!!

宅建士と同様、不動産関連の国家資格「管理業務主任者」は、マンション管理のエキスパートです。管理業務主任者はマンション管理業者に必須の資格で独占業務を有しています。**現在、そして将来に向けてマンション居住者の高齢化とマンションの高経年化は日本全体の大きな課題となっており、今後「管理業務主任者」はより一層社会から求められる人材として期待が高まることが想定されます。**マンションディベロッパーをはじめ、宅建業者の中にはマンション管理業を兼務したりマンション管理の関連会社を設けているケースが多く見受けられ、宅建士とのダブルライセンス取得者の需要も年々高まっています。

また、**試験科目が宅建士と多くの部分で重なっており、**宅建士受験者にとっては資格取得に向けての大きなアドバンテージになります。したがって、宅建士受験生の皆さまには、**同一年度に管理業務主任者試験とのW合格のチャレンジをオススメします！**

◆各資格試験の比較 ※受験申込受付期間にご注意ください。

	宅建士	共通点	管理業務主任者
受験申込受付期間	例年 7月初旬～7月末		例年 8月初旬～9月末
試験形式	四肢択一・50問	↔	四肢択一・50問
試験日時	毎年1回、10月の第3日曜日		毎年1回、12月の第1日曜日
	午後1時～午後3時（2時間）	↔	午後1時～午後3時（2時間）
試験科目（主なもの）	◆民法 ◆借地借家法 ◆区分所有法 ◆不動産登記法 ◆宅建業法 ◆建築基準法 ◆税金	↔	◆民法 ◆借地借家法 ◆区分所有法 ◆不動産登記法 ◆宅建業法 ◆建築基準法 ◆税金
	◆都市計画法 ◆国土利用計画法 ◆農地法 ◆土地区画整理法 ◆鑑定評価 ◆宅地造成等規制法 ◆統計		◆標準管理規約 ◆マンション管理適正化法 ◆マンションの維持保全（消防法・水道法等） ◆管理組合の会計知識 ◆標準管理委託契約書 ◆建替え円滑化法
合格基準点	36点/50点（令和4年度）		36点/50点（令和4年度）
合格率	17.0％（令和4年度）		18.9％（令和4年度）

※管理業務主任者試験を目指すコースの詳細は、2024年合格目標 管理業務主任者講座パンフレット（2023年12月刊行予定）をご覧ください。

宅建士からのステップアップに最適！

ステップアップ・ダブルライセンスを狙うなら…

宅地建物取引士の本試験終了後に、不動産鑑定士試験へチャレンジする方が増えています。なぜなら、これら不動産関連資格の学習が、不動産鑑定士へのステップアップの際に大きなアドバンテージとなるからです。宅建の学習で学んだ知識を活かして、ダブルライセンスの取得を目指してみませんか？

不動産鑑定士

宅建を学習された方にとっては
見慣れた法令が
点在しているはずです。

2023年度不動産鑑定士短答式試験
行政法規　出題法令・項目

難易度の差や多少の範囲の相違はありますが、一度学習した法令ですから、初学者に比べてよりスピーディーに合格レベルへと到達でき、非常に有利といえます。
なお、論文式試験に出題される「民法」は先述の宅建士受験者にとっては馴染みがあることでしょう。したがって不動産鑑定士試験全体を通じてアドバンテージを得ることができます。

問題	法律		問題	法律
1	土地基本法		21	マンションの建替え等の円滑化に関する法律
2	不動産の鑑定評価に関する法律		22	不動産登記法
3	不動産の鑑定評価に関する法律		23	住宅の品質確保の促進等に関する法律
4	地価公示法		24	宅地建物取引業法
5	国土利用計画法		25	不動産特定共同事業法
6	都市計画法	準都市計画区域等	26	高齢者、障害者等の移動等の円滑化の促進に関する法律
7	都市計画法	再開発等促進区	27	土地収用法
8	都市計画法	地域地区	28	土壌汚染対策法
9	都市計画法	開発行為等	29	文化財保護法
10	都市計画法	開発許可の要否	30	自然公園法
11	土地区画整理法		31	農地法
12	土地区画整理法		32	森林法
13	都市再開発法		33	道路法
14	都市再開発法		34	国有財産法
15	都市緑地法		35	所得税法
16	建築基準法	総合	36	法人税法
17	建築基準法	単体規定等	37	租税特別措置法
18	建築基準法	集団規定等	38	固定資産税
19	建築基準法	集団規定	39	相続税及び贈与税
20	建築基準法	道路	40	金融商品取引法、投資信託及び投資法人に関する法律、資産の流動化に関する法律

さらに **宅地建物取引士試験を受験した経験のある方は割引受講料にてお申込みいただけます！**

詳細はTACホームページ、不動産鑑定士講座パンフレットをご覧ください。

書籍の正誤に関するご確認とお問合せについて

書籍の記載内容に誤りではないかと思われる箇所がございましたら、以下の手順にてご確認とお問合せをしてくださいますよう、お願い申し上げます。
なお、正誤のお問合せ以外の**書籍内容に関する解説および受験指導などは、一切行っておりません。**
そのようなお問合せにつきましては、お答えいたしかねますので、あらかじめご了承ください。

1 「Cyber Book Store」にて正誤表を確認する

TAC出版書籍販売サイト「Cyber Book Store」の
トップページ内「正誤表」コーナーにて、正誤表をご確認ください。

CYBER BOOK STORE TAC出版書籍販売サイト

URL:https://bookstore.tac-school.co.jp/

2 1の正誤表がない、あるいは正誤表に該当箇所の記載がない ⇒ 下記①、②のどちらかの方法で文書にて問合せをする

★ご注意ください★

お電話でのお問合せは、お受けいたしません。
①、②のどちらの方法でも、お問合せの際には、「お名前」とともに、
「対象の書籍名(○級・第○回対策も含む)およびその版数(第○版・○○年度版など)」
「お問合せ該当箇所の頁数と行数」
「誤りと思われる記載」
「正しいとお考えになる記載とその根拠」
を明記してください。
なお、回答までに１週間前後を要する場合もございます。あらかじめご了承ください。

① ウェブページ「Cyber Book Store」内の「お問合せフォーム」より問合せをする

【お問合せフォームアドレス】

https://bookstore.tac-school.co.jp/inquiry/

② メールにより問合せをする

【メール宛先　TAC出版】

syuppan-h@tac-school.co.jp

※土日祝日はお問合せ対応をおこなっておりません。
※正誤のお問合せ対応は、該当書籍の改訂版刊行月末日までといたします。

乱丁・落丁による交換は、該当書籍の改訂版刊行月末日までといたします。なお、書籍の在庫状況等により、お受けできない場合もございます。
また、各種本試験の実施の延期、中止を理由とした本書の返品はお受けいたしません。返金もいたしかねますので、あらかじめご了承くださいますようお願い申し上げます。

TACにおける個人情報の取り扱いについて
■お預かりした個人情報は、TAC(株)で管理させていただき、お問合せへの対応、当社の記録保管にのみ利用いたします。お客様の同意なしに業務委託先以外の第三者に開示、提供することはございません(法令等により開示を求められた場合を除く)。その他、個人情報保護管理者、お預かりした個人情報の開示等及びTAC(株)への個人情報の提供の任意性については、当社ホームページ(https://www.tac-school.co.jp)をご覧いただくか、個人情報に関するお問い合わせ窓口(E-mail:privacy@tac-school.co.jp)までお問合せください。

(2022年7月現在)

本書を分解してご利用される方へ

色紙を押さえながら、分野別の「４分冊」の各冊子を取り外してください。

（各冊子と色紙は、のりで接着されています。乱暴に扱いますと破損する恐れがありますので、丁寧に取り外しいただけますようお願いいたします。）

＊ 抜き取りの際の損傷についてのお取替えはご遠慮願います＊

2024年度版

わかって合格る（うかる）

宅建士

分野別過去問題集

第1編　民法等

第 1 編

民法等

テーマ	『基本テキスト』の対応	問題番号
契約の成立要件など	Chap.1-Sec.1	1～2
制限行為能力者制度	Chap.1-Sec.2	3～6
意思表示	Chap.1-Sec.3	7～11
代　理	Chap.1-Sec.4	12～16
債務不履行・契約の解除・手付	Chap.2-Sec.1	17～24
危険負担	Chap.2-Sec.2	25～26
売買の契約不適合（売主の担保責任）等	Chap.2-Sec.3	27～30
抵当権等	Chap.2-Sec.4	31～37
連帯債務と保証	Chap.2-Sec.5	38～43
対抗問題【物権変動の対抗要件】	Chap.2-Sec.6	44～47
不動産登記法	Chap.2-Sec.7	48～52
債権譲渡	Chap.2-Sec.8	53～54
弁済・相殺など	Chap.2-Sec.9	55～59
賃貸借契約（民法）	Chap.3-Sec.1	60～64
借地権（借地借家法）	Chap.3-Sec.2	65～69
借家権（借地借家法）	Chap.3-Sec.3	70～74
委任契約	Chap.4-Sec.1	75～77
請負契約	Chap.4-Sec.2	78～79
贈与契約	Chap.4-Sec.3	80
時　効	Chap.4-Sec.4	81～84
相　続	Chap.4-Sec.5	85～90
不法行為等	Chap.4-Sec.6	91～95
所有権と共有、その他の物権	Chap.4-Sec.7	96～100
区分所有法等	Chap.4-Sec.8	101～105

停止条件①

CHECK!　過去の本試験　H15-問2改

Ａは、Ｂとの間で、Ｂ所有の不動産を購入する売買契約を締結した。ただし、ＡがＡ所有の不動産を2024年12月末日までに売却でき、その代金全額を受領することを停止条件とした。手付金の授受はなく、その他特段の合意もない。この場合、民法の規定によれば、次の記述のうち正しいものはどれか。

❶ 2024年12月末日以前でこの停止条件の成否未定の間は、契約の効力が生じていないので、Ａは、この売買契約を解約できる。

❷ 2024年12月末日以前でこの停止条件の成否未定の間は、契約の効力が生じていないので、Ｂは、この売買契約を解約できる。

❸ 2024年12月末日以前でこの停止条件の成否未定の間に、Ａが死亡して相続が開始された場合、契約の効力が生じていないので、Ａの相続人は、この売買契約の買主たる地位を相続することができない。

❹ Ａが、Ａ所有の不動産の売買代金の受領を拒否して、故意に停止条件の成就を妨げた場合、Ｂは、その停止条件が成就したものとみなすことができる。

条件成就を妨げるという信義に反する行為をしたＡに、不利益を免れさせるのは不当では……？

肢別のテーマ	
❶停止条件の意味	❷停止条件の意味
❸条件の成否未定の間における地位の相続	❹条件の成就の妨害

解説　正解 4

❶ × Aは、契約を解約できない。

停止条件付きの契約は、条件成就の時から効力が生ずるので（民法127条１項）、停止条件の成否未定の間は契約の効力が生じていないとする点は正しい。しかし、停止条件付きの契約そのものは、契約締結時に有効に成立しており、解除事由もないのに、契約の解約はできない。

❷ × Bは、契約を解約することはできない。

❶と同様の理由で、Ｂも解約できない。

❸ × Aの相続人は、買主たる地位を相続できる。

停止条件付きの売買契約を締結した場合、条件成就前は契約の効力が生じていないだけであり、契約は成立している以上、売主や買主の地位は発生している。したがって、条件の成否未定である間においても、当事者の地位は、普通の売買契約を締結した場合と同様に、相続の対象になる（129条）。

❹ ○ Bは、その停止条件が成就したものとみなすことができる。

条件の成就によって不利益を受ける当事者が故意に条件の成就を妨げたときは、相手方は、その条件が成就したものとみなすことができる（130条１項）。信義に反する行為をした者に、不利益を免れさせるのは不当だからである。

P! ココがポイント

❹は、条件の成就によって不利益を受ける当事者が、故意に条件成就を妨げると、相手方は条件が成就したとみなすことができる旨の規定である。

なお、条件成就によって利益を受ける当事者が不正に条件を成就させたときは、相手方は条件が成就しなかったとみなすことができる旨の規定もある（130条２項）。

「わか合格基本テキスト」　第１編「民法等」 Chap.1－Sec.1

停止条件②

CHECK! 過去の本試験 H18-問3

Ａは、Ｂとの間で、Ａ所有の山林の売却について買主のあっせんを依頼し、その売買契約が締結され履行に至ったとき、売買代金の２％の報酬を支払う旨の停止条件付きの報酬契約を締結した。この契約において他に特段の合意はない。この場合に関する次の記述のうち、民法の規定及び判例によれば、誤っているものはどれか。

❶　あっせん期間が長期間に及んだことを理由として、Ｂが報酬の一部前払を要求してきても、Ａには報酬を支払う義務はない。

❷　Ｂがあっせんした買主Ｃとの間でＡが当該山林の売買契約を締結しても、売買代金が支払われる前にＡが第三者Ｄとの間で当該山林の売買契約を締結して履行してしまえば、Ｂの報酬請求権は効力を生ずることはない。

❸　停止条件付きの報酬契約締結の時点で、既にＡが第三者Ｅとの間で当該山林の売買契約を締結して履行も完了していた場合には、Ｂの報酬請求権が効力を生ずることはない。

❹　当該山林の売買契約が締結されていない時点であっても、Ｂは停止条件付きの報酬請求権を第三者Ｆに譲渡することができる。

Ａは、Ｂの連れてきたＣと契約まで結んでいるのに、Ｂに報酬を支払わなくていいのだろうか？

肢別のテーマ　❶停止条件の意味　❷条件の成就の妨害　❸不能条件　❹条件の成否未定の間における権利の処分

解説　正解 2

❶ ○ **まだ停止条件が成就していないから、Aには報酬を支払う義務はない。**

停止条件付法律行為は、**停止条件が成就した時**からその**効力**を生ずる(民法127条１項)。

❷ × **Bは、その条件が成就したとみなすことができ、報酬請求権の効力を生じさせることができる。**

条件の成就により**不利益を受ける当事者**が**故意**にその**条件の成就**を**妨げた**ときは、**相手方**は、その**条件が成就したとみなすことができる**（130条１項）。相手方のＢの期待権を保護するためである。

❸ ○ **Bの報酬請求権が効力を生ずることはない。**

すでにＡは第三者Ｅとの間で当該山林の売買契約を締結して履行も完了していたので、Ｂのあっせんにより別の売買契約を成立させることは不可能である。このように、**条件が成就しない**ことが**停止条件**の付いた法律行為時に**確定**していた場合は、その法律行為（**既成条件**）は**無効**である（131条２項）。

❹ ○ **停止条件付きの報酬請求権も譲渡することができる。**

条件の成就によって利益を受ける当事者は、条件の成否未定の間でもその利益に対する期待をもっている。そこで、**条件の成否が未定である間**における当事者の権利義務は、普通の権利義務と同様に、**処分**し、相続し、もしくは保存し、またはそのために担保を供**することができる**（129条）。

P! ココがポイント

民法の世界では**“ズルイこと”は許されない**。停止条件の理解にあたっても、同様の観点から考えておこう。

「わか合格基本テキスト」　第１編「民法等」　Chap.1–Sec.1

制限行為能力者制度①

CHECK! 過去の本試験 H15-問1改

意思無能力者又は制限行為能力者に関する次の記述のうち、民法の規定及び判例によれば、正しいものはどれか。

❶　意思能力を欠いている者が土地を売却する意思表示を行った場合、その親族が当該意思表示を取り消せば、取消しの時点から将来に向かって無効となる。

❷　年齢18歳の者が単独で土地を売却する意思表示を行った場合、その者は未成年者であり法定代理人の同意を得ていないことを理由として当該意思表示を取り消すことができる。

❸　成年被後見人が成年後見人の事前の同意を得て土地を売却する意思表示を行った場合、成年後見人は、当該意思表示を取り消すことができる。

❹　被保佐人が保佐人の事前の同意を得て土地を売却する意思表示を行った場合、保佐人は、当該意思表示を取り消すことができる。

成年被後見人は、どんな判断能力の程度の人が想定されているんだろう。

肢別のテーマ
❶意思無能力者の行為の効力　❷未成年者の行為の効力
❸成年被後見人の行為の効力　❹被保佐人の行為の効力

解説　正解 3

❶ × **意思無能力者の意思表示は無効であり、取消しはできない。**

頻出

意思能力は、契約などの法律行為を行うために必要な判断能力であり、この**意思能力を欠いている者の法律行為**は、**無効**となる（民法３条の２）。

❷ × **18歳の者は成年者であり、取消しはできない。**

年齢**18歳**をもって**成年**とする（４条）。ゆえに、18歳の者は成年者であり、法定代理人はおらず、単独で土地を売却できる。

❸ ○ **成年後見人の同意があっても、成年被後見人の意思表示は、取り消せる。**

ひっかけ

成年被後見人の法律行為は、原則として、成年後見人が代理して行わなければならず（859条１項）、**成年被後見人が行った行為**は、**日常生活に関する行為以外は取り消すことができる**（９条）。成年後見人の**同意があるときでも取り消す**ことができ、同意をした**成年後見人も取り消す**ことができる（120条１項）。

❹ × **被保佐人が保佐人の事前の同意を得ている場合は、取り消すことはできない。**

被保佐人が保佐人の**同意を得ない**で、**不動産の売却など**の**重要な財産上の行為**をした場合は、被保佐人や**保佐人**は、取り消すことができる（13条１項・４項、120条１項）。しかし、被保佐人が保佐人の事前の同意を得て行った行為は、取り消すことはできない。

P! ココがポイント

令和４年（2022年）４月１日より、18歳から成年者となった（４条）。また、婚姻年齢も、男女とも18歳となった（731条）。この改正により、未成年者の婚姻による成年擬制の制度は廃止された。

「わか合格基本テキスト」　第１編「民法等」 Chap.1−Sec.2

制限行為能力者制度②

CHECK! 過去の本試験 H20-問1改

行為能力に関する次の記述のうち、民法の規定によれば、正しいものはどれか。

❶ 成年被後見人が行った法律行為は、事理を弁識する能力がある状態で行われたものであっても、取り消すことができる。ただし、日用品の購入その他日常生活に関する行為については、この限りではない。

❷ 未成年者が、その法定代理人の同意を得ずに行った法律行為は、単に権利を得、又は義務を免れる法律行為についても、取り消すことができる。

❸ 精神上の障害により事理を弁識する能力が不十分である者につき、４親等内の親族から補助開始の審判の請求があった場合、家庭裁判所はその事実が認められるときは、本人の同意がないときであっても同審判をすることができる。

❹ 被保佐人が、保佐人の同意又はこれに代わる家庭裁判所の許可を得ないでした土地の売却は、被保佐人が行為能力者であることを相手方に信じさせるため詐術を用いたときであっても、取り消すことができる。

肢別のテーマ	❶成年被後見人の行為（日常生活に必要な行為） ❸補助開始の審判	❷未成年者の行為の効力 ❹制限行為能力者による詐術

解説　正解 1

❶ ○ **成年被後見人が行った法律行為は、原則として、取り消すことができる。**

成年被後見人が行った法律行為は、それが**事理弁識能力がある**状態で行われたものであっても、**原則として**、**取り消すことができる**。ただし、日用品の購入その他**日常生活に関する行為**については、**取り消すことができない**（民法９条）。

❷ × **未成年者は、単に権利を得る等の法律行為は取り消すことができない。**

頻出

未成年者が法定代理人の**同意を得ず**に行った法律行為は、**取り消すことができる**（５条１項・２項）。しかし、**単に権利を得**、または（単に）**義務を免れる**法律行為は、未成年者は損をする行為ではないので、取り消すことはできない。

❸ × **本人以外の請求により補助開始の審判をするには、本人の同意が必要。**

精神上の障害により**事理を弁識する能力が不十分**である者については、家庭裁判所は、本人、配偶者、**４親等内の親族**、検察官等の**請求**により、**補助開始の審判**をすることができる（15条１項）。もっとも、**本人以外の請求**により**補助開始の審判**をするには、**本人の同意**が必要である（15条２項）。

❹ × **行為能力者であると信じさせるため詐術を用いたときは、取り消すことができない。**

頻出

被保佐人が、**保佐人の同意**またはこれに代わる**家庭裁判所の許可**を得ないでした不動産の売却は、**取り消すことができる**（13条４項）。しかし、制限行為能力者が行為能力者であることを信じさせるため**詐術**を用いたときは、その行為を**取り消すことができない**（21条）。

P! ココがポイント

❸で、補助開始の審判に「**本人の同意**が必要」とされているのは、被補助人の判断能力の減退が軽度であり、**本人の自己決定を尊重**する必要があるためである。

「わか合格基本テキスト」　第１編「民法等」 Chap.1–Sec.2

制限行為能力者制度③

CHECK!　過去の本試験 H22-問1改

制限行為能力者に関する次の記述のうち、民法の規定によれば、正しいものはどれか。

❶　土地を売却すると、土地の管理義務を免れることになるので、未成年者が土地を売却するに当たっては、その法定代理人の同意は必要ない。

❷　成年後見人が、成年被後見人に代わって、成年被後見人が居住している建物を売却するためには、家庭裁判所の許可が必要である。

❸　被保佐人については、不動産を売却する場合だけではなく、日用品を購入する場合も、保佐人の同意が必要である。

❹　被補助人が法律行為を行うためには、常に補助人の同意が必要である。

成年被後見人にとっては、居住用不動産の処分が特別の重要な意味をもつことがある。

肢別のテーマ　❶未成年者の行為　❷成年後見人の居住建物の売却　❸被保佐人の行為　❹被補助人の行為

解説　正解 2

❶ × 法定代理人の同意が必要。

未成年者が単に権利を得たり、（単に）義務を免れる法律行為をする場合は、法定代理人の**同意**は**不要**である（民法５条１項ただし書）。しかし、「土地を売却」すると、土地の管理義務を免れても、**所有権を失う**ことになるので、単に義務を免れる行為には該当せず、法定代理人の同意が必要である。

❷ ○ 家庭裁判所の許可が必要。

成年後見人は、成年被後見人に代わって、その居住の用に供する建物またはその敷地について、**売却**、賃貸、賃貸借の解除または抵当権の設定その他これらに準ずる**処分**をするには、家庭裁判所の許可を得なければならない（859条の３）。居住環境の変化は、成年被後見人に重大な影響を与えるからである。

❸ × 日用品を購入する場合は、保佐人の同意は不要。

被保佐人が不動産の売却など、重要な財産上の行為をするには、保佐人の同意を得なければならない（13条１項３号）。しかし、「**日用品の購入**」には、**保佐人の同意**は**不要**である。なお、日用品の購入などの日常生活に関する行為については、保佐人の同意を得なければならない旨の審判をすることもできない（13条２項ただし書）。

❹ × 常に補助人の同意が必要とはいえない。

被補助人が行う法律行為に関して、補助人の同意が必要な場合は、特定の法律行為に関して補助人の同意を要する旨の審判**がなされたときだけ**である（17条１項）。つまり、同意権付与の審判がなされていない法律行為に関しては、補助人の同意は不要である。

P! ココがポイント

肢❷については、**後見監督人**が置かれているときでも、成年後見人は家庭裁判所の許可が必要であることも覚えておこう。

「わか合格基本テキスト」　第１編「民法等」　Chap.1−Sec.2

制限行為能力者制度④

CHECK! 過去の本試験 H28-問2

制限行為能力者に関する次の記述のうち、民法の規定及び判例によれば、正しいものはどれか。

❶ 古着の仕入販売に関する営業を許された未成年者は、成年者と同一の行為能力を有するので、法定代理人の同意を得ないで、自己が居住するために建物を第三者から購入したとしても、その法定代理人は当該売買契約を取り消すことができない。

❷ 被保佐人が、不動産を売却する場合には、保佐人の同意が必要であるが、贈与の申し出を拒絶する場合には、保佐人の同意は不要である。

❸ 成年後見人が、成年被後見人に代わって、成年被後見人が居住している建物を売却する際、後見監督人がいる場合には、後見監督人の許可があれば足り、家庭裁判所の許可は不要である。

❹ 被補助人が、補助人の同意を得なければならない行為について、同意を得ていないにもかかわらず、詐術を用いて相手方に補助人の同意を得たと信じさせていたときは、被補助人は当該行為を取り消すことができない。

詐術を用いて、相手方に補助人の同意を得たと信じさせていた……それってズルイよね！

肢別のテーマ	
❶営業の許可	❷贈与の申し出の拒絶
❸居住用建物の売却	❹詐術

解　説　正解 4

❶ **× 営業の許可の範囲外だから、当該売買契約を取り消すことができる。**

営業を許された未成年者は、**その営業に関して**は、**成年者と同一の行為能力を有するが（営業の許可**。民法6条1項）、その営業に関係のない行為は、成年者と同一の行為能力を有しない。したがって、法定代理人の同意がなければ、取り消すことができる。

❷ **× 贈与の申し出を拒絶する場合にも、保佐人の同意が必要である。**

被保佐人が、不動産を売却したり不動産の**贈与の申し出を拒絶**する等の**重要な財産上の行為**をするには、その**保佐人の同意**を得なければならない（13条1項3号・7号）。

❸ **× 家庭裁判所の許可が必要。**

成年後見人は、成年被後見人に代わって、その**居住の用に供する建物**またはその敷地について、**売却**、賃貸、賃貸借の解除または抵当権の設定等をするには、**家庭裁判所の許可**を得なければならない（859条の3）。このことは、**後見監督人がいる場合でも同様**である（851条参照）。

❹ **○ 詐術を用いて、補助人の同意を得たと信じさせているので、取り消すことができない。**

頻出

制限行為能力者が**行為能力者であることを信じさせるため詐術**を用いたときは、その行為を**取り消すことができない**（21条）。これには、**保護者の同意を得たと偽ることも含まれる**（判例）。

P! ココがポイント

肢❹について、能力について相手を騙すことを「**詐術**」という。代金を払うつもりがないのに相手を騙す「**詐欺**」とは異なることに注意しよう。

「わか合格基本テキスト」　**第1編「民法等」 Chap.1－Sec.2**

Ａは、「近く新幹線が開通し、別荘地として最適である」旨のＢの虚偽の説明を信じて、Ｂの所有する原野（時価20万円）を、別荘地として2,000万円で購入する契約を締結した。この場合、民法の規定によれば、次の記述のうち正しいものはどれか。

❶ Ａは、当該契約は公序良俗に反するとして、その取消しを主張するとともに、Ｂの不法行為責任を追及することができる。

❷ Ａは、重大な過失があるときは、その錯誤が法律行為の目的及び取引上の社会通念に照らして重要なものであるとしても、常にその取消しを主張することができない。

❸ Ａは、当該契約の締結は詐欺に基づくものであるとして、その取消しを主張することができるが、締結後20年を経過したときは、取り消すことができない。

❹ Ａが被保佐人であり、保佐人Ｃの同意を得ずに当該契約を締結した場合、Ｃは、当該契約の締結にはＣの同意がないとして、その無効を主張することができる。

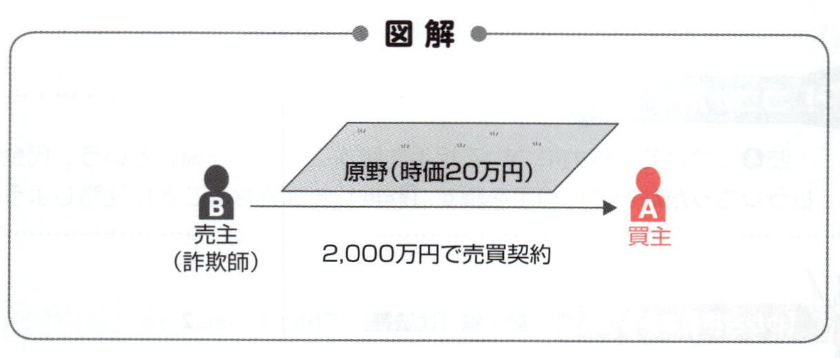

肢別のテーマ ❶公序良俗違反の契約の効力 ❷表意者の重過失と錯誤取消し ❸取消権の期間の制限 ❹被保佐人の行為の効力

解説 正解 3

❶ × **公序良俗違反は、「取消し」ではなく「無効」である。**

「20万円と2,000万円」という価格差からすれば、**暴利行為**として**公序良俗違反**の主張も可能だが、その場合、契約は「取消し」ではなく「**無効**」となる（民法90条）。なお、BはAに対して故意に損害を与えたのだから、Bへの**不法行為責任**は追及できる（709条）。

❷ × **Aに重過失があっても、BがAの錯誤を知っているときは、取消しができる。**

Aの錯誤（動機の錯誤）に「**重過失**」があっても、あえて虚偽の説明をしているBは、Aの錯誤を知っているはずである。このように、**相手方Bが表意者Aに錯誤があることを知っていた**とき（または重過失によって知らなかったとき）は、Aは、取消しができる（95条2項・3項1号）。

❸ ○ **契約締結後20年が経過すれば、取り消すことはできない。**

取消権は追認しうる時（詐欺に気づいた時）から5年、**行為時**（契約時）**から20年**のいずれか早い時の経過により時効消滅するため、売買契約の締結後20年を経過しているのであれば、Aは取り消すことができない（96条、126条）。

❹ × **保佐人Cも取り消すことができるが、「無効」ではない。**

被保佐人が保佐人の同意を得ないでした不動産の売買契約は、**保佐人も取り消すことができる**（13条1項3号・4項、120条1項）。「無効」ではない。

P! ココがポイント

錯誤の場合、**表意者に重過失**があると、**原則として取消しができない**が、**例外**として、次の場合は、**取消しが認められる**ことがある（95条3項）。

① 相手方が表意者の錯誤について、**悪意または重過失**の場合

② 相手方が表意者と**同一の錯誤**に陥っていた場合

「わか合格基本テキスト」 第1編「民法等」 Chap.1−Sec.1〜3

Ａが、Ａ所有の土地をＢに売却する契約を締結した場合に関する次の記述のうち、民法の規定によれば、誤っているものはどれか。

❶　ＡのＢに対する売却の意思表示がＣの詐欺によって行われた場合で、ＢがそのＣによる詐欺の事実を知っていたとき、Ａは、売却の意思表示を取り消すことができる。

❷　ＡのＢに対する売却の意思表示がＢの強迫によって行われた場合、Ａは、売却の意思表示を取り消すことができるが、その取消しをもって、Ｂからその取消し前に当該土地を買い受けた善意かつ無過失のＤには対抗できない。

❸　Ａが、自分の真意でないと認識しながらＢに対する売却の意思表示を行った場合で、ＢがそのＡの真意でないことを知っていたとき、Ａは、売却の意思表示の無効を主張できる。

❹　ＡのＢに対する売却の意思表示につき法律行為の目的及び取引上の社会通念に照らして重要なものに錯誤があった場合、Ａは、売却の意思表示を取り消すことができるが、Ａに重大な過失があったときは、取り消すことができないことがある。

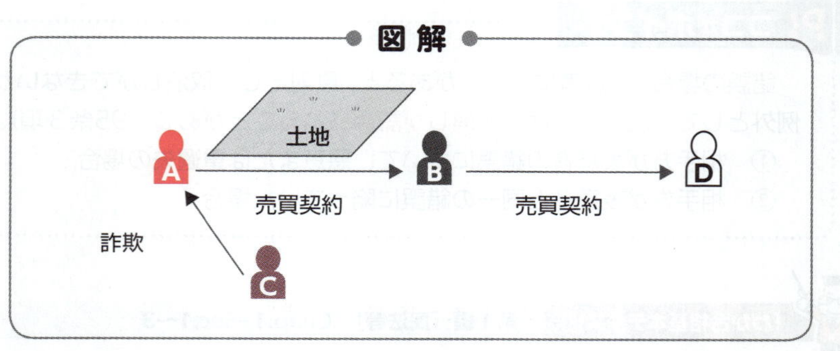

肢別のテーマ
❶第三者詐欺　❷取消しと第三者（強迫）
❸心裡留保　❹表意者の重過失と錯誤取消し

解説　正解 2

❶ ○　**相手方が第三者の詐欺の事実を知っていた場合、騙された者は、詐欺取消しができる。**

第三者（C）による詐欺の場合、**相手方**（B）が善意かつ無過失であれば、表意者（A）は意思表示を取り消すことはできないが、悪意又は過失があれば取り消すことができる（民法96条2項）。

❷ ×　**Aは、取消しをもって、取消し前の善意かつ無過失の第三者Dに対抗できる。**

強迫**による取消しは**、善意かつ無過失の**第三者**にも**対抗できる**（121条、96条3項反対解釈）。**詐欺による取消しが**、善意かつ無過失の第三者には対抗できないこと（96条3項）と対比すること。

❸ ○　**自分の真意でないと認識しながら行った意思表示（心裡留保）は、相手方が悪意ならば無効になる。**

心裡留保は、原則として**有効だが**、**例外**として、**相手方**（B）がその意思表示が**表意者の真意ではないこと**について悪意**または有過失**のときは、無効になる（93条1項）。なお、心裡留保による無効は、**善意の第三者に対抗できない**（93条2項）。

❹ ○　**Aに重過失がある場合、Aは、取り消すことができないことがある。**

法律行為の目的および取引上の社会通念に照らして重要なもの（法律行為の要素）に錯誤があった場合でも、表意者に**重過失**があるときは、**原則**として、**取り消すことができず**、**例外**として、①相手方が**悪意または重過失**である場合、②相手方が表意者と**同一の錯誤**に陥っていた場合は、重過失があっても取り消すことができる（95条3項）。

P! ココがポイント

本問を解くにあたって必要な知識ではないが、近時の法改正に関連する以下の項目には注意しよう。

① 相手方の**詐欺**による意思表示の取消しは、善意かつ**無過失**の第三者に対抗できない（第三者の保護の要件として無過失まで要求）。

② **心裡留保**による意思表示の無効は、**善意の第三者**に対抗できない（第三者保護が新たに規定された）。

「わか合格基本テキスト」　第1編「民法等」　Chap.1−Sec.3

意思表示③（錯誤）

CHECK!　過去の本試験　H21-問1改

民法第95条1項本文は、「意思表示は、次のいずれかの錯誤に基づくものであって、その錯誤が法律行為の目的及び取引上の社会通念に照らして重要なものであるときは、取り消すことができる。」と定めている。これに関する次の記述のうち、民法の規定及び判例によれば、誤っているものはどれか。

❶　意思表示をなすに当たり、表意者に重大な過失があったときは、表意者は、当該意思表示を取り消すことができないことがある。

❷　表意者自身において、その意思表示に瑕疵（かし）を認めず、民法第95条に基づく意思表示の取消しを主張する意思がない場合は、第三者がその意思表示の取消しを主張することはできない。

❸　表意者が法律行為の基礎とした事情についてその認識が真実に反する錯誤については、その事情が法律行為の基礎とされていることが明示的に表示されていたときは、当該意思表示を取り消すことができることがある。

❹　表意者が法律行為の基礎とした事情についてその認識が真実に反する錯誤については、その事情が法律行為の基礎とされていることが黙示的に表示されていたにとどまる場合は、当該意思表示を取り消すことができない。

人の表現には、言葉の他に、言葉以外のニュアンスで相手に伝わることもある。

肢別のテーマ
❶錯誤取消しの要件（重過失）　❷第三者の錯誤取消しの主張
❸動機の錯誤（明示の表示）　❹動機の錯誤（黙示の表示）

解説　正解 4

❶ ○ **表意者に重大な過失があるときは、表意者は意思表示を取り消すことができないことがある。**

表意者に**重過失**があったときは、①**相手方が**表意者に錯誤があることを**知り**または**重過失によって知らなかった**とき、または、②**相手方が表意者と同一の錯誤に陥っていた**とき、の2つの例外のいずれかに該当する場合を**除き**、表意者は意思表示を**取り消すことができない**（民法95条3項）。

❷ 難 ○ **表意者が意思表示の瑕疵を認めていない場合は、第三者は取り消すことができない。**

錯誤（詐欺、強迫も含む）による法律行為は、**表意者**またはその代理人等に限り、**取り消す**ことができる（120条2項）。よって、原則として、第三者は取り消すことができない。なお、判例は**第三者**（債権者等）の錯誤の主張（債権者代位権の行使）について、**表意者が意思表示の瑕疵を認めていること**を要件とする。

❸ 頻出 ○ **動機の錯誤**（**表意者が法律行為の基礎とした事情についてその認識が真実に反する錯誤**）については、その事情が**法律行為の基礎**とされていることが**表示されていた**ときは、**当該意思表示を取り消すことができることがある。**

明示的に表示されていれば、錯誤が**表意者の重大な過失**によるもの等の例外に該当しない限り、その意思表示を**取り消すことができる**（95条2項・3項）。

❹ 頻出 × **動機の錯誤**については、その事情が**法律行為の基礎**とされていることが**表示されていた**ときは、**当該意思表示を取り消すことができる。**

表示があれば、それが**黙示的に表示**されていた場合でも、その意思表示を**取り消すことができる**（95条2項・3項、判例）。

P! ココがポイント

いわゆる**動機の錯誤**（**表意者が法律行為の基礎とした事情についてその認識が真実に反する錯誤**）については、**その事情が法律行為の基礎とされていること**の**表示**（**明示または黙示**）が取消しをするための要件であることに注意（❸と❹）。

「わか合格基本テキスト」　第1編「民法等」　Chap.1−Sec.3

意思表示④

CHECK!　過去の本試験　H23-問1改

Ａ所有の甲土地につき、ＡとＢとの間で売買契約が締結された場合における次の記述のうち、民法の規定及び判例によれば、正しいものはどれか。

❶　Ｂは、甲土地は将来地価が高騰すると勝手に思い込んで売買契約を締結したところ、実際には高騰しなかった場合、Ｂは動機の錯誤を理由に、常に本件売買契約を取り消すことができる。

❷　Ｂは、第三者であるＣから甲土地がリゾート開発される地域内になるとだまされて売買契約をした場合、ＡがＣによる詐欺の事実を知っていたとしても、Ｂは本件売買契約を詐欺を理由に取り消すことはできない。

❸　ＡがＢにだまされたとして詐欺を理由にＡＢ間の売買契約を取り消した後、Ｂが甲土地をＡに返還せずにＤに転売してＤが所有権移転登記を備えても、ＡはＤから甲土地を取り戻すことができる。

❹　ＢがＥに甲土地を転売した後に、ＡがＢの強迫を理由にＡＢ間の売買契約を取り消した場合には、ＥがＢによる強迫を知らず、かつ、知らないことについて過失がなかったときであっても、ＡはＥから甲土地を取り戻すことができる。

強迫を受けた者は、だまされた者（詐欺）と違い落ち度がないのが通常だから、徹底的に保護すべき。

肢別のテーマ	❶動機の錯誤	❷第三者の詐欺
	❸取消しと登記（取消し後の第三者）	❹取消しと第三者（強迫）

解　説　正解 4

❶ **× 表意者に動機の錯誤があっても、「常に」取り消すことができるとは限らない。**

頻出

本肢は、Bが甲土地を購入しようと決めた動機に勘違いがある（**動機の錯誤**）。かかる**動機の錯誤による取消し**が認められるには、下記の①**と**②、**2つの要件を充足**する必要がある（民法95条1項2号・2項・3項1号）。

①原則として、**表意者に重過失がない**こと

②**動機を表示**（明示または黙示）すること

本肢では、上記の要件を充足するのかが問題文からは明らかでないので、常に取り消せるとは限らない。

❷ **× 相手方AがCによる詐欺の事実を知っている以上、取り消すことができる。**

第三者による詐欺の場合、表意者は、相手方が**善意**かつ**無過失**のときは取り消すことができないが、本肢のように**悪意**のとき（または善意有過失のとき）は**取り消すことができる**（96条2項）。

❸ **× Aは、取消し後の登記を備えたDに対しては対抗できず、甲土地を取り戻すことができない。**

取消しをした者と**取消し後に登場した第三者**との関係については、Bを起点としたB→A、B→Dの二重譲渡があったのと同様に考えて、**対抗問題**とするのが判例である。したがって、第三者Dが所有権移転登記を備えている本肢の場合、AはDに対抗できない（177条）。

❹ **○ AはEから甲土地を取り戻すことができる。**

強迫による意思表示は、取り消すことができる（96条1項）。そして、**強迫による意思表示の取消しは**、**善意無過失の第三者にも対抗できる**（121条、96条3項反対解釈）。

P! ココがポイント

❸は対抗問題に関する理解が必要だが、その他の肢は**意思表示に関する基本的知識**であり、是非とも正解すべき問題だ。

「わか合格基本テキスト」　第1編「民法等」　Chap.1-Sec.3、Chap.2-Sec.6

11 意思表示⑤（虚偽表示）

重要度

CHECK!　過去の本試験　H27-問2

Ａは、その所有する甲土地を譲渡する意思がないのに、Ｂと通謀して、Ａを売主、Ｂを買主とする甲土地の仮装の売買契約を締結した。この場合に関する次の記述のうち、民法の規定及び判例によれば、誤っているものはどれか。なお、この問において「善意」又は「悪意」とは、虚偽表示の事実についての善意又は悪意とする。

❶　善意のＣがＢから甲土地を買い受けた場合、Ｃがいまだ登記を備えていなくても、ＡはＡＢ間の売買契約の無効をＣに主張することができない。

❷　善意のＣが、Ｂとの間で、Ｂが甲土地上に建てた乙建物の賃貸借契約（貸主Ｂ、借主Ｃ）を締結した場合、ＡはＡＢ間の売買契約の無効をＣに主張することができない。

❸　Ｂの債権者である善意のＣが、甲土地を差し押さえた場合、ＡはＡＢ間の売買契約の無効をＣに主張することができない。

❹　甲土地がＢから悪意のＣへ、Ｃから善意のＤへと譲渡された場合、ＡはＡＢ間の売買契約の無効をＤに主張することができない。

虚偽表示の目的である甲土地について、利害関係を有するに至ったかどうかが焦点。

肢別のテーマ	❶虚偽表示の第三者（登記の要否）	❷虚偽表示の第三者
	❸虚偽表示の第三者	❹虚偽表示の第三者（転得者）

解　説　正解 2

❶ **○　Cが登記を備えていなくても、Aは、AB間の売買契約の無効をCに主張できない。**

虚偽表示は、無効であるが（民法94条1項）、この無効をもって、善意の第三者には対抗できない（94条2項）。そして、「**第三者**」として保護されるのに**登記は不要**である（判例）。なお、**無過失**であることも**不要**と解されている。

❷ **×　Aは、AB間の売買契約の無効をCに主張できる。**

虚偽表示における「**第三者**」（94条2項）とは、**虚偽表示の当事者またはその一般承継人以外の者**であって、**その表示の目的について法律上利害関係を有するに至った者**をいう（判例）。Cは、甲土地上の**乙建物**に関して**賃貸借契約を締結しているだけ**であり、**甲土地**自体について法律上利害関係を有するに至ったわけではない。したがって、Cは「第三者」には該当しない。

❸ **○　Aは、AB間の売買契約の無効をCに主張できない。**

B名義の甲土地を差し押さえたBの債権者Cは、単なる債権者とは異なり、❷で述べた、**差押えによって**「**その表示の目的について法律上利害関係を有するに至った者**」ということができ、「**第三者**」（94条2項）に該当する。

❹ **○　Aは、AB間の売買契約の無効をDに主張できない。**

転得者も「**第三者**」（94条2項）に含まれるとするのが判例である。転得者も、❷で述べた「その表示の目的について法律上利害関係を有するに至った者」といえるからである。

P! ココがポイント

① 虚偽表示の無効を対抗できない「第三者」に該当する者
- **不動産の仮装譲受人からさらに譲り受けた者**
- 不動産の仮装譲受人から**抵当権の設定を受けた者**
- **虚偽表示の目的物の差押債権者**
- 仮装債権の譲受人

② 虚偽表示の無効を対抗できない「第三者」に該当しない者
- **土地が仮装譲渡されたときの建物賃借人**
- 仮装譲渡された債権の債務者
- 仮装譲受人の単なる債権者
- 代理人が虚偽表示をしたときの本人

「わか合格基本テキスト」　第1編「民法等」 Chap.1−Sec.3

12 代　理①

□□□ CHECK!　過去の本試験 H11-問7

重要度 ★★★

Ａが、Ａ所有の１棟の賃貸マンションについてＢに賃料の徴収と小修繕の契約の代理をさせていたところ、Ｂが、そのマンションの１戸をＡに無断で、Ａの代理人として賃借人Ｃに売却した。この場合、民法の規定及び判例によれば、次の記述のうち誤っているものはどれか。

❶　Ａは、意外に高価に売れたのでＣから代金を貰いたいという場合、直接Ｃに対して追認することができる。

❷　Ｃは、直接Ａに対して追認するかどうか相当の期間内に返事をくれるよう催告をすることができるが、Ｃがこの催告をするには、代金を用意しておく必要がある。

❸　Ａが追認しない場合でも、ＣがＢに代理権があると信じ、そう信じることについて正当な理由があるとき、Ｃは、直接Ａに対して所有権移転登記の請求をすることができる。

❹　Ｃは、Ｂの行為が表見代理に該当する場合であっても、Ａに対し所有権移転登記の請求をしないで、Ｂに対しＣの受けた損害の賠償を請求できる場合がある。

肢別のテーマ
❶追認の相手方　❷催告の要件
❸権限外の表見代理　❹表見代理と無権代理

解説　正解 2

❶ ○ **本人は直接相手方に対して追認することができ、追認により、契約ははじめから有効になる。**

無権代理行為の追認は、**無権代理人に対して**してもよいし、**相手方に対して**してもよい。ただし、追認を相手方にしないときは、追認したことを相手方が知るまで、相手方に対抗できない（民法113条２項）。

❷ × **相手方が催告をするのに、代金の用意は不要だ。**

催告は、本人に対して、「追認するのかしないのか、はっきりしてくれ」と促すものにすぎず、**履行を請求するものではない**ので、**自分の債務の履行を用意しておかないと催告できない**、という**制約はない**（114条）。

❸ ○ **表見代理が成立し、相手方は、本人に履行を請求できる。**

代理人が代理権の範囲を越えて売買契約を行っても、**相手方に正当な理由**があれば（つまり、**善意かつ無過失**のとき）、**表見代理**が成立し（110条）、売買契約は有効になる。よって、Ｃは、直接Ａに対して所有権移転登記の請求ができる。

❹ ○ **表見代理を主張するか、無権代理人の責任を追及するかは、相手方の自由だ。**

表見代理が成立し、相手方が本人に履行を求めることが可能な場合でも、それをしないで、**無権代理人の責任を追及することができる**（判例）。どちらも相手方Ｃの保護を目的とした制度なので、**相手方の意思に任せる**ほうがいいからだ。

「わか合格基本テキスト」　第１編「民法等」　Chap.**1**–Sec.**4**

13 代　理②

☆☆☆ 重要度

□□□ CHECK!　過去の本試験 H13-問8改

Aが、B所有の建物の売却（それに伴う保存行為を含む。）についてBから代理権を授与されている場合に関する次の記述のうち、民法の規定及び判例によれば、正しいものはどれか。

❶　Aが、Bの名を示さずCと売買契約を締結した場合には、Cが、売主はBであることを知っていても、売買契約はＡＣ間で成立する。

❷　Aが、買主Dから虚偽の事実を告げられて売買契約をした場合でも、Bがその事情を知っていたときには、BからDに対する詐欺による取消しはできない。

❸　Aが、買主を探索中、台風によって破損した建物の一部を、Bに無断で第三者に修繕させた場合、Bには、修繕代金を負担する義務はない。

❹　Aは、急病のためやむを得ない事情があっても、Bの承諾がなければ、さらにEを代理人として選任しBの代理をさせることはできない。

❷では、Bは、Dがウソをついていることを知っている。それなのに、取消しを認める必要があるだろうか？

肢別のテーマ	❶顕名	❷代理行為の瑕疵
	❸代理権の範囲	❹復代理

解説　正解 2

❶ **× 相手方Cが売主が誰なのかを知っていれば、顕名がなくても、代理行為の効果は本人Bに帰属する。**

AがBの名を示さないで契約しても、**相手方Cが売主はBであると知っていた**か、または知ることができたとき（悪意または有過失のとき）は、**契約はBC間で成立**する（民法100条ただし書）。

❷ **○ 本人Bが悪意なら、Bは代理人Aが騙されたことを理由として、詐欺取消しを主張できない。**

詐欺による取り消しが認められるには、詐欺に気づかずに売買契約を締結する必要がある。この点、特定の法律行為**をすることを**委託された代理人がその行為をしたときは、**本人は、自ら知っていた事情**または過失によって知らなかった事情について、**代理人が知らなかったこと**を**主張できない**（101条3項）。契約を締結するのは代理人であるが、本人と代理人は契約の一方当事者として同視できるからである。

❸ **× Aがした修繕契約の効果は、Bに帰属する。**

Aの行った**建物の**修繕**依頼は、**保存行為（代理権の範囲内）にあたるから、修繕契約の効果はBに帰属し、Bは、修繕代金を負担しなければならない（99条1項）。

❹ 頻出 **× 任意代理人にやむを得ない事情があれば、本人の承諾なしに復代理人を選任できる。**

任意代理では、原則として復代理人を選任できないが、①**本人の許諾**があるか、または、②やむを得ない事情があれば、**選任**できる（104条）。なお、**復代理人の代理行為が適正を欠いた**場合、それが**任意代理人の責めに帰すことができる**のであれば、たとえ任意代理人が復代理人の選任・監督を行っていたとしても、債務不履行の一般法理に基づき、責任を負う。

「わか合格基本テキスト」　第1編「民法等」 Chap.1−Sec.4

14 代　理③

□□□ CHECK!　過去の本試験 H18-問2

重要度 ★★★

AはBの代理人として、B所有の甲土地をCに売り渡す売買契約をCと締結した。しかし、Aは甲土地を売り渡す代理権は有していなかった。この場合に関する次の記述のうち、民法の規定及び判例によれば、誤っているものはどれか。

❶　BがCに対し、Aは甲土地の売却に関する代理人であると表示していた場合、Aに甲土地を売り渡す具体的な代理権はないことをCが過失により知らなかったときは、ＢＣ間の本件売買契約は有効となる。

❷　BがAに対し、甲土地に抵当権を設定する代理権を与えているが、Aの売買契約締結行為は権限外の行為となる場合、甲土地を売り渡す具体的な代理権がAにあるとCが信ずべき正当な理由があるときは、ＢＣ間の本件売買契約は有効となる。

❸　Bが本件売買契約を追認しない間は、Cはこの契約を取り消すことができる。ただし、Cが契約の時において、Aに甲土地を売り渡す具体的な代理権がないことを知っていた場合は取り消せない。

❹　Bが本件売買契約を追認しない場合、Aは、Cの選択に従い、Cに対して契約履行又は損害賠償の責任を負う。ただし、Cが契約の時において、Aに甲土地を売り渡す具体的な代理権はないことを知っていた場合は責任を負わない。

相手方に過失があっても表見代理で保護すべきだろうか？

肢別のテーマ	❶代理権授与の表示による表見代理	❷権限外の行為の表見代理
	❸相手方の取消権	❹無権代理人の責任

解説 正解 1

❶ **× Cに過失があるから表見代理は成立しない。**

第三者に対して他人に**代理権を与えた旨を表示**した者は、その代理権の範囲内においてその他人が**善意・無過失**の第三者との間でした行為について、その責任を負う（**代理権授与の表示による表見代理**、民法109条１項）。

❷ **○ Cに正当な理由があるから表見代理が成立する。**

他人に代理権を与えた者は、**代理人**がその**権限外の行為**をした場合において、**第三者**が代理人の権限があると信ずべき**正当な理由**があるときは、その責任を負う（**権限外の行為の表見代理**、110条）。

❸ **○ Cが知っていた場合は取り消すことができない。**

代理権を有しない者がした契約は、本人が**追認をしない間**は、代理権を有しないことを**相手方**が契約時に**知っていたときを除いて**、相手方が**取り消す**ことができる（115条）。

❹ **○ Cが知っていた場合は、Aは責任を負わない。**

無権代理人は、**本人の追認**を得たときを除き、原則として、相手方の選択に従い、**履行**または**損害賠償責任**を負う（117条１項）。もっとも、例外として、**相手方**が**代理権がないことを知っていた**とき、または相手方が過失によって知らなかったときは、履行または損害賠償責任を負わない（117条２項）。

P! ココがポイント

無権代理人の責任は、無権代理人に過失がない場合にも認められる重い責任なので、責任を追及する相手方に**善意かつ無過失**を要求する。なお、無権代理行為の相手方の保護制度は、①相手方の本人への催告権、②相手方の取消権、③無権代理人への責任追及、④表見代理の成立、の順で要件が厳しくなる。

「わか合格基本テキスト」 第１編「民法等」 Chap.1−Sec.4

Ａがａ所有の土地の売却に関する代理権をＢに与えた場合における次の記述のうち、民法の規定によれば、正しいものはどれか。

❶　Ｂが自らを「売主Ａの代理人Ｂ」ではなく、「売主Ｂ」と表示して、買主Ｃとの間で売買契約を締結した場合には、Ｂは売主Ａの代理人として契約しているとＣが知っていても、売買契約はＢＣ間に成立する。

❷　Ｂが自らを「売主Ａの代理人Ｂ」と表示して買主Ｄとの間で締結した売買契約について、Ｂが未成年であったとしても、ＡはＢが未成年であることを理由に取り消すことはできない。

❸　Ｂは、自らが選任及び監督するのであれば、Ａの意向にかかわらず、いつでもＥを復代理人として選任して売買契約を締結させることができる。

❹　Ｂは、Ａに損失が発生しないのであれば、Ａの意向にかかわらず、買主Ｆの代理人にもなって、売買契約を締結することができる。

未成年者である代理人Ｂが買主Ｄとの間で売買契約を締結すれば、本人Ａが売主になる。未成年者の保護は考えなくてよいのでは…。

肢別のテーマ	❶顕名なし	❷代理人の能力
	❸復代理	❹双方代理の禁止

解説 正解 2

❶ × **Cが知っていれば、売買契約はＡＣ間で成立する。**

代理人が本人のためにすることを示さないでした意思表示は、自己のためにしたものとみなす。ただし、**相手方**が、代理人が本人のためにすることを**知り**、または、**知ることができた**ときは、**本人に対して直接にその効力**を生ずる（民法100条）。

❷ ○ **制限行為能力者ではないＡは、Ｂが未成年であることを理由に取り消すことはできない。**

頻出

制限行為能力者が**代理人**としてした**行為**は、行為能力の制限によっては**取り消すことができない**（102条）。ただし、制限行為能力者が他の制限行為能力者の**法定代理人**としてした行為は、本人は取り消すことができるが（102条ただし書）、本問は**任意代理**であり、法定代理ではないので、この規定の適用はない。

❸ × **Ｂは、Ａの許諾があるか、やむを得ない事由がなければ、復代理人を選任できない。**

頻出

任意代理人は、**本人の許諾**を得たとき、または**やむを得ない事由**があるときでなければ、復代理人を選任できない（104条）。なお、復代理人が委任された業務を行わなかった場合、復代理人を選任した代理人が本人に対しどのような責任を負うかについては、**債務不履行の一般原則により判断**する。

❹ × **Ｂは、損害が発生しなくても、本人（ＡおよびＦ）の許諾がなければ、買主Ｆの代理人となって、売買契約を締結すること（双方代理）はできない。**

頻出

同一の法律行為については、債務の履行、または**本人があらかじめ許諾**した行為を除いて、相手方の代理人として（**自己契約**）、または当事者双方の代理人としてした行為（**双方代理**）は、**代理権を有しない者がした行為**（無権代理行為）とみなす（108条１項）。

P! ココがポイント

制限行為能力者制度は、制限行為能力者を保護するためのものであるが、代理の行為の効果は本人に帰属し、代理人である制限行為能力者には帰属しないので、制限行為能力による取消しを認める必要がない。よって、**制限行為能力者が代理人として行った行為**については、原則として、**制限行為能力を理由とする取消しを認めない**（102条）。

「わか合格基本テキスト」 第１編「民法等」 Chap.1−Sec.4

16 代理⑤

Ａ所有の甲土地につき、Ａから売却に関する代理権を与えられていないＢが、Ａの代理人として、Ｃとの間で売買契約を締結した場合における次の記述のうち、民法の規定及び判例によれば、誤っているものはどれか。なお、表見代理は成立しないものとする。

❶ Ｂの無権代理行為をＡが追認した場合には、ＡＣ間の売買契約は有効となる。

❷ Ａの死亡により、ＢがＡの唯一の相続人として相続した場合、Ｂは、Ａの追認拒絶権を相続するので、自らの無権代理行為の追認を拒絶することができる。

❸ Ｂの死亡により、ＡがＢの唯一の相続人として相続した場合、ＡがＢの無権代理行為の追認を拒絶しても信義則には反せず、ＡＣ間の売買契約が当然に有効になるわけではない。

❹ Ａの死亡により、ＢがＤとともにＡを相続した場合、ＤがＢの無権代理行為を追認しない限り、Ｂの相続分に相当する部分においても、ＡＣ間の売買契約が当然に有効になるわけではない。

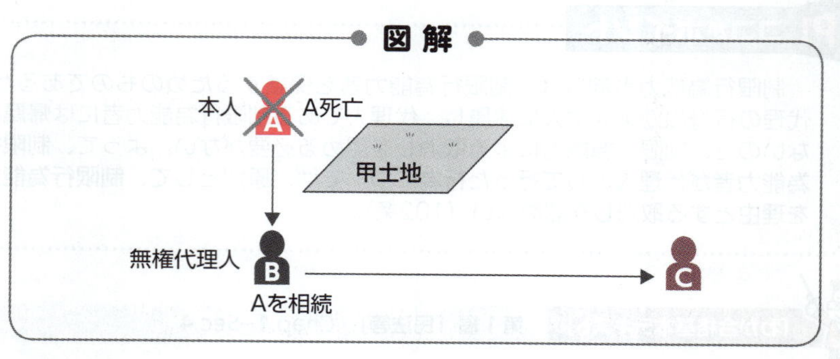

肢別のテーマ	❶追認	❷無権代理と相続（本人の死亡）
	❸無権代理と相続（無権代理人の死亡）	❹無権代理と相続（共同相続の場合）

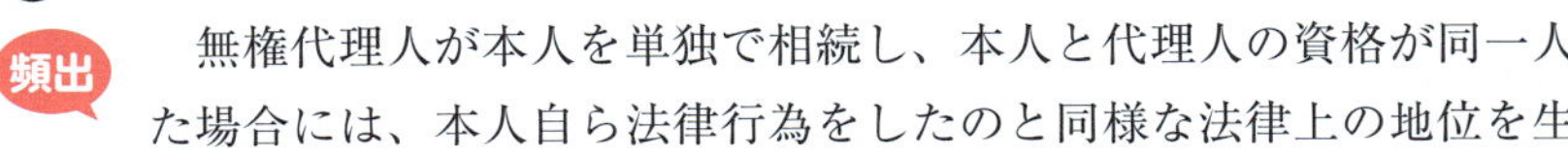

解説 正解 2

❶ ○ **追認した場合、売買契約は有効となる。**

代理権を有しない者が他人の代理人としてした契約は、本人がその追認**をしなければ、本人に対してその効力を生じない**（民法113条１項）。しかし、本人が追認すれば、原則として、**契約時**（無権代理行為時）**にさかのぼってその効力を生ずる**（116条）。

❷ 頻出 × **Bは自らの無権代理行為の追認を拒絶することはできない。**

無権代理人が本人を単独で相続し、本人と代理人の資格が同一人に帰した場合には、本人自ら法律行為をしたのと同様な法律上の地位を生じるため、本人を相続した無権代理人は、**本人としての地位に基づいて、無権代理行為による契約の効力を否定できない**（判例）。

❸ 頻出 ○ **追認拒絶は信義に反せず、契約が当然に有効になるわけではない。**

本人が無権代理人を相続した場合、本人としての地位と無権代理人の地位が併存することになるが、**相続人たる本人が、被相続人の無権代理行為の追認を拒絶**しても、本人は被害者的な地位にあるので、**何ら信義に反しない**（判例）。

❹ 難 ○ **Bの相続分に相当する部分についても、契約が当然に有効になるわけではない。**

無権代理人が本人を他の相続人とともに共同で相続した場合、無権代理行為の追認**は、共同相続人全員が共同して行う必要が**あり、他の共同相続人全員の追認がない限り、無権代理行為は、**無権代理人の相続分に相当する部分についても当然に有効となるものではない**（判例）。

P! ココがポイント

無権代理と相続の問題は、無権代理に関する判例として、よく出題される。単独相続の場合は、被害者的な地位にある本人と加害者的な地位にある無権代理人のどちらが死亡したかに注意しよう。

「わか合格基本テキスト」 第１編「民法等」 Chap.1−Sec.4

債務不履行・契約の解除等①

重要度

□□□ CHECK!　過去の本試験　H2-問2

債務不履行による損害賠償に関する次の記述のうち、民法の規定によれば、誤っているものはどれか。

❶　金銭債務の不履行については、債権者は、損害の証明をすることなく、損害賠償の請求をすることができる。

❷　損害賠償額の予定は、契約と同時にしなければならない。

❸　損害賠償額の予定は、金銭以外のものをもってすることができる。

❹　損害賠償額の予定をした場合、債権者は、実際の損害額が予定額より大きいことを証明しても、予定額を超えて請求することはできない。

契約と同時にしなければならないものには、どんなものがあっただろう？

肢別のテーマ	❶金銭債務の特則	❷損害賠償額の予定
	❸損害賠償額の予定	❹損害賠償額の予定

解　説　正解 2

❶ ○ 損害の証明は不要。

金銭債務の不履行については、債権者は、損害の証明は不要で、**損害賠償請求**（原則として、法定利息の請求）ができる（民法419条２項）。金銭債務の特則である。

❷ × 契約と同時でなくてよい。

損害賠償額の予定は、**契約と**同時にする必要はない（420条１項）。なお、契約と同時にする必要のあるものとして、覚えておく必要のあるものは、買戻しの特約（売買契約と同時）である（579条）。

❸ ○ 損害賠償額の予定は、金銭以外のものをもってすることができる。

民法417条には、**損害賠償**は別段の意思表示がないときは**金銭**によるとの定めがあるが、これは**原則**を定めたにすぎない。

❹ ○ 予定額を超えて請求することはできない。

損害賠償額の予定をした場合、当事者同士で決めたことだから、実際の損害額にかかわりなく、債権者は予定額で満足しなければならない。

P! ココがポイント

❶の金銭債務については、以下の特則を覚えておくこと。

i）金銭債務は、履行不能となることはなく、履行遅滞のみしか認められない。

ii）債務者は、不可抗力によることを証明しても、責任を負わなければならない。

iii）債権者は、損害の証明は不要であり、法定利率での損害賠償が認められる（債務者は法定利率による損害を賠償するだけでよいので、不可抗力で責任を負うとしても、それほど酷ではない）。

「わか合格基本テキスト」　第１編「民法等」　Chap.2−Sec.1

18 債務不履行・契約の解除等②

CHECK! 過去の本試験 H10-問8

Aが、Bに建物を3,000万円で売却した場合の契約の解除に関する次の記述のうち、民法の規定及び判例によれば、誤っているものはどれか。

❶ Aが定められた履行期に引渡しをしない場合、Bは、3,000万円の提供をしないで、Aに対して履行の催告をしたうえ契約を解除できる。

❷ Bが建物の引渡しを受けて入居したが、2ヵ月経過後契約が解除された場合、Bは、Aに建物の返還とともに、2ヵ月分の使用料相当額を支払う必要がある。

❸ Bが代金を支払った後Aが引渡しをしないうちに、Aの過失で建物が焼失した場合、Bは、Aに対し契約を解除して、代金の返還、その利息の支払い、引渡し不能による損害賠償の各請求をすることができる。

❹ 特約でBに留保された解除権の行使に期間の定めのない場合、Aが、Bに対し相当の期間内に解除するかどうか確答すべき旨を催告し、その期間内に解除の通知を受けなかったとき、Bは、契約を解除できなくなる。

図解

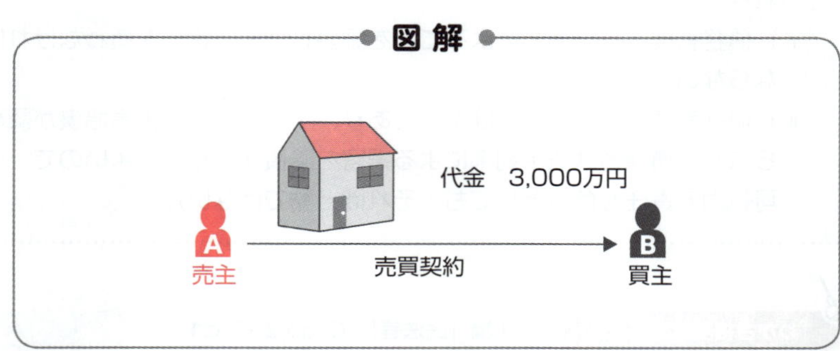

肢別のテーマ　❶債務不履行による解除の要件　❷解除の効果（使用料の返還）　❸債務不履行の要件と効果　❹催告による解除権の消滅

解説　正解 1

❶ × **Aは、Bが3,000万円の提供をするまで履行遅滞にならない。**

双務契約の両当事者には**同時履行の抗弁権**があり（民法533条）、Bは、自分が**履行の提供**をしなければ、Aの履行遅滞を理由とする契約の**解除**はできない（541条本文）。

❷ ○ **Bは、建物から生じた果実として、使用料相当額を支払わなければならない。**

Bは、**原状回復**として建物を返還するとともに（545条1項）、**金銭以外の物を返還**するときは、その受領の時以後にその物から生じた果実をも返還しなければならず（545条3項）、本肢では、BはAに対して、2か月分の**使用料相当額**を返還しなければならない。

❸ ○ **Aの過失による履行不能により、Bは損害賠償を請求できる。履行不能の場合、Bは解除、代金の返還、利息の支払いを請求できる。**

建物が焼失して**債務の履行が不能**となった場合、債務者Aに帰責事由があるので（Aの過失）、Bは**損害賠償を請求できる**（415条1項）。そして、**債務の全部の履行が不能**であるときは、Bは、催告不要で、直ちに契約を**解除できる**（542条1項1号）。そして、契約が解除されて**金銭を返還するときは**、Aは、原状回復として、その**受領の時から利息を付さなければならない**（545条1項・2項）。

❹ ○ **催告期間が過ぎれば、Bの解除権は消滅する。**

解除権の行使に期間の定めがない場合、相手方は解除権を有する者に対して相当の期間を定めて**催告**でき、その期間内に**確答がない**ときは、**解除権**は**消滅**するので（547条）、Bは契約を解除できなくなる。

P! ココがポイント

債務不履行による解除は、**債権者を契約の拘束力から解放する制度**と捉えられており、**債務者に帰責事由がない**場合でも、債権者は**解除できる**。この点は、債務者に**帰責事由を必要と**する**損害賠償請求**とは異なる。

「わか合格基本テキスト」　第1編「民法等」　Chap.2−Sec.1

19 債務不履行・契約の解除等③

重要度

CHECK! 過去の本試験 H16-問9

ＡはＢに甲建物を売却し、ＡからＢに対する所有権移転登記がなされた。ＡＢ間の売買契約の解除と第三者との関係に関する次の記述のうち、民法の規定及び判例によれば、正しいものはどれか。

❶ ＢがＢの債権者Ｃとの間で甲建物につき抵当権設定契約を締結し、その設定登記をした後、ＡがＡＢ間の売買契約を適法に解除した場合、Ａはその抵当権の消滅をＣに主張できない。

❷ Ｂが甲建物をＤに賃貸し引渡しも終えた後、ＡがＡＢ間の売買契約を適法に解除した場合、Ａはこの賃借権の消滅をＤに主張できる。

❸ ＢがＢの債権者Ｅとの間で甲建物につき抵当権設定契約を締結したが、その設定登記をする前に、ＡがＡＢ間の売買契約を適法に解除し、その旨をＥに通知した場合、ＢＥ間の抵当権設定契約は無効となり、Ｅの抵当権は消滅する。

❹ ＡがＡＢ間の売買契約を適法に解除したが、ＡからＢに対する甲建物の所有権移転登記を抹消する前に、Ｂが甲建物をＦに賃貸し引渡しも終えた場合、Ａは、適法な解除後に設定されたこの賃借権の消滅をＦに主張できる。

肢別のテーマ　❶〜❸解除の効果（解除前の第三者）
❹解除と登記（解除後の第三者）

解　説　正解 1

❶ ○　**Aは、その抵当権の消滅をCに主張できない。**

頻出

契約の解除による原状回復をもって、**第三者の権利**を**害することはできない**（民法545条１項ただし書）。そして、第三者とは、**解除前**に権利を取得した者で、登記などの**権利保護要件**を備えたものを指す。したがって、抵当権設定登記をしているCは、第三者として保護される。

❷ ×　**Aは、この賃借権の消滅をDに主張できない。**

頻出

解除前に、賃貸借契約を締結した**賃借人Dも第三者**であり、引渡しを受け**権利保護要件**（借地借家法31条）を備えているDは、解除による原状回復によって権利を害することのできない**第三者として保護**される（民法545条１項ただし書、判例）。

❸ ×　**ＢＥ間の抵当権設定契約が無効となるわけではない。**

難

解除前に、抵当権設定登記をしていないEは、第三者として保護されない。もっとも、Eは抵当権の設定をAに対抗できないだけであり、ＢＥ間の**抵当権設定契約**が無効となるわけではない（545条１項ただし書、判例）。

❹ ×　**登記のないAは、賃借権の消滅をFに主張できない。**

頻出

契約解除による所有権の復帰も、登記がなければ対抗できない物権変動だから、**解除**後の第三者との関係は対抗問題になる（177条、判例）。そして、**賃借人も**、**第三者**に該当する（判例）。したがって、Aは、Bへの所有権移転登記を抹消して登記を回復するよりも前に、甲建物の**引渡し**（借地借家法上の借家権の対抗要件）を受けた解除後の賃借人Fに対抗できず、Aは、賃借権の消滅をFに主張できない。

P! ココがポイント

複雑なケースで、考えさせる問題となっている。具体的に考えることが重要だ。

「わか合格基本テキスト」　第１編「民法等」　Chap.2-Sec.1・6

20 債務不履行・契約の解除等④

重要度

CHECK! 過去の本試験 H21-問8

売主Aは、買主Bとの間で甲土地の売買契約を締結し、代金の３分の２の支払と引換えに所有権移転登記手続と引渡しを行った。その後、Bが残代金を支払わないので、Aは適法に甲土地の売買契約を解除した。この場合に関する次の記述のうち、民法の規定及び判例によれば、正しいものはどれか。

❶ Aの解除前に、BがCに甲土地を売却し、BからCに対する所有権移転登記がなされているときは、BのAに対する代金債務につき不履行があることをCが知っていた場合においても、Aは解除に基づく甲土地の所有権をCに対して主張できない。

❷ Bは、甲土地を現状有姿の状態でAに返還し、かつ、移転登記を抹消すれば、引渡しを受けていた間に甲土地を貸駐車場として収益を上げていたときでも、Aに対してその利益を償還すべき義務はない。

❸ Bは、自らの債務不履行で解除されたので、Bの原状回復義務を先に履行しなければならず、Aの受領済み代金返還義務との同時履行の抗弁権を主張することはできない。

❹ Aは、Bが契約解除後遅滞なく原状回復義務を履行すれば、契約締結後原状回復義務履行時までの間に甲土地の価格が下落して損害を被った場合でも、Bに対して損害賠償を請求することはできない。

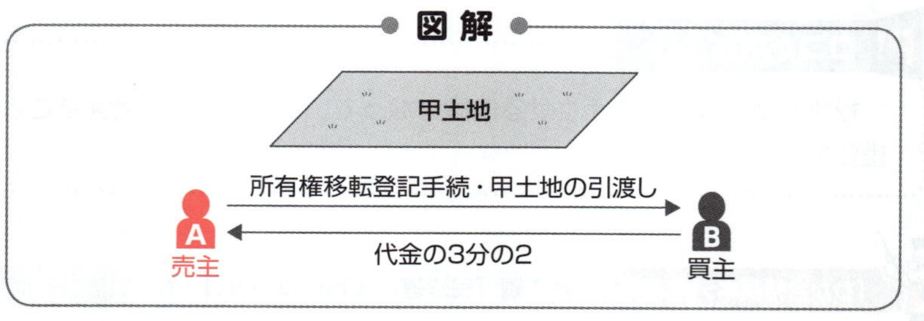

肢別のテーマ
❶解除の効果（解除前の第三者）　❷解除の効果（果実の償還）
❸解除と同時履行の関係　❹損害賠償請求

解説　正解 1

❶ ○ Aは甲土地の所有権をCに対して主張できない。

頻出

契約の解除をもって、**解除前の第三者の権利を害することはできない**（民法545条１項ただし書）。もっとも、**第三者**は、その解除原因が生じていたことについての善意・悪意を問わないが、**登記などの権利保護要件を備えることが必要**である（判例）。

❷ × Bは、賃料収入などの利益を償還すべき義務がある。

契約が解除されたときは、各当事者は、**原状回復義務**を負う（545条１項本文）。そして、**金銭以外の物を返還**するときは、その**受領の時以後に生じた果実**（貸駐車場の収益）をも返還しなければならない（545条３項）。

❸ × Bの原状回復義務とAの代金返還義務とは同時履行の関係。

解除による双方の原状回復義務は、同時履行の関係にある（546条、533条）。したがって、Bは、自らの債務不履行で解除されても、Bの原状回復義務を先に履行する必要はなく、Aの受領済み代金返還義務との同時履行の抗弁権を主張できる。

❹ × Aは、相当な範囲内で、損害賠償を請求できる。

Aは、契約を解除しても、Bの債務不履行により損害が発生すれば、Bに対して、相当な範囲内で**損害賠償請求**ができる（545条４項、415条１項・２項３号）。

P! ココがポイント

解除の効果に関しては、当事者間の効果と、第三者との関係に関して完璧にマスターしておこう。本問は、その両方について尋ねている良問。

「わか合格基本テキスト」　第１編「民法等」 Chap.2–Sec.1

債務不履行・契約の解除等⑤

CHECK!　過去の本試験 H22-問9

契約の解除に関する次の❶から❹までの記述のうち、民法の規定及び下記判決文によれば、誤っているものはどれか。

（判決文）

同一当事者間の債権債務関係がその形式は甲契約及び乙契約といった２個以上の契約から成る場合であっても、それらの目的とするところが相互に密接に関連付けられていて、社会通念上、甲契約又は乙契約のいずれかが履行されるだけでは契約を締結した目的が全体としては達成されないと認められる場合には、甲契約上の債務の不履行を理由に、その債権者が法定解除権の行使として甲契約と併せて乙契約をも解除することができる。

❶　同一当事者間で甲契約と乙契約がなされても、それらの契約の目的が相互に密接に関連付けられていないのであれば、甲契約上の債務の不履行を理由に甲契約と併せて乙契約をも解除できるわけではない。

❷　同一当事者間で甲契約と乙契約がなされた場合、甲契約の債務が履行されることが乙契約の目的の達成に必須であると乙契約の契約書に表示されていたときに限り、甲契約上の債務の不履行を理由に甲契約と併せて乙契約をも解除することができる。

❸　同一当事者間で甲契約と乙契約がなされ、それらの契約の目的が相互に密接に関連付けられていても、そもそも甲契約を解除することができないような付随的義務の不履行があるだけでは、乙契約も解除することはできない。

❹　同一当事者間で甲契約（スポーツクラブ会員権契約）と同時に乙契約（リゾートマンションの区分所有権の売買契約）が締結された場合に、甲契約の内容たる屋内プールの完成及び供用に遅延があると、この履行遅延を理由として乙契約を民法第541条により解除できる場合がある。

判決文はナント言っているのでしょうか？　よく読んでポイントをつかみましょう！

肢別のテーマ	❶解除の可否（目的の密接関連性）	❷解除の可否（契約書への表示）
	❸解除の可否（甲契約の解除ができない場合）	❹解除の可否（具体例）

解説　正解 2

❶ ○ **本問判決文に合致し、正しい記述である。**

判決文は、甲契約および乙契約といった2個以上の契約から成る場合であっても、一定の要件があれば、甲契約上の債務の不履行を理由に、その債権者が法定解除権の行使として甲契約と併せて乙契約をも解除することができるとする。その要件として、①それらの契約の目的とするところが相互に密接に関連付けられていて、②社会通念上、甲契約または乙契約のいずれかが履行されるだけでは契約を締結した目的が全体としては達成されないと認められる場合を挙げている。本肢の場合、そもそも①の要件を欠き、甲契約上の債務の不履行を理由に、甲契約と併せて乙契約を解除できない。

❷ × **本問判決文に反し、誤っている。**

本判決文は、甲契約と併せて乙契約をも解除することができる要件として、乙契約の契約書への表示は要求していない。

❸ ○ **本問判決文に合致し、正しい記述である。**

本判決文では、甲契約上の債務に不履行があり甲契約が解除できることが前提となっている。したがって、甲契約を解除することができないような付随的義務の不履行があるだけでは、乙契約も解除することはできない。

❹ ○ **本問判決文に合致し、正しい記述である。**

「甲契約（スポーツクラブ会員権契約）」の内容である「屋内プールの完成および供用に遅延」があると、❶で述べた①と②の要件が充たされることがあり、「この履行遅延を理由として乙契約（リゾートマンションの区分所有権の売買契約）」を「解除できる場合がある」といえる。

P! ココがポイント

定番となった判決文型の出題である。ただ、「判例によれば」との記載が問題前提文になく、「判例の知識」で判断するのではなく、純粋に「判決文の論理」に従って判断することを求める論理型・読解型の出題となっている。このような問題のときは、判決文の趣旨をしっかりつかむことがポイントである。

「わか合格基本テキスト」　第1編「民法等」 Chap.2−Sec.1

債務不履行・契約の解除等⑥

CHECK!　過去の本試験　H24-問8改

債務不履行に基づく損害賠償請求権に関する次の記述のうち、民法の規定及び判例によれば、誤っているものはどれか。

❶　ＡがＢと契約を締結する前に、信義則上の説明義務に違反して契約締結の判断に重要な影響を与える情報をＢに提供しなかった場合、Ｂが契約を締結したことにより被った損害につき、Ａは、不法行為による賠償責任を負うことはあっても、債務不履行による賠償責任を負うことはない。

❷　ＡＢ間の利息付金銭消費貸借において、利率に関する定めがない場合、借主Ｂが債務不履行に陥ったことによりＡがＢに対して請求することができる遅延損害金は、債務者が遅延の責任を負った最初の時点における法定利率によってこれを定める。

❸　ＡＢ間でＢ所有の甲不動産の売買契約を締結した後、Ｂが甲不動産をＣに二重譲渡してＣが登記を具備した場合、ＡはＢに対して債務不履行に基づく損害賠償請求をすることができる。

❹　ＡＢ間の金銭消費貸借契約において、借主Ｂは当該契約に基づく金銭の返済をＣからＢに支払われる売掛代金で予定していたが、その入金がなかった（Ｂの責めに帰すべき事由はない。）ため、返済期限が経過してしまった場合、Ｂは債務不履行には陥らず、Ａに対して遅延損害金の支払義務を負わない。

肢別のテーマ ❶契約締結前の説明義務違反 ❷金銭債務の特則（効果） ❸二重譲渡と履行不能 ❹金銭債務の特則（要件）

解説 正解 4

❶ 難 ○ 債務不履行による賠償責任を負うことはない。

契約の一方当事者であるAが、当該契約の締結に先立ち、信義則上の説明義務に違反して、当該契約を締結するか否かに関する判断に影響を与える情報を相手方Bに提供しなかった場合には、Aは、Bが当該契約を締結したことにより被った損害につき、不法行為による賠償責任を負うことはあるが、当該契約上の債務不履行による賠償責任を負うことはない（判例）。これは、信義則上の説明義務違反であり、後に成立した契約に基づく義務違反ではないからである。

❷ ○ 遅延損害金は、債務者が遅延の責任を負った最初の時点における法定利率により定める。

金銭債務の不履行については、その損害賠償の額は、債務者が遅延の責任を負った最初の時点における法定利率によって定める。なお、仮に利率に関する定め（約定利率）があり、それが法定利率を超えるときは、約定利率によることに注意（民法419条1項、404条）。

❸ ○ Aは、甲不動産を二重に譲渡したBに対して、債務不履行に基づく損害賠償請求をすることができる。

不動産の二重譲渡において、売主が不動産を第三者に譲渡して、その第三者への所有権移転登記がなされた場合、当初の買主に対する売主の債務は、特段の事情のない限り、第三者に対する所有権移転登記が完了した時に、履行不能となるので（415条、判例）、損害賠償請求が認められる。

❹ × 金銭の借主Bは、自己の責めに帰すべき事由はなくても、債務不履行に陥る。

金銭債務の不履行について、債務者Bは、不可抗力によることを証明しても、責任を負わなければならず、BはAに対して遅延損害金の支払義務を負う（419条3項）。

P! ココがポイント

利息を生ずべき債務について別段の意思表示がないときは、その利率は、利息が生じた最初の時点における法定利率となり、法定利率は年3％である。もっとも、3％は固定ではなく変動制であり、3年ごとに市場金利の動向を反映して見直すことになっている（民法404条）。なお、❷の金銭消費貸借は、本肢のような特約（利息付の金銭消費貸借）がなければ、貸主は借主に対して利息を請求できない（589条1項）。

「わか合格基本テキスト」 第1編「民法等」 Chap.2−Sec.1

23 手　付①

重要度 ★★★

CHECK! □□□　過去の本試験 H4-問7

不動産の売買契約における手付に関する次の記述のうち、民法の規定及び判例によれば、正しいものはどれか。

❶ 当該契約が宅地建物取引業者の媒介によるものであるときは、契約に別段の定めがあっても、手付は解約手付となる。

❷ 解約手付の契約は、売買契約と同時に締結しなければ、効力を生じない。

❸ 買主が手付を交付した後、契約に基づいて中間金の支払いを済ませた場合でも、契約に別段の定めがなく、売主が履行に着手していなければ、買主は、手付を放棄して、当該契約を解除することができる。

❹ 買主が手付を交付した後、売主の責めに帰すべき事由により売主の債務が履行不能となった場合において、損害賠償額について契約に別段の定めがないときは、その額は手付の倍額とされる。

契約当事者がいつまでも好き勝手に解除できるわけはない！

肢別のテーマ ❶手付の性質 ❷手付契約の時期 ❸手付による解除の時期 ❹債務不履行による損害賠償額と手付

解 説 正解 3

❶ × **民法上、本肢のような定めはない！**

手付には証約手付、解約手付、違約手付の３種類がある。当事者間に別段の定めがない場合には、その手付は**解約手付**と**推定**されるが（民法557条１項）、契約に**別段の定め**（たとえば、違約手付であるとの特約）**があれば、それに従う**。なお、宅建業法の規定である、「宅建業者**自ら売主**の場合」（手付は解約手付とみなす）と混同しないように注意。

❷ × **民法上、本肢のような定めはない！**

解約手付の契約は、売買契約と**同時**に**される必要はない**（判例）。

❸ ○ **相手方（売主）が履行に着手していなければ、自分（買主）は履行に着手していても、手付解除できる。**

契約に別段の定めがなければ、手付は**解約手付と推定**される。そして、**相手方が履行に着手するまで**は、たとえ**自分が履行に着手していても**（本肢の「中間金の支払い」等）、**手付解除できる**（557条１項ただし書）。契約を守ろうとして履行に着手した**相手方の信頼**を裏切るべきでないというのがその趣旨だから、相手方が履行に着手していなければ手付解除を認めるのである。

❹ × **損害賠償額と手付の額は、無関係！**

契約に別段の定め（手付の額そのものを損害賠償額の予定とする等）がない限り、履行不能による**損害賠償額**は、**手付の額とは無関係**である。

P! ココがポイント

❸は、本試験で何度も出ている重要項目である。なお、手付解除は、すでに手付を交付している買主は手付を放棄して解除をする旨を売主に告げるだけでよいが、**売主**は**手付の倍額を現実に提供**しなければならない（557条１項）。

「わか合格基本テキスト」 第１編「民法等」 Chap.2–Sec.1

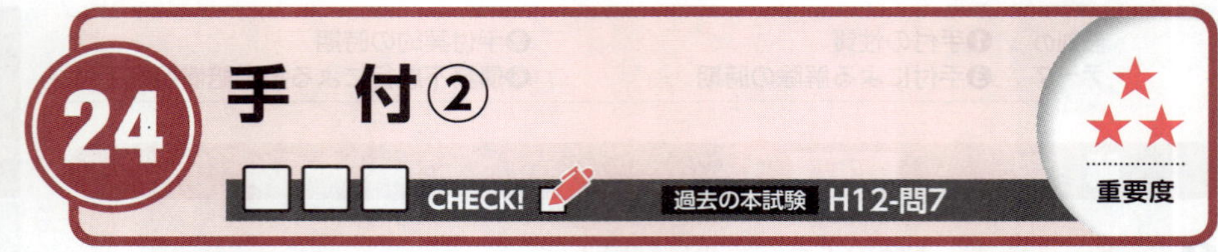

24 手付②

買主Aと売主Bとの間で建物の売買契約を締結し、AはBに手付を交付したが、その手付は解約手付である旨約定した。この場合、民法の規定及び判例によれば、次の記述のうち正しいものはどれか。

❶ 手付の額が売買代金の額に比べて僅(きん)少である場合には、本件約定は、効力を有しない。

❷ Aが、売買代金の一部を支払う等売買契約の履行に着手した場合は、Bが履行に着手していないときでも、Aは、本件約定に基づき手付を放棄して売買契約を解除することができない。

❸ Aが本件約定に基づき売買契約を解除した場合で、Aに債務不履行はなかったが、Bが手付の額を超える額の損害を受けたことを立証できるとき、Bは、その損害全部の賠償を請求することができる。

❹ Bが本件約定に基づき売買契約を解除する場合は、Bは、Aに対して、単に口頭で手付の額の倍額を償還することを告げて受領を催告するだけでは足りず、これを現実に提供しなければならない。

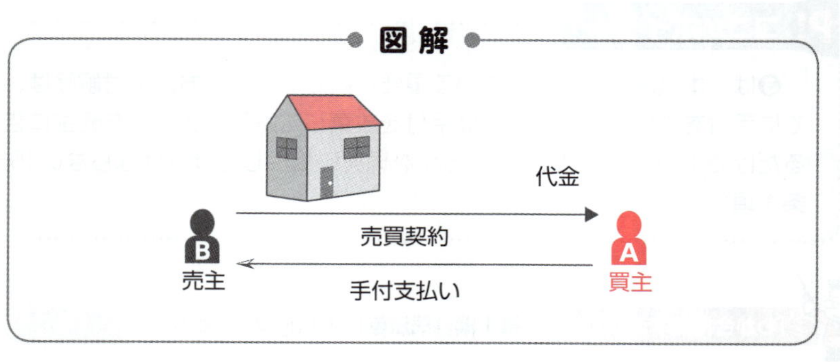

肢別のテーマ
❶手付の性質
❷手付による解除の時期
❸手付解除と損害賠償
❹手付解除の方法

解説　正解 4

❶ × 民法上、本肢のような定めはない！

手付の額が売買代金に比べてどんなに少額（僅少）であったとしても、それを解約手付とする旨の約定は有効である。

❷ × 相手方（売主）が履行に着手していなければ、自分（買主）は履行に着手していても手付解除できる。

相手方が履行に着手していなければ、自分が履行に着手していても、手付解除できる（民法557条１項）。履行に着手して契約を守るつもりになった相手方の期待を裏切るべきではないが、自分で翻意しても期待を裏切っているわけではないからである。

❸ × 債務不履行はないのだから、損害賠償請求はできない。

ひっかけ

当初の約定どおり、手付解除しただけであり、債務不履行をしたわけではないのだから、Bは、Aに対して損害賠償は請求できない（557条２項）。

❹ ○ 売主による手付解除には、現実の提供が必要。

売主から手付解除する場合は、手付の倍額を現実に提供する必要がある（557条１項）。買主は既に売主に手付を交付していることとのバランスを取る意味から、売主は手付の倍額について、口頭の提供ではなく、現実の提供が必要とされる。

P! ココがポイント

手付については、特に以下の３つは覚えておこう。

① 手付は、解約手付と推定される。
② 相手方が履行に着手するまでは、自分が履行に着手していても手付解除できる。
③ 売主から手付解除するには、手付の倍額を現実に提供する必要がある。

「わか合格基本テキスト」 第１編「民法等」 Chap.2−Sec.1

危険負担等①

CHECK! 過去の本試験 H8-問11改

ＡがＢに対し、Ａ所有の建物を売り渡し、所有権移転登記を行ったが、まだ建物の引渡しはしていない場合で、代金の支払いと引換えに建物を引き渡す旨の約定があるときに関する次の記述のうち、民法の規定及び判例によれば、正しいものはどれか。

❶ 代金の支払い及び建物の引渡し前に、その建物が地震によって全壊したときは、Ａは、常にＢに対して代金の支払いを請求することはできない。

❷ 代金の支払い及び建物の引渡し前に、その建物の一部が地震によって損壊したときは、Ａは、代金の額から損壊部分に見合う金額を減額した額であれば、Ｂに対して当然に請求することができる。

❸ Ａが自己の費用で建物の内装改修工事を行って引き渡すと約束していた場合で、当該工事着手前に建物が地震で全壊したときは、Ａは、常に内装改修工事費相当額をＢに対して償還しなければならない。

❹ Ｂが代金の支払いを終え、建物の引渡しを求めたのにＡが応じないでいる場合でも、建物が地震で全壊したときは、Ｂは、契約を解除して代金の返還を請求することができる。

建物の売買契約締結後に建物が全壊・一部損壊したら、法律関係はどうなるのだろうか？

肢別のテーマ	❶危険負担	❷危険負担
	❸債務者による利益償還	❹履行遅滞後の不可抗力による不能

解　説　正解 4

❶ **× Bが売買契約を解除しなければ、AはBに代金を請求できる。**

売買契約締結後、引渡し前に地震で**全壊**したので、売主Aの建物引渡債務は**履行不能**となり、履行不能についてAに責めに帰すべき事由はないので、引渡しに代わる**損害賠償債務を負うこともない**。そして、Aは買主Bに**代金請求ができる**が、Bは**代金支払いを拒む**ことができ（民法536条1項）、さらにBは、売買契約を**解除**できるので（542条1項1号）、解除すれば代金支払債務も消滅する。

❷ **× Aは、損壊部分に見合う金額を減額した代金額でも、Bに請求できるとは限らない。**

建物の**一部損害**により、売主Aの債務は**不完全履行**となる。この場合、買主Bは、**契約不適合責任**として、追完請求、代金減額請求、**解除**をすることできる（562条、563条、542条）。そして、売買契約を解除すれば、たとえ損壊部分に見合う金額を**減額した代金額**でも、AはBに**請求できない**。

❸ 

× AはBに内装工事費相当額を常に償還しなければならないとは限らない。

解除も代金支払いの拒絶もせず、Bが代金支払いを行う場合は、BはAに対し、建物滅失で売主が支出を免れた内装改修工事費用の償還を請求できる（**代償請求権**、422条の2）。よって、内装工事費相当額を償還しなければならないのは、Bが**解除権を行使せず、代金支払いを拒むこともしない場合**に、Bが**代償請求権を行使**した場合に限られるので、「常に」とはいえない。

❹ **○ Aが履行遅滞にあるときに、地震によって履行不能となったときは、Aの債務不履行となり、Bは、契約を解除して代金の返還請求ができる。**

債務者がその債務について**遅滞の責任を負っている間**に、**当事者双方の責めに帰すことができない事由**によってその債務の**履行が不能**となったときは、その履行不能は、**債務者の責めに帰すべき事由**によるものと**みなす**（413条の2第1項）。よって、Bは債務不履行を理由に直ちに契約を**解除**し、支払った**代金の返還請求**ができる（542条1項1号、545条）。なお、Aに責めに帰すべき事由があるので、Bは損害賠償も請求できる（415条1項）。

「わか合格基本テキスト」 第1編「民法等」 Chap.2−Sec.2

危険負担等②

CHECK!　過去の本試験　H19-問10改

2024年９月１日にＡ所有の甲建物につきＡＢ間で売買契約が成立し、当該売買契約において同年９月30日をもってＢの代金支払と引換えにＡは甲建物をＢに引き渡す旨合意されていた。この場合に関する次の記述のうち、民法の規定によれば、正しいものはどれか。

❶　甲建物が同年８月31日時点でＡＢ両者の責に帰すことができない火災により滅失していた場合、甲建物の売買契約は有効に成立するが、Ａの甲建物の引渡し債務も、Ｂの代金支払債務も消滅する。

❷　甲建物が同年９月15日時点でＡの責に帰すべき火災により滅失した場合、有効に成立していた売買契約は、Ａの債務不履行によって無効となる。

❸　甲建物が同年９月15日時点でＢの責に帰すべき火災により滅失した場合、Ａの甲建物の引渡し債務も、Ｂの代金支払債務も消滅する。

❹　甲建物が同年９月15日時点で自然災害により滅失しても、ＡＢ間に「自然災害による建物滅失の危険は、建物引渡しまでは売主が負担する」との特約がある場合、ＡはＢに代金支払いの請求ができなくなる。

危険負担に関する民法の定めは、任意規定だ！

肢別のテーマ
❶契約締結前に滅失　❷契約締結後に滅失（債務者に責め有り）
❸契約締結後に滅失（債務者に責めなし）　❹危険負担に関する特約

解　説　正解 4

❶ **難**

×　契約締結時に目的物が滅失していても、契約は有効に成立し、建物引渡し債務や代金支払債務が消滅するわけではない。

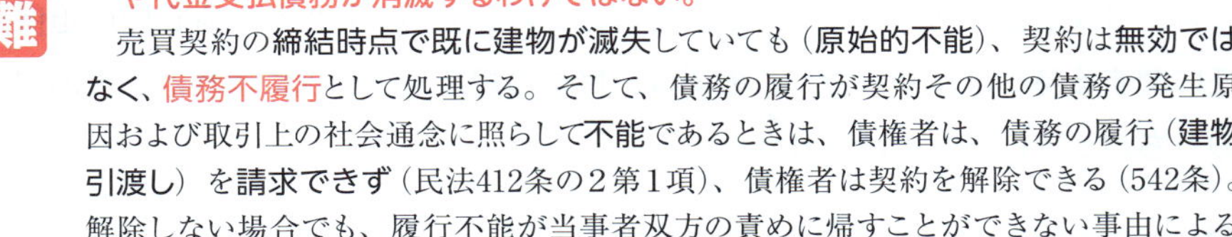

売買契約の**締結時点で既に建物が滅失**していても（**原始的不能**）、契約は**無効では**なく、債務不履行として処理する。そして、債務の履行が契約その他の債務の発生原因および取引上の社会通念に照らして**不能**であるときは、債権者は、債務の履行（**建物引渡し**）を**請求できず**（民法412条の２第１項）、債権者は契約を解除できる（542条）。解除しない場合でも、履行不能が当事者双方の責めに帰すことができない事由によるのであれば、債権者は反対給付（**代金支払い**）の**履行を拒む**ことができる（536条１項）。

❷ **×　債務者の責めに帰すべき事由により履行不能となっても、契約は有効。**

引渡し前に建物が債務者（売主Ａ）の責めに帰すべき火災で滅失すると、**債務不履行**となる。この場合、売買契約は無効とはならず、Ｂは損害賠償を請求**できるし**（415条１項）、売買契約を解除することも**できる**（542条１項1号）。

❸ **×　債権者の責めに帰すべき事由により履行不能となっても、債務が消滅するとは限らない。**

引渡し前に建物が債権者（買主Ｂ）の責めに帰すべき事由による火災で滅失すると、**履行不能**となる。**債権者の責めに帰すべき事由による債務不履行**の場合、債権者は契約を**解除できないし**（543条）、債務者に責めに帰すべき事由もないので、**損害賠償も請求できない**（415条1項）。そして、債権者は**反対給付**（代金支払）の**履行を拒むことはできない**（536条1項）。

❹ **○　Ｂが売買契約を解除しなければ、ＡはＢに代金を請求できる。**

民法規定と異なる特約は有効。民法規定では、建物の売買契約成立後、建物引渡し前に当事者の責めに帰すことができない事由で履行不能となると、売主は代金を請求できるが、買主は履行を拒めると規定する（536条１項）。しかし、本肢の**特約**により、ＡはＢに**代金を請求できなくなる**。

P! ココがポイント

危険負担は、契約成立後引渡し前に、当事者の責めに帰すことができない事由で履行不能となった場合に反対債務の履行を拒絶できるかを規定する。そして、反対債務が消滅するか否かは解除が規定する。

「わか合格基本テキスト」　第１編「民法等」 Chap.2−Sec.2

売主の担保責任①

CHECK! 過去の本試験 H8-問8改

ＡがＢから建物所有の目的で土地を買い受ける契約をしたが、ＡＢ間に担保責任に関する特約はなかった。この場合、民法の規定及び判例によれば、次の記述のうち誤っているものはどれか。

❶ この土地がＣの所有であることをＡが知って契約した場合でも、Ｂがこの土地をＣから取得してＡに移転できないときには、Ａは、Ｂに対して契約を解除することができる。

❷ この土地の８割の部分はＢの所有であるが、２割の部分がＤの所有である場合で、２割の部分がＤの所有であることをＡが知って契約したときは、結果としてＤ所有部分をＡに移転できなかったときでも、Ａは、Ｂに対して契約を解除することができない。

❸ この土地が抵当権の目的とされており、その実行の結果Ｅが競落したとき、Ａは、Ｂに対して契約を解除することができる。

❹ この土地の８割が都市計画街路の区域内にあることが容易に分からない状況にあったため、Ａがそのことを知らなかった場合で、このため契約の目的を達することができないとき、Ａは、Ｂに対して契約を解除することができる。

改正により規定された契約不適合責任についての総合問題である。

肢別のテーマ	❶全部他人物売買 ❸抵当権実行による所有権喪失等	❷一部他人物売買 ❹契約不適合責任（法令上の制限あり）

解　説　　正解 2

❶ ○　**買主Aが悪意でも、解除できる。**

他人の権利を売買の目的としたときは、売主は、その権利を取得して買主に移転する義務を負う（民法561条）。売主がその権利を移転できないときは、**売主の債務不履行**となる。この場合、買主は、**善意・悪意を問わず**、売買契約を**解除できる**（541条、542条）。

❷ ×　**買主Aが悪意でも、契約を解除できる。**

売買の目的物の**一部が他人に属している**場合、売主は、その権利を取得して買主に移転する義務を負う（561条）。売主がその権利を移転できないときは、**売主の不完全履行**となり、**契約不適合の担保責任**を追及できる。この場合、買主は、**善意・悪意を問わず**、売買契約を**解除できる**（565条、564条、541条、542条）。

❸ ○　**Aは、契約を解除できる。**

売買の目的物に**抵当権が設定**されている場合、売買代金の額から被担保債権額を割引くなどの特段の事情がない限り、買主は売主に対して抵当権を消滅させるという**追完請求**や**代金減額請求**ができるが（565条、562条、563条）、抵当権が実行され買主が所有権を失ったのであれば、Aは直ちに契約の**解除もできる**（542条）。

❹ ○　**Aは、契約を解除できる。**

難

法令上の制限も目的物の品質等に関する契約不適合に含まれると解されるので（旧民法の「瑕疵」には法律上の瑕疵も含むとする判例あり）、Aは**追完請求**や**代金減額請求**（562条、563条）、契約の**解除**もできる（541条、542条）。この場合、買主の善意・悪意は問わないし、仮に契約目的を達成できない場合でなくとも、解除は可能である。

P! ココがポイント

引き渡された目的物が「**契約内容に適合しないとき**」は、債務不履行の特則として、債務不履行において認められる、①**損害賠償請求**や②**解除**以外に、買主の救済手段として、③**追完請求**（**代替物引渡請求、修補請求、不足分引渡請求**）や④**代金減額請求**が認められる。

「わか合格基本テキスト」　第1編「民法等」 Chap.2–Sec.3

売主の担保責任②

CHECK!　過去の本試験　H11-問10改

重要度

ＡからＢが建物を買い受ける契約を締結した場合（売主の担保責任についての特約はない。）に関する次の記述のうち、民法の規定及び判例によれば、正しいものはどれか。

❶　この建物がＣの所有で、ＣにはＡＢ間の契約締結時からこれを他に売却する意思がなく、ＡがＢにその所有権を移転することができない場合でも、ＡＢ間の契約は有効に成立する。

❷　Ａが、この建物がＡの所有に属しないことを知らず、それを取得してＢに移転できない場合は、ＢがＡの所有に属しないことを知っていたときでも、Ａは、Ｂの受けた損害を賠償しなければ、ＡＢ間の契約を解除することができない。

❸　ＡがＤに設定していた抵当権の実行を免れるため、ＢがＤに対しＡの抵当債務を弁済した場合で、ＢがＡＢ間の契約締結時に抵当権の存在を知っていたとき、Ｂは、Ａに対し、常に損害の賠償請求はできないが、弁済額の償還請求はすることができる。

❹　Ｂが、この建物の引渡し後、建物の柱の数本に、しろありによる被害があることを発見した場合は、ＡがＡＢ間の契約締結時にこのことを知っていたときでないと、Ｂは、Ａに損害賠償の請求をすることはできない。

図解

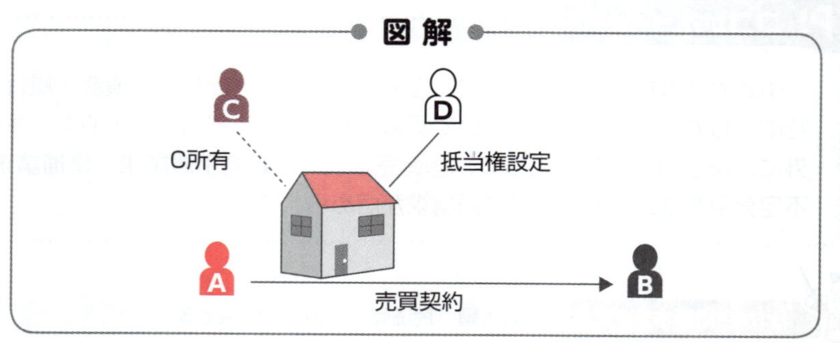

肢別のテーマ	❶全部他人物売買（有効性） ❸費用の償還請求	❷全部他人物売買（売主からの解除） ❹契約不適合責任

解 説 …… 正解 1

❶ ○ **所有者が最初から手放す意思がなくても、他人物売買契約として有効。**

他人物売買契約の時点において所有者が他に売却する意思がなくても、売主は、所有者から目的物を取得して、買主に移転することが、客観的には一応可能である以上、契約は有効である（民法561条）。

❷ × **損害賠償の有無にかかわらず、他人物売買の売主からは、解除はできない。**

難

他人物売主は、他人の権利を取得して買主に移転する義務を負うことから（561条）、売主が善意であるというだけでは、解除による契約離脱は認められない。なお、旧法の「他人物売主が善意である場合の売主からの契約解除権」は、改正で削除された。

❸ × **買主Bが悪意でも、弁済額（費用）の償還請求はできるし、損害の賠償請求ができる場合もある。**

買い受けた不動産（建物）について契約内容に適合しない抵当権等が存していた場合において、買主が費用を支出してその不動産の所有権を保存したときは、買主は、売主に対し、その費用の償還請求をすることが認められる（570条）。そして、買主が悪意であっても、売主に責めに帰すべき事由があれば、買主は損害賠償を請求できる（565条、564条、415条）。なお、買主の過失等は、過失相殺（418条）等で考慮して妥当な解決をすることとなる。

❹ × **売主Aが悪意でない場合も、買主Bは損害賠償請求ができる場合がある。**

引き渡された目的物が品質に関して契約内容に適合しないものであるときは、買主は、追完請求ができ（562条）、債務者に帰責性があれば、損害賠償請求もできる（564条、415条）。債務者の帰責性の有無は、契約その他債務の発生原因および取引上の社会通念に照らして判断されるので、売主が悪意でなくても、帰責性が認められる場合がある。

「わか合格基本テキスト」 第1編「民法等」 Chap.2−Sec.3

売主の担保責任③

□□□ CHECK!　過去の本試験 H15-問10改

重要度

Ａが、ＢからＢ所有の土地付中古建物を買い受けて引渡しを受けたが、建物の主要な構造部分に欠陥があった。この場合、民法の規定及び判例によれば、次の記述のうち正しいものはどれか。なお、引き渡した目的物の品質等についての契約内容の不適合に関する責任（以下この問において「担保責任」という。）については、特約はない。

❶ Ａが、この欠陥の存在を知って契約を締結した場合、Ａは契約を解除することはできないが、この場合の建物の欠陥は重大な瑕疵なのでＢに対して、常に損害賠償請求を行うことができる。

❷ Ａが、この欠陥の存在を知らないまま契約を締結した場合、Ａが契約の解除を行うことができるのは、欠陥が存在するために契約を行った目的を達成することができない場合に限られない。

❸ Ａが、この欠陥の存在を知らないまま契約を締結した場合、契約締結から１年以内に担保責任の追及を行わなければならない。

❹ ＡＢ間の売買契約が、宅地建物取引業者Ｃの媒介により契約締結に至ったものである場合、Ｂに対して担保責任が追及できるのであれば、ＡはＣに対しても担保責任を追及することができる。

肢別のテーマ　❶契約不適合責任（買主悪意）　❷契約不適合責任（解除の要件）　❸契約不適合責任（通知義務）　❹契約不適合責任（媒介業者）

解説　正解 2

❶ ✕ 買主が欠陥の存在を知って売買契約を締結したのであれば、契約不適合とはいえず、損害賠償請求はできない。

買主が欠陥の存在を知って売買契約を締結したのであれば、その欠陥の存在は、原則として契約不適合ではなく、買主は契約不適合責任（①追完請求、②代金減額請求、③損害賠償請求、④解除）は追及できない（民法562条１項、563条１項・２項、564条、541条、415条１項）。

❷ 頻出 ○ 解除できるのは、目的を達成できない場合に限られるわけではない。

契約を行った目的を達成できる場合でも、契約不適合があり、相当の期間を定めてその履行の追完を催告しても履行の追完がない場合は、原則として契約を解除できる（562条１項、564条、541条）。

❸ 頻出 ✕ 買主が契約不適合を知った時から１年以内にその不適合を売主に通知すればよく、責任追及まで行う必要はない。

売主が品質等に関して契約内容に適合しない目的物を買主に引き渡した場合、原則として、買主がその不適合を知った時から１年以内にその旨を売主に通知すれば、買主は、契約不適合責任の追及をすることができる（566条）。契約締結から１年以内に担保責任の追及をする必要はない。

❹ ひっかけ ✕ 媒介業者には、契約内容の不適合責任を追及できない。

契約不適合責任（担保責任）は、「買主が売主の責任を追及する」という性質のものだからである（562条）。

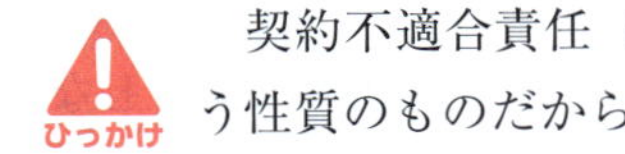

種類や品質に関する契約不適合責任の追求として、買主は売主に追完請求・代金減額請求・損害賠償請求・契約の解除をすることができるが、かかる責任追求をする前提として、原則として、買主は契約不適合があることを知った時から１年以内に契約不適合がある旨を売主に通知する必要がある。

「わか合格基本テキスト」 第１編「民法等」 Chap.2−Sec.3

売主の担保責任④

□□□ CHECK! 過去の本試験 H19-問11改

宅地建物取引業者でも事業者でもないＡＢ間の不動産売買契約における売主Ａの責任に関する次の記述のうち、民法の規定及び判例によれば、正しいものはどれか。

❶ 売買契約に、引き渡された不動産の品質等に関して契約内容に適合しない場合に関するＡの担保責任を全部免責する旨の特約が規定されていても、Ａが知りながらＢに告げなかった事実については、Ａは担保責任を負わなければならない。

❷ ＢがＡから引渡しを受けた不動産の品質等に関し、契約内容に適合しないものであったとしても、当該不適合が売買契約をした目的を達成することができないとまではいえないようなものである場合は、Ａは、担保責任を負わない。

❸ Ｂがその過失により、契約時には不動産の品質等が契約内容に適合しないものであることに気付かず、引渡しを受けてから当該不適合を知った場合には、Ａは担保責任を負うことはない。

❹ 売買契約に、引渡しを受けた目的物の品質等に関して契約内容に適合しない場合における担保責任を追及できる期間について特約を設けていない場合、Ｂが担保責任を追及するときは、契約内容に適合しないことを知ってから１年以内に行わなければならない。

売主の契約不適合責任は、債務不履行責任の特則である。

肢別のテーマ	❶契約不適合責任（免責特約） ❸契約不適合責任（善意無過失）	❷契約不適合責任（要件） ❹契約不適合責任（行使期間の制限）

解　説　正解 1

❶ ○ 知っているのに黙っていたときは、責任を免れない。

免責特約があっても、売主は、知りながら告げなかった事実等については、契約不適合責任を免れることができない（民法572条）。

❷ × 買主が目的を達成することができるかどうかにかかわらず、売主は担保責任を負う。

ひっかけ

引き渡された不動産の品質等が契約内容に適合しないときは、債務不履行として、買主は売主に対して、修繕や代替物の引渡しの追完請求をすることができ（562条１項、565条）、代金の減額請求をすることもできる（563条１項・２項）。また、契約をした目的を達成できないとまではいえないような瑕疵であっても、相当の期間を定めてその履行を請求しても履行がない場合は、原則として契約を解除できる（564条、541条）。

❸ × 買主が契約不適合について有過失であっても、売主が担保責任を負わないとは限らない。

頻出

引き渡された不動産の品質等が契約内容に適合しないときは、債務不履行として、買主は売主に対して、修繕や代替物の引渡し等の追完請求をすることができ（562条１項、565条）、代金の減額請求をすることもできる（563条１項・２項）。さらに、買主に過失があっても、解除をすることができ（564条、541条）、債務者（売主）に責めに帰すべき事由があれば、損害賠償請求をすることもできる（564条、415条１項）。買主の過失等は、過失相殺（418条）等で考慮して妥当な解決をする。

❹ × 知ってから１年以内に責任追及を行わなくても、１年以内に契約の不適合を売主に通知すればよい。

頻出

売主が品質等に関して契約内容に適合しない目的物を買主に引き渡した場合、原則として、買主がその不適合を知った時から１年以内にその旨を売主に通知すれば、買主は、責任追及（追完請求、代金減額請求、損害賠償請求、契約の解除）をすることができる（566条）。契約内容に適合しないことを知ってから１年以内に担保責任の追及をする必要はない。

「わか合格基本テキスト」　第１編「民法等」　Chap.2−Sec.3

31 抵当権①

□□□ CHECK!　過去の本試験 H2-問6改

重要度 ★★★

Aは、2024年１月、ＢからＢの所有地を2,000万円で買い受けたが、当該土地には、ＣのＤに対する1,000万円の債権を担保するため、Ｃの抵当権が設定され、その登記もされていた。この場合、民法の規定によれば、次の記述のうち誤っているものはどれか。

❶ Ａは、Ｃの抵当権の実行によりＢから買い受けた宅地の所有権を失った場合でなくとも、ＡＢ間の売買契約を解除できることがある。

❷ Ａは、抵当権の消滅請求をすることができ、その手続きが終わるまで、Ｂに対し、代金の支払いを拒むことができる。

❸ Ｃは、ＢのＡに対する代金債権について、差押えをしなくても、他の債権者に優先して、1,000万円の弁済を受けることができる。

❹ Ａは、抵当権の実行を免れるため、ＤのＣに対する1,000万円の債務を弁済した場合、Ｂ及びＤに対し、当該1,000万円の支払いを請求することができる。

図解

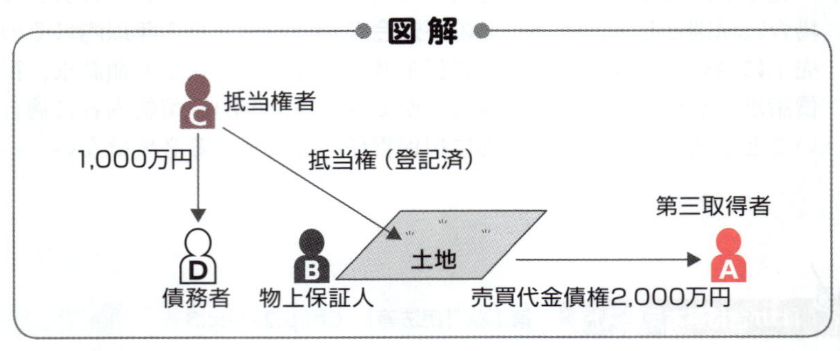

肢別のテーマ	❶抵当権の制限と担保責任 ❸物上代位（差押え）	❷代金支払拒絶権 ❹費用の償還請求権と求償権

解　説　正解 3

❶ ○　Aは、抵当権が実行されて所有権を失う前でも、解除できることがある。

抵当権付きの宅地を購入したAは、あらかじめ担当権の存在を考慮して代金額を決定していたなどの特段の事情がない限り、抵当権が実行される前でも、売主Bに対して、購入した宅地の権利内容が契約目的に適合しない場合は、**追完請求権**（売主に抵当権を消滅させるように請求）や**代金減額請求権**を行使できる（民法565条、562条、563条）。さらに、AはBに対して債務不履行責任を追及し、損害賠償請求（565条、564条、415条）や、**催告**しても債務の履行がなければ解除もできる（565条、564条、541条）。なお、**抵当権が実行されて所有権を失った場合**は、**無催告**で解除が認められる（542条1項1号）。

❷ ○　抵当権の登記がある不動産の買主には、代金支払拒絶権がある。

抵当不動産の第三取得者は、抵当権の消滅請求をすることができる（379条）。また、買い受けた不動産に抵当権の登記があるときは、買主は、抵当権消滅請求の手続きが終わるまで、その代金の支払いを拒絶**できる**（577条1項）。

❸ ×　物上代位をするには、差押えが必要。

Cが売買代金請求権について**物上代位**をするためには、その払渡し前に差押えをしなければならない（372条、304条）。

❹ ○　Dの債務を弁済したAは、BにもDにも、「肩代わりした分を返せ」と言える。
難

抵当不動産の**第三取得者**は、弁済をするについて正当な利益を有するので、債務者の意思に反しても、その債務を弁済できる（第三者の弁済、474条）。弁済した第三取得者は、**抵当不動産の売主に対しては**費用の償還請求権を、また、**債務者に対しては**求償権を**行使**できる（570条、372条、351条、判例）。

P! ココがポイント

抵当権の問題では、❶や❹のように、他の分野で学習したことも含めて、複合的に出題される。その意味で、本問のような問題がスラスラと解けるようになれば、本当に実力があるといえるのだ。そのために、過去問を通して、他の分野ですでに学習したことについても復習しておこう。

「わか合格基本テキスト」　第1編「民法等」 Chap.2–Sec.3・4

抵当権②

重要度

□□□ CHECK!　過去の本試験 H7-問6改

AがBに対する債務の担保のためにA所有建物に抵当権を設定し、登記をした場合に関する次の記述のうち、民法の規定及び判例によれば、正しいものはどれか。

❶　Aが通常の利用方法を逸脱して、建物の損傷行為を行う場合、Aの債務の弁済期が到来していないときでも、Bは、抵当権に基づく妨害排除請求をすることができる。

❷　抵当権の登記に債務の利息に関する定めがあり、他に後順位抵当権者その他の利害関係者がいない場合でも、Bは、Aに対し、満期のきた最後の2年分を超える利息については、抵当権を行うことはできない。

❸　第三者の不法行為により建物が焼失したのでAがその損害賠償金を受領した場合、Bは、Aの受領した損害賠償金に対して物上代位をすることができる。

❹　抵当権の消滅時効の期間は、20年であるから、AのBに対する債務の弁済期から10年が経過し、その債務が消滅しても、Aは、Bに対し、抵当権の消滅を主張することができない。

被担保債権の範囲が「満期のきた最後の2年分まで」とされているのは、後順位抵当権者やその他の利害関係者を保護し、その人たちにも優先的に弁済を受けさせたいからだ。

肢別のテーマ ❶抵当権侵害 ❷被担保債権の範囲 ❸物上代位（差押え） ❹抵当権の付従性

解説　正解 1

❶ 難

○ 抵当権者は、債務の弁済期に関係なく、抵当不動産への妨害行為を排除できる。

抵当不動産についての損傷行為は、抵当権者の把握している抵当目的物の価値の減殺行為となるので、抵当権者は、被担保債権の弁済期が到来しているかどうかを問わず、抵当権の効力として、その妨害排除請求ができる（判例）。物権的請求権の問題だ！

❷

× 被担保債権には、満期のきた最後の２年分を超える利息を含むこともある。

後順位抵当権者やその他の利害関係者がいない場合、被担保債権は、利息等について満期となった最後の２年分に制限されず、抵当権を実行して配当を受けることができる（民法375条、判例）。

❸

× Ｂが物上代位をするには、Ａが損害賠償金を受領する前に、差押えをしないとダメ。

Ｂが損害賠償金について物上代位をするためには、その払渡し前に差押えをしなければならない（372条、304条）。払い渡されてしまうとＡの一般財産に混入し、どの金銭が抵当目的物である建物からの価値流出物であるのかが分からなくなってしまうからである。よって、Ａがすでに損害賠償金を受領した場合は、物上代位は認められない。

❹

× 被担保債権が消滅すると、抵当権も消滅する。付従性だ！

被担保債権が時効消滅したときは、抵当権は、付従性により消滅する。よって、Ａは、Ｂに対し、抵当権の消滅を主張できる。

「わか合格基本テキスト」 第１編「民法等」 Chap.2−Sec.4

33 抵当権③

重要度 ★★★

CHECK! 過去の本試験 H10-問5改

2024年に、Aは、Bから借金をし、Bの債権を担保するためにA所有の土地及びその上の建物に抵当権を設定した。この場合、民法の規定及び判例によれば、次の記述のうち誤っているものはどれか。

❶ Bの抵当権の実行により、Cが建物、Dが土地を競落した場合、Dは、Cに対して土地の明渡しを請求することはできない。

❷ Aは、抵当権設定の登記をした後も建物をEに賃貸することができるが、Bに損害を及ぼすことなく期間3年以内の賃貸借でその登記があるときでも、Eは、原則として、建物の競落人に対して賃借権を対抗することはできない。

❸ Bは、第三者Fから借金をした場合、Aに対する抵当権をもって、さらにFの債権のための担保とすることができる。

❹ Aから抵当権付きの土地及び建物を買い取ったGは、Bの抵当権の実行に対しては、自ら競落する以外にそれらの所有権を保持する方法はない。

図解

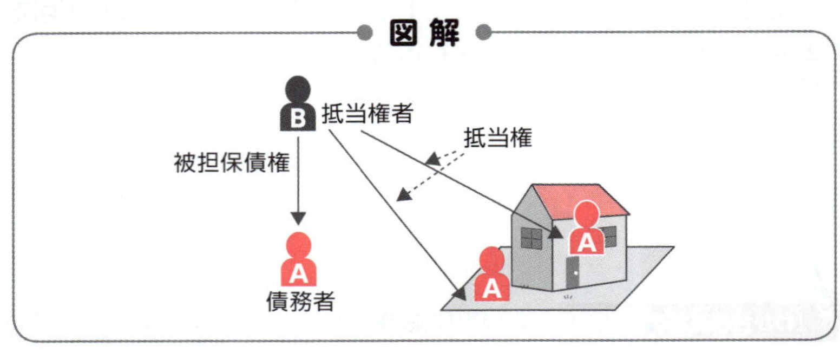

肢別のテーマ	❶法定地上権	❷抵当権設定登記後の賃貸借
	❸転抵当	❹第三取得者の保護

解説　正解 4

❶ **○ 抵当権設定当時、土地上に建物が存在し、それぞれが同じ所有者であれば、法定地上権が成立する。**

抵当権設定当時、土地上に建物が存在し、どちらもAのものだった場合、抵当権の実行によりそれぞれ別の所有者になったときは、法定地上権が成立する。よって、Dは、Cに土地の明渡請求はできない（民法388条）。

❷ **○ 抵当権設定登記後の建物賃貸借は、原則として、抵当権者等に対抗できない。**

頻出

抵当権設定登記後**の建物の賃貸借契約**は、原則として、**抵当権者や競落人に**対抗できない（605条、177条）。なお、例外として、登記をした賃貸借で、その登記前に登記をしたすべての抵当権者が同意をし、その同意の登記があるときや（387条1項）、抵当建物使用者の引渡猶予制度（395条）が適用されることはある。

❸ **○ 抵当権をさらに抵当に入れることもできる。**

抵当権者は、**その抵当権を**他の債権の担保とすることができる（**転抵当**、376条1項）。

❹ **× 抵当不動産の第三取得者には、その所有権を守る方法がいろいろある。**

Gは、自ら抵当不動産を競落する以外に、**抵当権消滅請求・代価弁済・第三者弁済**といった方法で抵当不動産の所有権を保持できる（390条、378条、379条、474条）。

P! ココがポイント

抵当権の重要なテーマが勢揃いした出題だ。特に、❹については、抵当権消滅請求などの制度が、第三取得者をどのように保護しているのかを具体的につかんで、どんな問題にでも対応できるようにしておこう。

「わか合格基本テキスト」　第1編「民法等」　Chap.2−Sec.4

抵当権④

□□□ CHECK!　過去の本試験　H22-問5

重要度 ★★★

Aは Bから2,000万円を借り入れて土地とその上の建物を購入し、Bを抵当権者として当該土地及び建物に2,000万円を被担保債権とする抵当権を設定し、登記した。この場合における次の記述のうち、民法の規定及び判例によれば、誤っているものはどれか。

❶　AがBとは別にCから500万円を借り入れていた場合、Bとの抵当権設定契約がCとの抵当権設定契約より先であっても、Cを抵当権者とする抵当権設定登記の方がBを抵当権者とする抵当権設定登記より先であるときには、Cを抵当権者とする抵当権が第１順位となる。

❷　当該建物に火災保険が付されていて、当該建物が火災によって焼失してしまった場合、Bの抵当権は、その火災保険契約に基づく損害保険金請求権に対しても行使することができる。

❸　Bの抵当権設定登記後にAがDに対して当該建物を賃貸し、当該建物をDが使用している状態で抵当権が実行され当該建物が競売された場合、Dは競落人に対して直ちに当該建物を明け渡す必要はない。

❹　AがBとは別に事業資金としてEから500万円を借り入れる場合、当該土地及び建物の購入代金が2,000万円であったときには、Bに対して500万円以上の返済をした後でなければ、当該土地及び建物にEのために２番抵当権を設定することはできない。

抵当権は契約（合意）によって設定されるのだから、そのリスクは、自分（抵当権者）が負えばよいはず。

肢別のテーマ	❶抵当権の順位	❷物上代位（火災保険金請求権）
	❸抵当権と賃貸借（建物引渡猶予制度）	❹抵当権設定契約

解　説　……正解 4

❶　○　Cの抵当権が第１順位となる。

同一の不動産について数個の抵当権が設定されたときは、その抵当権の順位は、登記の前後による（民法373条）。

❷　○　Bの抵当権は、保険金請求権に対しても行使できる。

抵当権は、その目的物の売却、賃貸、滅失または損傷によって債務者が受けるべき**金銭その他の物**（価値流出物）に対して、**行使**できる（**物上代位**。372条、304条）。そして、**火災保険金請求権も**物上代位の対象とするのが判例だ。

❸　○　Dは競落人に対して直ちに当該建物を明け渡す必要はない。

抵当権者や競落人と抵当目的物の賃借人との関係は、対抗問題である（177条）。しかし、競売手続の開始前から使用または収益をする者等（抵当建物使用者）は、原則として、その建物の競売における**買受人の買受けの時から**６か月を経過するまでは、その**建物を買受人に**引き渡さなくてもよいとされている（**建物引渡猶予制度**。395条１項）。

❹　×　Aは、返済をした後でなくとも、Eのために２番抵当権を設定できる。

抵当権の設定は、抵当権者となる者と抵当権設定者となる者の抵当権設定契約によってなされる。したがって、抵当権者となる者が、合意するなら、抵当目的物の担保価値が被担保債権の回収に不十分であっても抵当権の設定は可能だ。

P! ココがポイント

❶は対抗問題に関する、❹は抵当権に関する基本的理解を問う出題である。単に論点に関する知識だけではなく、基礎からの理解が重要である。

「わか合格基本テキスト」　第１編「民法等」 Chap.2−Sec.4

抵当権⑤

CHECK!　過去の本試験 H25-問5

抵当権に関する次の記述のうち、民法の規定及び判例によれば、正しいものはどれか。

❶　債権者が抵当権の実行として担保不動産の競売手続をする場合には、被担保債権の弁済期が到来している必要があるが、対象不動産に関して発生した賃料債権に対して物上代位をしようとする場合には、被担保債権の弁済期が到来している必要はない。

❷　抵当権の対象不動産が借地上の建物であった場合、特段の事情がない限り、抵当権の効力は当該建物のみならず借地権についても及ぶ。

❸　対象不動産について第三者が不法に占有している場合、抵当権は、抵当権設定者から抵当権者に対して占有を移転させるものではないので、事情にかかわらず抵当権者が当該占有者に対して妨害排除請求をすることはできない。

❹　抵当権について登記がされた後は、抵当権の順位を変更することはできない。

肢別のテーマ
❶物上代位（被担保債権の弁済期到来）❷抵当権の効力が及ぶ目的物の範囲
❸抵当権に基づく妨害排除請求権　❹抵当権の順位の変更

解説　正解 2

❶ × **賃料債権に物上代位をする場合も、弁済期の到来が必要。**

抵当権者も**物上代位**ができ（民法372条、304条）、本肢の**賃料債権**も物上代位の対象になる（判例）。もっとも、物上代位も担保権の実行方法の1つであり、その実行には、**被担保債権の弁済期の到来**が必要である。

❷ ○ **借地上の建物に設定した抵当権の効力は、原則として、借地権にも及ぶ。**

借地上の建物に抵当権を設定すると、特段の事情がない限り、抵当権の効力は**従たる権利**としての**借地権**にも及ぶ（87条2項類推適用）。借地上の建物は、借地権がないと存続できないからである。

❸ × **抵当権者の不法占拠者に対する妨害排除請求が認められることがある。**

抵当権者は、抵当目的物の**占有は取得せず**に、借金のカタとして、その**交換価値のみを把握**している。とすれば、**不法占有の事実**だけでは妨害排除請求権の行使はできないが、その不法占有により、抵当権の実行による**交換価値の実現が困難**となる場合は、物権的請求権としての**妨害排除請求権**の行使が認められることがある（判例）。

❹ × **抵当権登記がされた後に、抵当権の順位を変更することができる。**

ひっかけ

同一の不動産について数個の抵当権が設定されたときは、その**抵当権の順位**は、**登記の前後**による（373条）。そして、抵当権の順位の変更（374条）とは、この順番を変えることであり、**抵当権の順位の変更は、その登記をしなければ、効力を生じないので**（374条2項）、**抵当権の順位の変更**には、その前提として**抵当権の登記がなされていることが不可欠**となる。

P! ココがポイント

抵当権に関する総合問題。❶❸❹は簡単な問題ではないが、正解肢である❷は、抵当権に関する**基本的で重要**な知識である。

「わか合格基本テキスト」　第1編「民法等」　Chap.2−Sec.4

ＡがＢとの間で、ＣのＢに対する債務を担保するためにＡ所有の甲土地に抵当権を設定する場合と根抵当権を設定する場合における次の記述のうち、民法の規定によれば、正しいものはどれか。

❶　抵当権を設定する場合には、被担保債権を特定しなければならないが、根抵当権を設定する場合には、ＢＣ間のあらゆる範囲の不特定の債権を極度額の限度で被担保債権とすることができる。

❷　抵当権を設定した旨を第三者に対抗する場合には登記が必要であるが、根抵当権を設定した旨を第三者に対抗する場合には、登記に加えて、債務者Ｃの異議を留めない承諾が必要である。

❸　Ｂが抵当権を実行する場合には、Ａはまず Ｃに催告するように請求することができるが、Ｂが根抵当権を実行する場合には、Ａはまず Ｃに催告するように請求することはできない。

❹　抵当権の場合には、ＢはＣに対する他の債権者の利益のために抵当権の順位を譲渡することができるが、元本の確定前の根抵当権の場合には、Ｂは根抵当権の順位を譲渡することができない。

肢別のテーマ ❶抵当権と根抵当権の比較（包括根抵当）❷両者の比較（対抗要件）❸両者の比較（催告の抗弁権）❹両者の比較（順位の譲渡）

解説　正解 4

❶ **× 債権の範囲を限定しない根抵当は、ダメ！**

普通の抵当権と異なり、**根抵当権**は、設定段階で個別の被担保債権を特定する必要はないが、債務者との特定の継続的な取引によって生ずる債権に限るなど、**一定の範囲に属する債権**でなければならない（民法398条の2第1項・2項）。したがって、ＢＣ間のあらゆる範囲の不特定の債権を被担保債権とすること（包括根抵当）は**認められない**。

❷ **× 根抵当権も、対抗要件は登記。債務者の異議を留めない承諾は不要。**

普通の抵当権も根抵当権も、その設定は**物権変動**であり（設定的変動）、登記をすることで第三者に対抗できる（177条）。債務者の承諾は不要である。

❸ **× Ｂが抵当権を実行する場合も、Ａはまず C に催告するように請求することはできない。**

保証（連帯保証を除く）であれば、補充性があり、保証人に催告の抗弁権が認められるが（452条）、**普通の抵当権**でも根抵当権でも、**物上保証人**には本肢のような**補充性は認められない**。

❹ **○ 元本の確定前の根抵当権は、普通の抵当権と異なり、根抵当権の順位を譲渡することはできない。**

普通の抵当権は、**抵当権の順位を譲渡できるが**（376条１項）、**元本の確定前の根抵当権**は、その**順位の譲渡は認められない**（398条の11第１項本文、376条１項）。なお、**抵当権の順位の譲渡**とは、**普通抵当権**において、**抵当権者間**で、例えば１番抵当権者がその**優先弁済を受ける権利**を３番抵当権者に**譲渡すること**（これにより１番抵当権者が配当を受けられなくなる場合もある）である。抵当権者間で認められる**抵当権の順位の譲渡**や**抵当権の順位の放棄**（放棄を受けた抵当権者間で、優先弁済権を債権額に応じて案分する）は、普通抵当権で認められる制度であり、元本確定前の根抵当権では認められない。

「わか合格基本テキスト」　第１編「民法等」 Chap.2−Sec.4

担保物権

CHECK!　過去の本試験　H21-問5

担保物権に関する次の記述のうち、民法の規定によれば、正しいものはどれか。

❶　抵当権者も先取特権者も、その目的物が火災により焼失して債務者が火災保険金請求権を取得した場合には、その火災保険金請求権に物上代位することができる。

❷　先取特権も質権も、債権者と債務者との間の契約により成立する。

❸　留置権は動産についても不動産についても成立するのに対し、先取特権は動産については成立するが不動産については成立しない。

❹　留置権者は、善良な管理者の注意をもって、留置物を占有する必要があるのに対し、質権者は、自己の財産に対するのと同一の注意をもって、質物を占有する必要がある。

抵当権者も先取特権者も、弁済を受けられないときは担保目的物から優先的に回収することができる、という点は共通。

肢別のテーマ
❶物上代位（火災保険金請求権）　❷法定担保物権と約定担保物権
❸担保物権の目的物（動産と不動産）　❹注意義務

解説　正解 1

❶ **○　抵当権者も先取特権者も、火災保険金請求権に物上代位できる。**

頻出

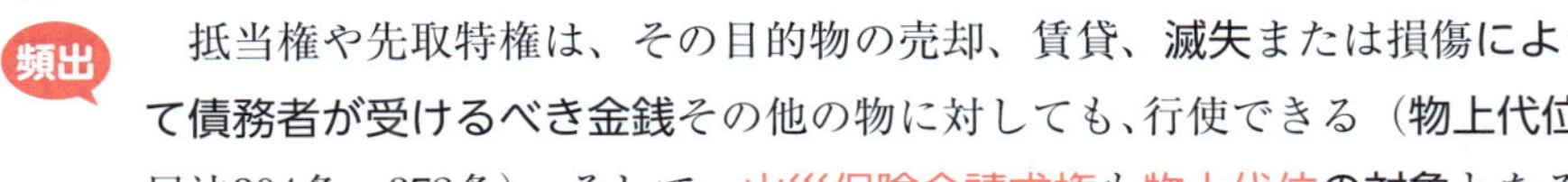

抵当権や先取特権は、その目的物の売却、賃貸、**滅失**または**損傷によって債務者が受けるべき金銭**その他の物に対しても、行使できる（**物上代位**。民法304条、372条）。そして、**火災保険金請求権**も**物上代位の対象**となる。

❷ **×　先取特権は、法定担保物権だ！**

質権は、質権者と質権設定者との間の契約により成立する**約定担保物権**であるが（342条）、**先取特権**は、契約がなくても、民法等の法律の定める場合であれば成立する**法定担保物権**である（303条）。

❸ **×　先取特権も、不動産についても成立する！**

留置権（295条）・**先取特権**（303条、311条、325条）、どちらも、**動産についても**、**不動産についても成立**する（①不動産保存の先取特権、②不動産工事の先取特権、③不動産売買の先取特権）。

❹ **×　質権者も、善管注意義務を負う。**

留置権者も**質権者**も、**善良な管理者の注意**をもって、**目的物を占有**する必要がある（298条1項、350条）。

P! ココがポイント

民法が規定する担保物権は、以下の**4つ**である。なお、**物権法定主義**により、民法が規定するもの以外に担保物権は創設できない（民法175条）。

①　抵当権 ｝約定担保物権
②　質権 ｝約定担保物権
③　留置権 ｝法定担保物権
④　先取特権 ｝法定担保物権

「わか合格基本テキスト」　第1編「民法等」　Chap.2−Sec.4

38 連帯債務

重要度

CHECK!　過去の本試験 H13-問4改

AとBとが共同で、Cから、C所有の土地を2,000万円で購入し、代金を連帯して負担する（連帯債務）と定め、CはA・Bに登記、引渡しをしたのに、A・Bが支払をしない場合の次の記述のうち、民法の規定によれば、正しいものはどれか。

❶　Cは、Aに対して2,000万円の請求をすると、それと同時には、Bに対しては、全く請求をすることができない。

❷　AとBとが、代金の負担部分を1,000万円ずつと定めていた場合、AはCから2,000万円請求されても、1,000万円を支払えばよい。

❸　BがCに2,000万円支払った場合、Bは、Aの負担部分と定めていた1,000万円及びその支払った日以後の法定利息をAに求償することができる。

❹　Cから請求を受けたBは、Aが、Cに対して有する1,000万円の債権をもって相殺しない以上、Aの負担部分についても、BからCに対して債務の履行を拒むことはできない。

肢別のテーマ		
	❶連帯債務の意義	❷連帯債務の意義
	❸連帯債務者の求償権	❹絶対的効力（相殺）

解説 正解 3

❶ × **債権者は、連帯債務者全員に対し、同時に、全額の支払いを請求できる。**

Cは、**連帯債務者Ａ・Ｂのどちらに**でも、**同時に**（または順次に）、**債務全額**（または一部）の支払いを**請求**できる（民法436条）。よって、Cは、Aに2,000万円を請求していても、同時に、Bにも請求できる。

❷ × **連帯債務者は、負担部分に関係なく、全額支払義務を負う。**

連帯債務者のAは、債権者に対する関係では**2,000万円全額について連帯債務を負っている**（436条）。よって、Aは、Cから2,000万円を請求されたときは、2,000万円全額を支払わなければならない。

❸ ○ **Bは、Aの負担部分等について、Aに求償できる。**

連帯債務者であるBが、弁済などで共同の免責を受けたときは、免責を得た額が自己の負担部分を超えるかどうかにかかわらず他の連帯債務者Aに対して、**その負担部分に応じて求償できる**（442条1項）。その額には、**支払いをした日以後の法定利息**や**損害賠償**も**含まれる**（442条2項）。

❹ × **Bは、他の連帯債務者Aの負担部分1,000万円について、債務の履行を拒むことができる。**

連帯債務者の1人が債権者に対して債権を有する場合において、その連帯債務者が相殺をすると、債権は、全ての連帯債務者の利益のために消滅する（439条1項）。上記の連帯債務者が相殺をしない間は、その連帯債務者の負担部分の限度において、他の連帯債務者は、債権者に対して**債務の履行を拒む**ことができる（439条2項）。

P! ココがポイント

❹について、旧民法および判例は、反対債権を有する連帯債務者の負担部分の限度で、他の連帯債務者がその反対債権で相殺できると解していたが、他の連帯債務者が他人の債権を処分することを認めるのは妥当でなく、改正民法は、債務の**履行を拒む**ことができると改めた。

「わか合格基本テキスト」 第1編「民法等」 Chap.2−Sec.5

保証と連帯保証 ①

CHECK! 過去の本試験 H6-問9改

Aは、BのCに対する1,000万円の債務について、保証人となる契約を、Cと締結した。この場合、民法の規定及び判例によれば、次の記述のうち誤っているものはどれか。ただし、根保証契約については考慮しないものとする。

❶ CがAを保証人として指名したため、Aが保証人となった場合、Aが破産手続開始の決定を受けても、Cは、Bに対して保証人の変更を求めることはできない。

❷ BのCに対する債務が条件不成就のため成立しなかった場合、Aは、Cに対して保証債務を負わない。

❸ AC間の保証契約締結後、BC間の合意で債務が増額された場合、Aは、その増額部分についても、保証債務を負う。

❹ CがAに対して直接1,000万円の支払いを求めて来ても、BがCに600万円の債権を有しているときは、Aは、600万円については履行を拒むことができ、400万円を支払えばよい。

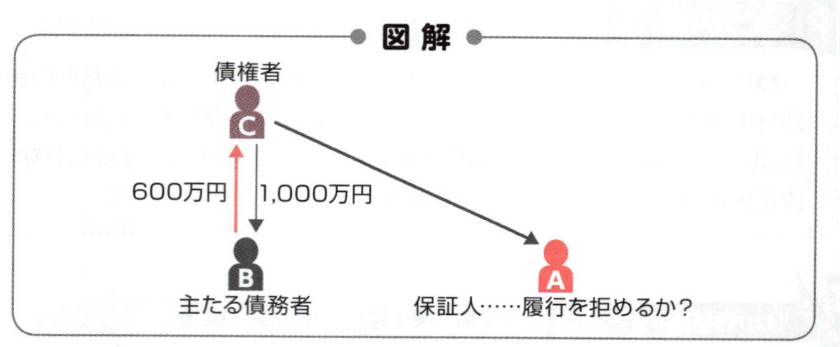

肢別のテーマ
❶保証人の資格　❷保証債務の付従性
❸保証契約成立後の主債務の増額　❹保証人の履行拒絶権

解説　正解 3

❶ ○ 保証人が債権者より指名されているときは、その保証人が資格を失っても、変更する必要はない。

ひっかけ

債権者Cが保証人を指名した場合、保証人資格の制限（民法450条1項）はなくなる（①弁済の資力があり、かつ②行為能力者でなければならないという保証人の資格）。さらに、Cは、その保証人Aが破産手続開始の決定を受けて、**保証人としての条件を欠く**ようになっても、Bに対し、**保証人の変更を求めることはできない**（450条3項）。

❷ ○ 保証債務の付従性から、主たる債務がなければ保証債務は成立しない。

主たる債務が成立**しなければ**、それを担保する**保証債務も成立しない**（付従性）。よって、Aは、Cに対して保証債務を負わない。

❸ × 保証人となった後に主たる債務が増額されても、保証債務は変わらない。

AがBの保証人となった後に**主たる債務が減額**されると、**保証債務も減額**される（減縮性、448条1項）。しかし、通常の保証において、保証人となった後に**主たる債務が**増額されても、**保証債務は変わらない**（448条2項）。保証債務の増額を認めると、保証人に酷だからである。

❹ ○ 保証人は、600万円については履行を拒み、400万円を支払えばよい。

主たる債務者が債権者に対して**相殺権**、取消権または解除権を有するときは、これらの権利の行使によって**主たる債務者がその債務を免れるべき限度**において、保証人は、債権者に対して**債務の**履行を拒むことができる（457条3項）。したがって、保証人Aは、保証債務1,000万円のうち、400万円を支払えばよい。

「わか合格基本テキスト」　第1編「民法等」 Chap.2−Sec.5

40 保証と連帯保証②

AがBに対して負う1,000万円の債務について、C及びDが連帯保証人となった場合（CD間に特約はないものとする。）に関する次の記述のうち、民法の規定及び判例によれば、正しいものはどれか。

❶ Bは、1,000万円の請求を、A・C・Dの３人のうちいずれに対しても、その全額について行うことができる。

❷ CがBから1,000万円の請求を受けた場合、Cは、Bに対し、Dに500万円を請求するよう求めることができる。

❸ CがBから請求を受けた場合、CがAに執行の容易な財産があることを証明すれば、Bは、まずAに請求しなければならない。

❹ Cが1,000万円をBに弁済した場合、Cは、Aに対して求償することができるが、Dに対して求償することはできない。

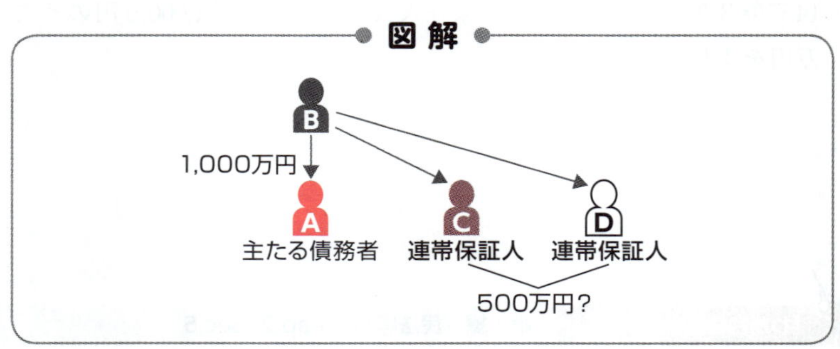

肢別のテーマ	
❶分別の利益（連帯保証）	❷分別の利益（連帯保証）
❸検索の抗弁権（連帯保証）	❹連帯保証人相互間の求償権

解説　正解 1

❶ **○ 連帯保証人には、分別の利益がない。**

連帯保証人が数人いても、**連帯保証人**には**分別の利益がない**ので（判例）、債権者Bは、主たる債務者のAに対してはもちろんのこと、CにもDにも債務の全額を請求できる。

❷ **× 連帯保証人が複数いても、それぞれが債務の全額を支払わなければならない。**

❶で述べたように、**連帯保証人**には**分別の利益がない**。だから、CもDも、各々が1,000万円支払わなければならず、Bから債務全額の請求を受けたときは、これを拒めない。

❸ **× 連帯保証人には、検索の抗弁権がない。**

検索の抗弁権は、**連帯保証人には認められない**（**補充性なし**。民法454条、453条）。だから、Cは、本肢のような証明をしても、Bの請求を免れることはできない。

❹ **× 連帯保証人は、他の連帯保証人に対して、求償できる。**

連帯保証も保証である以上、当然、**主たる債務者に求償できる**（459条、462条）。また、連帯保証人相互間でも、弁済したCだけが損失をこうむるのは酷なので、Cは、Bに1,000万円を弁済すれば、**Dに対しても求償できる**（465条1項）。

P! ココがポイント

保証と連帯保証の異同については、必ず**比較**しておかなければいけない。本問では、相違点として、分別の利益・検索の抗弁権について出題されているが、その他に、催告の抗弁権や、連帯保証人についての連帯債務の絶対効規定の準用などがある。これに対し、付従性は共通の性質だ。

「わか合格基本テキスト」　第1編「民法等」　Chap.2−Sec.5

保証と連帯保証③

□□□ CHECK! 過去の本試験 H10-問4改

AがBに1,000万円を貸し付け、Cが連帯保証人となった場合に関する次の記述のうち、民法の規定によれば、正しいものはどれか。

❶　Aは、自己の選択により、B及びCに対して、各別に又は同時に、1,000万円の請求をすることができる。

❷　Cは、Aからの請求に対して、自分は保証人だから、まず主たる債務者であるBに対して請求するよう主張することができる。

❸　AがCに対して請求の訴えを提起することにより、Bに対する関係で消滅時効の完成猶予の効力が生ずる。

❹　CがAに対して全額弁済した場合に、Bに対してAが有する抵当権を代位行使するためには、Cは、第467条の規定による債権譲渡の対抗要件を備える必要がある。

肢別のテーマ	❶連帯保証人の責任	❷催告の抗弁権（連帯保証）
	❸連帯保証の特則（絶対効）	❹法定代位

解説　正解 1

❶ ○ **連帯保証人とは、主たる債務者と「連帯」して責任を負っている者だ。**

連帯保証人は、補充的二次的責任を負う保証人と違い、**主たる債務者とともに一次的な責任**を負っている。そのため、分別の利益や催告・検索の抗弁権は認められない（民法454条、判例）。よって、債権者は、主たる債務者と連帯保証人に対し、**別々またはに同時に、債務の全額を請求できる。**

❷ × **連帯保証人には、催告の抗弁権がない。**

連帯保証人には、催告の抗弁権がないから（**補充性なし**。454条、452条）、Cは、まずBに請求するよう主張することはできない。

❸ × **債権者が連帯保証人に訴えを提起しても（請求）しても、原則として、主たる債務者に効力は生じない。**

連帯保証人について、**更改**、**相殺**および**混同**が生じると、主たる債務者に効力が生じるが（**絶対効**、458条、438条、439条1項、440条）、債権者が連帯保証人に訴えを提起しても（**請求**）しても、原則として、その効力は主たる債務者に生じないので（**相対効**、458条、441条）、Bに対して時効の完成猶予の効力も生じない。

❹ × **連帯保証人は、弁済をすれば、当然に債権者に代位する。**

連帯保証人Cは、弁済をするにつき**正当な利益を有する者**に該当し、**債権譲渡の対抗要件**（467条、Bに対する通知またはBの承諾）を**備えなくても**、弁済によって**当然**にAに**代位**する（500条）。

P! ココがポイント

債権者が連帯保証人に請求しても、主たる債務者には請求の効力は生じない（**請求に絶対効なし**）。そもそも保証契約は、債権者と（連帯）保証人との間で締結されるものであり、とすれば主たる債務者の知らない間に連帯保証人が存在している場合がある。かかる連帯保証人に債権者が請求したとしても、**主たる債務者**は**請求の事実を知り得ない**のであり、にもかかわらず絶対効を認めると、主たる債務者に不測の損害を与えるおそれがある。これが、請求の絶対効を否定した理由である。

「わか合格基本テキスト」 第1編「民法等」 Chap.2-Sec.5・9

42 保証債務

□□□ CHECK! 過去の本試験 H25-問7

重要度 ★★★

次の❶から❹までの記述のうち、民法の規定及び下記判決文によれば、誤っているものはどれか。

（判決文）

期間の定めのある建物の賃貸借において、賃借人のために保証人が賃貸人との間で保証契約を締結した場合には、反対の趣旨をうかがわせるような特段の事情のない限り、保証人が更新後の賃貸借から生ずる賃借人の債務についても保証の責めを負う趣旨で合意がされたものと解するのが相当であり、保証人は、賃貸人において保証債務の履行を請求することが信義則に反すると認められる場合を除き、更新後の賃貸借から生ずる賃借人の債務についても保証の責めを免れないというべきである。

❶ 保証人が期間の定めのある建物の賃貸借の賃借人のために保証契約を締結した場合は、賃貸借契約の更新の際に賃貸人から保証意思の確認がなされていなくても、反対の趣旨をうかがわせるような特段の事情がない限り、更新後の賃借人の債務について保証する旨を合意したものと解される。

❷ 期間の定めのある建物の賃貸借の賃借人のための保証人が更新後の賃借人の債務についても保証の責任を負う趣旨で合意した場合には、賃借人の未払賃料が1年分に及んだとしても、賃貸人が保証債務の履行を請求することが信義則に反すると認められる事情がなければ、保証人は当該金額の支払義務を負う。

❸ 期間の定めのある建物の賃貸借の賃借人のための保証人が更新後の賃借人の債務についても保証の責任を負う場合、更新後の未払賃料について保証人の責任は及ぶものの、更新後に賃借人が賃借している建物を故意又は過失によって損傷させた場合の損害賠償債務には保証人の責任は及ばない。

❹ 期間の定めのある建物の賃貸借の賃借人のための保証人が更新後の賃借人の債務についても保証の責任を負う旨の合意をしたものと解される場合であって、賃貸人において保証債務の履行を請求することが信義則に反すると認められるときには、保証人は更新後の賃借人の債務について保証の責任を負わない。

話のスジを追って、丁寧に判決文と各肢を読めば、容易に判断できる。

肢別のテーマ
❶保証契約の趣旨　❷合意のある場合
❸保証人の責任内容　❹信義則に反する場合

解説　正解 3

❶ ○ 本問判決文に合致し、正しい記述。

本問判決文は、「反対の趣旨をうかがわせるような特段の事情のない限り、保証人が更新後の賃貸借から生ずる賃借人の債務についても保証の責めを負う趣旨で合意がされたものと解するのが相当」であると述べている。

❷ ○ 本問判決文に合致し、正しい記述。

本問判決文は、「合意がされたものと解」される場合に、「信義則に反すると認められる場合を除き、更新後の賃貸借から生ずる賃借人の債務についても保証の責めを免れないというべき」としている。したがって、本肢の未払い賃料についても、原則として、保証人は当該金額の支払義務を負うことになる。

❸ × 本問判決文に反し、誤っている。

更新後の未払賃料支払い義務（民法601条）はもちろん、更新後に賃借人が賃借している建物を故意または過失によって損傷させた場合の善管注意義務（400条）違反（債務不履行）による損害賠償債務も、「更新後の賃貸借から生ずる賃借人の債務」に含まれ、保証人の責任は及ぶ。

❹ ○ 本問判決文に合致し、正しい記述。

本問判決文は、「信義則に反すると認められる場合を除き、更新後の賃貸借から生ずる賃借人の債務についても保証の責めを免れないというべき」としている。したがって、その反対解釈として、本肢の、「信義則に反すると認められるときには」、「保証人は更新後の賃借人の債務について保証の責任を負わない」こととなる。

「わか合格基本テキスト」　第1編「民法等」　Chap.2−Sec.5

連帯債務と連帯保証

□□□ CHECK! 過去の本試験 H20-問6改

重要度 ★★

AからBとCとが負担部分2分の1として連帯して1,000万円を借り入れる場合と、DからEが1,000万円を借り入れ、Fがその借入金返済債務についてEと連帯して保証する場合とに関する次の記述のうち、民法の規定によれば、正しいものはどれか。なお、絶対効についての特段の合意はないものとする。

❶　Aが、Bに対して債務を免除した場合にはCが、Cに対して債務を免除した場合にはBが、それぞれ500万円分の債務を免れる。Dが、Eに対して債務を免除した場合にはFが、Fに対して債務を免除した場合にはEが、それぞれ全額の債務を免れる。

❷　Aが、Bに対して履行を請求した効果はCに及ばず、Cに対して履行を請求した効果はBに及ばない。Dが、Eに対して履行を請求した効果はFに及び、Fに対して履行を請求した効果はEに及ばない。

❸　Bについて時効が完成した場合にはCが、Cについて時効が完成した場合にはBが、それぞれ500万円分の債務を免れる。Eについて時効が完成した場合にはFが、Fについて時効が完成した場合にはEが、それぞれ全額の債務を免れる。

❹　ＡＢ間の契約が無効であった場合にはCが、ＡＣ間の契約が無効であった場合にはBが、それぞれ1,000万円の債務を負う。ＤＥ間の契約が無効であった場合はFが、ＤＦ間の契約が無効であった場合はEが、それぞれ1,000万円の債務を負う。

絶対効と保証債務の付従性をあてはめよう。

肢別のテーマ		
	❶債務の免除	❷請求
	❸時効の完成	❹無効

解説 正解 2

❶ × **連帯債務**において、債務の**免除**に**絶対効はなく**、免除を受けた連帯債務者以外の者には、特段の合意がなければ**効力は生じない**（民法441条）。債権者が**主たる債務者**の債務を**免除**すると、保証債務の**付従性**から連帯保証人も債務を免れるが（448条1項、457条）、債権者が**連帯保証人**の債務を**免除**しても、主たる債務者への効力は生じない（458条）。

ひっかけ

❷ ○ **連帯債務**において、**請求**に**絶対効はなく**、請求を受けた連帯債務者以外の者には、特段の合意がなければ**効力は生じない**（441条）。他方、保証債務には**付従性**があり、**主たる債務者**への**請求**の効力は、連帯保証人にも及ぶが（457条1項）、**連帯保証人**に**請求**しても、主たる債務者への効力は生じない（458条）。

❸ × **連帯債務**において、**時効**に**絶対効はなく**、債務が時効消滅した連帯債務者以外の債務者には、特段の合意がなければ**効力は生じない**（441条）。他方、保証債務には**付従性**があり、**主たる債務者**の債務が**時効消滅**すると、その効力は、連帯保証人にも及ぶが（448条1項）、**連帯保証人**の債務が**時効消滅**しても、その効力は主たる債務者に及ばない（458条）。

ひっかけ

❹ × 連帯債務者の1人と債権者との契約が無効でも、他の連帯債務者には影響しないので（連帯債務の**独立性**、437条）、それぞれ1,000万円の債務を負う。他方、債権者と主たる債務者の契約が無効だと、連帯保証人は債務を免れるが（成立における**付従性**、448条1項）、債権者と連帯保証人との契約が無効でも、債権者と主たる債務者との契約には影響せず（458条）、主たる債務者は債権者に1,000万円の債務を負う。

「わか合格基本テキスト」 第1編「民法等」 Chap.2–Sec.5

物権変動の対抗要件①

CHECK! 過去の本試験 H10-問1

Aの所有する土地をBが取得したが、Bはまだ所有権移転登記を受けていない。この場合、民法の規定及び判例によれば、Bが当該土地の所有権を主張できない相手は、次の記述のうちどれか。

❶ Aから当該土地を賃借し、その上に自己名義で保存登記をした建物を所有している者

❷ Bが移転登記を受けていないことに乗じ、Bに高値で売りつけ不当な利益を得る目的でAをそそのかし、Aから当該土地を購入して移転登記を受けた者

❸ 当該土地の不法占拠者

❹ Bが当該土地を取得した後で、移転登記を受ける前に、Aが死亡した場合におけるAの相続人

図解

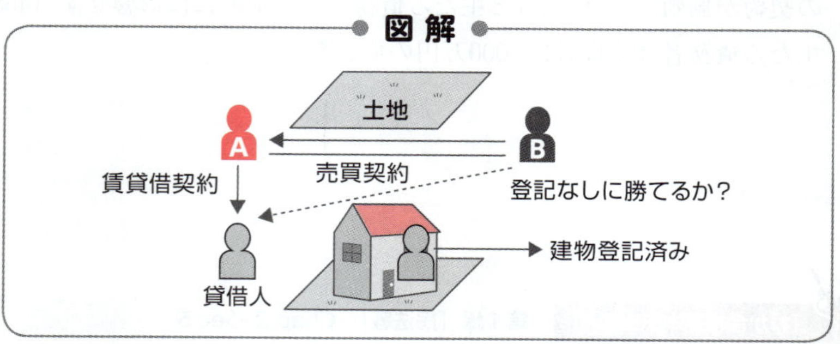

肢別のテーマ	❶第三者の範囲（不動産賃借人）	❷第三者の範囲（背信的悪意者）
	❸第三者の範囲（不法占拠者）	❹物権変動の対抗要件（対相続人）

解説　正解 1

所有権を主張できる相手を○、できない相手を×とする。

❶ **×　不動産賃借人に対しては、登記なしに対抗できない。**

本肢のような**土地の貸借人**も、**第三者に該当する**（民法177条、判例）。よって、Bは、登記を備えていない以上、借地人に土地の所有権を主張できない。なお、借地上の建物について登記を備えた借地人には、借地権の対抗要件が認められる（借地借家法10条1項）。

❷ **○　背信的悪意者に対しては、登記がなくても対抗できる。**

Bに**高値で売りつけ不当な利益を得る目的**がある者は、背信的悪意者に該当する。**背信的悪意者**は、**第三者に該当しない**ので、Bは、登記を備えていなくても、土地の所有権を主張できる（民法177条、判例）。

❸ **○　不法占拠者に対しては、登記がなくても対抗できる。**

土地の**不法占拠者**は、**第三者に該当しない**から、Bは、登記を備えていなくても、土地の所有権を主張できる（177条、判例）。

❹ **○　契約の当事者と同様、当事者の相続人に対しては、登記なしに対抗できる。**

Aの相続人は、Aの権利義務をすべて承継するので、**Aと同じ立場**にある（896条）。つまり、**当事者と同じ**であり、**第三者に該当しない**。だから、Bは、登記を備えていなくても、相続人に対して土地の所有権を主張できる（177条、判例）。

P! ココがポイント

基本的な知識や、過去に繰り返し出題されている知識をテーマにした問題だ。正解できなかったときは、答えが出せるまで、何度も過去問を解かなければいけない。**徹底した過去問の検討**がなされているかどうか、これが**合否の分かれ目**になる。

「わか合格基本テキスト」　第1編「民法等」　Chap.2−Sec.6

物権変動の対抗要件②

CHECK!　過去の本試験 H19-問6

重要度

不動産の物権変動の対抗要件に関する次の記述のうち、民法の規定及び判例によれば、誤っているものはどれか。なお、この問において、第三者とはいわゆる背信的悪意者を含まないものとする。

❶ 不動産売買契約に基づく所有権移転登記がなされた後に、売主が当該契約に係る意思表示を詐欺によるものとして適法に取り消した場合、売主は、その旨の登記をしなければ、当該取消後に当該不動産を買主から取得して所有権移転登記を経た第三者に所有権を対抗できない。

❷ 不動産売買契約に基づく所有権移転登記がなされた後に、売主が当該契約を適法に解除した場合、売主は、その旨の登記をしなければ、当該契約の解除後に当該不動産を買主から取得して所有権移転登記を経た第三者に所有権を対抗できない。

❸ 甲不動産につき兄と弟が各自２分の１の共有持分で共同相続した後に、兄が弟に断ることなく単独で所有権を相続取得した旨の登記をした場合、弟は、その共同相続の登記をしなければ、共同相続後に甲不動産を兄から取得して所有権移転登記を経た第三者に自己の持分権を対抗できない。

❹ 取得時効の完成により乙不動産の所有権を適法に取得した者は、その旨を登記しなければ、時効完成後に乙不動産を旧所有者から取得して所有権移転登記を経た第三者に所有権を対抗できない。

弟の持分権は、弟のものであり、兄のものではない。

肢別のテーマ ❶取消しと登記（取消し後の第三者） ❷解除と登記（解除後の第三者） ❸共同相続と登記 ❹時効と登記（時効完成後の第三者）

解　説　正解 3

❶ ○　**登記がないと、取消し後の第三者に対抗できない。**

頻出

取消しをした者と取消し後に登場した第三者との関係については、買主を起点にした二重譲渡と同様に考えて、**対抗問題**とするのが判例である（民法177条）。

❷ ○　**登記がないと、解除後の第三者に対抗できない。**

頻出

解除をした者と解除後に登場した第三者との関係については、買主を起点にした二重譲渡と同様に考えて、**対抗問題**とするのが判例である（177条）。

❸ ×　**共同相続の登記をしなくとも、第三者に自己の持分権を対抗できる。**

共同相続人の１人（兄）が、不動産について単独で相続した旨の登記をし、これを第三者に譲渡して所有権移転登記をした場合、**他の相続人**（弟）は、第三者に対して、**自己の相続分**を**登記なくして対抗することができる**（177条、判例）。他の相続人（弟）の相続分に関する限り、譲渡人（兄）も、譲り受けた第三者も無権利者だからである。

❹ ○　**時効取得者は、登記がないと、時効完成後の第三者に対抗できない。**

時効取得者と、時効完成後に旧所有者から取得した者との関係については、旧所有者を起点にした二重譲渡と同様に考えて、**対抗問題**とするのが判例である（177条）。

P! ココがポイント

いずれも、過去に本試験で出題されたことのある重要事項ばかりである。なお、背信的悪意者は、登記がなければ物権変動を対抗できない第三者に含まれないとするのが判例である。

「わか合格基本テキスト」　第１編「民法等」 Chap.2−Sec.6

物権変動の対抗要件③

CHECK!　過去の本試験　H22-問4

Aが B から甲土地を購入したところ、甲土地の所有者を名のるCがAに対して連絡してきた。この場合における次の記述のうち、民法の規定及び判例によれば、正しいものはどれか。

❶ ＣもＢから甲土地を購入しており、その売買契約書の日付とＢＡ間の売買契約書の日付が同じである場合、登記がなくても、契約締結の時刻が早い方が所有権を主張することができる。

❷ 甲土地はＣからＢ、ＢからＡと売却されており、ＣＢ間の売買契約がＢの強迫により締結されたことを理由として取り消された場合には、ＢＡ間の売買契約締結の時期にかかわらず、Ｃは登記がなくてもＡに対して所有権を主張することができる。

❸ Ｃが時効により甲土地の所有権を取得した旨主張している場合、取得時効の進行中にＢＡ間で売買契約及び所有権移転登記がなされ、その後に時効が完成しているときには、Ｃは登記がなくてもＡに対して所有権を主張することができる。

❹ Ｃは債権者の追及を逃れるために売買契約の実態はないのに登記だけＢに移し、Ｂがそれに乗じてＡとの間で売買契約を締結した場合には、ＣＢ間の売買契約が存在しない以上、Ａは所有権を主張することができない。

時効と登記の問題が出たときは、時効完成前に売却されたのか、時効完成後の売却かを区別すること。

肢別のテーマ ❶二重譲渡 ❷取消しと登記 ❸時効と登記（時効完成前の第三者） ❹無権利者からの譲受け

解説 正解 3

❶ × 契約締結の時刻が早いほうが所有権を主張できるのではない。

不動産に関する物権の得喪および変更は、その登記をしなければ、第三者に対抗できない（民法177条）。つまり、登記の有無で優劣を決める。

❷ × Cは、取消し後のAに対しては、登記がなければ対抗できない。

頻出 強迫による意思表示の取消し後の第三者との関係は対抗問題であり、取り消した者は、登記がなければ、第三者に対抗できない（判例）。よって、ＢＡ間の売買契約の時期がＣの取消し後であれば、Ｃは登記がなければＡに所有権を主張できない。

❸ ○ Cは登記がなくてもAに対して所有権を主張できる。

頻出 時効完成前の第三者と時効取得者との関係は対抗問題ではなく、時効取得者は、第三者に対して、登記なくして所有権の取得を主張することができる（判例）。なぜなら、この第三者と時効取得者との関係は、当事者同士の関係と考えることができるからである。

❹ × Aは所有権を主張することができる場合もある。

難 債権者の追及を逃れるために、売買契約の実態はないのに、Ｃが登記だけＢに移し、Ｂがそれに乗じてＡとの間で売買契約を締結した本肢の場合、ＣＢ間に、通謀も虚偽の意思表示もないが、第三者が善意であるときは、虚偽表示の規定（94条２項）を類推適用して、第三者を保護するのが判例である。善意の第三者は保護されるべきだからだ。

P! ココがポイント

❶は、対抗問題に関する基本を訊く問題である。基礎からの理解が重要である。

「わか合格基本テキスト」 第１編「民法等」 Chap.2–Sec.6

47 物権変動の対抗要件④

□□□ CHECK! 過去の本試験 H24-問6

重要度 ★★★

Ａ所有の甲土地についての所有権移転登記と権利の主張に関する次の記述のうち、民法の規定及び判例によれば、正しいものはどれか。

❶ 甲土地につき、時効により所有権を取得したＢは、時効完成前にＡから甲土地を購入して所有権移転登記を備えたＣに対して、時効による所有権の取得を主張することができない。

❷ 甲土地の賃借人であるＤが、甲土地上に登記ある建物を有する場合に、Ａから甲土地を購入したＥは、所有権移転登記を備えていないときであっても、Ｄに対して、自らが賃貸人であることを主張することができる。

❸ Ａが甲土地をＦとＧとに対して二重に譲渡してＦが所有権移転登記を備えた場合に、ＡＧ間の売買契約の方がＡＦ間の売買契約よりも先になされたことをＧが立証できれば、Ｇは、登記がなくても、Ｆに対して自らが所有者であることを主張することができる。

❹ Ａが甲土地をＨとＩとに対して二重に譲渡した場合において、Ｈが所有権移転登記を備えない間にＩが甲土地を善意のＪに譲渡してＪが所有権移転登記を備えたときは、Ｉがいわゆる背信的悪意者であっても、Ｈは、Ｊに対して自らが所有者であることを主張することができない。

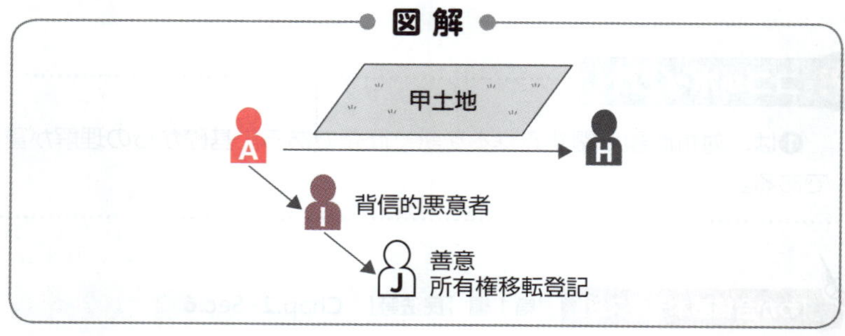

肢別のテーマ
❶時効と登記（時効完成前の第三者） ❷賃貸人の地位の移転と主張
❸二重譲渡 ❹背信的悪意者からの転得者

解説 正解 4

❶ 頻出

× Bは、登記なしに時効による所有権の取得を主張することができる。

時効完成前の第三者と時効取得者との関係は対抗問題ではなく、時効取得者は、第三者に対して、登記なしに所有権の取得を主張できる（民法177条、判例）。なぜなら、この第三者と時効取得者との関係は、当事者同士の関係と考えることができるからである。

❷

× Eは、所有権移転登記を備えていないときは、賃貸人であることをDに主張できない。

借地上に借地権者が登記された建物を所有するときは、その借地権を第三者に対抗できる（借地借家法10条１項）。そして、賃借人が賃借権の対抗要件を備えた場合において、借地権設定者が借地を譲渡したときは、特段の合意がない限り、不動産の賃貸人たる地位は、所有権の移転とともに、譲受人に移転する（民法605条の２第１項・２項）。もっとも、かかる賃貸人たる地位の移転は、譲受人が賃貸物である土地について、所有権移転登記をしなければ、賃借人に対抗（主張）できない（605条の２第３項）。

❸

× Gは、登記がなければ、Fに対して所有者であることを主張できない。

不動産の物権変動は、その登記をしなければ、第三者に対抗できない（177条）。つまり、登記の有無で優劣を決める。

❹

○ Hは、登記を備えた善意のJに対して、所有者であることを主張できない。

たとえＩが背信的悪意者に当たるとしても、Hに対する関係で、J自身が背信的悪意者と評価されるのでない限り、登記を備えたＪは、甲土地の所有権取得をもってＨに対抗できる（177条、判例）。

P! ココがポイント

❶と❸と、正解肢である❹は、基本重要知識からの出題である。なお、❷の賃貸人の地位の移転・主張は、賃貸借の分野では要注意のテーマである。賃貸借を学習した後にもう一度確認しておこう。

「わか合格基本テキスト」 第１編「民法等」 Chap.2-Sec.6、Chap.3-Sec.1・2

不動産登記法①

□□□ CHECK!　過去の本試験　H6-問15改

不動産の登記に関する次の記述のうち、正しいものはどれか。

❶　表題部所有者又は所有権の登記名義人が相互に異なる土地の合筆の登記をすることはできない。

❷　抵当権設定の登記のある土地の分筆の登記を申請する場合、抵当権者の分筆に関する承諾（又はその者に対抗することができる裁判）が必要である。

❸　抵当権設定の登記のある２個の建物については、その抵当権設定登記の登記原因、その日付、登記の目的及び申請の受付年月日・受付番号が同じであっても、合併の登記をすることができない。

❹　建物の分割の登記は、表題部所有者又は所有権の登記名義人の申請によるほか、登記官が職権ですることもできる。

「合筆の登記」の意味を考えてみよう。

肢別のテーマ	❶土地の合筆の登記 ❸建物の合併の登記	❷土地の分筆の登記 ❹建物の分割の登記

解説 正解 1

❶ ○ このような合筆の登記はすることはできない！

表題部所有者または所有権の登記名義人が相互に異なる土地の合筆の登記をすることはできない（不登法41条3号）。1つの土地について、所有者が混在することになり、民法の一物一権主義に反するからである。

❷ × 抵当権者の分筆に関する承諾等は不要。

抵当権の登記のある土地の分筆の登記を申請する場合において、抵当権者の承諾等はいらない。抵当権は分筆された各土地に存続し、共同抵当となるだけであり、抵当権者に不利益がないからだ。

❸ × 登記原因等が同じであれば、合併の登記をすることができる。

所有権等の登記以外の権利に関する登記のある建物については、原則として、合併の登記をすることはできない。ただし、例外として、登記されている権利が担保権であって、その登記の目的・申請の受付の年月日・受付番号・登記原因およびその日付が同一である場合には合併の登記ができる（56条5号、規則131条1号）。共同抵当が普通の抵当権になるだけであり、実質的な変更は生じないからである。

❹ × 建物の分割の登記は、登記官が職権で行うことはできない。

建物の分割・区分または合併の登記は、表題部所有者または所有権の登記名義人の申請によって行う（54条）。これらは、当事者の意思によって法定される登記であり、登記官が職権ですることはできない。

P! ココがポイント

❹の建物の分割・合併の登記とは異なり、土地の分筆・合筆の登記は、一筆の土地の一部が別の地目になった場合や、地図を作成するために必要な場合などは、例外的に登記官が職権で登記できることも覚えておこう。

「わか合格基本テキスト」 第1編「民法等」 Chap.2−Sec.7

不動産登記法②

□□□ CHECK! 過去の本試験 H9-問14改

不動産登記の申請義務に関する次の記述のうち、正しいものはどれか。

❶　建物を新築した場合、当該建物の所有者は、新築工事が完了した時から１月以内に、建物の所有権の保存の登記の申請をしなければならない。

❷　所有権の登記名義人が住所を移転した場合、所有権の登記名義人は、住所を移転した時から１月以内に、登記名義人の住所の変更の登記の申請をしなければならない。

❸　所有権の登記名義人に相続が開始した場合、当該不動産を相続により取得した者は、相続の開始を知った日から１年以内に、所有権の移転の登記の申請をしなければならない。

❹　建物が取壊しにより滅失した場合、表題部所有者又は所有権の登記名義人は、当該建物が滅失した時から１月以内に、建物の滅失の登記の申請をしなければならない。

❷の所有権の登記名義人の住所変更登記は、表示に関する登記か権利に関する登記かどっちだろう？

肢別のテーマ		
	❶申請主義	❷申請主義
	❸申請主義	❹申請主義の例外

解説　正解 4

❶ **× 申請義務はない。**

表示に関する登記には申請義務があるが（不登法47条１項）、**権利に関する登記**には、原則として**申請義務はない**。所有権**保存登記**は、権利に関する登記だ。

❷ **× 申請義務はない。**

所有権の登記名義人について**住所変更**があった場合でも、現在は、**申請義務はない**（なお、令和８年に申請義務を認める改正法が施行予定）。よって、**所有権の登記名義人**の**住所**の変更の登記を**申請する義務はない**。

❸ **× １年以内の申請義務はない。**

相続による所有権移転登記は、権利に関する登記ではあるが、所有権の登記名義人について相続の開始があったときは、当該**相続により所有権を取得した者は、自己のために相続の開始があったことを知り、かつ、当該所有権を取得したことを知った日**から**３年以内**に、**所有権の移転の登記**を**申請しなければならない**（76条の２第１項）。

❹ **○ １か月以内に、申請しなければならない。**

建物が取壊しにより滅失した場合、表題部所有者または所有権の登記名義人は、**滅失**から**１か月以内**に登記を**申請する義務**がある（57条）。建物の取壊しによる滅失は、権利関係の変動に留まらず、建物の**物理的現況**に**変動**が生じているからである。

P! ココがポイント

相続による所有権移転登記については、肢３の解説のように、改正法施行により、所有権取得者に**３年以内**に所有権移転登記の申請が義務付けられた（令和６年４月１日施行）。この相続による所有権移転登記の申請の義務は、令和６年４月１日以降の相続に限らず、**過去の相続**でも申請が義務付けられ、違反した場合は**10万円以下の過料**の対象となる。

「わか合格基本テキスト」　第１編「民法等」　Chap.2−Sec.7

50 不動産登記法③

CHECK!　過去の本試験 H10-問15改

不動産の仮登記に関する次の記述のうち、正しいものはどれか。

❶　仮登記は、登記の申請に必要な手続上の条件が具備しない場合に限り、仮登記権利者が単独で申請することができる。

❷　仮登記の申請に仮登記義務者が協力しない場合には、仮登記権利者は、仮登記手続を求める訴えを提起し、勝訴判決を得たときでなければ、単独で仮登記の申請をすることができない。

❸　抵当権設定の仮登記に基づき本登記を申請する場合に、その本登記について登記上利害関係を有する第三者があるときは、その者の承諾がなければ、当該本登記を申請することができない。

❹　仮登記の抹消は、仮登記名義人の承諾があれば、仮登記義務者が単独で申請することができる。

仮登記が抹消されると誰にとって不利益かを考えてみよう！

肢別のテーマ	❶仮登記ができる場合	❷仮登記の申請
	❸仮登記を本登記にする手続き	❹仮登記の抹消

解説　正解 4

❶ **× 手続上の条件が具備しない場合に限られない！**

仮登記は、**登記の申請に必要な手続上の条件が具備しない場合**（1号仮登記）以外に、**請求権を保全する必要**がある場合（2号仮登記）にも申請できる（不登法105条）。

❷ **× 勝訴判決を得たときに限られない。**

本来、権利に関する登記の申請は、**共同申請**が原則であるが（60条）、仮登記の申請は、以下の場合には、登記権利者が単独で申請できる（107条1項）。

① 仮登記義務者の承諾があるとき
② **仮登記を命ずる処分**があるとき
③ 判決があるとき

本肢の記述は、仮登記義務者が協力しないという前提なので、②や③により、単独申請が可能だ。

❸ **× 利害関係人の承諾は不要だ！**

登記上利害関係を有する第三者の承諾が必要なのは、**所有権**に関する仮登記を本登記にする場合である（109条1項）。一筆の土地・一個の建物には、一つの所有権しか成立しないという民法の一物一権主義から、所有権に関する仮登記を本登記に改めると、仮登記後になされた所有権の登記は抹消されることになるが、**登記の抹消**には、**登記名義人の承諾が必要**だからである。これに対して、**抵当権**設定の仮登記を本登記にしても、仮登記後になされた抵当権は、後順位の抵当権として両立し、**登記は抹消されることはない**ので、その者の承諾は不要なのである。

❹ **○ 仮登記名義人の承諾があれば、単独で仮登記の抹消を申請することができる。**

例えば、A所有地のAからBへの所有権移転の仮登記がなされた場合、仮登記の抹消も、所有権登記名義人Aと仮登記名義人Bが**共同申請**するのが原則である（60条）。しかし、仮登記の抹消は、**仮登記名義人Bが単独申請**できるし、**仮登記名義人Bの承諾**を得て**仮登記の登記上の利害関係人**（**仮登記義務者Aも含む**）が**単独申請**できる（110条）。共同申請やBの単独申請で抹消するときは、Bの登記識別情報が必要になるが、Bがそれを喪失してしまったようなときは、Bの承諾を得て仮登記の登記上の利害関係人（Aなど）が仮登記の抹消を単独申請すれば、Bの登記識別情報が不要となるメリットがある。

「わか合格基本テキスト」　第1編「民法等」　Chap.2−Sec.7

不動産登記法④

CHECK!　過去の本試験　H12-問14改

所有権保存の登記に関する次の記述のうち、誤っているものはどれか。

❶　所有権の登記がされていない建物について、その所有権を有することが確定判決によって確認された者は、当該建物の所有権保存の登記を申請することができる。

❷　土地の登記記録の表題部に被相続人が所有者として記録されている場合において、その相続人が複数あるときは、共同相続人の１人は、自己の持分についてのみ所有権保存の登記を申請することができる。

❸　土地収用法による収用によって土地の所有権を取得した者は、直接自己名義に当該土地の所有権保存の登記を申請することができる。

❹　１棟の建物を区分した建物の登記記録の表題部所有者から所有権を取得した者は、直接自己名義に当該建物の所有権保存の登記を申請することができる。

肢別のテーマ	❶所有権保存登記の申請	❷所有権保存登記の申請（共同相続の場合）
	❸所有権保存登記の申請	❹所有権保存登記の申請

解説　正解 2

❶ ○ 申請できる。

建物の「**所有権を有することが確定判決によって確認された者**」は、所有権保存登記を申請することができる（不登法74条1項2号）。

❷ 難 × 自己の持分についてだけの所有権保存の登記を申請することはできない。

「表題部所有者の相続人その他の一般承継人」は、所有権保存登記を申請することができる（74条1項1号）。しかし、**共同相続人の1人が、自己の持分についてだけ**の所有権保存の登記を申請することは**できない**（先例）。

❸ ○ 申請できる。

「**収用によって所有権を取得した者**」は、所有権保存登記を申請することができる（74条1項3号）。

❹ ○ 申請できる。

「**区分建物の表題部所有者から所有権を取得した者**」は、直接自己名義の所有権保存登記を申請することができる（74条2項）。

P! ココがポイント

① **所有権移転登記の申請**（共同申請主義）

AがBに土地を売却して、所有権がAからBに移転した場合、A→Bに**所有権移転登記**をすることができるが、所有権移転登記は、**共同申請主義**により、登記義務者Aと登記権利者Bが共同して申請をする必要がある。仮に、Aが登記に協力しない場合、Bは訴訟を提起し、**「AからBに登記を移転せよ」との判決**（給付判決）を得て、単独でAからBへの所有権移転登記の申請ができる。では、この判決は、**「Bの所有権を確認する判決」**（確認判決）ではダメなのか？ 答えはダメ。なぜなら、所有権移転登記は共同申請が原則であり、**Bに所有権があっても、Aが登記申請に協力しない限り、登記申請できない**からである。ゆえに、「AからBに登記を移転せよ」との判決が必要となる。

② **所有権の保存登記の申請**（単独申請）

同じ所有権に関する登記でも、**保存登記**は、**単独申請**である（共同申請主義の例外）。したがって、表題部に所有者としての記載がない者など、保存登記の申請ができない者が**所有権を確認する判決**（確認判決）を得れば、保存登記の申請が認められる。

「わか合格基本テキスト」 第1編「民法等」 Chap.2−Sec.7

不動産登記法⑤

CHECK!　過去の本試験　H17-問16

不動産登記の申請に関する次の記述のうち、誤っているものはどれか。

❶　登記の申請を共同してしなければならない者の一方に登記手続をすべきことを命ずる確定判決による登記は、当該申請を共同してしなければならない者の他方が単独で申請することができる。

❷　相続又は法人の合併による権利の移転の登記は、登記権利者が単独で申請することができる。

❸　登記名義人の氏名若しくは名称又は住所についての変更の登記又は更正の登記は、登記名義人が単独で申請することができる。

❹　所有権の登記の抹消は、所有権の移転の登記の有無にかかわらず、現在の所有権の登記名義人が単独で申請することができる。

「消去法」が役に立つ！

肢別のテーマ　❶〜❹　共同申請主義の例外

解説　正解 4

❶ 頻出

○　共同して登記をしなければならない者の他方が、単独で申請できる。

権利に関する登記の申請は、原則として、登記権利者および登記義務者が共同してしなければならないが（不登法60条）、登記の申請を共同してしなければならない者の一方に登記手続をすべきことを命ずる確定判決による登記は、当該申請を共同してしなければならない者の他方が単独で申請できる（63条１項）。

❷ 頻出

○　登記権利者が単独で申請することができる。

相続または法人の合併による権利の移転の登記は、登記権利者が単独で申請できる（63条２項）。

❸ 頻出

○　登記名義人が単独で申請できる。

登記名義人の氏名・名称や住所についての変更の登記または更正の登記は、登記名義人が単独で申請できる（64条１項）。

❹ 難

×　所有権の移転の登記がない場合に限られる。

所有権の登記の抹消は、所有権の移転の登記がない場合に限り、所有権の登記名義人が単独で申請できる（77条）。つまり、所有権の保存の登記を抹消する場合には、単独申請が認められるが、所有権の移転の登記がある場合は、単独申請は認められない。

P! ココがポイント

正解肢である❹は、一読して、その意味するところがわかりにくいが、その他の肢は、共同申請主義の例外に関する基本的な知識を訊いており、消去法で正解を導くことが可能だ。そのためには、やはり、基本的知識を確実に習得することが必須条件である。

「わか合格基本テキスト」　第１編「民法等」　Chap.2–Sec.7

53 債権譲渡①

□□□ CHECK!　過去の本試験 H12-問6

重要度 ★★★

Ａが、Ｂに対して有する金銭債権をＣに譲渡した場合に関する次の記述のうち、民法の規定及び判例によれば、誤っているものはどれか。

❶　譲渡通知は、ＡがＢに対してしなければならないが、ＣがＡの代理人としてＢに対して通知しても差し支えない。

❷　Ｂが譲渡を承諾する相手方は、Ａ又はＣのいずれでも差し支えない。

❸　Ａが、ＣとＤとに二重譲渡し、それぞれについて譲渡通知をした場合で、Ｃに係る通知の確定日付はＤに係るものより早いが、Ｂに対しては、Ｄに係る通知がＣに係る通知より先に到達したとき、Ｄへの債権譲渡が優先する。

❹　Ｂが、既にＡに弁済していたのに、ＡのＣに対する譲渡を異議をとどめないで承諾した場合、Ｂは、弁済したことをＣにもＡにも主張することができない。

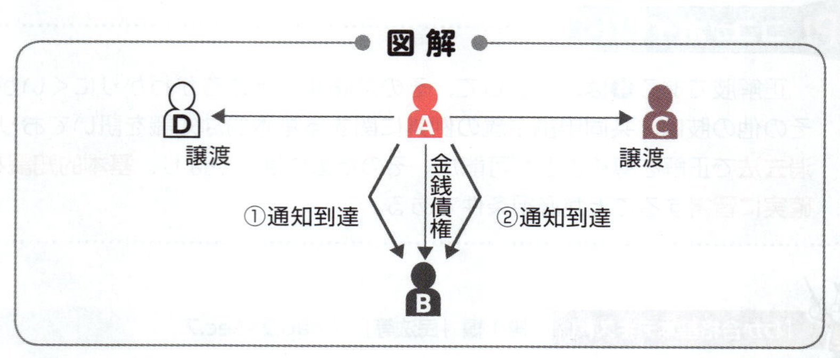

肢別のテーマ	
❶譲受人を代理人とする譲渡通知	❷承諾の相手方
❸第三者に対する対抗要件	❹異議をとどめない承諾

解　説　正解 4

❶ **○　譲渡通知は、譲受人が譲渡人の代理人としてするのなら、かまわない。**

虚偽の譲渡通知を未然に防ぐため、**債務者に対する対抗要件**としての**通知は、譲渡人Aがしなければならない**（民法467条１項、判例）。このことは、非常に重要だ。ただし、**代理人を通じて通知することも可能**であり、その代理人は、譲受人でもかまわない（判例）。

❷ **○　承諾は、譲渡人にしてもよいし、譲受人にしてもＯＫ。**

譲受人は、債務者の承諾があれば、債権の譲渡について債務者に対抗できるが（467条１項）、その**承諾の相手方は、譲渡人でも譲受人でも**かまわない（判例）。債務者が、譲渡の事実を認識していることこそが、重要だからだ。

❸ **○　確定日付のある通知が、先に到達したほうが勝ち！**

債権の**二重譲渡**の場合、譲受人が、**両方とも確定日付のある証書による通知**をそなえているときは、日付の先後ではなく、その通知が**債務者に先に到達した方が優先する**（467条、判例）。

❹ 難 **×　債務者Ｂが異議をとどめない承諾をしても、Ａに対してはもちろん、対抗要件具備時までに弁済していれば、Ｃにも弁済済みであることを主張できる。**

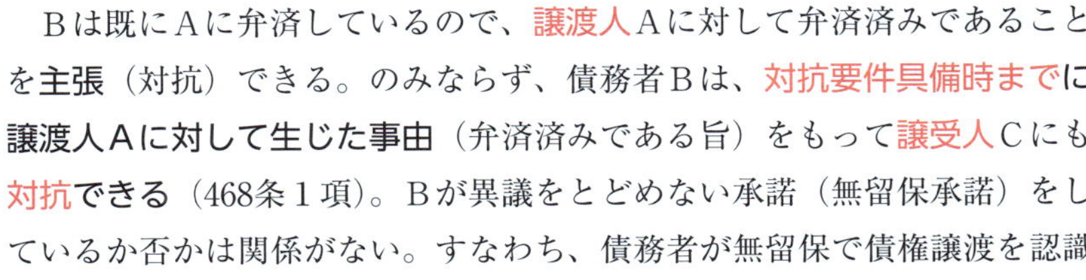

Ｂは既にＡに弁済しているので、**譲渡人**Ａに対して弁済済みであることを**主張**（対抗）できる。のみならず、債務者Ｂは、**対抗要件具備時まで**に**譲渡人Ａに対して生じた事由**（弁済済みである旨）をもって**譲受人**Ｃにも**対抗できる**（468条１項）。Ｂが異議をとどめない承諾（無留保承諾）をしているか否かは関係がない。すなわち、債務者が無留保で債権譲渡を認識した旨を通知しただけで抗弁権を喪失することはないのである。

「わか合格基本テキスト」　第１編「民法等」　Chap.2–Sec.8

54 債権譲渡②

CHECK!　過去の本試験　H23-問5改

重要度 ★★★

ＡがＢに対して1,000万円の代金債権を有しており、Ａがこの代金債権をＣに譲渡した場合における次の記述のうち、民法の規定及び判例によれば、誤っているものはどれか。

❶　ＡＢ間の代金債権には譲渡禁止特約があり、Ｃがその特約の存在を知らないことにつき重大な過失がある場合には、Ｂは、Ｃに対する債務の履行を拒むことができる。

❷　ＡがＢに対して債権譲渡の通知をすれば、その譲渡通知が確定日付によるものでなくても、ＣはＢに対して自らに弁済するように主張することができる。

❸　ＢがＡに対して期限が到来した1,000万円の貸金債権を有していても、ＡがＢに対して確定日付のある譲渡通知をした場合には、ＢはＣに譲渡された代金債権の請求に対して貸金債権による相殺を主張することができない。

❹　ＡがＢに対する代金債権をＤに対しても譲渡し、Ｃに対する債権譲渡もＤに対する債権譲渡も確定日付のある証書でＢに通知した場合には、ＣとＤの優劣は、確定日付の先後ではなく、確定日付のある通知がＢに到着した日時の先後で決まる。

債権譲渡は、債務者のあずかり知らないところでなされる。それによって債務者が不利益を受けるいわれはないはず。

肢別のテーマ	❶債権譲渡禁止特約	❷債務者に対する対抗要件
	❸債権譲渡通知の効果	❹第三者に対する対抗要件

解 説 …… 正解 3

❶ **○ 譲渡禁止特約のある債権も譲渡できるが、譲受人Cに重過失があるときは、債務者BはCへの債務の履行を拒むことができる。**

当事者が債権譲渡を禁止し、または制限する旨の意思表示（譲渡制限の意思表示）をしたときでも、債権譲渡は有効であるが（民法466条２項）、その譲渡制限の意思表示がなされたことについて悪意または重大な過失により知らなかった譲受人に対しては、債務者は履行を拒むことができる（466条３項）。

❷ **○ 通知がされている以上、CはBに対して自らに弁済するように主張できる。**

債権譲渡の債務者への対抗要件は、①譲渡人（A）から債務者（B）への通知か、②債務者（B）の承諾のいずれかである（467条１項、判例）。この通知・承諾は、債務者に対抗するためには、確定日付ある証書による必要はない（467条２項参照）。

❸ **× Bは、貸金債権による相殺を主張できる。**

債務者は、対抗要件具備時までに譲渡人に対して生じた事由をもって譲受人に対抗できる（468条１項）。債権譲渡は、譲渡人と譲受人との合意のみでなしうるところ、債務者の関与しない債権譲渡によって、債務者の地位が譲渡前よりも不利となるべきではないからである。なお、通知が確定日付によってなされた場合でも、その結論は変わらない。

❹ **○ CとDの優劣は、確定日付のある通知がBに到着した日時の先後で決まる。**

債権が二重に譲渡され、双方の譲受人について確定日付のある証書による通知がなされたときは、その通知が債務者に到達した日時の早いほうの債権譲渡が優先する（到達時説、467条２項、判例）。通知の到達により、債務者が債権譲渡による債権の帰属に変更が生じた事実を認識できるからである。

P! ココがポイント

債権譲渡に関しては、出題されるテーマは、❶の譲渡禁止特約、❷❹の対抗要件、❸の通知・承諾の効果の３つに分けて、整理しておこう。

「わか合格基本テキスト」 第１編「民法等」 Chap.2−Sec.8

55 弁 済①

過去の本試験 H11-問5改

　Aが、Bに対して不動産を売却し、所有権移転登記及び引渡しをした場合のBの代金の弁済に関する次の記述のうち、民法の規定及び判例によれば、誤っているものはどれか。

❶　Bの親友Cが、Aに直接代金の支払いを済ませても、それがBの意思に反する弁済である場合には、Bの代金債務は消滅しないことがある。

❷　Aが、Bに対し代金債権より先に弁済期の到来した別口の貸金債権を有する場合に、Bから代金債権の弁済として代金額の支払いを受けたとき、Aは、Bの意思に反しても、代金債権より先にその貸金債権に充当することができる。

❸　Bが、「AからDに対して代金債権を譲渡した」旨記載された偽造の文書を持参した代金債権の受領権者としての外観を有するDに弁済した場合で、Bが善意無過失であるとき、Bは、代金債務を免れる。

❹　Bの友人Eが、代金債務を連帯保証していたためAに全額弁済した場合、Eは、Aの承諾がないときでも、Aに代位する。

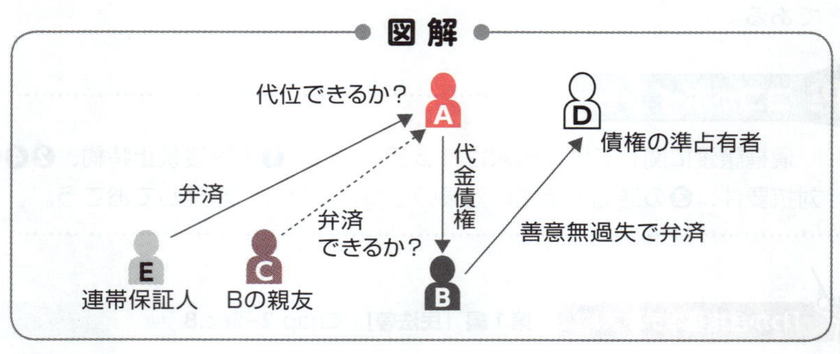

肢別のテーマ ❶正当な利益を有しない第三者による弁済 ❷弁済の指定充当 ❸受領権者としての外観を有する者に対する弁済 ❹弁済による代位

解説 正解 2

❶ ○ 親友Cは、Bの意思に反して弁済できず、代金債務は消滅しないことがある。

親友というだけでは、弁済をするについて正当な利益は有しない。かかる第三者は、弁済が債務者の意思に反し、それを債権者が知っていた場合は弁済できない（民法474条２項）。よって、その場合は、代金債務は消滅しない。ただし、第三者弁済が債務者の意思に反していることを債権者が知らない場合は、弁済が認められ、債務は消滅する（474条２項ただし書）。

❷ × 指定充当としてどの債権の弁済に充当するかは、まず弁済者に決定権がある。

債務者が同一の債権者に対して同種の給付を目的とする数個の債務を負担する場合に、弁済として提供した給付が全ての債務を消滅させるのに足りないときは、原則として、弁済者が、給付の時に、充当すべき債務を指定できる（488条１項）。よって、弁済者Bが代金債権を指定したのに、債権者Aが指定と異なる貸金債権に充当することはできない。

❸ ○ 代金債権の受領権者としての外観を有するDへの弁済で、Bが善意無過失であるとき、Bは代金債務を免れる。

取引上の社会通念に照らして受領権者としての外観を有するものへの弁済は、弁済者が善意無過失であるときは、弁済は有効となる（478条）。

❹ ○ 友人E（連帯保証人であるか否かとは無関係）がAに弁済した場合、Aの承諾がなくてもAに代位する。

債務の弁済は、第三者もすることができ（474条１項）、債務者のために弁済をした者は、債権者に代位する（499条）。なお、正当な利益を有しない者の弁済による代位についても、債権者の承諾は不要である。

P! ココがポイント

弁済をするについて正当な利益を有しない第三者の弁済の効力は、次のとおりである。

① 債権者が債務者の意思に反する弁済であることを知っていた場合、弁済は無効（474条２項本文）
② 債権者が債務者の意思に反する弁済であることを知らない場合、弁済は有効（474条２項ただし書）
③ 債権者の意思に反する弁済は、無効（474条３項）。ただし、第三者が債務者の委託を受けて弁済をしている場合に債権者がそれを知っているときは、債権者は弁済を拒めず、弁済は有効（同項ただし書）

「わか合格基本テキスト」 第１編「民法等」 Chap.2–Sec.9

56 弁済②

CHECK! 過去の本試験 H18-問8

重要度 ★★★

Ａは Ｂとの間で、土地の売買契約を締結し、Ａの所有権移転登記手続とＢの代金の支払を同時に履行することとした。決済約定日に、Ａは所有権移転登記手続を行う債務の履行の提供をしたが、Ｂが代金債務につき弁済の提供をしなかったので、Ａは履行を拒否した。この場合に関する次の記述のうち、民法の規定及び判例によれば、誤っているものはどれか。

❶ Ｂは、履行遅滞に陥り、遅延損害金支払債務を負う。

❷ Ａは、一旦履行の提供をしているので、これを継続しなくても、相当の期間を定めて履行を催告し、その期間内にＢが履行しないときは土地の売買契約を解除できる。

❸ Ａは、一旦履行の提供をしているので、Ｂに対して代金の支払を求める訴えを提起した場合、引換給付判決ではなく、無条件の給付判決がなされる。

❹ Ｂが、改めて代金債務を履行するとして、自分振出しの小切手をＡの所に持参しても、債務の本旨に従った弁済の提供とはならない。

❷では、契約が解消されればＡの義務はなくなるのに対して、❸では、Ａの義務は残るのだ。

肢別のテーマ	❶弁済の提供（同時履行の抗弁権）	❷弁済の提供（同時履行の抗弁権）
	❸弁済の提供（同時履行の抗弁権）	❹弁済の提供（小切手の場合）

解説　正解 ❸

❶ ○ **Bは履行遅滞に陥り、遅延損害金支払債務を負う。**

Aの所有権移転登記手続とBの代金支払を同時とする約定期日に、Aは**債務の履行を提供**したので、Bは**同時履行の抗弁権**を失う（民法533条）。Bは、代金債務の履行遅滞について、遅延損害金支払債務を負う（415条1項、419条1項）。

❷ ○ **Aは履行の提供の継続をしなくても、催告をした上で契約を解除できる。**

Aは、所有権移転登記手続を行うという**債務の履行を提供**しており、Bは同時履行の抗弁権を失う（533条）。当事者の一方であるBが債務を履行しない場合、相手方Aは相当期間を定めてその履行の催告をし、その期間内に履行がないときは、Aは契約を解除できる（541条）。

❸ 難 × **無条件の給付判決ではなく、引換給付判決がなされる。**

契約の解除と異なって、Aが、Bに履行を求める場合は、**一旦Aの弁済の提供がなされても、Bは同時履行の抗弁権を失わない**（判例）。Bの債務の履行に対して、Aも自分の債務を履行しなければならないのだから、Aに再度の提供を要求するのが公平だからである。

❹ ○ **自分振出しの小切手では、現実の提供とはならない。**

弁済の提供は、債務の本旨に従って現実にしなければならない（493条本文）。金銭債務では、銀行の自己宛小切手（預手）と異なって、**自分振出しの小切手**をAの所に持参しても、**支払いの確実性**がないので、債務の本旨に従った現実の提供とはならない（判例）。

P! ココがポイント

弁済の提供と同時履行の抗弁権を中心とする問題である。❷と❸の違いは、Aの債務が残るのかどうか。❷では、契約の解除によってAは自分の義務を履行する必要はなくなる。それに対して、❸では、Bの支払いに対して、Aは自分の義務を履行しなければならないのだ。

「わか合格基本テキスト」　第１編「民法等」　Chap.2–Sec.9

弁　済③

□□□ CHECK!　過去の本試験 H20-問8改

弁済に関する次の❶から❹までの記述のうち、判決文及び民法の規定によれば、誤っているものはどれか。

（判決文）

借地上の建物の賃借人はその敷地の地代の弁済について正当な利益を有すると解するのが相当である。思うに、建物賃借人と土地賃貸人との間には直接の契約関係はないが、土地賃借権が消滅するときは、建物賃借人は土地賃貸人に対して、賃借建物から退去して土地を明け渡すべき義務を負う法律関係にあり、建物賃借人は、敷地の地代を弁済し、敷地の賃借権が消滅することを防止することに法律上の利益を有するものと解されるからである。

❶　借地人が地代の支払を怠っている場合、借地上の建物の賃借人は、借地人の意思に反しても、地代を弁済することができる。

❷　借地人が地代の支払を怠っている場合、借地上の建物の賃借人が土地賃貸人に対して地代を支払おうとしても、土地賃貸人がこれを受け取らないときは、当該賃借人は地代を供託することができる。

❸　借地人が地代の支払を怠っている場合、借地上の建物の賃借人は、土地賃貸人の意思に反しても、地代についての金銭以外のもので代物弁済することができる。

❹　借地人が地代の支払を怠っている場合、借地上の建物の賃借人が土地賃貸人に対して地代を弁済すれば、土地賃貸人は借地人の地代の不払を理由として借地契約を解除することはできない。

判決文のキーワードと手持ちの知識を合体してみよう。

肢別のテーマ　❶第三者の弁済（借地上の建物の賃借人）❷第三者の供託
❸第三者の代物弁済　❹第三者の弁済

解　説　正解 3

❶ 頻出 ○ **弁済について、正当な利益を有しない第三者は、債務者の意思に反して弁済できないことがあるが**（債権者が債務者の意思に反することについて悪意の場合）、借地上の建物賃借人は、地代の弁済について正当な利益を有するので（判例）、**借地人（債務者）の意思に反しても弁済できる**（民法474条２項）。

❷ ○ **借家人は、土地賃貸人が地代の受領を拒むときは、供託できる。**
弁済について正当な利益を有する第三者は、債務者（借地人）の意思に反しても弁済できる（474条２項）。そして、借地上の建物賃借人（借地人の地代不払いで借地契約が解除されると、建物賃借人も建物に住めなくなる）は、土地賃貸人が地代の受領を拒むときは、地代を供託できる（494条１項１号）。

❸ × **代物弁済は契約であり、土地賃貸人の意思に反してすることができない。**
弁済者が債権者との間で、債務者の負担した給付に代えて他の給付をすることにより債務を消滅させる旨の契約をした上で、**他の給付をしたとき**は、その給付は弁済と同一の効力を有する（482条）。しかし、**土地賃貸人の意思に反している場合は**、代物弁済の契約は成立せず、代物弁済はできない。

❹ ○ **借地人の地代の不払を理由として借地契約を解除することができない。**
債務の弁済は、第三者もすることができ、本問の借地上の建物の賃借人も可能であるから（474条、判例）、**借地上の建物の賃借人による土地賃貸人に対する地代の弁済は**、有効な弁済になる。よって、地代の不払いを理由とする土地賃貸人の借地契約の解除は認められない。

P! ココがポイント

判決文を問題文中に記載し、それを前提に考えるという出題形式（判決文型の問題）である。民法の基礎知識を前提に各肢で述べていることと判決文をあてはめていこう。

「わか合格基本テキスト」　第１編「民法等」　Chap.2−Sec.9

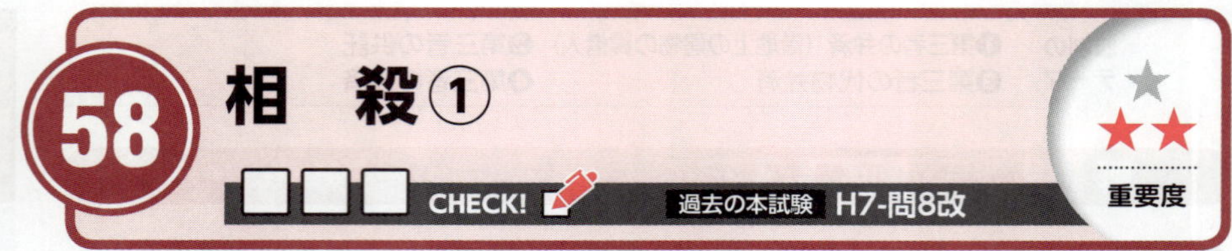

Aが Bに対して100万円の金銭債権、Bが Aに対して100万円の同種の債権を有する場合の相殺（AB間に特約はないものとする。）に関する次の記述のうち、民法の規定及び判例によれば、誤っているものはどれか。

❶　Aの債権が時効によって消滅した後でも、時効完成前にBの債権と相殺適状にあれば、Aは、Bに対して相殺をすることができる。

❷　Aの債権について弁済期の定めがなく、Aから履行の請求がないときは、Bは、Bの債権の弁済期が到来しても、相殺をすることができない。

❸　Aの債権が、Bの悪意による不法行為によって発生したものであるときには、Bは、Bの債権をもって相殺をすることができない。

❹　CがAの債権を差し押えた後、BがAに対する債権を取得したときは、Bは、Aに対して相殺をすることができるが、それをもってCに対抗することはできない場合がある。

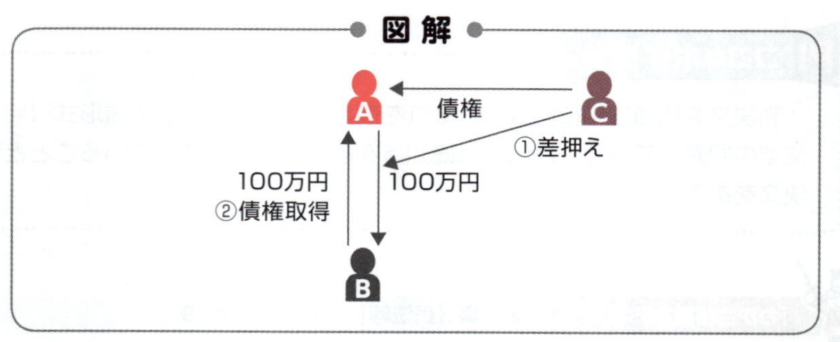

肢別のテーマ	❶時効で消滅した債権による相殺 ❸不法行為により発生した債権の相殺	❷相殺適状（弁済期が異なる場合） ❹差押え後に取得した債権による相殺

解説 …… 正解 2

❶ ○ 債権が時効で消滅しても、その前に相殺適状になっていれば、相殺できる。

Aの債権が時効によって消滅した後でも、その消滅前に相殺適状にあったときは、Aは、相殺できる（民法508条）。

❷ × 自働債権が弁済期にあれば相殺できる。

弁済期の定めのないAの債権（Bの債務）は、成立と同時に弁済期にあるから、Bの自働債権が弁済期にあれば、Bは相殺できる（505条1項）。

❸ ○ 不法行為により生じた債務が悪意による不法行為に基づく損害賠償の債務であるときは、加害者からは相殺できない。

ひっかけ

不法行為による損害賠償債務が、①悪意（単なる故意ではなく、積極的な害意）による不法行為に基づく損害賠償債務であるとき、または、②人の生命または身体の侵害による損害賠償債務である場合、加害者は、相殺をもって債権者に対抗できない（509条）。

❹ ○ 差押え後にBが債権を取得しても、Bは、相殺をもってCに対抗できないことがある。

難

差押えを受けた債権の第三債務者Bは、差押え後に取得したAに対する債権による相殺をもって差押債権者Cに対抗できない（511条1項）。ただし、差押え後に取得した債権が差押え前の原因に基づいて生じたものであるときは、第三債務者は、その債権による相殺をもって差押債権者に対抗できることもある（511条2項）。例えば、BのAに対する100万円の金銭債権が、BがAの委託を受けてAの債務を保証していた場合に、Bが保証債務を履行したことにより取得した求償権である場合は、その求償権が、Cによる差押え後に発生したものでも、Bは相殺をもってCに対抗できる。

P! ココがポイント

相殺は、頭が混乱しやすいところだ。特に、自働債権や受働債権というコトバ自体にふり回されてしまう。「相殺しよう」と言った人のもっている債権が自働債権であり、他方の債権が受働債権となる。すべての肢に関して自働債権の話か受働債権の話か、しっかり確認しながらもう一度復習してほしい。

「わか合格基本テキスト」 第1編「民法等」 Chap.2−Sec.9

59 相　殺②

□□□ CHECK!　過去の本試験 H16-問8改　重要度 ★★

Ａは、Ｂ所有の建物を賃借し、毎月末日までに翌月分の賃料50万円を支払う約定をした。またＡは敷金300万円をＢに預託し、敷金は賃貸借終了後明渡し完了後にＢがＡに支払うと約定された。ＡのＢに対するこの賃料債務に関する相殺についての次の記述のうち、民法の規定及び判例によれば、正しいものはどれか。

❶　Ａは、Ｂが支払不能に陥った場合は、特段の合意がなくても、Ｂに対する敷金返還請求権を自働債権として、弁済期が到来した賃料債務と対当額で相殺することができる。

❷　ＡがＢに対し人の生命又は身体の侵害による不法行為に基づく損害賠償請求権を有した場合、Ａは、このＢに対する損害賠償請求権を自働債権として、弁済期が到来した賃料債務と対当額で相殺することはできない。

❸　ＡがＢに対して商品の売買代金請求権を有しており、それが2022年９月１日をもって時効により消滅した場合、Ａは、同年９月２日に、このＢに対する代金請求権を自働債権として、同年８月31日に弁済期が到来した賃料債務と対当額で相殺することはできない。

❹　ＡがＢに対してこの賃貸借契約締結以前から貸付金債権を有しており、その弁済期が2022年８月31日に到来する場合、同年８月20日にＢのＡに対するこの賃料債権に対する差押があったとしても、Ａは、同年８月31日に、このＢに対する貸付金債権を自働債権として、弁済期が到来した賃料債務と対当額で相殺することができる。

肢別のテーマ		
	❶敷金返還請求権と相殺	❷不法行為により発生した債権の相殺
	❸時効で消滅した債権による相殺	❹差押え前に取得した債権による相殺

解説　正解 4

❶ **× Aは、相殺できない。**

賃貸人は、敷金を受け取っている場合において、**賃貸借が終了し、かつ、賃貸物の返還を受けた**とき、敷金の額から賃貸借に基づいて生じた賃借人の賃貸人に対する金銭の給付を目的とする債務の額を**控除した残額**を返還しなければならない（民法622条の２第1項）。よって、**賃貸借契約継続中**は、いまだ**発生していない**敷金返還請求権について、それを自働債権とする賃借人からの相殺は認められない。また、賃貸借契約が終了し、建物**明渡し後**においては、未払い賃料は敷金から当然に控除されて消滅しているので、敷金返還請求権と賃料債務は相殺適状にはなく（505条１項）、Aは相殺できない。

❷ **× Aは、相殺できる。**

人の**生命または身体の侵害**による**不法行為**によって発生した債権を、加害者が受働債権として相殺することはできないが（509条）、**被害者が自働債権として相殺することはできる**（判例）。

❸ **× Aは、債権が時効で消滅しても、その前に相殺適状にあれば、相殺できる。**

時効によって消滅した債権であっても、その**消滅以前に相殺適状**にあれば、その債権者は、**時効完成後に相殺**することができる（508条）。

❹ **○ Aは、差押え前にBに対する反対債権を取得しているから、相殺適状になったときに相殺できる。**

差し押さえられた債権の債務者Aは、その**債権の差押え前**に、Bに対する**反対債権を取得**していれば、相殺適状になったときに、その反対債権を自働債権として、差し押さえられた債権を受働債権として、**相殺することができ**、これをもって**差押債権者に対抗できる**（511条１項、判例）。相殺によって決済できると考えていたAの期待を保護する趣旨である。

P! ココがポイント

❹に関して、本肢の内容と逆の場合、つまり受働債権の**差押え後**にAがBに対する自働債権（反対債権）を取得した場合には、差押えの実効性を確保するために、原則として、相殺は認められない。両者を対比させて覚えておこう。

「わか合格基本テキスト」　第１編「民法等」 Chap.2-Sec.9、Chap.3-Sec.1

賃貸借契約（民法）①

CHECK!　過去の本試験　S62-問7

Aは自己所有の建物をBに賃貸した。この場合、民法の規定によれば、次の記述のうち、誤っているものはどれか。

❶　建物が老朽化してきたため、BはAの負担すべき必要費を支出して建物の修繕をした。この場合において、Bは当該賃貸借契約の終了後でなければ、修繕に要した費用の償還を請求することはできない。

❷　建物が老朽化してきたため、Aは建物の保存のために必要な修繕をしたいと考えている。この場合において、BはAの修繕行為を拒むことはできない。

❸　Bは建物の賃借権をAの承諾を得て第三者Cに譲渡した。この場合において、Aは賃借権の譲渡後に発生した家賃についてはBに対し請求することはできない。

❹　AB間で約定された賃料は、月８万円であったが、Bは、当該建物を第三者Cに月10万円で転貸し、転貸につきAの承諾も得た。この場合において、Aが直接Cに対し８万円を賃料として支払うよう請求したときは、Cはこれを拒むことはできない。

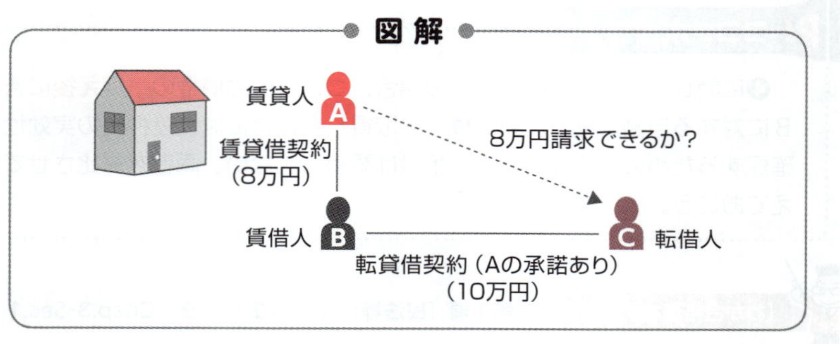

肢別のテーマ
❶費用償還請求権（必要費） ❷賃貸人の保存行為
❸賃借権の譲渡の効果 ❹適法な転貸の効果

解説 正解 1

❶ × 必要費は、出費後すぐにその償還を請求できる。

賃借人が**必要費**を支出したときは、賃貸人に対して、直ちに**その費用の償還を請求**できる（民法608条１項）。本来は、賃貸人が出費すべき金銭だからだ。

❷ ○ 賃借人は、賃貸人の修繕行為を拒否できない。

修繕は、**賃貸人の**義務であり、権利でもある。よって、賃貸人は、賃借物の使用収益に必要な修繕をする義務を負い（賃借人の責めに帰すべき事由により修繕が必要となった場合を除く）、また、賃貸人が賃借物の保存に必要な行為をしようとするときは、賃借人はこれを拒めない（606条２項）。

❸ ○ 賃借権の譲渡後に発生した家賃の請求先は、Cであって、Bではない。

賃借権の譲渡がなされると、いままでの**賃借人Bは、賃貸借関係から離脱**し、ＡＣ間に新たに賃貸借関係が生じる。だから、Ａは、関係のないＢに譲渡後の賃料を請求できない。

❹ ○ 転借人は、賃貸人からの８万円の賃料請求を拒めない。

賃貸人と転借人との間には契約関係はないが、便宜上、転借人は、**賃貸人と賃借人との間の賃貸借に基づく賃借人の債務の範囲を限度**として、**賃貸人**に対して転貸借に基づく債務を直接履行する義務を負う（613条１項）。よって、Ｃは、ＡＢ間の賃貸借に基づくＢの８万円の賃料債務を限度に、Ａに対して８万円を支払う義務があり、これを拒めない。

P! ココがポイント

賃貸人は目的物の使用収益に必要な修繕義務を負うが、賃借人の**責めに帰すべき事由**によって修繕が必要となった場合の賃貸人の修繕義務は否定される（606条１項ただし書）。また、①修繕が必要である旨を賃貸人に**通知**したにもかかわらず、賃貸人が相当期間内に必要な修繕をしないときと、②**急迫の事情**があるときは、**賃借人**は修繕の権利がある（607条の２）。なお、使用収益に必要な修繕を賃借人の出費によって行った場合は、必要費として、賃貸人に対して、**直ちに**償還請求できる（608条１項）。

「わか合格基本テキスト」 第１編「民法等」 Chap.3–Sec.1

ＡがＢの所有地を賃借して、建物を建てその登記をしている場合に関する次の記述のうち、民法の規定及び判例によれば、正しいものはどれか。

❶　Ｂがその土地をＣに譲渡する場合、賃貸人の義務の移転を伴うから、Ｂは、その譲渡についてＡの承諾を必要とする。

❷　Ａがその建物をＤに譲渡する場合、特別の事情のない限り、Ａは、Ｄに対する敷地の賃借権譲渡についてＢの承諾を得る必要がある。

❸　ＥがＢからその土地の譲渡を受けた場合、Ｅは、登記を移転していなくても賃貸人たる地位の取得をＡに対抗することができる。

❹　ＦがＡからその建物を賃借する場合、特別の事情がない限り、Ｆは、その賃借についてＢの承諾を得なければならない。

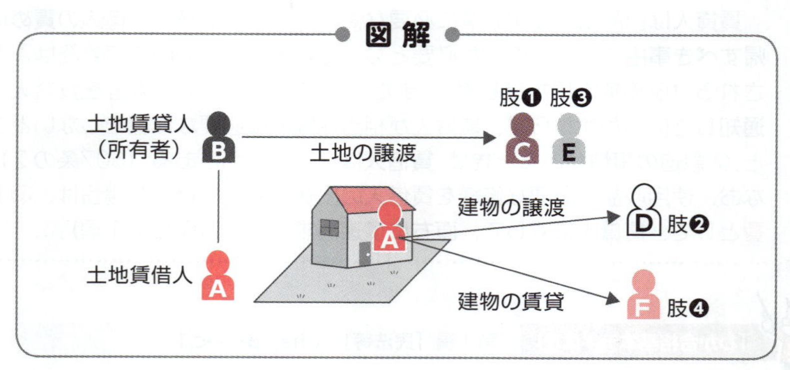

肢別のテーマ	❶賃貸人の地位の移転と借主の同意　❷借地上の建物の譲渡 ❸賃貸人たる地位の主張と登記　❹借地上の建物の賃貸借

解　説　正解 2

❶ 難 × **賃貸人Bは、賃借人Aの承諾を得なくても、賃貸物である土地をCに譲渡できる。**

Aは**借地上**に所有する**建物**について**登記**をしているので、借地権の対抗要件を備えている（借地借家法10条1項）。賃借人が賃借権の対抗要件を備えた場合、その不動産が**譲渡**されたときは、その不動産の**賃貸人たる地位**は、特段の合意がない限り**譲受人に移転**する（民法605条の２第１項・２項）。賃貸人Bは賃借人Aに**使用収益させる債務**を負うので（601条）、本来、その債務をBからCへ移転させるには、債権者Aの**承諾**が必要なはずであるが（免責的債務引受、472条３項）、使用収益させる債務は**所有者ならば**履行が容易なので、あえてAの承諾を要求する必要がないからである。

❷ ○ **Aは、Bの承諾がなければ、Dに対する敷地の賃借権譲渡はできない。**

借地上の建物を譲渡したときは、特別の事情がない限り、売主は買主に対して**敷地の借地権も譲渡**したものとされる（87条２項類推、判例）。そして、賃借権の譲渡には、原則として、貸主の承諾が**必要**である（612条１項）。

❸ 難 × **Eは、所有権移転登記をしなければ、Bからの土地賃貸人の地位の移転をAに対抗できない。**

❶解説のように、土地賃貸人の地位は、Bから土地の譲受人Eに移転するが、**賃貸人の地位**をEがAに**対抗**するためには、Eが所有権移転登記を備えることが必要である（605条の２第３項）。なぜなら、Aは地代等の支払いのため、誰が賃貸人であるのかを知る必要があるし、賃貸人の地位が所有権移転とともに移転すると解するのならば、Eの賃貸人の地位の主張に所有権移転登記を要求するのが簡明だからである（**事実の確実な証明としての登記**）。

❹ × **Fは、Bの承諾を得なくても、Aからその所有する建物を賃借できる。**

Aが**借地上の建物**をFに賃貸しても、Aはそのまま建物所有のために自ら土地を使用しているから、土地の転貸には該当しない（判例）。よって、AがFに建物を賃貸することはAの自由であり、Bの承諾を得る必要はない。

「わか合格基本テキスト」　第１編「民法等」 Chap.3−Sec.1

賃貸借契約（民法）③

CHECK! 過去の本試験 H15-問11

重要度

借主Aは、B所有の建物について貸主Bとの間で賃貸借契約を締結し、敷金として賃料2ヵ月分に相当する金額をBに対して支払ったが、当該敷金についてBによる賃料債権への充当はされていない。この場合、民法の規定及び判例によれば、次の記述のうち正しいものはどれか。

❶ 賃貸借契約が終了した場合、建物明渡しと敷金返還とは同時履行の関係に立たず、Aの建物明渡しはBから敷金の返還された後に行えばよい。

❷ 賃貸借契約期間中にBが建物をCに譲渡した場合で、Cが賃貸人の地位を承継したとき、敷金に関する権利義務は当然にCに承継される。

❸ 賃貸借契約期間中にAがDに対して賃借権を譲渡した場合で、Bがこの賃借権譲渡を承諾したとき、敷金に関する権利義務は当然にDに承継される。

❹ 賃貸借契約が終了した後、Aが建物を明け渡す前に、Bが建物をEに譲渡した場合で、BE間でEに敷金を承継させる旨を合意したとき、敷金に関する権利義務は当然にEに承継される。

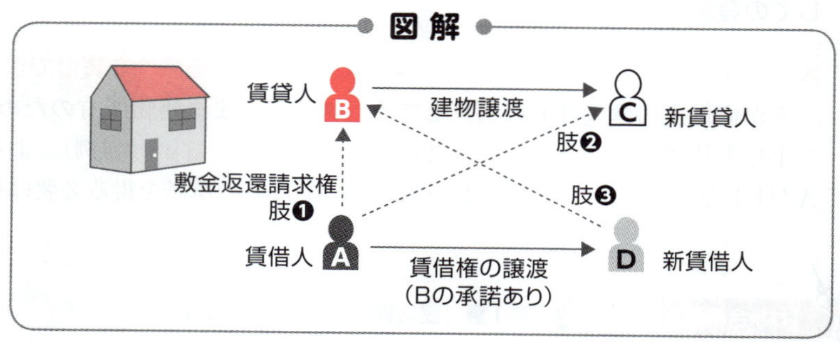

肢別のテーマ	❶敷金返還請求権の発生時期	❷敷金返還請求権と賃貸人の変更
	❸敷金返還請求権と賃借人の変更	❹賃貸借契約終了後の敷金返還請求権の承継

解　説　正解 2

❶ × 賃借人は、建物を明け渡した後に敷金の返還を請求できる。

敷金とは、賃料債務その他の賃貸借に基づき生ずる賃借人の賃貸人に対する金銭の給付を目的とする債務を担保する目的で、賃借人が賃貸人に交付する金銭をいう（民法622条の２第１項）。敷金は、賃貸借が終了し、かつ、賃貸物を賃貸人に明け渡した後に、賃貸人に対する債務が控除された残額について、賃貸人から賃借人に返還される（622条の２第１項１号）。よって、明渡しが先で、敷金返還は明渡し後となる。

❷ ○ 賃貸人の地位が建物譲受人に移転した場合、敷金返還債務は、譲受人が承継する。

建物の譲渡に伴い賃貸人の地位が建物の譲受人に移転した場合、賃貸人の敷金の返還に係る債務は、譲受人に移転する（605条の２第４項）。

❸ × Ｂは、敷金をＡに返還しなければならず、Ｄには承継されない。

賃借人が適法に賃借権を譲渡したときは、賃貸人は旧賃借人に敷金を返還しなければならない（622条の２第１項２号）。よって、特段の合意がない限り、敷金返還請求権は、新賃借人Ｄには承継されない。

❹ × 賃貸借契約終了後は、旧賃貸人ＢとＥとの合意だけで、敷金返還債務がＥに承継されることはない。

本肢は、賃貸借契約終了後であり、賃貸借契約存続中の❷とは明白に違う。敷金返還債務をＢからＥに移転させることは、免責的債務引受であり、債権者である賃借人Ａの承諾等がなければ効力は生じない（472条３項）。

P! ココがポイント

賃貸人が変わった場合と、賃借人が変わった場合とで、敷金関係が承継されるかどうかの結論が違ってくる。❷と❸は、ワンセットにして違いを覚えておいてほしい。

「わか合格基本テキスト」　第１編「民法等」　Chap.3−Sec.1

63 賃貸借契約（民法）④

CHECK! 過去の本試験 H28-問8

重要度 ★★★

ＡがＢに甲建物を月額10万円で賃貸し、ＢがＡの承諾を得て甲建物をＣに適法に月額15万円で転貸している場合における次の記述のうち、民法の規定及び判例によれば、誤っているものはどれか。

❶ Ａは、Ｂの賃料の不払いを理由に甲建物の賃貸借契約を解除するには、Ｃに対して、賃料支払の催告をして甲建物の賃料を支払う機会を与えなければならない。

❷ ＢがＡに対して甲建物の賃料を支払期日になっても支払わない場合、ＡはＣに対して、賃料10万円をＡに直接支払うよう請求することができる。

❸ ＡがＢの債務不履行を理由に甲建物の賃貸借契約を解除した場合、ＣのＢに対する賃料の不払いがなくても、ＡはＣに対して、甲建物の明渡しを求めることができる。

❹ ＡがＢとの間で甲建物の賃貸借契約を合意解除した場合、ＡはＣに対して、Ｂとの合意解除に基づいて、当然には甲建物の明渡しを求めることができない。

図解

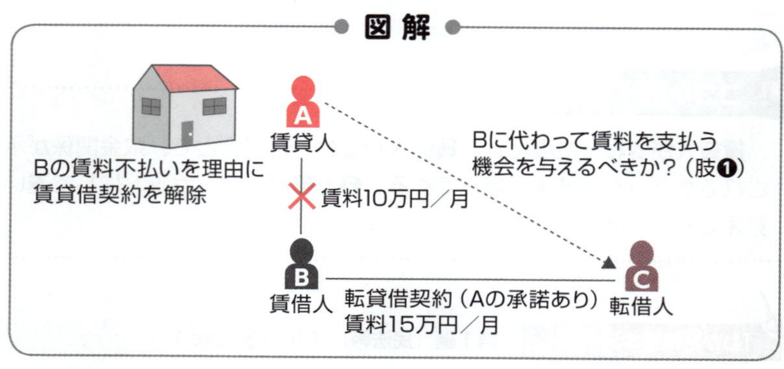

肢別のテーマ　❶賃貸借の債務不履行解除と転借人の保護　❷転貸借の効果　❸賃貸借の債務不履行解除と転貸借　❹賃貸借の合意解除と転貸借

解説　正解 1

❶ **×　AはCに対して、賃料支払いの機会を与える必要はない。**

建物の賃貸人が、**賃借人の賃料不払いを理由**に賃貸借契約を**解除**する場合（**債務不履行解除**）、賃貸人は、**賃借人に対して催告をすれば足り、転借人に対して**、通知をする必要もないし、賃借人に代わって**賃料を支払う機会を与える必要もない**（判例）。

❷ **○　AはCに対して、賃料10万円を直接支払うよう請求できる。**

賃貸人と転借人との間には直接の契約関係はないが、便宜上、**転借人**は、**賃貸人と賃借人との賃貸借に基づく賃借人の債務の範囲を限度に、賃貸人**に対して転貸借に基づく債務を**直接履行する義務**を負う（613条１項）。よって、ＡＢ間の賃貸借に基づくＢの10万円の賃料債務を限度に、ＡはＣに対して、賃料10万円を直接支払うよう請求できる。

❸ **○　ＣのＢに対する賃料の不払いがなくても、ＡはＣに対して明渡しを求めることができる。**

転貸借がなされている場合、賃借人の**債務不履行**により賃貸借契約が**解除**され終了したときは、**転借人は、転借権を賃貸人に対抗することはできない**（613条３項ただし書、判例）。つまり、**賃貸人Ａは、転借人Ｃに対して明渡しを求めることができる**。

❹ **○　ＡはＢとの契約を合意解除しても、当然にはＣに明渡しを求められない。**

賃借人が適法に賃借物を転貸した場合、賃貸人は賃借人との賃貸借を**合意解除**したことを理由に**転借人に対抗できない**(613条３項本文)。よって、本肢は正しい。もっとも、例外として、合意解除の時点で**債務不履行解除の要件を満たしている場合**、合意解除の形式をとっていても、賃貸人は転借人に対して転貸借の終了を**対抗できる**（613条３項ただし書）。

「わか合格基本テキスト」　第１編「民法等」　Chap.3−Sec.1

64 賃貸借契約（民法）⑤

□□□ CHECK!　過去の本試験 H30-問8

次の❶から❹までの記述のうち、民法の規定及び下記判決文によれば、誤っているものはどれか。

（判決文）

賃借人は、賃貸借契約が終了した場合には、賃借物件を原状に回復して賃貸人に返還する義務があるところ、賃貸借契約は、賃借人による賃借物件の使用とその対価としての賃料の支払を内容とするものであり、賃借物件の損耗の発生は、賃貸借という契約の本質上当然に予定されているものである。それゆえ、建物の賃貸借においては、賃借人が社会通念上通常の使用をした場合に生ずる賃借物件の劣化又は価値の減少を意味する通常損耗に係る投下資本の減価の回収は、通常、減価償却費や修繕費等の必要経費分を賃料の中に含ませてその支払を受けることにより行われている。そうすると、建物の賃借人にその賃貸借において生ずる通常損耗についての原状回復義務を負わせるのは、賃借人に予期しない特別の負担を課すことになるから、賃借人に同義務が認められるためには、（中略）その旨の特約（以下「通常損耗補修特約」という。）が明確に合意されていることが必要であると解するのが相当である。

❶　賃借物件を賃借人がどのように使用しても、賃借物件に発生する損耗による減価の回収は、賃貸人が全て賃料に含ませてその支払を受けることにより行っている。

❷　通常損耗とは、賃借人が社会通念上通常の使用をした場合に生ずる賃借物件の劣化又は価値の減少を意味する。

❸　賃借人が負担する通常損耗の範囲が賃貸借契約書に明記されておらず口頭での説明等もない場合に賃借人に通常損耗についての原状回復義務を負わせるのは、賃借人に予期しない特別の負担を課すことになる。

❹　賃貸借契約に賃借人が原状回復義務を負う旨が定められていても、それをもって、賃借人が賃料とは別に通常損耗の補修費を支払う義務があるとはいえない。

肢別のテーマ
❶損耗による減価の回収　❷「通常損耗」の意義
❸通常損耗補修特約　❹原状回復義務との関係

解説　正解 1

❶ ×「賃借人がどのように使用しても、…発生する損耗による減価の回収は、…全て賃料に含ませてその支払を受ける」とする本肢は誤っている。

本問判決文は、「賃借人が社会通念上通常の使用をした場合に生ずる…通常損耗に係る投下資本の減価の回収」は、「通常、減価償却費や修繕費等の必要経費分を賃料の中に含ませてその支払を受ける」としている。

❷ ○「通常損耗」の意義に関する正しい記述である。

本問判決文では、「通常損耗」を、「賃借人が社会通念上通常の使用をした場合に生ずる賃借物件の劣化または価値の減少を意味する」としている。

❸ ○ 本肢のような場合に「賃借人に通常損耗についての原状回復義務を負わせるのは、賃借人に予期しない特別の負担を課すことになる」とする本肢は正しい。

本問判決文は、「賃借人に…通常損耗についての原状回復義務を負わせるのは、賃借人に予期しない特別の負担を課すことになる」ことから、「通常損耗補修特約」が「明確に合意されていることが必要」としている。

❹ ○「賃借人が原状回復義務を負う旨が定められていても」、「賃料とは別に通常損耗の補修費を支払う義務があるとはいえない」とする本肢は正しい。

本問判決文は、「賃借人は、…賃借物件を原状に回復して賃貸人に返還する義務がある」ことを前提とした上で、「通常損耗補修特約」が「明確に合意されていることが必要」としている。

P! ココがポイント

民法は、賃借人の原状回復義務について、賃借人が負うべき原状回復義務の対象（賃借物を受け取った後に賃借物に生じた損傷）から「通常の使用・収益によって生じた賃借物の損耗」と「賃借物の経年変化」を原状回復義務の対象から除外している（621条）。

「わか合格基本テキスト」　第1編「民法等」 Chap.3–Sec.1

借地権（借地借家法）①

CHECK!　過去の本試験 H8-問13

Aは、建物の所有を目的としてBから土地を賃借し、建物を建築して所有しているが、その土地の借地権については登記をしていない。この場合において、その土地の所有権がBからCに移転され、所有権移転登記がなされたときに関する次の記述のうち、借地借家法の規定及び判例によれば、正しいものはどれか。

❶ Aが、Aの名義ではなく、Aと氏を同じくするAの長男名義で、本件建物につき保存登記をしている場合、Aは、借地権をCに対抗することができる。

❷ Aが自己の名義で本件建物につき保存登記をしている場合で、BからCへの土地の所有権の移転が、当該保存登記後の差押えに基づく強制競売によるものであるとき、Aは、借地権をCに対抗することができる。

❸ 本件建物が火事により滅失した場合、建物を新たに築造する旨を本件土地の上の見やすい場所に掲示していれば、Aは、本件建物について登記していなかったときでも、借地権をCに対抗することができる。

❹ 借地権が借地借家法第22条に規定する定期借地権である場合、公正証書によって借地契約を締結していれば、Aは、本件建物について登記していなかったときでも、借地権をCに対抗することができる。

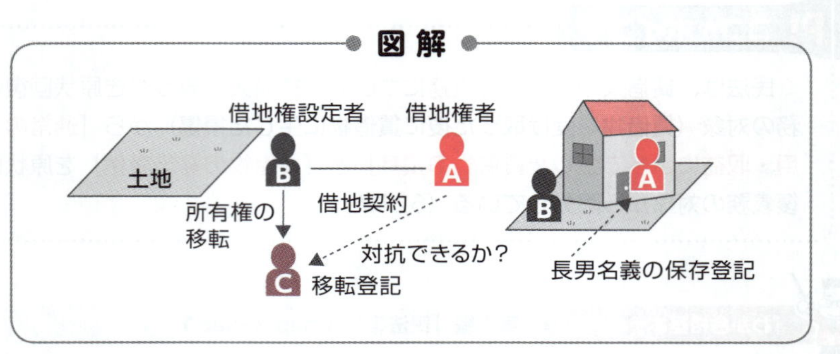

肢別のテーマ	❶借地権の対抗要件（長男名義） ❸掲示による借地権保全の要件	❷借地権の対抗要件 ❹借地権の対抗要件

解　説　正解 2

❶ × 建物の保存登記を長男名義でしているAは、借地権をCに対抗できない。

借地権者は、借地上の建物の登記があれば、借地権を第三者に対抗できるが（借地借家法10条１項）、この登記は、借地権者自身の名義でなければならず、長男名義では、借地権の対抗要件として認められない（判例）。

❷ ○ Aは、自己名義で建物の保存登記をしていれば、Cが強制競売で土地の所有権を取得した場合でも、借地権をCに対抗できる。

借地権者は、借地権者名義の建物登記があれば、借地権を第三者に対抗できる（10条１項、判例）。これは、第三者が強制競売で所有権を取得した場合も同様だ。

❸ × 掲示による借地権の対抗力の保全には、借地上の建物の登記が前提となる。

建物が滅失しても、借地上に一定の掲示をすれば借地権の対抗力が保全されるという制度は、登記された建物が滅失した場合に限って適用される（10条２項）。だから、建物について登記していなかったAは、掲示をしてもCに対抗できない。

❹ × 借地権の登記もなく、借地上の建物の登記もないAは、Cに対抗できない。

Aは、たとえ公正証書で契約が締結されていても、借地上の建物の登記などの対抗要件を備えていない以上、借地権をCに対抗できない（10条１項）。これは、普通借地権でも定期借地権でも変わりはない。

P! ココがポイント

❶の関連知識として、借地権者自身の名義であれば、建物の表示に関する登記でも借地権の対抗力が認められること（判例）を確認しておこう。

「わか合格基本テキスト」　第１編「民法等」 Chap.3−Sec.2

借地権（借地借家法）②

重要度

CHECK!　過去の本試験　H10-問11改

Aは、令和6年8月、その所有地について、Bに対し、建物の所有を目的とし存続期間30年の約定で賃借権（その他の特約はないものとする。）を設定した。この場合、借地借家法の規定によれば、次の記述のうち正しいものはどれか。

❶　Bが、当初の存続期間満了前に、現存する建物を取り壊し、残存期間を超えて存続すべき建物を新たに築造した場合で、Aにその旨を事前に通知しなかったとき、Aは、無断築造を理由として、契約を解除することができる。

❷　当初の存続期間満了時に建物が存在しており、Bが契約の更新を請求した場合で、Aがこれに対し遅滞なく異議を述べたが、その異議に正当の事由がないとき、契約は更新したものとみなされ、更新後の存続期間は30年となる。

❸　Bが、契約の更新後に、現存する建物を取り壊し、残存期間を超えて存続すべき建物を新たに築造した場合で、Aの承諾もそれに代わる裁判所の許可もないとき、Aは、土地の賃貸借の解約の申入れをすることができる。

❹　存続期間が満了し、契約の更新がない場合で、Bの建物が存続期間満了前にAの承諾を得ないで残存期間を超えて存続すべきものとして新たに築造されたものであるとき、Bは、Aに対し当該建物を買い取るべきことを請求することはできない。

借地借家法は、更新後なら、借地上の建物が滅失し無断で再築された場合、借地権設定者に、借地権を消滅させるための武器を与えている。

肢別のテーマ	❶最初の契約期間中の無断再築	❷借地権の更新後の期間
	❸更新後の無断再築	❹建物買取請求権

解　説　正解 ❸

❶ **×　Aは、Bの無断再築を理由に、契約を解除できない。**

当初の契約期間中に借地上の建物が滅失した場合、借地権者は、**借地権設定者の承諾がなくても、建物を再築できる**。だから、BがAに無断で、残存期間を超えて存続するような建物を再築しても、Aは、これを理由に契約を解除できない。

❷ **×　更新後の借地権の存続期間は、最初の更新であれば20年だ！**

借地権者が契約の**更新を請求**したときは、**借地上に建物**が残っている場合に限り、契約は更新したものとみなされる（借地借家法５条１項）。更新後の借地権の存続期間は、**最初の更新**であれば**20年**となる（４条）。

❸ **○　契約の更新後、Bが無断で建物を再築した場合、Aは、解約の申入れができる。**

契約の**更新後**に、BがAの**承諾を得ないで**残存期間を超えて存続するような建物を**築造**した場合、**Aは、賃貸借契約の解約の申入れができる**（８条２項）。

❹ **×　借地権設定者の承諾を得ないで再築された建物でも、建物買取請求ができる。**

最初の契約期間中に借地権設定者Aの**承諾を得ないで再築**された建物が残存期間を超えて存続するものであっても、更新がなく、期間満了により借地契約が終了する場合は、**建物買取請求は認められる**（13条１項）。ただし、この場合、裁判所は、借地権設定者の請求により、買取代金の支払いにつき**相当の期限を許与**できることに注意（13条２項）。

P! ココがポイント

借地上の建物の**再築**については、**いつ建物を再築するのか**を**問題文から見極めることが重要**だ。**当初の契約期間中**なら、再築に地主の承諾がなくとも解除はなされない（❶）。しかし、承諾のもとに再築すれば、存続期間が延長される。これに対し、**更新後**なら、再築に地主の承諾または承諾に代わる裁判所の許可がなければ、地主からの解約申入れ等がなされることがある（❸）。

「わか合格基本テキスト」　第１編「民法等」　Chap.3−Sec.2

借地権（借地借家法）③

重要度

CHECK! 過去の本試験 H12-問11

Ａを賃借人、Ｂを賃貸人としてＢ所有の土地に建物譲渡特約付借地権を設定する契約（その設定後30年を経過した日に借地上の建物の所有権がＡからＢに移転する旨の特約が付いているものとする。）を締結した場合に関する次の記述のうち、借地借家法の規定によれば、誤っているものはどれか。

❶ 本件契約における建物譲渡の特約は、必ずしも公正証書によって締結する必要はない。

❷ Ａの借地権は、その設定後30年を経過した日における建物譲渡とともに消滅し、本件契約がＡＢの合意によらずに法定更新されることはない。

❸ 建物譲渡によりＡの借地権が消滅した場合で、Ａがその建物に居住しているときは、Ａは、直ちに、Ｂに対して建物を明け渡さなければならず、賃借の継続を請求することはできない。

❹ Ｃが、建物をＡから賃借し、Ａの借地権消滅後もそこに居住している場合で、Ｂに対して賃借の継続を請求したときは、一定の場合を除き、ＢＣ間に期間の定めのない建物賃貸借がされたものとみなされる。

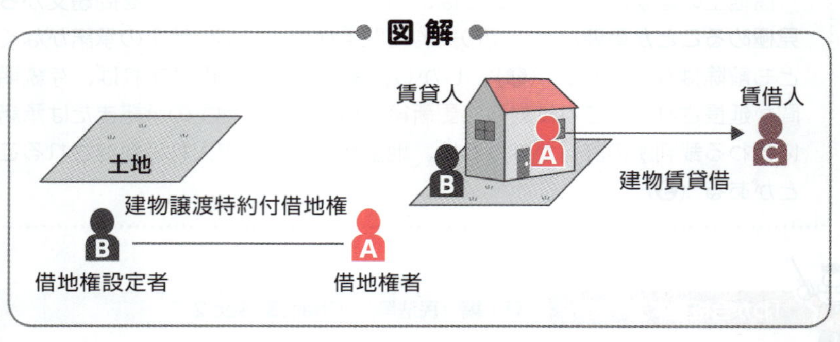

肢別のテーマ
❶建物譲渡特約の方式　❷建物譲渡特約付借地権（更新なし）
❸借地権消滅後の借地権者の保護　❹借地権消滅後の建物賃借人の保護

解説　正解 3

❶ ○ **建物譲渡の特約については、公正証書によってする必要はない。**

建物譲渡の特約の方式については、**特に決まりはない**（借地借家法24条参照）。だから、これを書面でする必要もないし、もちろん、公正証書でする必要もない。公正証書を用いなければならないのは「事業用定期借地権」だけと覚えよう（23条３項）。

❷ ○ **Ａの借地権は、定期借地権の１つであり、原則として更新はなされない。**

建物譲渡特約付借地権の特徴は、①30年以上の期間を決めること、②30年以上経過後**地主が建物を買い取り、契約の更新はしない**、という２点にある（24条１項）。Ａの借地権も、設定後30年を経過した日に消滅し、法定更新はなされない。

❸ × **借地権消滅後も建物に居住しているＡは、直ちに建物を明け渡す必要はない。**

建物譲渡特約付借地権が消滅した後、建物に居住している**借地権者**Ａが**請求**したときは、請求時に、ＡＢ間で**期間の定めのない建物賃貸借**（借地権者が請求をした場合に借地権の残存期間があるときは、**残存期間を存続期間とする建物賃貸借**）が設定されたと**みなされる**（24条２項）。

❹ ○ **借地権消滅後も建物に居住しているＣが請求すると、期間の定めのない建物賃貸借がなされたものとみなされる。**

建物譲渡特約付借地権が消滅した後、建物に居住している**借地権者ではない**建物賃借人Ｃが**請求**したときは、請求時に、ＢＣ間で**期間の定めのない建物賃貸借**がなされたものと**みなされる**（24条２項）。

P! ココがポイント

定期借地権の3種類（①一般定期借地権、②事業用定期借地権、③建物譲渡特約付借地権）については、どこが同じで、どこがどう違うのか、比較をしながら覚えることが重要。異同を知っておかないと、混乱してしまうからだ。

「わか合格基本テキスト」　第１編「民法等」　Chap.3–Sec.2

借地権（借地借家法）④

□□□ CHECK! 過去の本試験 H22-問11

借地借家法第23条の借地権（以下この問において「事業用定期借地権」という。）に関する次の記述のうち、借地借家法の規定によれば、正しいものはどれか。

❶ 事業の用に供する建物の所有を目的とする場合であれば、従業員の社宅として従業員の居住の用に供するときであっても、事業用定期借地権を設定することができる。

❷ 存続期間を10年以上20年未満とする短期の事業用定期借地権の設定を目的とする契約は公正証書によらなくとも、書面又は電磁的記録によって適法に締結することができる。

❸ 事業用定期借地権が設定された借地上にある建物につき賃貸借契約を締結する場合、建物を取り壊すこととなるときに建物賃貸借契約が終了する旨を定めることができるが、その特約は公正証書によってしなければならない。

❹ 事業用定期借地権の存続期間の満了によって、その借地上の建物の賃借人が土地を明け渡さなければならないときでも、建物の賃借人がその満了をその１年前までに知らなかったときは、建物の賃借人は土地の明渡しにつき相当の期限を裁判所から許与される場合がある。

借家人が急に追い出されるのでは、困る！

肢別のテーマ		
	❶事業用定期借地権	❷事業用定期借地権
	❸取壊し予定の建物の賃貸借	❹借地上建物の賃貸借（裁判所の期限許与）

解説　正解 4

❶ **× 居住の用に供するときは設定できない。**

事業用定期借地権を設定するには、**専ら事業の用**に供する建物の所有を目的とすることが必要であり、**居住の用に供する建物を所有する目的では設定できない**（借地借家法23条１項・２項）。

❷ **× 公正証書によって契約しなければならない。**

事業用定期借地権は、存続期間を10年以上とするのであれば、20年未満であっても設定可能である（23条２項）。ただし、**公正証書によって契約しなければならない**（23条３項）。

❸ **× 書面による必要はあるが、公正証書の必要はない。**

法令または**契約**により一定期間の経過後に建物を取り壊すべきことが明らかな場合に、**建物の賃貸借**をするときは、建物を取り壊すこととなる時に賃貸借が終了する旨を定めることができる（**取壊し予定の建物の賃貸借**、39条１項）。この特約は、**建物を取り壊す理由を記載した書面**（または**電磁的記録**）によってしなければ**効力を生じないが**（39条２項・３項）、公正証書である必要はない。本肢は、事業用定期借地権を設定しているわけではないことに注意。

❹ **○ 相当の期限を裁判所から許与される場合がある。**

借地権の目的である土地の上の**建物**につき賃貸借がされている場合に、借地権の存続期間の満了によって**建物の賃借人が土地を明け渡さなければならない**ときがある。例えば、①借地権者が**建物買取請求権**（13条１項）を**行使しなかった場合**や、②**事業用借地権**等の定期借地権が設定されていて、建物買取請求権が**排除されている**場合である（22条、23条１項・２項）。これらの場合、建物の賃借人が借地権の存続期間が満了することをその**1年前までに知らなかった**場合に限り、**裁判所**は、建物の賃借人の請求により、建物の賃借人がこれを知った日から１年を超えない範囲内において、土地の明渡しにつき**相当の期限**を**許与**できる（35条１項）。

「わか合格基本テキスト」 第１編「民法等」 Chap.3–Sec.2・3

借地権（借地借家法）⑤

重要度

CHECK!　過去の本試験 H29-問11改

Ａ所有の甲土地につき、2024年10月１日にＢとの間で賃貸借契約（以下「本件契約」という。）が締結された場合に関する次の記述のうち、民法及び借地借家法の規定並びに判例によれば、正しいものはどれか。

❶　Ａが甲土地につき、本件契約とは別に、2024年９月１日にＣとの間で建物所有を目的として賃貸借契約を締結していた場合、本件契約が資材置場として更地で利用することを目的とするものであるときは、本件契約よりもＣとの契約が優先する。

❷　賃借権の存続期間を10年と定めた場合、本件契約が居住の用に供する建物を所有することを目的とするものであるときは存続期間が30年となるのに対し、本件契約が資材置場として更地で利用することを目的とするものであるときは存続期間は10年である。

❸　本件契約が建物所有を目的として存続期間60年とし、賃料につき３年ごとに１％ずつ増額する旨を公正証書で定めたものである場合、社会情勢の変化により賃料が不相当となったときであっても、ＡもＢも期間満了まで賃料の増減額請求をすることができない。

❹　本件契約が建物所有を目的としている場合、契約の更新がなく、建物の買取りの請求をしないこととする旨を定めるには、Ａはあらかじめ Ｂに対してその旨を記載した書面を交付して、又は電磁的方法により提供して説明しなければならない。

肢別のテーマ	❶二重賃貸借	❷存続期間
	❸借賃の増減額請求	❹定期借地権

解説　正解 2

❶ × Bとの契約よりもCとの契約が優先するとは限らない。

不動産の賃貸借は、これを登記したときは、その不動産について物権を取得した者その他の第三者(二重に賃借権が設定された場合の賃借人など)に対抗できる(民法605条)。したがって、BとCのいずれが優先するかは、どちらが早く賃借権の対抗要件を備えたのかによって決せられる。

❷ ○ 建物所有目的の土地賃借権は借地権となり30年、資材置場としての土地賃借権は10年となる。

建物所有を目的とする土地賃借権は借地権となり、借地借家法が適用され、その存続期間は30年以上でなければならないので、10年の約定は無効となり、30年になる(借地借家法2条1号、3条)。これに対して、資材置場としての土地賃借権には、借地借家法は適用されず、民法のみが適用され、約定どおり10年となる(民法604条参照)。

❸ × AもBも賃料の増減額請求をすることができないわけではない。

一定期間ごとに一定割合で賃料を増額する旨の特約は有効であるが、地代等が、経済事情の変動等により不相当となったときは、契約の条件にかかわらず、当事者は、将来に向かって地代等の額の増減を請求できる。ただし、「一定の期間地代等を増額しない」旨の特約がある場合には、その期間は、増額請求はできないが(借地借家法11条1項)、本肢では、かかる特約を定めてはいない。

❹ × Aは書面を交付して説明する必要はない。

ひっかけ

一般定期借地権(22条)や事業用定期借地権(23条1項)の場合、契約の更新がなく、建物の買取りの請求をしないこととする旨を定めることができるが、これらの定期借地権の設定にあたっては、定期建物賃貸借と異なり(38条3項・4項)、書面を交付して、または電磁的方法により提供して説明しなければならないとの定めはない。

P! ココがポイント

本試験では、定期建物賃貸借と混同したためか、❹を正解と考えた受験生が多かったようである。何といっても、知識の確実性が重要である。

「わか合格基本テキスト」　第1編「民法等」 Chap.3−Sec.1〜3

借家権（借地借家法）①

CHECK!　過去の本試験 H11-問14

賃貸人Aと賃借人Bとの間の居住用建物の賃貸借契約に関する次の記述のうち、借地借家法の規定及び判例によれば、正しいものはどれか。

❶　「Aは、Bが建物に造作を付加することに同意するが、Bは、賃貸借の終了時に、Aに対してその造作の買取りを請求しない」旨の特約は有効である。

❷　Bが死亡した場合で、その当時Bの相続人でない事実上の配偶者Cがこの建物で同居していたとき、Cは、当該建物の賃借権に限っては、相続人に優先してBの賃借人としての地位を承継する。

❸　この建物が、その敷地の売却に伴い２年後に取り壊されることが明らかな場合に、「建物を取り壊すこととなる時に賃貸借が終了する」旨の特約をAB間の賃貸借契約に定めるときは、公正証書によってしなければならない。

❹　BがAに敷金を交付していた場合、Aがこの建物をDに売却し、賃貸人としての地位をDに承継したときでも、Dの承諾がない限りAの敷金返還債務は承継されず、Bは、Aに対してのみ敷金の返還請求をすることができる。

❷のBには相続人がいる。

肢別のテーマ
❶造作買取請求権を排除する旨の特約 ❷居住用建物の賃借権の承継
❸取壊し予定の建物の賃貸借 ❹敷金返還請求権と賃貸人の変更

解 説 正解 1

❶ ○ Ｂの造作買取請求を認めない特約も有効だ。

造作買取請求権に関する規定は**任意規定**であり、**造作買取請求を認めないとする特約**も有効だ（借地借家法33条、37条）。

❷ × Ｂに相続人がいるなら、Ｃは、Ｂの賃借権を承継できない。

居住用建物の賃借人が相続人なく死亡した場合、その賃借人と同居する内縁の妻は、賃借人のもっていた賃借権を**承継**できる（36条１項本文）。しかし、本肢のＢには相続人がおり、賃借権は相続人が相続するから、Ｃは、賃借権を承継できない。

❸ × 取壊し予定の建物の賃貸借は、公正証書でなくても、書面または電磁的記録ですればＯＫ。

取壊し予定の建物の賃貸借は、建物を取り壊す理由を記載した書面または電磁的記録によってしなければ効力を生じない（39条２項・３項）。しかし、公正証書までは必要ない。

❹ × 賃貸人の地位が建物譲受人に移転した場合、敷金返還債務は、建物譲受人の承諾がなくても、建物譲受人が承継する。

建物の譲渡に伴い**賃貸人の地位**が建物の**譲受人に移転**した場合、賃貸人の敷金の返還**に係る債務**は、譲受人に移転する。なお、敷金返還債務のみならず、賃借人が負担した必要費等の償還に係る債務も、譲受人に移転する（民法605条の２第４項）。

P! ココがポイント

定期で定める借地権および借家権は、全部で５つある。**定期借地権３つ**（①一般定期借地権、②事業用定期借地権、③建物譲渡特約付借地権）、**定期借家権２つ**（①一般定期建物賃貸借、②取壊し予定建物の賃貸借）である。このうち、公正証書を用いることが必須とされるのは、事業用借地権だけである。

「わか合格基本テキスト」 第１編「民法等」 Chap.3-Sec.1・3

借家権（借地借家法）②

CHECK!　過去の本試験　H13-問13

重要度

賃貸人Ａ（個人）と賃借人Ｂ（個人）との間の居住用建物の賃貸借契約に関する次の記述のうち、借地借家法の規定及び判例によれば、誤っているものはどれか。

❶　Ｂが家賃減額の請求をしたが、家賃の減額幅についてＡＢ間に協議が調わず裁判になったときは、Ａは、その裁判が確定するまでの期間は、Ａが相当と認める金額の家賃を支払うようにＢに請求できる。

❷　Ｂが家賃減額の請求をしたが、家賃の減額幅についてＡＢ間に協議が調わず裁判になったときは、その請求にかかる一定額の減額を正当とする裁判が確定した時点以降分の家賃が減額される。

❸　家賃が、近傍同種の建物の家賃に比較して不相当に高額になったときは、契約の条件にかかわらず、Ｂは、将来に向かって家賃の減額を請求することができる。

❹　ＡＢ間で、３年間は家賃を減額しない旨特に書面で合意した場合、その特約は効力を有しない。

肢別のテーマ		
	❶家賃減額請求権	❷家賃減額請求権
	❸家賃減額請求権	❹家賃を減額しない旨の特約

解 説 ……… 正解 2

❶ ○ Aは、裁判が確定するまで、相当と認める金額の家賃の支払いを請求できる。

家賃の減額請求についてＡＢ間に**協議が調わない**場合、その請求を受けた**賃貸人**Ａは、減額を正当とする裁判が確定するまでは、**相当と認める額の家賃の支払い**を、Ｂに**請求できる**（借地借家法32条３項本文）。

❷ × 家賃は、減額請求がなされた時点以降の分が減額される。

家賃の減額を正当とする裁判が確定し、家賃の相当額が決定した場合、その決定の効力は、Ｂがはじめに減額を請求したときにまでさかのぼるので、**減額請求がなされた時点以降分の家賃が減額される**ことになる（32条３項、判例）。

❸ ○ 家賃が不相当に高額になったときは、Ｂは、家賃の減額を請求できる。

頻出

近傍同種の建物の家賃に比較して家賃が不相当となったときなどは、当事者は、契約の条件にかかわらず、**将来に向かって**家賃の減額を請求できる（**借賃減額請求権**、32条１項本文）。

❹ ○ ３年間家賃を減額しないとする特約を書面でしても、その特約は効力を有しない。

建物賃貸借の当事者は、一定の場合、契約の条件にかかわらず、家賃の額の増減を請求できる（32条１項本文）。だから、一定期間家賃を**減額しない旨の特約**があったとしても（それを書面で合意したとしても）、Ｂは、Ａに対し**家賃の減額を請求できる**（判例）。なお、家賃を**増額しない旨の特約**がある場合には、原則として、**増額を請求できない**（32条１項ただし書）。

借家権（借地借家法）③

CHECK! 過去の本試験 H20-問14改

借地借家法第38条の定期建物賃貸借（以下この問において「定期建物賃貸借」という。）に関する次の記述のうち、民法及び借地借家法の規定によれば、正しいものはどれか。

❶ 賃貸人は、建物を一定の期間自己の生活の本拠として使用することが困難であり、かつ、その期間経過後はその本拠として使用することになることが明らかな場合に限って、定期建物賃貸借契約を締結することができる。

❷ 公正証書によって定期建物賃貸借契約を締結するときは、賃貸人は、賃借人に対し、契約の更新がなく、期間の満了により賃貸借は終了することについて、あらかじめ、その旨を記載した書面を交付して、又は電磁的方法により提供して説明する必要はない。

❸ 期間が１年以上の定期建物賃貸借契約においては、賃貸人は、期間の満了の１年前から６か月前までの間に賃借人に対し期間満了により賃貸借が終了する旨の通知をしなければ、当該期間満了による終了を賃借人に対抗することができない。

❹ 居住の用に供する建物に係る定期建物賃貸借契約においては、転勤、療養その他のやむを得ない事情により、賃借人が建物を自己の生活の本拠として使用することが困難となったときは、床面積の規模にかかわりなく、賃借人は同契約の有効な解約の申入れをすることができる。

借家人としても、終了時期を忘れることもある。

肢別のテーマ	❶定期建物賃貸借の要件	❷定期建物賃貸借の要件
	❸定期建物賃貸借の終了（通知）	❹定期建物賃貸借の終了（中途解約）

解説　正解 3

❶ × **定期建物賃貸借契約は、本肢のような事情がなくても締結できる。**

定期建物賃貸借については、**建物の種類・事情は問わない**。すなわち、契約の更新がない旨を**特約**して**書面**または**電磁的記録で契約を締結**し、さらに建物の賃貸人があらかじめ賃借人に対し、更新がなく期間満了により建物賃貸借が終了する旨を記載した（契約書とは別の）**書面を交付**して、または**電磁的方法により提供**して**説明**すればよい（借地借家法38条）。

❷ × **書面を交付して、または電磁的方法により提供して説明する必要がある。**

定期建物賃貸借をしようとするときは、建物の賃貸人は、あらかじめ、建物の賃借人に対し、建物の賃貸借は契約の更新がなく、期間の満了により当該建物の賃貸借は終了することについて、その旨を記載した**書面を交付して**、または**電磁的方法により提供して説明**しなければならない（38条3項・4項）。**公正証書による場合でも同様**。

❸ ○ **期間が1年以上であるときは、賃貸人に通知義務が課せられている。**

定期建物賃貸借において、期間が**1年以上**である場合には、建物の賃貸人は、期間の満了の**1年前から6か月前までの間**に、建物の賃借人に対し、期間の満了により建物の賃貸借が終了する旨の**通知**をしなければ、その終了を建物の賃借人に**対抗できない**（38条6項本文）。

❹ × **床面積が200㎡未満の場合に限る。**

賃貸借の対象となる**床面積が200㎡未満**の**居住の用**に供するための定期建物賃貸借において、転勤、療養、親族の介護その他の**やむを得ない事情**により、建物の賃借人が建物を自己の生活の本拠として使用することが困難となったときは、中途解約についての**特約がなくても**、建物の賃借人は、定期建物賃貸借の**解約の申入れ**ができる（38条7項）。

P! ココがポイント

定期建物賃貸借（定期借家）に関する当然知っておくべき内容であり、正解すべき問題である。なお、❷の契約書とは別の「**書面**または**電磁的方法**による**説明がなかった**」ときは、更新がない旨の定めは無効となる。

「わか合格基本テキスト」　第1編「民法等」　Chap.3−Sec.3

73 借家権（借地借家法）④

重要度

CHECK!　過去の本試験　H21-問12

Ａ所有の甲建物につき、Ｂが一時使用目的ではなく賃料月額10万円で賃貸借契約を締結する場合と、Ｃが適当な家屋に移るまでの一時的な居住を目的として無償で使用貸借契約を締結する場合に関する次の記述のうち、民法及び借地借家法の規定並びに判例によれば、誤っているものはどれか。

❶　ＢがＡに無断で甲建物を転貸しても、Ａに対する背信的行為と認めるに足らない特段の事情があるときは、Ａは賃貸借契約を解除できないのに対し、ＣがＡに無断で甲建物を転貸した場合には、Ａは使用貸借契約を解除できる。

❷　期間の定めがない場合、ＡはＢに対して正当な事由があるときに限り、解約を申し入れることができるのに対し、返還時期の定めがない場合、ＡはＣに対していつでも返還を請求できる。

❸　Ａが甲建物をＤに売却した場合、甲建物の引渡しを受けて甲建物で居住しているＢはＤに対して賃借権を主張することができるのに対し、Ｃは甲建物の引渡しを受けて甲建物に居住していてもＤに対して使用借権を主張することができない。

❹　Ｂが死亡しても賃貸借契約は終了せず賃借権はＢの相続人に相続されるのに対し、Ｃが死亡すると使用貸借契約は終了するので使用借権はＣの相続人に相続されない。

タダであっても、スグに返すのでは…。

肢別のテーマ	❶借家権と使用借権（無断転貸）	❷借家権と使用借権（期間の定めなし）
	❸借家権と使用借権（対抗力）	❹借家権と使用借権（借主死亡）

解　説　正解 2

❶ ○ 賃貸借契約は解除できず、使用貸借契約は解除できる。

背信的行為にあたらない特段の事情がある場合は、賃貸人は、無断転貸を理由に解除できない（信頼関係破壊の理論、判例）。これに対して、使用借主が無断で第三者に使用収益をさせたときは、使用貸主は、契約を解除できる（民法594条３項）。

❷ × 目的を定めた使用貸借の貸主は、「いつでも返還」は請求できない。

建物賃貸借で明らかな一時使用でない場合は借家権であり、貸主からの解約申入れには正当事由が必要である（借地借家法28条）。これに対して期間の定めのない使用貸借は、使用収益の目的を定めなかったときは、貸主はいつでも契約を解除し返還請求できるが（民法598条２項）、本問のように使用収益の目的を定めたときは、目的達成により契約が終了するか、目的の達成に必要な相当期間を経過したことを理由に貸主が解約申入れをするまでは、返還請求ができない（598条1項）。

❸ ○ Ｂは賃借権を主張できるが、Ｃは使用借権を主張できない。

建物の賃貸借は、建物の引渡しがあったときは、その後その建物について物権を取得した者に対抗できる（借地借家法31条）。これに対して、建物の使用貸借については、借地借家法は適用されず、使用借主が建物の引渡しを受けても、対抗力は認められない。

❹ ○ 賃借権はＢの相続人に相続され、使用借権はＣの相続人に相続されない。

賃貸借の場合は、契約当事者の死亡によって契約が終了することはない。これに対して、使用貸借の場合は、借主の死亡によって終了する（民法597条３項）。使用貸借は、借主との信頼関係に基づいて、無償で貸しているからである。

P! ココがポイント

民法および借地借家法が適用される建物の賃貸借と、民法のみが適用される建物の使用貸借を比較させる問題。比較問題への準備を怠らないことが肝要。

「わか合格基本テキスト」　第１編「民法等」　Chap.3-Sec.1・3

74 借家権（借地借家法）⑤

CHECK! 過去の本試験 H26-問12改

借地借家法第38条の定期建物賃貸借（以下この問において「定期建物賃貸借」という。）に関する次の記述のうち、借地借家法の規定及び判例によれば、誤っているものはどれか。

❶ 定期建物賃貸借契約を締結するには、公正証書による等書面又は電磁的記録によらなければならない。

❷ 定期建物賃貸借契約を締結するときは、期間を１年未満としても、期間の定めがない建物の賃貸借契約とはみなされない。

❸ 定期建物賃貸借契約を締結するには、当該契約に係る賃貸借は契約の更新がなく、期間の満了によって終了することを、当該契約書面又は電磁的記録と同じ書面に記載し、又は電磁的方法により提供して説明すれば足りる。

❹ 定期建物賃貸借契約を締結しようとする場合、賃貸人が、当該契約に係る賃貸借は契約の更新がなく、期間の満了によって終了することを説明しなかったときは、契約の更新がない旨の定めは無効となる。

消去法で解いてみよう！

肢別のテーマ ❶定期建物賃貸借の要件（書面・電磁的記録） ❷定期建物賃貸借の要件（期間）
❸定期建物賃貸借の要件（説明） ❹定期建物賃貸借の要件（説明）

解　説 　正解 3

❶ ○ 書面によらなければならない。

定期建物賃貸借契約を締結するときは、書面または電磁的記録で行う必要がある（借地借家法38条１項・２項）。

❷ ○ 「期間の定めがない建物の賃貸借契約」とはみなされない。

定期建物賃貸借契約においては、一般の借家権のような「期間を１年未満とする建物の賃貸借は、期間の定めがない建物の賃貸借とみなす」との借地借家法の規定は、**適用されない**（38条１項後段、29条１項）。つまり、定期建物賃貸借契約の期間を１年未満とした場合でも、その定めた期間**がそのまま契約期間となる。**

❸ × 契約書面または電磁的記録と同じものに記載・提供は不可。

定期建物賃貸借をしようとするときは、賃貸人は、あらかじめ、賃借人に対し、建物の賃貸借は契約の更新がなく、期間の満了により当該建物の賃貸借は終了することについて、その旨を記載した**書面または電磁的記録を提供して説明**しなければならない（38条３項・４項）。そして、この書面は、契約書面**または**電磁的記録とは別の書面**または**電磁的方法**による提供**でなければならない（判例）。

❹ ○ 「契約の更新がない旨の定め」は無効。

賃貸人が、書面を交付し、または**電磁的方法により提供して説明をしなかったとき**は、契約の更新がない旨**の定めは、**無効となる（38条５項）。

P! ココがポイント

定期建物賃貸借は、宅建試験には頻出であるから、基本的な知識をしっかり身に付け、正解を導きたい問題である。

「わか合格基本テキスト」 第１編「民法等」 Chap.3−Sec.3

委　任①

CHECK!　過去の本試験　H14-問10改

Ａが、Ａ所有の不動産の売買をＢに対して委任する場合に関する次の記述のうち、民法の規定によれば、正しいものはどれか。なお、Ａ及びＢは宅地建物取引業者ではないものとする。

❶　不動産のような高価な財産の売買を委任する場合には、ＡはＢに対して委任状を交付しないと、委任契約は成立しない。

❷　Ｂは、委任契約をする際、有償の合意をしない限り、報酬の請求をすることができないが、委任事務のために使った費用とその利息は、Ａに請求することができる。

❸　Ｂが当該物件の価格の調査など善良なる管理者の注意義務を怠ったため、不動産売買についてＡに損害が生じたとしても、報酬の合意をしていない以上、ＡはＢに対して賠償の請求をすることができない。

❹　委任はいつでも解除することができるから、有償の合意があり、売買契約寸前にＡが理由なく解除してＢに不利益を与えたときでも、ＢはＡに対して損害賠償を請求することは一切認められない。

Ａから依頼を受けた仕事をするのにかかった費用は誰が負担すべきだろう？

肢別のテーマ
❶委任契約の成立 ❷報酬と費用の償還請求
❸善管注意義務違反の受任者の責任 ❹委任契約の解除と損害賠償請求

解説 正解 2

❶ × 合意さえあれば委任契約は成立する。

委任は、当事者の一方（委任者）が法律行為をすることを相手方（受任者）に委託し、相手方がこれを承諾することにより成立する**諾成契約**である（民法643条）。委任状は、委任契約の成立に必要不可欠なものではない。

❷ ○ 委任契約は無償が原則だが、費用とその利息は請求できる。

受任者は、**特約がなければ**、委任者に対して**報酬を請求できない**（648条1項）。しかし、受任者が委任事務を処理するにあたり必要と認められる費用を支出したときは、その**費用**および支出の日以後における**利息の償還を請求できる**（650条1項）。

❸ × Aは、報酬の合意の有無に関係なく、Bに損害賠償請求ができる。

受任者は、委任契約の無償・有償を問わず、**善管注意義務**をもって、委任事務を行わなければならない（644条）。善管注意義務に違反すると、**受任者の債務不履行**となるため、**損害賠償義務**を負う（415条）。

❹ × Aはいつでも解除できるが、Bにとって不利な時期に解除した場合は、BはAに対して損害賠償を請求することが認められる場合がある。

委任はいつでも**解除**できるが、下記①**または**②**に該当**する場合で、解除に**やむを得ない事由がない場合**は、解除した者は、相手方の**損害を賠償**しなければならない（651条）。

① **相手方の不利な時期**に解除した場合
② **委任者が受任者の利益**（専ら報酬を得ることによるものを除く）**をも目的**とする委任を解除した場合

Aは、売買契約寸前という、もうすぐで報酬請求が可能となる時期に解除しており、成功報酬が約定されていた場合などは相手方の不利な時期に解除したものとして、Aはやむを得ない事由がない限り、Bの損害を賠償しなければならない。

P! ココがポイント

委任については、**解除の可否**と**損害賠償の要否**を混同しないようにしよう。解除については、**制限はない**のである。

「わか合格基本テキスト」 第1編「民法等」Chap.4-Sec.1、Chap.1-Sec.1、Chap.2-Sec.1

民法上の委任契約に関する次の記述のうち、民法の規定によれば、誤っているものはどれか。

❶ 委任契約は、委任者又は受任者のいずれからも、いつでもその解除をすることができる。ただし、相手方に不利な時期に委任契約の解除をしたときは、相手方に対して損害賠償責任を負う場合がある。

❷ 委任者が破産手続開始決定を受けた場合、委任契約は終了する。

❸ 委任契約が委任者の死亡により終了した場合、受任者は、委任者の相続人から終了についての承諾を得るときまで、委任事務を処理する義務を負う。

❹ 委任契約の終了事由は、これを相手方に通知したとき、又は相手方がこれを知っていたときでなければ、相手方に対抗することができず、そのときまで当事者は委任契約上の義務を負う。

委任契約は、委任者と受任者との個人的な信頼関係によって成り立っている。

肢別のテーマ	
❶委任契約の終了（解除）	❷委任契約の終了（破産手続開始の決定）
❸委任契約の終了（死亡）	❹委任契約の終了（終了の対抗要件）

解　説　正解 3

❶ ○ **いつでも解除できるが、損害賠償責任を負う場合がある。**

委任契約は、各当事者がいつでもその解除をすることができる（民法651条１項）。ただし、下記①または②に該当する場合で、解除にやむを得ない事由がない場合は、解除した者は、相手方の損害を賠償しなければならない（651条２項）。

① 相手方の不利な時期に解除した場合

② 委任者が受任者の利益（専ら報酬を得ることによるものを除く）をも目的とする委任を解除した場合

❷ ○ **委任契約は終了する。**

委任契約は、委任者または受任者が破産手続開始決定を受けたことによって終了する（653条２号）。

❸ × **委任者の相続人から終了についての承諾を得る必要はない。**

委任契約は、委任者または受任者の死亡によって終了する（653条１号）。なお、委任契約が終了した場合でも、急迫の事情があるときは、受任者等は、委任者等が委任事務を処理できるようになるまで、必要な処分をしなければならない（654条）ことにも注意しておこう。

❹ ○ **通知等のときまで当事者は委任契約上の義務を負う。**

委任の終了事由は、相手方に通知したとき、または、相手方がこれを知っていたときでなければ、相手方に対抗できない（655条）。

P! ココがポイント

委任契約の終了をめぐる法律関係に関して問う問題である。委任契約の終了事由と任意代理権の消滅事由は同じであることも覚えておこう。

「わか合格基本テキスト」　第１編「民法等」　Chap.4−Sec.1

77 委任③

CHECK!　過去の本試験 R2-10月-問5改　重要度 ★★★

ＡとＢとの間で令和６年７月１日に締結された委任契約において、委任者Ａが受任者Ｂに対して報酬を支払うこととされていた場合に関する次の記述のうち、民法の規定によれば、正しいものはどれか。

❶　Ａの責めに帰すべき事由によって履行の途中で委任が終了した場合、Ｂは報酬全額をＡに対して請求することができるが、自己の債務を免れたことによって得た利益をＡに償還しなければならない。

❷　Ｂは、契約の本旨に従い、自己の財産に対するのと同一の注意をもって委任事務を処理しなければならない。

❸　Ｂの責めに帰すべき事由によって履行の途中で委任が終了した場合、ＢはＡに対して報酬を請求することができない。

❹　Ｂが死亡した場合、Ｂの相続人は、急迫の事情の有無にかかわらず、受任者の地位を承継して委任事務を処理しなければならない。

委任は、有償の特約があれば、履行が終わった後に報酬請求できるが、途中で終了したときは、報酬請求はどうなるの？

肢別のテーマ ❶委任者に帰責性ある終了 ❷善管注意義務 ❸受任者に帰責性のある終了 ❹事務処理の継続義務

解説 正解 1

❶ ○ 委任契約は、特約があれば、受任者は委任事務の履行後に委任者に報酬を請求できる（民法648条１項・２項本文）。しかし、委任者Ａの責めに帰すべき事由により履行の途中で委任が終了したときは、受任者Ｂは報酬全額をＡに請求できる（536条２項前段）。もっとも、Ｂは、自己の債務を免れたことによって得た利益をＡに償還しなければならない（代償請求権、536条２項後段）。

❷ × 受任者Ｂは、有償無償を問わず、善良な管理者の注意をもって委任事務を処理しなければならない（644条）。

❸ × 「委任者の責めに帰すことができない事由」により履行の途中で委任が終了した場合、受任者は既にした履行の割合に応じて報酬を請求できる（648条３項１号）。よって、受任者Ｂの責めに帰すべき事由によって履行の途中で委任が終了した場合、Ｂは、既にした履行割合に応じて報酬請求できる。受任者に帰責性のある終了でも、事務処理の労務はある以上、既にした事務処理に対する割合での報酬請求が認められるのである。

❹ × 受任者の死亡により、委任は終了する（653条１号）。もっとも、委任が終了しても、急迫の事情があるときは、受任者の相続人等は、委任者等が事務処理ができるようになるまで、必要な処分をしなければならない（654条）。委任は高度な信頼関係に基づく契約だから、委任の終了の問題と、受任者等が仕事を投げ出せるかは別異に解するのである。本肢は「急迫の事情の有無にかかわらず」とするが、急迫の事情がなければ、Ｂの相続人は委任事務を処理する義務は負わない。

P! ココがポイント

委任が履行の途中で終了した場合の報酬請求

委任者…帰責事由あり	全額請求できる（※１）
受任者…帰責事由あり	割合請求できる（※２）
双方 … 帰責事由なし	割合請求できる

※１　ただし、委任者に代償請求権あり（受任者は債務を免れたことで得た利益を委任者に償還しなければならない）
※２　受任者に帰責事由のある中途終了でも、割合請求できることに注意。

「わか合格基本テキスト」 第１編「民法等」 Chap.4−Sec.1

78 請　負①

□□□ CHECK!　過去の本試験 H6-問8改

重要度 ★★★

Ａが建設業者Ｂに請け負わせて木造住宅を建築した場合に関する次の記述のうち、民法の規定及び判例によれば、誤っているものはどれか。

❶　Ａの報酬支払義務とＢの住宅引渡義務は、同時履行の関係に立つ。

❷　Ａは、住宅の引渡しを受けた場合において、その住宅の品質等が契約の内容に適合しないものであったときでも、当該契約を解除することはできない。

❸　Ｂが引き渡した住宅の品質等が契約の内容に適合しないものであったときは、Ａはその不適合を知った時から１年以内にその旨をＢに通知しないと、Ｂの責任を追及できなくなることがある。

❹　Ｂが引き渡した住宅の品質等が契約の内容に適合しないものであったときでも、当該不適合がＡの供した材料の性質によって生じた場合、Ｂがその材料が不適当であることを知らなかったときは、ＡはＢの契約内容不適合の責任を追及できない。

図解

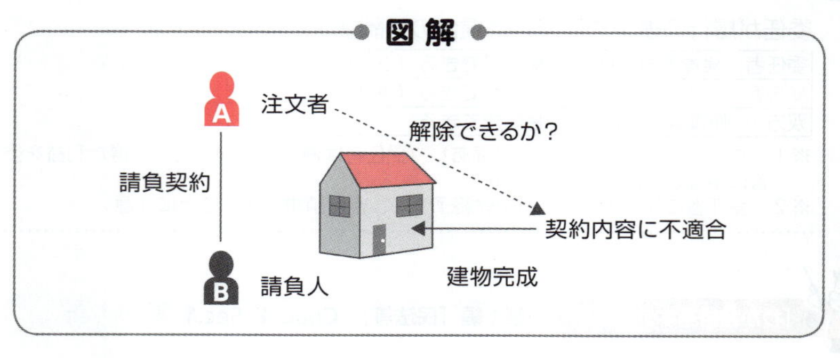

肢別のテーマ	❶報酬支払義務と引渡義務の関係 ❸担保責任の存続期間	❷請負人の担保責任（解除の可否） ❹担保責任の制限

解説　正解 2

❶ ○　**報酬の支払いと完成した住宅の引渡しは、引換えに行われる。**

建築請負契約では、請負人がまず先に建物を完成させなければならないが、完成した建物の**引渡し**については、注文者の**報酬支払義務**と**同時履行の関係**に立つ（民法633条）。つまり、請負人は、報酬の支払いがなければ引渡しを拒める。

❷ ×　**請負の目的物が建物（土地工作物）であっても品質等が契約内容に不適合であれば、解除が認められることがある。**

頻出

請負の目的物が**建物**であっても、種類や品質が**契約内容に適合しない**とき（以下「契約不適合」という）は、売買等の場合と同様に、**追完請求**、**報酬の減額請求**（売買では代金の減額請求）、**損害賠償請求**、契約の**解除**が認められる（559条、562条、563条、564条、）。

❸ ○　**Aは、不適合を知った時から１年以内にその旨をBに通知しないと、Bの責任を追及できなくなることがある。**

請負の目的物に**契約不適合**があった場合、注文者Aは、**不適合を知った時から１年以内**にその旨を請負人Bに**通知**しないと、**追完請求**、**報酬の減額請求**、**損害賠償請求**、**解除**ができない（637条１項）。なお、例外として、請負人が引渡し時（引渡し不要なものは、仕事終了時）に不適合について、悪意または重過失の場合は、上記の通知に関する規定は適用しない（637条２項）。

❹ ○　**不適合がAの供した材料の性質から生じたときは、Bが材料の不適当を知りながらAに告げなかった場合を除き、AはBの責任を追及できない。**

請負の目的物に**契約不適合**があった場合でも、それが**注文者の供した材料の性質**や**注文者の与えた指図**によって生じたときは、注文者は**請負人の責任を追及できない**。ただし、請負人がその材料の性質や指図の不適当を**知りながら告げなかった**ときは、この限りではない（636条）。

「わか合格基本テキスト」　第１編「民法等」 Chap.4−Sec.2

79 請負②

請負契約により注文者Ａが請負人Ｂに建物（木造一戸建て）を建築させた場合に関する次の記述のうち、民法の規定及び判例によれば、正しいものはどれか。ただし、担保責任に関する特約はないものとする。

❶　建物の完成後その引渡しを受けたＡは、引渡しの時から２年以内に限り、その建物の種類又は品質に関する契約内容の不適合（以下この問において「契約不適合」という。）について、Ｂに責任追及をすることができる。

❷　Ｂが建物の材料の主要部分を自ら提供した場合は、Ａが請負代金の全額を建物の完成前に支払ったときでも、特別の事情がない限り、Ｂは、自己の名義で所有権の保存登記をすることができる。

❸　ＡがＢから完成した建物の引渡しを受けた後、Ｃに対して建物を譲渡したときは、Ｃは、その建物の契約不適合について、Ｂに対し、請負人の担保責任を追及することができる。

❹　Ａは、Ｂが建物の建築を完了していない間にＢに代えてＤに請け負わせ当該建物を完成させることとする場合、損害を賠償してＢとの請負契約を解除することができる。

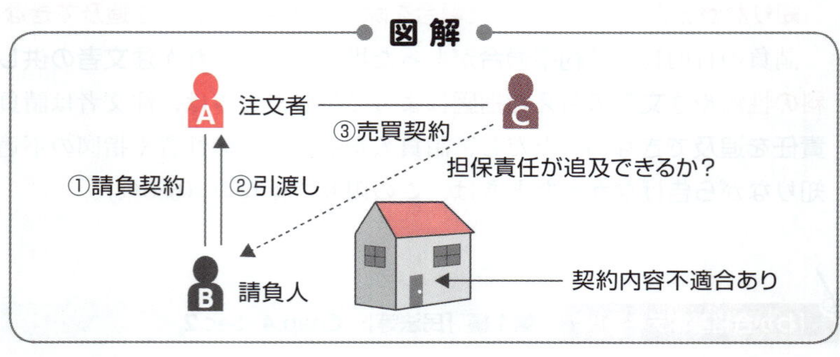

肢別のテーマ		
	❶担保責任の存続期間	❷制作物の所有権の帰属
	❸担保責任追及の主体	❹注文者の仕事完成前の解除権

解 説 正解 4

❶ **× Aは、引渡しから２年間でBの責任を追及できなくなってしまうことはない。**

請負の目的物に**契約内容の不適合**があった場合、注文者Aは、**不適合を知った時から**１年以内にその旨を請負人Bに通知しないと、**追完請求、報酬の減額請求、損害賠償請求、解除**ができなくなる（民法637条１項）。なお、通知をすれば、担保責任の追及は、時効で消滅するまで行使できる（166条１項）。よって、責任追及が「引渡しから２年以内」に限られることはない。

❷ 
× 建物完成前に請負代金全額の支払いがあれば、建物は最初からAのものとなる。

建物の材料の主要部分をBが提供していても、**Aが建築工事完了前に請負代金を全額支払って**いれば、特別の事情がない限り、**建物は**工事完了と**同時に**Aのものになる（判例）。したがって、Bは、自己名義での保存登記はできない。

❸ 

× 請負人Bの担保責任を追及できるのは、注文者であるAである。

Bに**請負人の担保責任**（559条、562～564条）を追及できるのは、請負人と契約関係に立つ注文者Aである。CとBは請負契約の当事者ではない。本肢の場合、Cは買主として、売主Aに対し、**売買の場合の契約不適合責任**（562～564条）を追及することになる。

❹ **○ 請負人の仕事完成前であれば、注文者は、損害を賠償して契約を解除できる。**

注文者は、請負人が**仕事を**完成させる前であれば、いつでも**損害を賠償**して請負契約を**解除できる**（641条）。

「わか合格基本テキスト」 第１編「民法等」 Chap.4−Sec.2

Aは、生活の面倒をみてくれている甥（おい）のBに、自分が居住している甲建物を贈与しようと考えている。この場合に関する次の記述のうち、民法の規定によれば、正しいものはどれか。

❶ AからBに対する無償かつ負担なしの甲建物の贈与契約が、書面によってなされた場合、Aはその履行前であれば贈与を解除することができる。

❷ AからBに対する無償かつ負担なしの甲建物の贈与契約が、書面によらないでなされた場合、Aが履行するのは自由であるが、その贈与契約は法的な効力を生じない。

❸ Aが、Bに対し、Aの生活の面倒をみることという負担を課して、甲建物を書面によって贈与した場合、甲建物が種類又は品質に関して契約の内容に適合しないものであるときは、Aはその負担の限度において、売主と同じく担保責任を負う。

❹ Aが、Bに対し、Aの生活の面倒をみることという負担を課して、甲建物を書面によって贈与した場合、Bがその負担をその本旨に従って履行しないときでも、Aはその贈与契約を解除することはできない。

肢別のテーマ
❶贈与の解除（書面による贈与）　❷贈与契約の効力
❸負担付贈与の担保責任　❹負担付贈与の負担の不履行

解説　正解 3

❶ × 書面による贈与は、解除できない。

贈与契約は安易になされることがあるので、口約束で贈与契約をしたにすぎない場合は**履行が終わった部分**を除き解除**できる**が、贈与を書面にした場合は、他の契約と同様、**解除できない**（民法550条）。

❷ × Aは履行義務を負い、履行するのはAの自由ではない。

贈与契約は諾成契約（549条）であるから、**書面によらないでなされても成立し、法的な効力が生じる**。

❸ ○ Aは、その負担の限度において、売主と同様の担保責任を負う。

贈与者は、贈与の目的である物等を、贈与の目的として特定した時の状態で引き渡すことを約したものと推定される（551条）。したがって、当事者が異なる合意をした場合を除き、目的物に不都合があっても、贈与者は責任を負わない。しかし、負担付贈与は、**双務契約**に関する規定が準用されるので、目的物に契約不適合がある場合、受贈者はその**負担の限度**で、贈与者に対して、追完請求や負担の減少請求、損害賠償請求、契約の解除という契約不適合の**責任を追及**できる（553条、562条～564条、415条、541条）。

❹ × Aは、Bの債務不履行として、贈与契約を解除することができる。

負担付贈与については、その性質に反しない限り、**双務契約**（売買契約のように、双方が対等な債務を負うような契約）に関する規定が準用される（553条）。したがって、「Aが、Bに対し、Aの生活の面倒をみることという負担を課して」いる場合において、「**Bがその負担をその本旨に従って履行しないとき**」は、当事者の一方がその債務を履行しない場合に該当し、Aは、贈与契約を解除できる（541条）。

「わか合格基本テキスト」　第1編「民法等」Chap.4-Sec.3、Chap.1-Sec.1、Chap.2-Sec.1

ＡがＢの所有地を長期間占有している場合の時効取得に関する次の記述のうち、民法の規定及び判例によれば、誤っているものはどれか。

❶　Ａが善意無過失で占有を開始し、所有の意思をもって、平穏かつ公然に７年間占有を続けた後、Ｃに３年間賃貸した場合、Ａは、その土地の所有権を時効取得することはできない。

❷　Ａが善意無過失で占有を開始し、所有の意思をもって、平穏かつ公然に７年間占有を続けた後、その土地がＢ所有のものであることを知った場合、Ａは、その後３年間占有を続ければ、その土地の所有権を時効取得することができる。

❸　Ａが善意無過失で占有を開始し、所有の意思をもって、平穏かつ公然に７年間占有を続けた後、ＢがＤにその土地を売却し、所有権移転登記を完了しても、Ａは、その後３年間占有を続ければ、その土地の所有権を時効取得し、Ｄに対抗することができる。

❹　Ａが20年間平穏かつ公然に占有を続けた場合においても、その占有が賃借権に基づくもので所有の意思がないときは、Ｂが賃料を請求せず、Ａが支払っていないとしても、Ａは、その土地の所有権を時効取得することができない。

肢別のテーマ
❶代理占有　❷後に悪意に転じた者の時効期間
❸時効と登記（時効完成前の第三者）　❹所有の意思

解説　正解 1

❶ **× 他人に賃貸しても、占有は失わないから、Aは時効取得できる。**

善意・無過失のAが土地の所有権を時効取得するには、10年間占有し続けなければならないが、この**占有には代理占有**（**間接占有**）**も含まれる**（民法162条2項、181条）。よって、Cに3年間賃貸している間も、Aは、土地を占有していたことになり、通算10年となるので、土地の所有権を時効取得できる。

❷ **○ 10年で時効取得できるかどうかは、占有開始時が基準だ！**

善意・無過失で土地の占有を開始した者は、**その後**、それが他人のものであることを**知った**としても、**10年**で時効取得できる（判例）。

❸ **○ 時効完成前の第三者に対しては、登記がなくても対抗できる。**

頻出

時効取得者Aは、時効完成前に土地の所有権を取得したDに対しては、**登記なしに、時効完成による所有権の取得を主張できる**（判例）。AとDは**当事者同士**の関係にあり、対抗問題にならないからだ。

❹ **○ 所有権の時効取得には、所有の意思が必要だ！**

所有権の**時効取得**が認められるためには、自主占有（所有の意思ある占有）が必要だ。しかし、**賃借人には所有の意思が認められない**から、Aは、何年占有を続けても、また賃料を支払っていなくても、所有権を時効取得できない（賃借権の時効取得の余地はある）。

P! ココがポイント

❹の所有の意思ある占有か否かは、**占有を始めた権原の性質で客観的に判断**する（判例）。例えば、**賃貸借契約**に基づいて占有を始めた場合は、所有の意思のある占有ではない（賃借の意思のある占有になる）。これに対し、**売買契約**に基づいて占有を始めたが、その売買契約が無効だった場合は、所有の意思のある占有であり、所有権を時効取得できる可能性がある。

「わか合格基本テキスト」　第1編「民法等」Chap.4-Sec.4、Chap.2-Sec.6

Ａ所有の土地の占有者がＡからＢ、ＢからＣと移った場合のＣの取得時効に関する次の記述のうち、民法の規定及び判例によれば、正しいものはどれか。

❶　Ｂが平穏・公然・善意・無過失に所有の意思をもって８年間占有し、ＣがＢから土地の譲渡を受けて２年間占有した場合、当該土地の真の所有者はＢではなかったとＣが知っていたとしても、Ｃは10年の取得時効を主張できる。

❷　Ｂが所有の意思をもって５年間占有し、ＣがＢから土地の譲渡を受けて平穏・公然に５年間占有した場合、Ｃが占有の開始時に善意・無過失であれば、Ｂの占有に瑕疵（かし）があるかどうかにかかわらず、Ｃは10年の取得時効を主張できる。

❸　Ａから土地を借りていたＢが死亡し、借地であることを知らない相続人Ｃがその土地を相続により取得したと考えて利用していたとしても、ＣはＢの借地人の地位を相続するだけなので、土地の所有権を時効で取得することはない。

❹　Ｃが期間を定めずＢから土地を借りて利用していた場合、Ｃの占有が20年を超えれば、Ｃは20年の取得時効を主張することができる。

肢別のテーマ	❶占有と瑕疵の承継	❷占有と瑕疵の承継
	❸占有の性質の変更	❹所有の意思

解説 正解 1

❶ ○ 前の占有者であるBの占有を併せて主張すれば、Cは、10年の取得時効を主張できる。

占有者の承継人Cが、前の占有者Bの占有を併せて主張するときは、占有の瑕疵をも承継することになり（民法187条）、占有開始時に善意・無過失であったことも承継する（判例）。

❷ × Bの占有に瑕疵があれば、Cは、10年の取得時効は主張できない。

占有者の承継人Cが前の占有者Bの占有を併せて主張するときは、Bが占有開始時に悪意であるなどBの占有の瑕疵をも承継する（187条２項）。

❸ × Cに所有の意思があれば、Cは、土地の所有権を時効で取得することがある。

他主占有（所有の意思のない占有）者を相続した場合、相続人Cが相続財産の占有を承継しただけでなく、相続財産を新たに事実上支配することによって占有を開始し、そのCに所有の意思があるとみられるときは、Cは、新たな権原により所有の意思をもって占有を開始したことになる（185条、判例）。

❹ × 所有の意思のないCは、所有権の取得時効を主張することはできない。

ひっかけ

Cの占有は賃借権に基づくものであって、所有の意思がなく、所有権の時効取得は認められない（162条）。

P! ココがポイント

❸を除いて、過去に出題されている基本的な知識であり、本番でも正答率の高かった問題である。過去問検討の重要性が再認識できる問題。

「わか合格基本テキスト」 第１編「民法等」 Chap.4−Sec.4

83 時　効③

CHECK!　過去の本試験 H21-問3改

Aは、Bに対し建物を賃貸し、月額10万円の賃料債権を有している。この賃料債権の消滅時効に関する次の記述のうち、民法の規定及び判例によれば、誤っているものはどれか。

❶　Aが、Bに対する賃料債権につき支払督促の申立てをし、さらに期間内に適法に仮執行の宣言の申立てをしたときは、消滅時効が更新されることがある。

❷　Bが、Aとの建物賃貸借契約締結時に、賃料債権につき消滅時効の利益はあらかじめ放棄する旨約定したとしても、その約定に法的効力は認められない。

❸　Aが、Bに対する賃料債権につき内容証明郵便により支払を請求したときは、その請求により消滅時効は更新される。

❹　Bが、賃料債権の消滅時効が完成した後にその賃料債権を承認したときは、消滅時効の完成を知らなかったときでも、その完成した消滅時効の援用をすることは許されない。

「内容証明郵便による支払の請求」とは、裁判外の請求のこと。

肢別のテーマ	❶支払督促 ❸催告の効力	❷時効利益の放棄 ❹消滅時効完成後の債務の承認

解　説　正解 3

❶ ○ **支払督促の申立てをし、仮執行の宣言の申立てをすると、消滅時効が更新されることがある。**

難

裁判所を通じて行う請求の一種である支払督促により、**支払督促の手続が終了するまで**の間は、時効の完成が猶予される（民法147条１項）。さらに、期間内に債権者が**仮執行宣言の申立て**をすると、仮執行宣言が付いた支払督促の送達を受けてから一定期間内に**異議がなければ**、確定判決と同一の効力があるので（民訴法391条、392条、393条、396条）、この場合は、**権利が確定した時から新たに進行を開始**（時効の更新）する（民法147条２項）。

❷ ○ **時効の利益**は、あらかじめ放棄**できない**（146条）。

❸ × **内容証明郵便による支払請求だけでは、消滅時効が更新されるとはいえない。**

内容証明郵便による支払請求は、**裁判外の請求**である催告に該当する。催告があったときは、その時から**６か月を経過するまでの間は、時効は完成しない**（時効の完成猶予、150条１項）。しかし、消滅時効をリセットするには（時効の更新）、**期間内に裁判上の請求**（147条１項１号）**などで債権を保全し**なければならない。なお、催告により時効完成が猶予されている間に**再度の催告**がなされても、時効完成の猶予の効力は有しない（150条２項）。

❹ ○ **Bは、時効完成の事実を知らなかったときでも、消滅時効の援用は許されない。**

消滅時効完成後に、債務者が**債務の承認**をした場合、債務者は、時効完成の事実を**知らなかった**ときは、時効利益の放棄ではないが、信義則上、消滅時効を援用することは許されない（判例）。

P! ココがポイント

消滅時効は、権利不行使の状態が一定期間継続することで完成するので、権利が行使されれば、完成しない。権利行使の効果としては、**時効の完成猶予と時効の更新**がある。

① **時効の完成が猶予**される場合（時効の完成猶予）
② **時効の進行がリセットされて、新たな時効が起算**される場合（時効の更新）

「わか合格基本テキスト」　第１編「民法等」 Chap.4−Sec.4

AがBに対して金銭の支払を求めて訴えを提起した場合の時効の更新に関する次の記述のうち、民法の規定及び判例によれば、誤っているものはどれか。

❶　訴えの提起後に当該訴えが取り下げられた場合には、特段の事情がない限り、時効は更新しない。

❷　訴えの提起後に当該訴えの却下の判決が確定した場合には、時効は更新しない。

❸　訴えの提起後に請求棄却の判決が確定した場合には、時効は更新しない。

❹　訴えの提起後に裁判上の和解が成立した場合には、時効は更新しない。

時効の完成猶予と時効の更新を区別しよう。

肢別のテーマ	❶訴えの取下げ ❷訴えの却下	❸請求の棄却 ❹裁判上の和解

解　説　正解 4

❶ **○ 訴えの取下げにより裁判が終了した場合は、時効は更新しない。**

訴えの提起（裁判上の請求）により、**裁判中**は時効の完成が猶予され、途中で**訴えの取下げ**により裁判が途中で終了しても、**裁判終了時から６か月間**は、**時効の完成が猶予**される（民法147条１項）。しかし、**時効は更新しない**。

❷ **○ 訴えの却下により裁判が終了した場合は、時効は更新しない。**

訴えが却下され、裁判が途中で終了したときも、**裁判中**と**裁判終了時から６か月間**は、**時効の完成が猶予**される（147条１項）。しかし、**時効は更新しない**。

❸ **○ 請求の棄却により裁判が終了した場合は、時効は更新しない。**

前述したように、訴えの却下又は取下げの場合には、時効は更新しない。この「**却下**」には、**請求棄却も含む**（判例）。したがって、訴え提起後に請求棄却の判決が確定した場合、**時効は更新しない**。

❹ **× 裁判上の和解により裁判が終了した場合は、時効は更新する。**

裁判上の請求によって、その手続中は、時効の完成は猶予され、**確定判決**または**確定判決と同一の効力を有するもの**によって権利が確定した時は、それが終了した時から**新たにその進行を始める**（**時効の更新**、147条）。この点、和解は、当事者が互いに譲歩をし、争いを終結させる合意をすることであり、裁判所が関与する和解を「**裁判上の和解**」という。裁判上の和解の成立により和解調書が作成されるが、この和解調書は、確定判決と同一の効力を有する（民訴法267条）。よって、裁判上の和解が成立した場合は、時効は更新する。

P! ココがポイント

(1)　債権の消滅時効期間

① 債権者が権利を行使できることを**知った時**から**５年間**行使しないとき（**主観的起算点**）
② 債権者が権利を**行使することができる時**から、**10年間**行使しないとき（**客観的起算点**）

(2)　時効の完成猶予・時効の更新

① **時効の完成猶予**…一定事由（完成猶予事由）が発生した場合に、所定の期間が経過するまで時効の完成を猶予（完成を先延ばしに）する制度
② **時効の更新**…一定事由（更新事由）が発生した場合に、それまで経過していた時効期間をゼロにし、新たな時効期間の進行が開始する制度

「わか合格基本テキスト」　第１編「民法等」　Chap.4−Sec.4

Ａが、5,000万円相当の土地と5,500万円の負債を残して死亡した。Ａには、弟Ｂ、母Ｃ、配偶者Ｄ及びＤとの間の子Ｅ・Ｆ・Ｇ並びにＥの子Ｈがいる。この場合、民法の規定によれば、次の記述のうち正しいものはどれか。

❶　限定承認をするときは、Ｄ・Ｅ・Ｆ及びＧが、共同してしなければならない。

❷　Ｅが相続放棄をしたときは、Ｈが、代襲して相続人となる。

❸　Ｅ・Ｆ及びＧが相続放棄をしたときは、Ｂ及びＣが、Ｄとともに相続人となる。

❹　Ｅ・Ｆ及びＧが相続放棄をしたときは、Ｃは、相続開始のときから３ヵ月以内に単純若しくは限定の承認又は放棄をしなければならない。

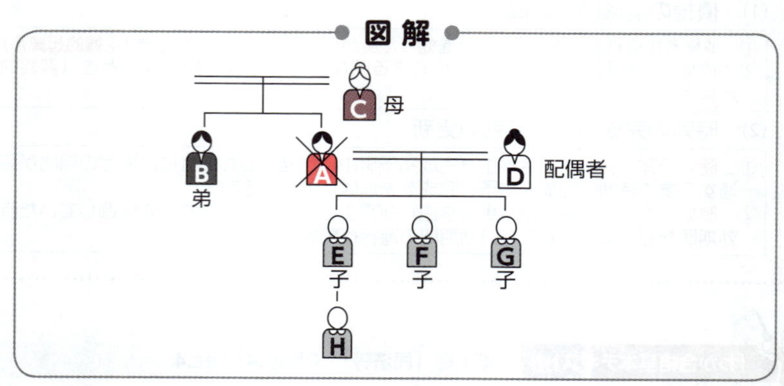

肢別のテーマ
❶限定承認の方法　❷相続放棄と代襲相続
❸相続の順位　❹承認・放棄の期間

解説　正解 1

❶ ○ **限定承認は、相続人全員が共同してしなければならない。**

相続人が複数いる場合、限定承認は、**共同相続人**の全員が共同してしなければならない（民法923条）。Aの相続人は、配偶者Dと子E・F・Gなので（887条1項、890条）、この4人が共同して限定承認をしなければならない。

❷ × **相続を放棄した者の子については、代襲相続は生じない。**

相続放棄をすると、初めから相続人とならなかったとみなされる（939条）。よって、相続を放棄した者の子には、代襲相続は生じない（887条2項）。

❸ × **配偶者Dと母Cが相続人となる。**

血族相続人の第一順位である**子が全員相続放棄**をした場合は、**第二順位である直系尊属**（父母など）と**配偶者**が**相続人**となる。母などの直系尊属がいるときは、第三順位である兄弟姉妹は、相続人とならない（887条1項、889条1項、890条）。

❹ × **Cがするのは、相続の開始があることを知ったときから3か月以内。**

Cが単純承認、限定承認、放棄をするべき期間は、**Cが自己のために相続の開始があったことを**知った時から3か月**以内だ**（915条1項）。

P! ココがポイント

❸は、相続人についての基本中の基本だが、案外理解できていない受験生も多い。民法上は、被相続人に**子供がいないとき**だけ、父母や祖父母（直系尊属）が相続人となり、子供も直系尊属もいないときに、兄弟姉妹が相続人となるのであって、子供と父母らが一緒に法定相続人となることはない。

「わか合格基本テキスト」　第1編「民法等」 Chap.4−Sec.5

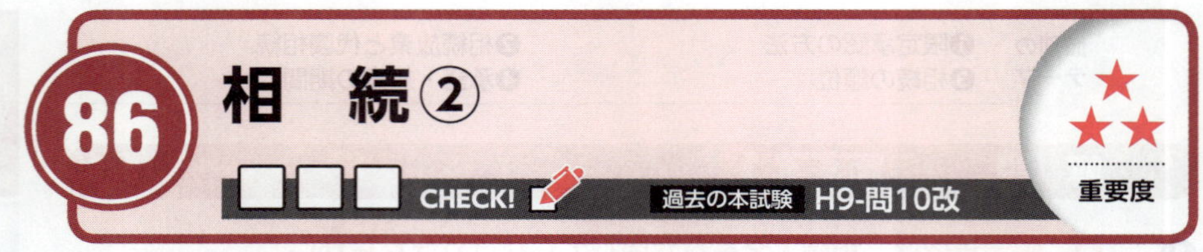

遺留分に関する次の記述のうち、民法の規定及び判例によれば、誤っているものはどれか。

❶　被相続人Ａの配偶者ＢとＡの弟Ｃのみが相続人であり、Ａが他人Ｄに遺産全部を遺贈したとき、Ｂの遺留分は遺産の８分の３、Ｃの遺留分は遺産の８分の１である。

❷　遺留分侵害額の請求は、訴えを提起しなくても、内容証明郵便による意思表示だけでもすることができる。

❸　相続が開始して９年６か月経過する日に、はじめて相続の開始と遺留分を侵害する遺贈のあったことを知った遺留分権利者は、６か月以内であれば、遺留分侵害額に相当する金銭の支払いを請求できる。

❹　被相続人Ｅの生前に、Ｅの子Ｆが家庭裁判所の許可を得て遺留分の放棄をした場合でも、Ｆは、Ｅが死亡したとき、その遺産を相続する権利を失わない。

❶と❹については、すでに学習済み。これまでの部分がマスターできていれば、答えは出るはず。

肢別のテーマ	❶兄弟姉妹の遺留分 ❸遺留分侵害額請求権の期間の制限	❷遺留分侵害額請求権の行使方法 ❹遺留分の放棄

解　説　正解 1

❶ × 兄弟姉妹に遺留分はない。

被相続人の兄弟姉妹には、遺留分は認められない（民法1042条１項）。兄弟姉妹は、被相続人と同世代であることが多く、被相続人とは別に生計を営んでいることがほとんどであり、被相続人の遺産の承継がなくても生活に支障がないからである。

❷ ○ 遺留分侵害額請求権の行使は、訴えによらなくてもＯＫ。

遺留分侵害額の請求は、裁判所を関与させなくても、請求権を行使する旨の意思表示で足りるので（ただし、通常郵便だと証拠が残らないから、内容証明郵便を使用した方が望ましい）、必ずしも訴え提起の必要はない（1046条）。

❸ ○ ６か月以内であれば、遺留分侵害額に相当する金銭の支払いを請求できる。

遺留分侵害額の請求権は、①遺留分権利者が相続の開始および遺留分を侵害する贈与または遺贈があったことを知った時から1年、または、②相続開始の時から10年を経過したときは、消滅するので（1048条）、６か月以内ならば、受遺者に対して、遺留分侵害額に相当する金銭の支払いを請求できる（1046条１項）。

❹ ○ 相続開始前に遺留分を放棄しても、その相続人の相続分には影響なし。

遺留分は、相続の放棄と異なり、家庭裁判所の許可を受ければ被相続人の生前に放棄できるが（1049条１項）、遺留分の放棄をした者であっても、被相続人が遺言等をしていなければ相続人となる。だから、Ｆは、Ｅの遺産を相続する権利を失わない。

「わか合格基本テキスト」　第１編「民法等」　Chap.4–Sec.5

遺言に関する次の記述のうち、民法の規定によれば、正しいものはどれか。

❶　自筆証書遺言は、その内容を全てワープロ等で印字していても、日付と氏名を自書し、押印すれば、有効な遺言となる。

❷　疾病によって死亡の危急に迫った者が遺言する場合には、代理人が２名以上の証人と一緒に公証人役場に行けば、公正証書遺言を有効に作成することができる。

❸　未成年であっても、15歳に達した者は、有効に遺言をすることができる。

❹　夫婦又は血縁関係がある者は、同一の証書で有効に遺言をすることができる。

肢別のテーマ ❶自筆証書遺言 ❷公正証書遺言 ❸遺言能力（未成年者） ❹共同遺言の禁止

解説 正解 3

❶ × 内容を全てワープロ等で印字しても、有効な遺言とならない。

自筆証書による遺言では、**遺言者**が、その全文、**日付および氏名**を自書し、これに印を押さなければならない（民法968条1項）。なお、自筆証書に**相続財産目録**を添付する場合、その目録に限っては**自書不要**（ただし、その目録の毎葉に署名・押印が必要）である（968条2項）。自筆証書の法務局での保管制度を利用すれば、①遺言書の紛失や隠匿の防止、②遺言書の存在の把握が容易になり、③家庭裁判所による遺言書の**検認**手続（1004条1項）が**不要**になるメリットがある（法務局における遺言書の保管等に関する法律11条、民法1004条1項）。

❷ × 公正証書遺言は、代理人によっては作成できない。

公正証書遺言は、公証役場で公証人に作成してもらう遺言であるが、**遺言者が直接公証人に口授または申述等**をすることが必要であり、代理人によっては作成できない（969条、969条の2）。なお、**特別方式の遺言**として、疾病等により死亡の危急に迫った者が証人3人以上の立会いをもってする遺言（976条）と本肢を混同しないこと。

❸ ○ 15歳から遺言することができる。

遺言は、**生前の最終意思**を表明する制度であり、**遺言能力**は15歳から認められている（961条）。遺言による法律関係の変動が生じるのは、遺言者の死後であり、遺言者を保護する必要はないので、未成年者（18歳未満）が遺言をする場合でも、法定代理人の同意は不要である。

❹ × 夫婦や血縁関係があっても、共同遺言はできない。

遺言は、**2人以上の者が同一の証書**ですることができない（共同遺言の禁止。975条）。遺言が適正になされないおそれがあるからである。

P! ココがポイント

遺言に関する基本的な出題である。出題年の「民法等」の問題では、最も正答率が高かった。したがって、是非とも正解すべき基本的問題である。

「わか合格基本テキスト」 第1編「民法等」 Chap.4−Sec.5

Aは未婚で子供がなく、父親Bが所有する甲建物にBと同居している。Aの母親Cは2023年３月末日に死亡している。AにはBとCの実子である兄Dがいて、DはEと婚姻して実子Fがいたが、Dは2024年３月末日に死亡している。この場合における次の記述のうち、民法の規定及び判例によれば、正しいものはどれか。

❶ Bが死亡した場合の法定相続分は、Aが２分の１、Eが４分の１、Fが４分の１である。

❷ Bが死亡した場合、甲建物につき法定相続分を有するFは、甲建物を１人で占有しているAに対して、当然に甲建物の明渡しを請求することができる。

❸ Aが死亡した場合の法定相続分は、Bが４分の３、Fが４分の１である。

❹ Bが死亡した後、Aがすべての財産を第三者Gに遺贈する旨の遺言を残して死亡した場合、FはGに対して遺留分を主張することができない。

図解

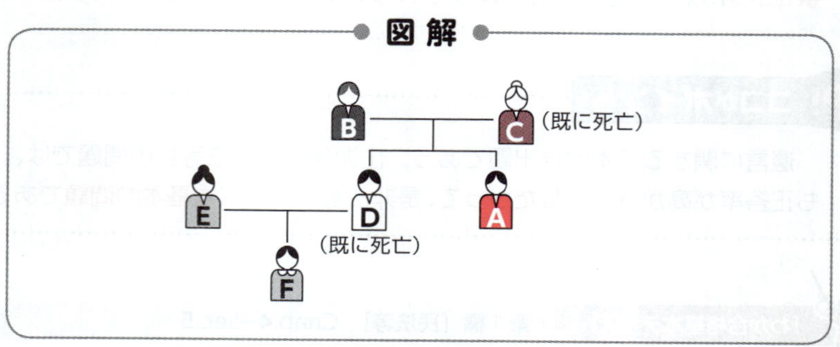

肢別のテーマ		
	❶法定相続人	❷共同相続（他の相続人への明渡請求）
	❸法定相続人	❹遺留分（兄弟姉妹の子）

解説　正解 4

❶ × Bが死亡した場合の法定相続人はAとFのみで、Eは相続しない。

被相続人の子は、相続人となる（民法887条1項）。また、被相続人の子が、相続の開始以前に死亡したときは、その死亡した者の子が、これを代襲して相続人となる（887条2項）。しかし、被相続人の子の配偶者Eは、相続人とはならない。なお、Eは相続人とはならないが、Eが無償でBの療養介護に務め、それにより遺産が増加・維持された事情があれば、特別寄与料を相続人に請求できる余地はある（1050条1項）。寄与分は相続人にしか認められず（904条の2）、相続人ではない「息子の嫁」等の姻族の貢献に報いることができないため、それを是正するためである。

❷ × Fは、Aに対して、当然に甲建物の明渡しを請求することはできない。

相続人が数人あるときは、相続財産は、相続人全員の共有となる（898条）。本肢の相続人はAとFであるから、甲建物はAとFの共有となるが、Fは、Aに対して、当然に甲建物の明渡しを請求することはできない（判例）。なぜなら、Aは、自己の持分によって、共有物である甲建物を使用することができ（249条）、これに基づいて甲建物を占有しているからである。

❸ × Aが死亡した場合の法定相続人はBのみで、Fは相続しない。

被相続人に子およびその代襲者等がいない場合、被相続人の直系尊属が相続人となる（889条1項1号）。本肢の被相続人Aには、配偶者（890条）もいないため、直系尊属であるBのみが相続人となる。したがって、Aが死亡した場合、BがAの遺産をすべて相続する。

❹ ○ Fは遺留分を主張することができない。

兄弟姉妹には、遺留分はない（1042条1項）。したがって、兄弟姉妹の子が遺留分を引き継ぐということもない（889条2項参照）。よって、Aの兄Dの子であるFは、Gに対して遺留分を主張することができない。

「わか合格基本テキスト」　第1編「民法等」　Chap.4-Sec.5・7

婚姻中の夫婦ＡＢ間には嫡出子ＣとＤがいて、Ｄは既に婚姻しており嫡出子Ｅがいたところ、Ｄは2024年10月１日に死亡した。他方、Ａには離婚歴があり、前の配偶者との間の嫡出子Ｆがいる。Ａが2024年10月２日に死亡した場合に関する次の記述のうち、民法の規定及び判例によれば、正しいものはどれか。

❶　Ａが死亡した場合の法定相続分は、Ｂが２分の１、Ｃが５分の１、Ｅが５分の１、Ｆが10分の１である。

❷　Ａが生前、Ａ所有の全財産のうち甲土地についてＣに相続させる旨の遺言をしていた場合には、特段の事情がない限り、遺産分割の方法が指定されたものとして、Ｃは甲土地の所有権を取得するのが原則である。

❸　Ａが生前、Ａ所有の全財産についてＤに相続させる旨の遺言をしていた場合には、特段の事情がない限り、Ｅは代襲相続により、Ａの全財産について相続するのが原則である。

❹　Ａが生前、Ａ所有の全財産のうち甲土地についてＦに遺贈する旨の意思表示をしていたとしても、Ｆは相続人であるので、当該遺贈は無効である。

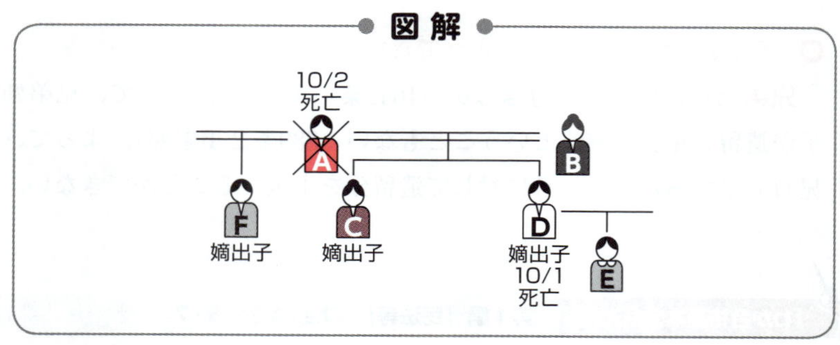

肢別のテーマ	❶法定相続	❷特定の遺産を「相続させる」旨の遺言
	❸遺産の全部を「相続させる」旨の遺言	❹特定遺贈

解　説 …… 正解 2

❶ × Aが死亡した場合の法定相続分は、Bが2分の1、C・E・Fが、それぞれ6分の1となる。

子が数人いるときは、各自の法定相続分は等しい（民法900条4号本文）。また、Eの相続分は、Dが受けるべき相続分と同じであり（901条1項本文）、配偶者B以外の法定相続分は、C・E・Fが、それぞれ6分の1となる。

❷ 難 ○ 遺産分割の方法が指定されたものとして、Cは甲土地の所有権を取得するのが原則。

特定の遺産を特定の推定相続人（現状のままで相続が開始した場合に、相続人となるはずの者）に「相続させる」旨の遺言は、原則として、当該遺産を当該相続人に単独で相続させる遺産分割の方法が指定されたものとして、当該遺産は、被相続人の死亡の時に直ちに相続により承継される（判例）。

❸ 難 × 原則として、遺言は失効しEがAの全財産について相続することはない。

全財産を特定の推定相続人に「相続させる」旨の遺言は、その推定相続人が、遺言者の死亡以前に死亡した場合には、特段の事情のない限り、その効力は生じない（判例）。遺言者は、遺言時の特定の推定相続人（D）に当該遺産を取得させる意図しかないからである。

❹ × 当該遺贈が無効とはいえない。

相続人に対して特定遺贈（遺言によって特定の遺産をあげること。964条）を行うことができない旨の規定は存在しない。

P! ココがポイント

第1順位の相続人は「子」であるが、子には実子（血縁のある子）と養子（養子縁組による子）がある。また、実子には、嫡出子（婚姻関係にある男女から産まれた子）と非嫡出子（婚姻関係にない男女から産まれた子）がある。これらはすべて「子」であり、相続分は同じである。なお、婚姻関係にない男女から産まれた子については、原則として、男が認知（自分の子であると認める意思表示）をすることによって親子関係が生じる（その男の非嫡出子になる）。

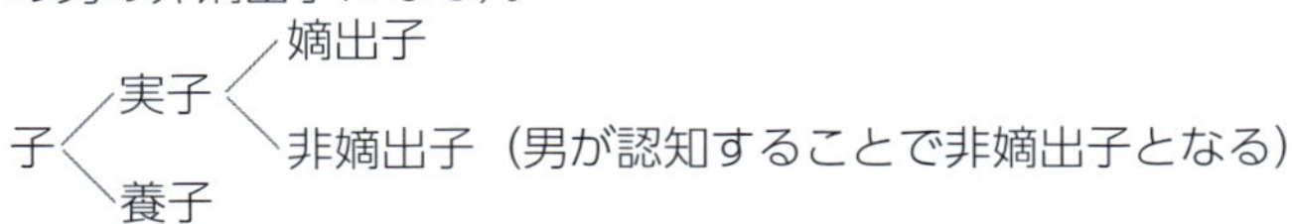

「わか合格基本テキスト」 第1編「民法等」 Chap.4−Sec.5

１億2,000万円の財産を有するＡが死亡した。Ａには、配偶者はなく、子Ｂ、Ｃ、Ｄがおり、Ｂには子Ｅが、Ｃには子Ｆがいる。Ｂは相続を放棄した。また、Ｃは生前のＡを強迫して遺言作成を妨害したため、相続人となることができない。この場合における法定相続分に関する次の記述のうち、民法の規定によれば、正しいものはどれか。

❶ Ｄが4,000万円、Ｅが4,000万円、Ｆが4,000万円となる。

❷ Ｄが１億2,000万円となる。

❸ Ｄが6,000万円、Ｆが6,000万円となる。

❹ Ｄが6,000万円、Ｅが6,000万円となる。

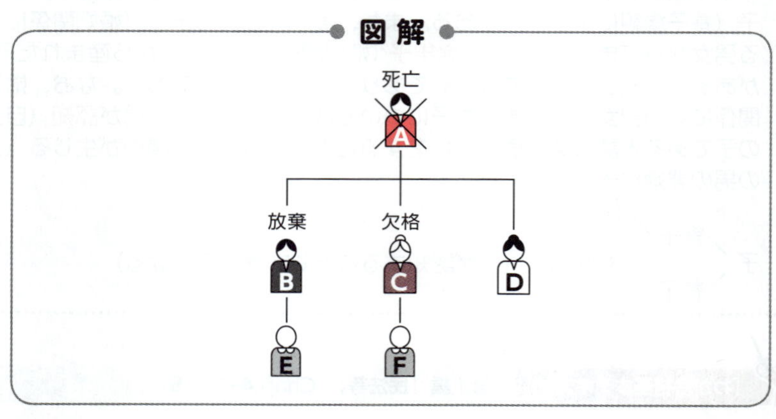

肢別のテーマ
❶相続の放棄と代襲相続　❷相続の欠格事由と代襲相続
❸法定相続分　❹相続の放棄と代襲相続

解説　正解 3

❶ × **Eは相続人とはならない。**
Bは相続を放棄しているが、相続の放棄をした者は、その相続に関しては、**初めから相続人とならなかったものとみなされる**（民法939条）。その結果、相続を放棄しているBは相続をせず、Bの子**E**が代襲相続をすることもない（887条２項参照）。

❷ × **Fも相続人となる。したがって、Dが１億2,000万円全額を相続するわけではない。**
被相続人の子が、相続人の欠格事由に該当するときは、相続人となることができず（891条）、この場合、**その者の子**（孫）**がこれを**代襲して相続する（887条２項）。本問では、**C**が生前、**A**を強迫して**遺言作成を妨害し**ているため、Cは、**欠格事由に該当**し、相続人となることができない（891条３号）。したがって、**C**の相続分に関しては、**F**が**代襲して相続人**となる。

❸ ○ **DとFが相続人となり、相続分はそれぞれ6,000万円である。**
❶と**❷**で見たように、**Eは相続人とはならず**、**Fは相続人**となる。また、被相続人の**子**は、**相続人**となることから、Dは、Aの相続人となる（887条１項）。そして、子のDと、子のCを代襲相続するFとの相続分は、均等となり、それぞれ**6,000万円**である（900条４号、901条１項本文）。

❹ × **Eは相続人とはならない。**
❶の解説にあるように、Eは代襲相続をせず、相続人とはならない。

P! ココがポイント

代襲相続は、被相続人Aの子BがAと同時ないしはそれ以前に死亡して相続人とならない場合に、Bの子C（被相続人からみれば孫）が相続人となるのが典型である。しかし、Bが死亡していた場合だけでなく、Bが相続欠格者となった場合や、BがAを侮辱するなどの原因によりAから相続の廃除をされた場合も、Cが代襲相続する。ただし、Bが相続の放棄をした場合だけは、Cに代襲相続が生じない。これは本試験でも頻出であり、絶対に忘れないこと。

「わか合格基本テキスト」　第１編「民法等」 Chap.4−Sec.5

91 不法行為①

CHECK! 過去の本試験 H17-問11

重要度 ★★★

Ａは、所有する家屋を囲う塀の設置工事を業者Ｂに請け負わせたが、Ｂの工事によりこの塀は瑕疵(かし)がある状態となった。Ａがその後この塀を含む家屋全部をＣに賃貸し、Ｃが占有使用しているときに、この瑕疵(かし)により塀が崩れ、脇に駐車中のＤ所有の車を破損させた。Ａ、Ｂ及びＣは、この瑕疵(かし)があることを過失なく知らない。この場合に関する次の記述のうち、民法の規定によれば、誤っているものはどれか。

❶ Ａは、損害の発生を防止するのに必要な注意をしていれば、Ｄに対する損害賠償責任を免れることができる。

❷ Ｂは、瑕疵(かし)を作り出したことに故意又は過失がなければ、Ｄに対する損害賠償責任を免れることができる。

❸ Ｃは、損害の発生を防止するのに必要な注意をしていれば、Ｄに対する損害賠償責任を免れることができる。

❹ Ｄが、車の破損による損害賠償請求権を、損害及び加害者を知った時から３年間行使しなかったときは、この請求権は時効により消滅する。

図解

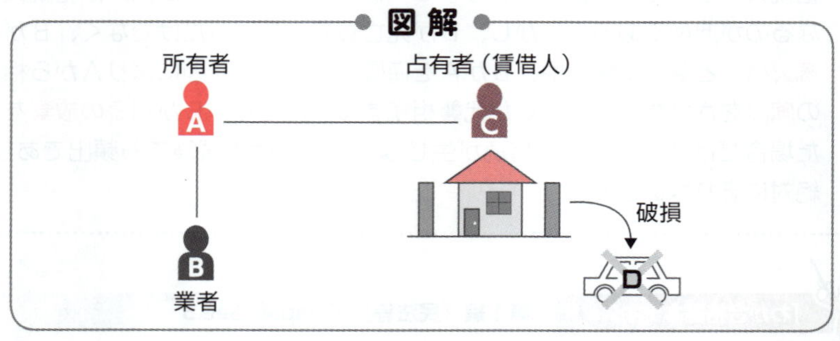

肢別のテーマ	❶工作物責任（所有者）	❷一般の不法行為
	❸工作物責任（占有者）	❹損害賠償請求権の消滅時効

解　説　……正解 1

❶ × 所有者Aの責任は、過失がなくとも責任を負わなければならない「無過失責任」だ！

土地の工作物の設置または保存に瑕疵があることによって他人に損害が生じたときは、その工作物の占有者は、被害者に対してその損害を賠償する責任を負う（民法717条1項本文）。ただし、**占有者が損害の発生を防止するのに必要な注意をした**ときは、**所有者**がその損害を賠償しなければならず、所有者には免責の余地はない（717条1項ただし書）。

❷ ○ Bは、故意または過失がなければ、損害賠償義務を負わない。

Bに不法行為の成立要件が満たされれば、Bは、Dに対して不法行為責任を負う。そして、Bに**不法行為が成立**するためには、瑕疵を作り出したことについて**Bに故意または過失が必要である**（709条）。

❸ ○ 占有者Cは、損害の発生を防止するのに必要な注意をしていれば、損害賠償責任を免れることができる。

工作物の**占有者C**が**損害の発生を防止するのに必要な注意**をしたときは、占有者Cは免責される。そして、**所有者**Aがその損害を賠償する責任を負う（717条1項）。

❹ ○ 請求権は、Dが損害および加害者を知った時から3年間行使しないときは、時効で消滅する。

不法行為による損害賠償請求権は、①**被害者**または法定代理人が、**損害および加害者を知った時**から**3年間**行使しないとき、②**不法行為の時**から**20年間**行使しないときは、**時効によって消滅**する（724条）。なお、本肢の場合は**物損**であるが、**人の生命または身体**を害する不法行為による損害賠償請求権であれば、①について、「3年間」が「**5年間**」へと延長される（724条の2）。

「わか合格基本テキスト」 第1編「民法等」 Chap.4–Sec.6

92 不法行為②

□□□ CHECK!

過去の本試験 H18-問11改

重要度 ★★★

事業者Ａが雇用している従業員Ｂが行った不法行為に関する次の記述のうち、民法の規定及び判例によれば、正しいものはどれか。

❶ Ｂの不法行為がＡの事業の執行につき行われたものであり、Ａに使用者としての損害賠償責任が発生する場合、Ｂには被害者に対する不法行為に基づく損害賠償責任は発生しない。

❷ Ｂが営業時間中にＡ所有の自動車を運転して取引先に行く途中に前方不注意で人身事故を発生させても、Ａに無断で自動車を運転していた場合、Ａに使用者としての損害賠償責任は発生しない。

❸ Ｂの不法行為がＡの事業の執行につき行われたものであり、Ａに使用者としての人身事故による損害賠償責任が発生する場合、Ａが被害者に対して売買代金債権を有していれば、被害者は不法行為に基づく損害賠償債権で売買代金債務を相殺することができる。

❹ Ｂの不法行為がＡの事業の執行につき行われたものであり、Ａが使用者としての損害賠償責任を負担した場合、Ａ自身は不法行為を行っていない以上、Ａは負担した損害額の２分の１をＢに対して求償できる。

肢別のテーマ
❶使用者責任と被用者の責任 ❷使用者責任の要件
❸不法行為により発生した債権の相殺 ❹使用者の被用者に対する求償

解説 正解 3

❶ × 使用者責任が発生しても、従業員も損害賠償責任を負う。

従業員に不法行為に基づく損害賠償責任が発生することが、使用者責任の発生の前提であり、使用者に使用者責任としての損害賠償責任が発生する場合でも、従業員も被害者に不法行為による損害賠償責任を負う（民法709条、715条1項）。

❷ × 使用者Aに無断でA所有の自動車を運転していた場合でも、使用者としての損害賠償責任が発生することがある。

使用者責任は、加害行為が「事業の執行について」行われた場合に生じる（715条1項）。その判断は、被害者保護のため、行為の外形を基準に客観的に判断される（外形標準説、判例）。

❸ ○ 被害者からは、不法行為に基づく損害賠償債権を自働債権として相殺できる。

不法行為による損害賠償債務が、①加害者の悪意による不法行為に基づく損害賠償債務である場合、または、②人の生命または身体の侵害による損害賠償債務である場合、加害者からは、相殺をもって被害者に対抗できない（509条）。本肢では、人身事故による損害賠償債務であり、上記②として、加害者からの相殺はできないが、被害者からの相殺は可能である。

❹ × 負担した損害額の2分の1が求償の限度になるわけではない。

使用者が損害を賠償したときは、その不法行為をした被用者に対して、損害の公平な分担という見地から、信義則上相当な限度で、求償権を行使できる（715条3項、判例）。2分の1が限度になるわけではない。

「わか合格基本テキスト」 第1編「民法等」 Chap.4-Sec.6 、Chap.2-Sec.9

93 不法行為③

重要度

CHECK!　過去の本試験　H19-問5改

不法行為による損害賠償に関する次の記述のうち、民法の規定及び判例によれば、誤っているものはどれか。

❶　不法行為による損害賠償の支払債務は、催告を待たず、損害発生と同時に遅滞に陥るので、その時以降完済に至るまでの遅延損害金を支払わなければならない。

❷　不法行為によって名誉を毀損された者の慰謝料請求権は、被害者が生前に請求の意思を表明しなかった場合でも、相続の対象となる。

❸　加害者数人が、共同不法行為として民法第719条により各自連帯して損害賠償の責任を負う場合、その１人に対する履行の請求は、他の加害者に対してはその効力を有しない。

❹　不法行為による損害賠償の請求権の消滅時効の期間は、権利を行使することができる時から10年である。

肢別のテーマ
❶損害賠償請求権の遅滞の時期　❷慰謝料請求権の相続
❸共同不法行為　❹損害賠償請求権の消滅時効

解説　正解 4

❶ ○ 損害発生と同時に遅滞に陥り、その時以降の遅延損害金を支払わなければならない。

不法行為による損害賠償債務は、被害者救済の観点から、損害の発生と同時に遅滞となるとするのが判例である。したがって、加害者は、損害発生の時以降完済に至るまでの遅延損害金を支払わなければならない。

❷ ○ 被害者が生前に請求の意思を表明しなくとも、相続の対象となる。

慰謝料請求権自体は、**通常の金銭債権**であり、一身に専属したものではないから相続の対象**となる**（民法896条、判例）。したがって、被害者が生前に請求の意思を表明しなくとも、相続の対象となる。

❸ ○ 1人に対する履行の請求は、他の加害者に対してはその効力を有しない。

数人が共同の不法行為によって他人に損害を加えたときは、各自が連帯してその損害を賠償する責任を負う（719条1項）。この場合、弁済、更改、相殺、混同を除き、共同不法行為者の1人について生じた事由は、他の共同不法行為者に効力を生じない（**相対的効力**、441条本文）。したがって、**履行の請求**は**他の加害者**に対してその**効力を生じない**。

❹ × 「権利を行使できることができる時から10年」ではない。

不法行為による損害賠償請求権は、①**被害者**または法定代理人が、損害および加害者を知った時から３年間行使しないとき、②**不法行為の時**から20年間行使しないときは、**時効によって消滅する**（724条）。なお、**人の生命または身体**を害する不法行為による損害賠償請求権は、①について、**５年間**に延長される（724条の２）。

P! ココがポイント

❶の「不法行為による損害賠償請求権の遅滞の時期」や、❷の「慰謝料請求権の相続」、❸の「相対的効力」はいずれも、メジャーな基本知識とはいえないが、いつ出題されてもおかしくない要注意の論点である。

「わか合格基本テキスト」　第１編「民法等」　Chap.4–Sec.6

Ａに雇用されているＢが、勤務中にＡ所有の乗用車を運転し、営業活動のため得意先に向かっている途中で交通事故を起こし、歩いていたＣに危害を加えた場合における次の記述のうち、民法の規定及び判例によれば、正しいものはどれか。

❶　ＢのＣに対する損害賠償義務が消滅時効にかかったとしても、ＡのＣに対する損害賠償義務が当然に消滅するものではない。

❷　Ｃが即死であった場合には、Ｃには事故による精神的な損害が発生する余地がないので、ＡはＣの相続人に対して慰謝料についての損害賠償責任を負わない。

❸　Ａの使用者責任が認められてＣに対して損害を賠償した場合には、ＡはＢに対して求償することができるので、Ｂに資力があれば、最終的にはＡはＣに対して賠償した損害額の全額を常にＢから回収することができる。

❹　Ｃが幼児である場合には、被害者側に過失があるときでも過失相殺が考慮されないので、ＡはＣに発生した損害の全額を賠償しなければならない。

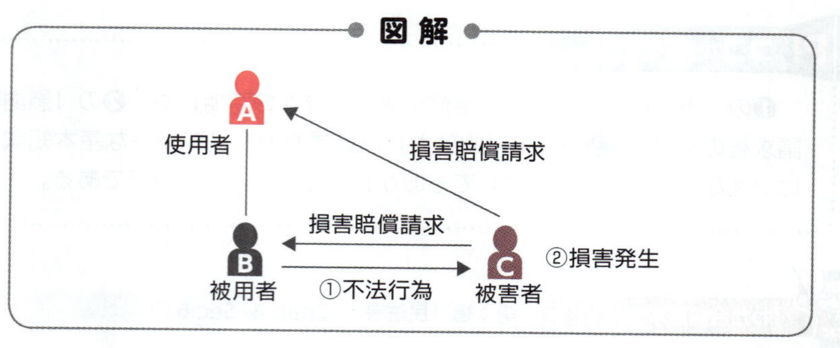

肢別のテーマ
❶損害賠償請求権の消滅時効　❷即死の場合の慰謝料請求権の相続
❸使用者の被用者に対する求償　❹被害者側の過失と過失相殺

解説　正解 1

❶ **○　AとBの損害賠償債務が時効で消滅する時期は、異なることがある。**

人の生命または身体を害する不法行為による損害賠償債務は、損害および加害者を知った時から**5年間**行使しないときは、時効で消滅する（民法724条の2）。しかし、被用者の損害賠償債務と使用者の損害賠償債務は**別個の債務**であり（判例）、また時効による債務の消滅に、絶対効はない。

❷ 頻出 **×　Aは、Cの相続人に対して慰謝料について損害賠償責任を負う。**

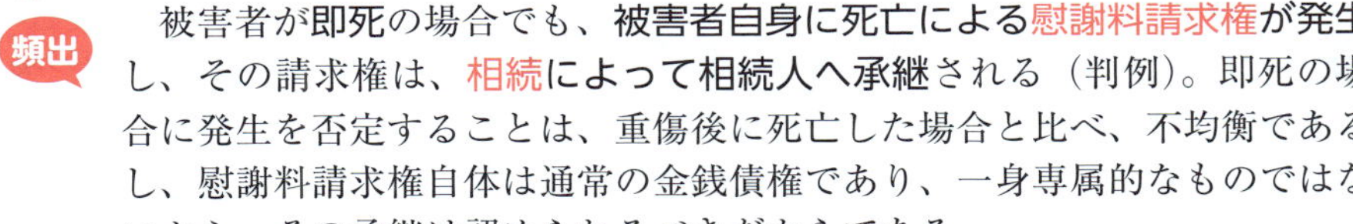

被害者が**即死**の場合でも、**被害者自身に死亡による慰謝料請求権が発生**し、その請求権は、**相続によって相続人へ承継**される（判例）。即死の場合に発生を否定することは、重傷後に死亡した場合と比べ、不均衡であるし、慰謝料請求権自体は通常の金銭債権であり、一身専属的なものではないから、その承継は認められるべきだからである。

❸ 頻出 **×　Aは、賠償額全額を常にBから回収できるわけではない。**

使用者責任が認められると、使用者は被用者がその事業の執行について第三者に加えた損害を賠償する責任を負う（715条1項）。そして、使用者は、損害を賠償したときは、**信義則上相当な限度で、被用者に求償**できる（715条3項、判例）。

❹ 難 **×　被害者側に過失があれば、過失相殺されて賠償金が減額されることがある。**

過失相殺には、被害者に過失がある必要があり、過失が認められるには**事理弁識能力**（善悪を判断できる能力）が必要であるが、3歳程度の幼児にはそれがないため、**被害者自身の過失**としての過失相殺はできない。しかし、被害者と**身分上、生活関係上一体**をなす父母等に過失があれば、損害の公平な分担という見地より、**被害者側の過失**として過失相殺を認めるのが判例である。

P! ココがポイント

宅建士試験において、❹の被害者側の過失は初めての出題であるが、その他の肢は頻出であり、❶～❸の**いずれも重要**である。

「わか合格基本テキスト」　第1編「民法等」　Chap.4–Sec.6

95 不法行為⑤

　Ａに雇用されているＢが、勤務中にＡ所有の乗用車を運転し、営業活動のため顧客Ｃを同乗させている途中で、Ｄが運転していたＤ所有の乗用車と正面衝突した（なお、事故についてはＢとＤに過失がある。）場合における次の記述のうち、民法の規定及び判例によれば、正しいものはどれか。

❶　Ａは、Ｃに対して事故によって受けたＣの損害の全額を賠償した。この場合、Ａは、ＢとＤの過失割合に従って、Ｄに対して求償権を行使することができる。

❷　Ａは、Ｄに対して事故によって受けたＤの損害の全額を賠償した。この場合、Ａは、被用者であるＢに対して求償権を行使することはできない。

❸　事故によって損害を受けたＣは、ＡとＢに対して損害賠償を請求することはできるが、Ｄに対して損害賠償を請求することはできない。

❹　事故によって損害を受けたＤは、Ａに対して損害賠償を請求することはできるが、Ｂに対して損害賠償を請求することはできない。

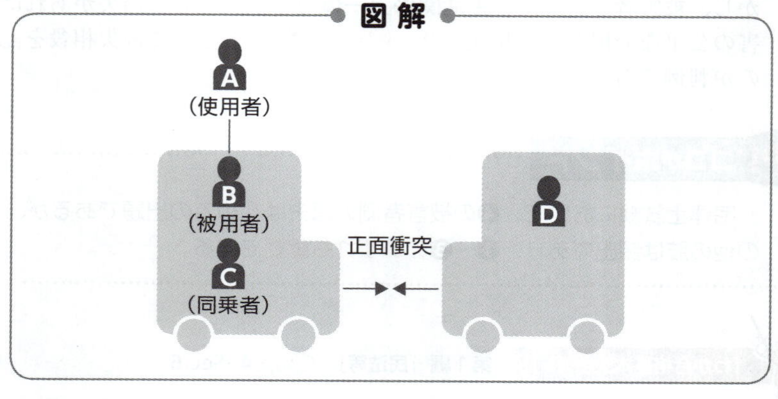

肢別のテーマ ❶共同不法行為における使用者の求償 ❷使用者の被用者に対する求償 ❸共同不法行為 ❹使用者責任と被用者の責任

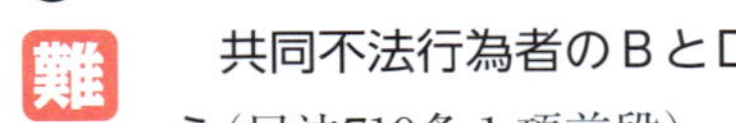

❶ 難 ○ Aは、BとDの過失割合に従い、Dに求償権を行使できる。

共同不法行為者のBとDは、Cに各自連帯して全額の損害賠償義務を負う(民法719条1項前段)。また、Bの使用者Aが使用者責任を負う場合(715条)、Aは、指揮監督する被用者と一体をなすものとして、Bと同様に全額の賠償責任を負う(判例)。そして、Aは、損害全額の賠償をした場合、Dに求償権を行使できるが、Dの負担部分は、共同不法行為者であるBとDとの過失の割合に従って定められる(判例)。

❷ 頻出 × Aは、信義則上相当な限度で、Bに求償権を行使できる。

Aの使用者責任が認められて、Dに対して事故によって受けたDの損害の全額を賠償した場合、使用者Aは、被用者Bに対して、信義則上相当な限度で求償権を行使できる(715条3項、判例)。

❸ × Cは、Dに対しても損害賠償を請求できる。

Cは、BとDの過失による共同不法行為によって損害を被っていることから、共同不法行為者のBとDは、Cに対して各自連帯してその全額の損害賠償義務を負う(719条1項前段)。

❹ × Dは、Bに対して、損害賠償を請求できる。

Bには過失があることから、Bは、Dに対しては一般の不法行為として、損害賠償義務を負う(709条)。他方、Aは、使用者責任としてDに対して損害賠償義務を負う(715条)。

P! ココがポイント

正解肢である❶以外は、いずれも過去に出題された基本的事項である。また、それぞれの知識が確かなものでなくても、常識的に考えて正解にたどり着くことも可能。正答率が高いのもうなずける。

「わか合格基本テキスト」 第1編「民法等」 Chap.4−Sec.6

96 相隣関係①

CHECK! 過去の本試験 H16-問7改

重要度 ★★★

次の記述のうち、民法の規定によれば、誤っているものはどれか。

❶ 土地の所有者は、隣地から雨水が自然に流れてくることを阻止するような工作物を設置することはできない。

❷ 土地の所有者は、隣地の所有者と共同の費用をもって、境界を表示すべき物を設置することができる。

❸ 土地の所有者は、隣地から木の枝が境界線を越えて伸びてきたときは、原則として自らこれを切断できる。

❹ 土地の所有者は、隣地から木の根が境界線を越えて伸びてきたときは、原則として自らこれを切断できる。

肢別のテーマ	❶自然水流の妨害禁止	❷境界標の設置
	❸竹木の枝の切除	❹竹木の根の切取り

解説　正解 3

❶ ○ **設置することはできない。**

土地の所有者は、**隣地から水が自然に流れて来る**のを**妨げてはならない**（民法214条）。

❷ ○ **共同の費用をもって、境界を表示すべき物を設置することができる。**

土地の所有者は、隣地の所有者と**共同の費用**をもって、**境界標**（境界を表示すべき物）を**設置**することができる（223条）。なお、境界標の**設置費用**は、**相隣者が等しい割合**で負担する（224条）。

❸ × **自ら切断できない。**

土地の所有者は、隣地の竹木の**枝**が境界線を越えるときは、その竹木の所有者に、その枝を**切除させる**ことができる（233条１項）。したがって、「原則として自らこれを切断できる」とする本肢は、誤りである。なお、竹木の所有者に枝の切除を催告したにもかかわらず、相当期間内に切除しないとき等は、土地の所有者は自ら切り取ることができる（233条３項）。

❹ ○ **自ら切断できる。**

土地の所有者は、隣地の竹木の**根**が境界線を越えるときは、自らこれを**切り取る**ことができる（233条４項）。自己が所有する土地にある木の根は、その所有地の一部であると考えるのである。

P! ココがポイント

❸と❹は、法律系のクイズでもよく出題される。隣家の柿の木の枝が成長し自宅の庭まで越境している状態で**柿の実（枝）**がなったときに、その実を食べてもいいのか？隣家の竹やぶから根が伸びて自宅の庭に**竹の子（根）**が生えた場合はどうか？という問題である。答えは柿の実は食べてはダメだが**（枝は、隣地の所有者のもの）**、竹の子は食べてよいのである**（根は、自分のもの）**。

「わか合格基本テキスト」　第１編「民法等」　Chap.4−Sec.7

相隣関係②

CHECK!

過去の本試験　H21-問4改

重要度

相隣関係に関する次の記述のうち、民法の規定によれば、誤っているものはどれか。

❶　土地の所有者は、境界において障壁を修繕するために必要であれば、必要な範囲内で隣地を使用することができる。

❷　複数の筆の他の土地に囲まれて公道に通じない土地の所有者は、公道に至るため、その土地を囲んでいる他の土地を自由に選んで通行することができる。

❸　Ａの隣地の竹木の枝が境界線を越えても、原則としてＡは竹木所有者の承諾なくその枝を切ることはできないが、隣地の竹木の根が境界線を越えるときは、Ａはその根を切り取ることができる。

❹　異なる慣習がある場合を除き、境界線から１ｍ未満の距離において他人の宅地を見通すことができる窓を設ける者は、目隠しを付けなければならない。

相隣関係の問題は、結構常識的な判断が役に立つ。

肢別のテーマ
❶隣地の使用　❷袋地を囲む他の土地の通行権
❸竹木の枝の切除および根の切取り　❹境界線付近の建築の制限

解説 正解 2

❶ ○ **必要な範囲内で、隣地を使用することができる。**

土地の所有者は、境界またはその付近において**障壁**の**修繕**等のため必要な範囲内で、**隣地の使用**ができる（民法209条１項１号）。

❷ × **自由に選んで通行することができるわけではない。**

他の土地に囲まれて公道に通じない土地（袋地）の所有者は、公道に至るため、その土地を囲んでいる**他の土地を通行**することができる（210条１項）。この場合には、**通行の場所**および**方法**は、その通行権を有する者のために**必要**であり、**かつ**、他の土地のために**損害が最も少ない**ものを選ばなければならない（211条１項）。

❸ ○ **枝は、切除させることができ、根は、自分で切り取ることができる。**

隣地の竹木の**枝**が境界線を越えるときは、原則として、その**竹木の所有者に、その枝を切除させることができる**（233条１項）。これに対し、隣地の竹木の**根**が境界線を越えるときは、その**根を切り取る**ことができる（233条４項）。根は、自分の土地の一部になっていると考えられるからである。

❹ ○ **１m未満なら、目隠しが必要。**

異なる慣習がある場合を除いて（236条）、境界線から**１m未満**の距離において他人の**宅地**を見通すことのできる**窓**または縁側（ベランダを含む）を設ける者は、**目隠し**を付けなければならない（235条１項）。

P! ココがポイント

相隣関係に関する基本的な問題。どの肢にも注意。そして、❸の**枝**と**根**は、**ワンセット**で頭に入れておこう。

「わか合格基本テキスト」 第１編「民法等」 Chap.4–Sec.7

A、B及びCが、建物を共有している場合（持分を各３分の１とする。）に関する次の記述のうち、民法の規定によれば、誤っているものはどれか。

❶　Aは、BとCの同意を得なければ、この建物に関するAの共有持分権を売却することはできない。

❷　Aは、BとCの同意を得なければ、この建物に物理的損傷及び改変などの変更（その形状又は効用の著しい変更を伴わないものを除く。）を加えることはできない。

❸　Aが、その共有持分を放棄した場合、この建物は、BとCの共有となり、共有持分は各２分の１となる。

❹　各共有者は何時でも共有物の分割を請求できるのが原則であるが、５年を超えない期間内であれば分割をしない旨の契約をすることができる。

持分は、所有権の一種。

肢別のテーマ	❶持分の譲渡 ❸持分の放棄	❷共有物の変更行為 ❹共有物の分割と不分割の特約

解　説 …… 正解 1

❶ × Aの持分権の売却に、BとCの同意は不要。

各共有者は、他の共有者の同意を得ることなく、自己の**持分**を**自由に処分**できる（民法206条）。共有物全部の売却と混同しないこと。

❷ ○ 変更行為には、BとCの同意が必要。

各共有者は、他の共有者の**全員の同意**がなければ、共有物に**変更**（**軽微変更を除く**）を加えることはできない（251条1項）。なお、不明の共有者がいるときは、裁判所は共有者の請求により、不明の共有者以外の同意を得て、共有物に変更を加えることができる旨の**裁判**をすることができる（251条2項）

❸ ○ 建物は、BとCの共有となり、共有持分は各2分の1となる。

頻出

共有者の1人が、その**持分**を**放棄**したときは、その持分は、**他の共有者**に帰属する（255条）。

❹ ○ 5年以内の期間を定めて不分割特約をすることができる。

頻出

各共有者は、**いつでも**共有物の分割を請求することができるが、共有者全員で**5年以内**の期間を定めて**不分割特約**をすることができ、特約をしたときは、その期間内は分割を請求することができない（256条1項）。

P! ココがポイント

共有に関しては、準備すべき事項が限られているから、是非とも得点しよう。なお、「持分の売却」（❶）と、「共有物全部の売却」とは区別して覚えておこう（共有物全部の処分は、全員の同意が必要）。

「わか合格基本テキスト」　第1編「民法等」　Chap.4–Sec.7

99 共　有②

A、B及びCが、持分を各３分の１として甲土地を共有している場合に関する次の記述のうち、民法の規定及び判例によれば、誤っているものはどれか。

❶　共有者は、善良な管理者の注意をもって、共有物である甲土地の使用をしなければならない。

❷　甲土地全体がＥによって不法に占有されている場合、Ａは単独でＥに対して、Ｅの不法占有によってＡ、Ｂ及びＣに生じた損害全額の賠償を請求できる。

❸　共有物たる甲土地の分割について共有者間に協議が調わず、裁判所に分割請求がなされた場合、裁判所は、甲土地全体をＡの所有とし、ＡからＢ及びＣに対し持分の価格を賠償させる方法により分割することができる。

❹　Ａが死亡し、相続人の不存在が確定した場合、Ａの持分は、民法第958条の２の特別縁故者に対する財産分与の対象となるが、当該財産分与がなされない場合はＢ及びＣに帰属する。

❶と❷は同じような状況設定。こんなときはどちらかが正解かも？

肢別のテーマ	❶共有物の使用（善管注意義務）	❷不法占拠者への損害賠償請求
	❸共有物の分割方法	❹持分の帰属

解説　正解 2

❶ ○ **善管注意義務をもって使用する。**

共有者は、善良なる管理者の注意をもって、共有物を**使用**しなければならない（民法249条3項）。

❷ × **Aは単独で、損害全額の賠償を請求することはできない。**

共有物の侵害に対しては、各共有者が、持分権に基づいて損害賠償請求をすることができるが、**共有者の一部の者**が、共有物全部の**損害賠償を請求することはできない**（判例）。

❸ ○ **このような分割方法もOK。**

共有物の分割について、共有者間に協議が調わないときは、裁判所に分割を請求することができ、その際の共有物の分割方法としては、**現物分割**以外に、本肢のような価格賠償による方法も認められる（258条1項・2項）。

❹ ○ **財産分与がなされない場合、Aの持分は、BおよびCに帰属する。**

共有者の1人が死亡して相続人がいないときは、**特別縁故者に対する財産分与**の規定（958条の2）が**優先適用**されるが、当該**財産分与がなされない場合**は、その持分は、**他の共有者に帰属**する（255条、判例）。本来、不動産の所有者が死亡して相続人や特別縁故者への財産分与もなければ、不動産は国の所有となる（国庫に帰属する）のが原則であるが、共有物の場合はその例外として、持分は他の共有者に帰属するのである。これを共有の弾力性（ゴムまり理論）と称することがある。

「わか合格基本テキスト」 第1編「民法等」 Chap.4−Sec.7

共有に関する次の記述のうち、民法の規定及び判例によれば、誤っているものはどれか。

❶　各共有者は、いつでも共有物の分割を請求することができるが、５年を超えない期間内であれば、分割をしない旨の契約をすることができる。

❷　共有物である現物の分割請求が裁判所になされた場合において、分割によってその価格を著しく減少させるおそれがあるときは、裁判所は共有物の競売を命じることができる。

❸　各共有者は、共有物の不法占拠者に対し、妨害排除の請求を単独で行うことができる。

❹　他の共有者との協議に基づかないで、自己の持分に基づいて１人で現に共有物全部を占有する共有者に対し、他の共有者は単独で自己に対する共有物の明渡しを請求することができる。

共有物を占有している共有者は自己の持分に基づいて占有しているのに、この共有者に対して、明渡しを請求できるのだろうか？

肢別のテーマ	❶共有物の分割と不分割特約	❷共有物の分割方法
	❸共有物の保存行為	❹他の共有者への明渡請求

解説 正解 4

❶ 頻出 **○ 共有物の分割請求はいつでもできるが、5年を超えない期間内であれば、不分割特約を結ぶこともできる。**

共有は、共有者間のトラブルが生じやすいので、**各共有者はいつでも共有物の分割を請求できる**のが**原則**であり、**不分割特約**をする場合でも、その期間は**最長**で**5年**とされている（民法256条）。

❷ 難 **○ 裁判所は、共有物の競売を命じることができる。**

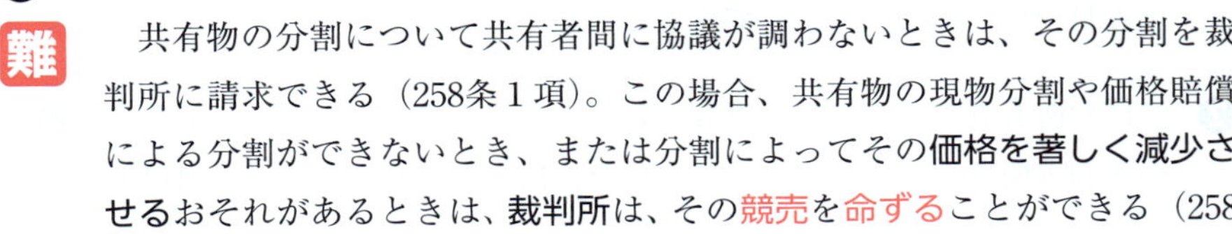

共有物の分割について共有者間に協議が調わないときは、その分割を裁判所に請求できる（258条1項）。この場合、共有物の現物分割や価格賠償による分割ができないとき、または分割によってその**価格を著しく減少させる**おそれがあるときは、**裁判所**は、その**競売**を**命ずる**ことができる（258条3項）。

❸ 頻出 **○ 各共有者は、単独で、妨害排除請求を行うことができる。**

共有物の**保存行為**は、各共有者が**単独**ですることができる（252条5項）。そして、共有物の**不法占拠者に対する妨害排除請求**は**保存行為**に該当する（判例）。ただし、不法占拠者への**損害賠償請求**は、各共有者が自己の持分についてのみ行使できる（427条）。

❹ 頻出 **× 共有物の明渡しを請求することはできない。**

各共有者は、共有物の全部について、その持分に応じた使用をすることができる（249条）。つまり、各共有者は、**自己の持分**に基づいて**共有物の占有権限**を有する。したがって、他の共有者との協議に基づかないで、自己の持分に基づいて1人で現に共有物全部を占有する共有者に対し、**他の共有者**は単独で自己に対する**共有物の明渡しを請求することはできない**（判例）。もっとも、共有物の使用者は、自己の持分を超える使用の対価を償還する義務を追う（249条2項）。

「わか合格基本テキスト」 第1編「民法等」 Chap.4−Sec.7

区分所有法①

CHECK! 過去の本試験 H8-問14

重要度 ★★★

建物の区分所有等に関する法律に関する次の記述のうち、誤っているものはどれか。

❶ 建物内に住所を有する区分所有者又は通知を受ける場所を通知しない区分所有者に対する集会の招集の通知は、規約に特別の定めがある場合は、建物内の見やすい場所に掲示してすることができる。

❷ 区分所有者の承諾を得て専有部分を占有する者は、会議の目的たる事項につき利害関係を有する場合には、集会に出席して意見を述べ、自己の議決権を行使することができる。

❸ 共用部分の変更が専有部分の使用に特別の影響を及ぼすべき場合は、その専有部分の所有者の承諾を得なければならない。

❹ 占有者が、建物の保存に有害な行為をするおそれがある場合、管理組合法人は、区分所有者の共同の利益のため、集会の決議により、その行為を予防するため必要な措置を執ることを請求する訴訟を提起することができる。

❷の議決権には、引っかからないこと。

肢別のテーマ
❶集会の招集の通知　❷占有者の権利
❸共用部分の変更　❹義務違反行為の停止等の請求

解説　正解 2

❶ ○ **各区分所有者に対して、現実に集会の招集の通知をしなくてよい場合がある。**

①建物内に住所を有する区分所有者、または、②通知を受ける場所を通知していない区分所有者に対する**集会の招集の通知**は、規約に特別の定めがあるときは、**建物内の見やすい場所に掲示**してすることができる（区分所有法35条4項）。

❷ × **占有者は、集会で意見を述べることはできるが、議決権は行使できない。**

占有者は、会議の目的事項について利害関係を有するときは、集会に出席して**意見を述べる**ことができるが（意見陳述権、44条1項）、**議決権はもっていない。**

❸ ○ **共用部分の変更が専有部分の使用に特別の影響を及ぼすときは、その専有部分の所有者の承諾を得る必要がある。**

軽微変更の場合であると、重大変更の場合であるとを問わず、**共用部分の変更が専有部分の使用に特別の影響を及ぼす**べきときは、その**専有部分の所有者の承諾**を得なければならない（17条2項）。

❹ ○ **管理組合法人は、集会の決議により、義務違反行為の停止等請求を提訴できる。**

占有者が共同の利益に反する行為をするおそれがある場合、**管理組合法人は、集会の決議**により、その行為を予防するため**必要な措置を執るよう請求する訴訟を提起**できる（57条3項・4項、6条3項・1項）。

「わか合格基本テキスト」第1編「民法等」 Chap.4−Sec.8

区分所有法②

CHECK!　過去の本試験　H18-問16改

建物の区分所有等に関する法律（以下この問において「法」という。）に関する次の記述のうち、正しいものはどれか。

❶ 集会の招集の通知は、会日より少なくとも２週間前に発しなければならないが、この期間は規約で伸縮することができる。

❷ 集会においては、法で集会の決議につき特別の定数が定められている事項を除き、規約で別段の定めをすれば、あらかじめ通知した事項以外についても決議することができる。

❸ 集会の議事録が書面で作成されているときは、議長及び集会に出席した区分所有者の２人がこれに署名押印しなければならない。

❹ 規約の保管場所は、建物内の見やすい場所に掲示しなければならないが、集会の議事録の保管場所については掲示を要しない。

肢別のテーマ　❶集会の招集の通知　❷集会での決議事項　❸議事録の署名　❹規約と議事録の保管場所

解説　正解 2

❶ **× 原則として、招集通知は1週間前に発する。**

頻出

集会の招集の通知は、会日より少なくとも1週間前に、会議の目的たる事項を示して、各区分所有者に発しなければならないが、この期間は、規約で伸縮すること（伸ばしたり縮めたりすること）ができる（区分所有法35条1項）。

❷ **○ あらかじめ通知した事項以外についても決議できる。**

集会においては、**あらかじめ通知した事項**についてのみ、決議できるのが**原則**である（37条1項）。しかし、この法律に集会の決議につき特別の定数が定められている事項を除いて、**規約で別段の定め**をすれば、**あらかじめ通知した事項以外**についても**決議**できる（37条2項）。

❸ **× 押印は不要である。**

議事録が**書面**で作成されているときは、議長および集会に出席した区分所有者の2人がこれに署名しなければならないが、**押印**する必要はない（42条3項）。脱ハンコに対応して、改正された。

❹ **× 議事録の保管場所も、建物内の見やすい場所に掲示しなければならない。**

規約の保管場所は、建物内の見やすい場所に**掲示**しなければならない（33条3項）。また、議事録**の保管場所についても**同様である（42条5項、33条3項）。

P! ココがポイント

区分所有法では、このような手続的な事項が出題の中心だ。細かくて手間がかかるが、しっかり覚えておこう。

「わか合格基本テキスト」　第1編「民法等」　Chap.4−Sec.8

区分所有法③

□□□ CHECK!　過去の本試験 H19-問15

重要度

建物の区分所有等に関する法律に関する次の記述のうち、誤っているものはどれか。

❶　規約は、管理者が保管しなければならない。ただし、管理者がないときは、建物を使用している区分所有者又はその代理人で規約又は集会の決議で定めるものが保管しなければならない。

❷　最初に建物の専有部分の全部を所有する者は、公正証書により、建物の共用部分を定める規約を設定することができる。

❸　規約を保管する者は、利害関係人の請求があったときは、正当な理由がある場合を除いて、規約の閲覧を拒んではならない。

❹　規約の保管場所は、各区分所有者に通知するとともに、建物内の見やすい場所に掲示しなければならない。

肢別のテーマ	❶規約の保管	❷原始規約
	❸規約の閲覧	❹規約保管場所の掲示

解説　正解 4

❶ 頻出 ○ 規約は、管理者か区分所有者またはその代理人で規約または集会の決議で定めるものが保管しなければならない。

規約は、管理者が保管しなければならないが、管理者がいないときは、建物を使用している区分所有者またはその代理人で規約または集会の決議で定めるものが保管しなければならないとされている（区分所有法33条1項）。

❷ ○ 最初に建物の専有部分の全部を所有する者は、公正証書により、規約共用部分を定める規約を設定できる。

最初に建物の専有部分の全部を所有する者は、公正証書により、①規約共用部分に関する定め、②規約敷地に関する定め、③敷地利用権の分離処分ができる旨の定め、④敷地利用権の持分割合に関する定めについて、規約を設定することができる（32条）。

❸ 頻出 ○ 利害関係人の請求があったときは、原則として、規約の閲覧を拒んではならない。

規約を保管する者は、利害関係人の請求があったときは、正当な理由がある場合を除いて、規約の閲覧を拒んではならない（33条2項）。

❹ × 各区分所有者への通知は不要。

規約の保管場所は、建物内の見やすい場所に掲示しなければならない（33条3項）。区分所有者やそれ以外の利害関係人等による規約の閲覧を容易にするためには、その保管場所が明らかでなければならないからである。各区分所有者への通知は不要である。

P! ココがポイント

集会の招集、議事録、規約など手続的な事項が最近の出題の中心だ。

「わか合格基本テキスト」 第1編「民法等」 Chap.4−Sec.8

区分所有法④

CHECK!　過去の本試験　H20-問15

建物の区分所有等に関する法律に関する次の記述のうち、正しいものはどれか。

❶　管理者は、少なくとも毎年２回集会を招集しなければならない。また、区分所有者の５分の１以上で議決権の５分の１以上を有するものは、管理者に対し、集会の招集を請求することができる。

❷　集会は、区分所有者及び議決権の各４分の３以上の多数の同意があるときは、招集の手続きを経ないで開くことができる。

❸　区分所有者は、規約に別段の定めがない限り集会の決議によって、管理者を選任し、又は解任することができる。

❹　規約は、管理者が保管しなければならない。ただし、管理者がないときは、建物を使用している区分所有者又はその代理人で理事会又は集会の決議で定めるものが保管しなければならない。

誰がみんなの代表になるかは、規約や集会でみんなで相談して決めたほうがよい。

肢別のテーマ
❶集会の招集 ❷集会の招集手続き
❸管理者の選任・解任 ❹規約の保管

解説 正解 3

❶ × **集会の招集は、少なくとも毎年１回だ！**

管理者は、**少なくとも毎年１回集会を招集**しなければならない（区分所有法34条２項）。また、区分所有者の５分の１以上で議決権の５分の１以上を有するものは、管理者に対し、会議の目的たる事項を示して、集会の招集を請求できる（34条３項）。

❷ × **全員の同意が必要！**

集会は、区分所有者**全員の同意**があるときは、**招集の手続きを経ないで**開くことができる（36条）。

❸ ○ **区分所有者は、原則として、集会の決議によって、管理者を選任・解任できる。**

区分所有者は、**規約**に別段の定めがない限り**集会の決議**によって、**管理者を選任**し、または**解任**できる（25条１項）。

❹ × **理事会ではない。**

頻出

規約は、管理者が保管しなければならないが、管理者がいないときは、建物を使用している区分所有者またはその代理人で、**規約**または**集会の決議**で定めるものが保管しなければならない（33条１項）。

「わか合格基本テキスト」 第１編「民法等」 Chap.4–Sec.8

区分所有法⑤

□□□ CHECK!　過去の本試験 H22-問13

建物の区分所有等に関する法律に関する次の記述のうち、正しいものはどれか。

❶　専有部分が数人の共有に属するときは、規約で別段の定めをすることにより、共有者は、議決権を行使すべき者を２人まで定めることができる。

❷　規約及び集会の決議は、区分所有者の特定承継人に対しては、その効力を生じない。

❸　敷地利用権が数人で有する所有権その他の権利である場合には、区分所有者は、規約で別段の定めがあるときを除き、その有する専有部分とその専有部分に係る敷地利用権とを分離して処分することができる。

❹　集会において、管理者の選任を行う場合、規約に別段の定めがない限り、区分所有者及び議決権の各過半数で決する。

肢別のテーマ ❶共有の場合の議決権行使者 ❷規約および集会の決議の効力 ❸敷地利用権（分離処分の禁止） ❹管理者の選任

解説 正解 4

❶ × 2人ではなく、1人。

専有部分が数人の共有に属するときは、共有者は、議決権を行使すべき者1人を定めなければならない（区分所有法40条）。

❷ × 特定承継人に対しても、その効力を生ずる。

規約および集会の決議は、マンションの買主など、区分所有者の特定承継人に対しても、その効力を生ずる（46条1項）。

❸ × 分離して処分することができないのが原則。原則と例外が逆だ。

敷地利用権が数人で有する所有権その他の権利である場合には、区分所有者は、規約で別段の定めがあるときを除き、その有する専有部分とその専有部分に係る敷地利用権とを分離して処分することができない（22条1項）。

❹ ○ 管理者の選任は、原則として、区分所有者および議決権の各過半数で決する。

区分所有者は、規約に別段の定めがない限り、集会の決議によって、管理者の選任や解任ができる（25条1項）。そして、集会の議事は、この法律または規約に別段の定めがない限り、区分所有者および議決権の各過半数で決する（39条1項）。

P! ココがポイント

正解肢を含め、いずれも過去に出題されており、近年の区分所有法の出題の中では比較的簡単な問題だ。必ず押さえておこう。

「わか合格基本テキスト」 第1編「民法等」 Chap.4−Sec.8

TAC
出版
TAC PG

2024年度版

わかって合格(うか)る

宅建士

分野別過去問題集

第2編 宅建業法

第2編

宅建業法

テーマ	『基本テキスト』の対応	問題番号
宅地建物取引業	Chap.1-Sec.1・2	❶〜❽
宅建士	Chap.2-Sec.1 〜 4	❾〜㉑
営業保証金	Chap.3-Sec.1	㉒〜㉔
保証協会	Chap.3-Sec.2	㉕〜㉙
広告や契約の注意事項	Chap.4-Sec.1	㉚〜㉝
事務所等に関する定め **【案内所等、標識、従業者証明書、従業者名簿、帳簿】**	Chap.4-Sec.2	㉞〜㊶
業務を行うときのモラルなど **【業務における諸規定】**	Chap.4-Sec.3	㊷〜㊺
取引にあたって交付すべき３大書面 **【媒介契約書、35 条書面、37 条書面】**	Chap.5-Sec.1 〜 3	㊻〜69
８種規制	Chap.6-Sec.1・2	70〜81
報酬額の制限	Chap.7-Sec.1・2	82〜84
監督処分・罰則	Chap.8-Sec.1・2	85〜88
住宅瑕疵担保履行法	Chap.9-Sec.1	89〜90

宅地建物取引業の意味①

□□□ CHECK! 過去の本試験 H16-問30

宅地建物取引業の免許（以下この問において「免許」という。）に関する次の記述のうち、正しいものはどれか。

❶ Ａが、その所有する農地を区画割りして宅地に転用したうえで、一括して宅地建物取引業者Ｂに媒介を依頼して、不特定多数の者に対して売却する場合、Ａは免許を必要としない。

❷ Ｃが、その所有地にマンションを建築したうえで、自ら賃借人を募集して賃貸し、その管理のみをＤに委託する場合、Ｃ及びＤは、免許を必要としない。

❸ Ｅが、その所有する都市計画法の用途地域内の農地を区画割りして、公益法人のみに対して反復継続して売却する場合、Ｅは、免許を必要としない。

❹ Ｆが、甲県からその所有する宅地の販売の代理を依頼され、不特定多数の者に対して売却する場合、Ｆは、免許を必要としない。

「宅地」「取引」「業」のそれぞれの意味のあてはめを着実に実行しよう。

肢別のテーマ	❶取引の意味	❷取引の意味
	❸業の意味	❹取引の意味・免許不要な者

解説 ……… 正解 2

❶ × **Aは、免許を必要とする。**

宅建業者Bに**媒介依頼**しても、Aが自ら売主として宅地を売却することに変わりはない（宅建業法2条2号、3条1項）。

❷ ○ **CおよびDは、免許を必要としない。**

自ら建築したマンションを賃貸する行為は、自ら貸借として「取引」にはあたらないし、マンションの管理行為も「取引」ではない（2条2号、3条1項）。

❸ × **Eは、免許を必要とする。**

用途地域内の農地は「宅地」であり、宅地を区画割りして反復継続して売却する行為は、**相手方を公益法人に限定**しても、不特定**かつ**多数にあたり「業」に該当する（2条2号、3条1項）。公益法人は、世の中に星の数ほど存在しているからである。

❹ × **Fは、免許を必要とする。**

代理の依頼者が、免許が不要な**甲県**でも（78条1項）、かかる**甲県から**「宅地」の**販売の代理を依頼され、不特定多数の者に売却**する行為は「業」として「取引」することにあたり、免許が必要である（2条2号、3条1項）。

P! ココがポイント

用途地域内の土地は、近い将来に建物が建つ可能性が高いので、宅建業法では、原則として「宅地」だ。しかし、用途地域内の土地でも、今後も建物が建たないところ、つまり、**現在**「公園・広場・道路・河川・水路」**に供されている**土地は、「宅地」ではない。

「コー（公園）ヒー（広場）どー（道路）か（河川）？すい（水路）ません」…の語呂で、**5つの例外**を覚えておこう。

「わか合格基本テキスト」 **第2編「宅建業法」 Chap.1−Sec.1・2**

宅地建物取引業の意味②

CHECK!　過去の本試験　H17-問30

重要度

宅地建物取引業の免許（以下この問において「免許」という。）に関する次の記述のうち、正しいものはどれか。

❶　Ａの所有するオフィスビルを賃借しているＢが、不特定多数の者に反復継続して転貸する場合、ＡとＢは免許を受ける必要はない。

❷　建設業の許可を受けているＣが、建築請負契約に付随して、不特定多数の者に建物の敷地の売買を反復継続してあっせんする場合、Ｃは免許を受ける必要はない。

❸　Ｄが共有会員制のリゾートクラブ会員権（宿泊施設等のリゾート施設の全部又は一部の所有権を会員が共有するもの）の売買の媒介を不特定多数の者に反復継続して行う場合、Ｄは免許を受ける必要はない。

❹　宅地建物取引業者であるＥ（個人）が死亡し、その相続人ＦがＥの所有していた土地を20区画に区画割りし、不特定多数の者に宅地として分譲する場合、Ｆは免許を受ける必要はない。

宅地や建物の所有権の共有持分を媒介して売買することは、宅地建物取引業にあたるか？

肢別のテーマ	❶取引の意味	❷取引の意味・免許不要な者
	❸取引の意味	❹みなし業者

解説 正解 1

❶ ○ AとBは免許不要。

Aは**自ら貸借**で「取引」をしていないし、BもAから借りたビルを**転貸**しているに過ぎず、**自ら貸借**で「取引」をしていないから、AもBも免許は不要だ（宅建業法3条1項、2条2号）。「**自ら貸借**」とは、**貸借の契約の当事者（貸主と借主）になること**なので、賃貸借も転貸借も「自ら貸借」に該当する。

❷ × Cは免許必要。

建設業の許可を受けていようと、また**建築請負契約に付随する行為**であろうと、宅建業を行うには免許が必要だ（3条1項、2条1号・2号）。

❸ × Dは免許必要。

リゾート施設である建物（または宅地）の所有権の**共有持分**を表象する**会員権**は、「建物」（宅地）に該当し、その売買の媒介を業として行う場合は、宅建業の免許が必要だ（3条1項、2条1号・2号）。

❹ × Fは免許必要。

免許は、相続等により承継されない。また、新たな分譲行為は、死亡したEが締結した契約に基づく**取引を結了する目的の範囲内**にも該当しない。よって、相続人Fは免許が必要だ（76条参照）。

P! ココがポイント

一棟の建物の一部であるアパートやマンションの一室は、「建物」であるが、建物の所有権の一部ともいえる共有持分も「建物」だ。❸の共有持分を表象する**リゾートクラブ会員権**については、本試験では、平成8年と平成17年に出題され、しばらく出題されていないので、そろそろ出題されるかも？

「わか合格基本テキスト」 第2編「宅建業法」 Chap.1−Sec.1・2

宅地建物取引業の意味③

CHECK!　過去の本試験　H27-問26

次の記述のうち、宅地建物取引業法（以下この問において「法」という。）の規定によれば、正しいものはいくつあるか。

ア　都市計画法に規定する工業専用地域内の土地で、建築資材置き場の用に供されているものは、法第２条第１号に規定する宅地に該当する。

イ　社会福祉法人が、高齢者の居住の安定確保に関する法律に規定するサービス付き高齢者向け住宅の貸借の媒介を反復継続して営む場合は、宅地建物取引業の免許を必要としない。

ウ　都市計画法に規定する用途地域外の土地で、倉庫の用に供されているものは、法第２条第１号に規定する宅地に該当しない。

エ　賃貸住宅の管理業者が、貸主から管理業務とあわせて入居者募集の依頼を受けて、貸借の媒介を反復継続して営む場合は、宅地建物取引業の免許を必要としない。

❶　一つ

❷　二つ

❸　三つ

❹　四つ

宅建業を行う場合、原則として免許が必要なはずであるが、本問ではどうか？

肢別のテーマ	
ア　宅地の意味	イ　免許の要否
ウ　宅地の意味	エ　免許の要否

解　説　正解 ❶

ア　○　用途地域内の土地は宅地。

都市計画法の用途地域内（工業専用地域内）の土地（都計法８条１項１号）は、建物が建っていなくても（資材置き場の用に供されている）、宅地だ（宅建業法２条１号）。

イ　×　社会福祉法人も免許が必要。

建物（住宅）の貸借の媒介を反復継続して営むことは宅建業だ。そして、社会福祉法人にも宅建業法は適用されるので、宅建業の免許が必要だ（３条１項、２条２号、77～78条）。

ウ　×　用途地域外の土地でも、建物が建っていれば宅地。

建物（倉庫）が建っている土地は、用途地域外でも、宅地だ（２条１号）。

エ　×　賃貸住宅の管理業者も免許が必要。

建物（賃貸住宅）の貸借の媒介を反復継続して営むことは宅建業だ。そして、賃貸住宅の管理業者が貸主から管理業務と合わせて入居者募集の依頼を受けた場合でも、宅建業法は適用されるので、宅建業の免許が必要だ（３条１項、２条２号）。

以上より、正しいものは、ア１つのみであり、正解は❶となる。

P! ココがポイント

「国、地方公共団体等」や「一定の信託会社や信託銀行」以外は、社会福祉法人等であっても、宅建業を営む場合、免許が必要だ。

「わか合格基本テキスト」　第２編「宅建業法」 Chap.1–Sec.1・2

免許基準など（複合）

CHECK!　過去の本試験　H12-問30改

宅地建物取引業の免許（以下「免許」という。）に関する次の記述のうち、正しいものはどれか。

❶　A社が、甲県に本店を、乙県に支店をそれぞれ有する場合で、乙県の支店のみで宅地建物取引業を営もうとするとき、A社は、乙県知事の免許を受けなければならない。

❷　B社の政令で定める使用人が、かつて不正の手段により免許を受けたとして当該免許を取り消された場合で、その取消しの日から５年を経過していないとき、B社は、免許を受けることができない。

❸　C社の取締役が、かつて破産手続開始の決定を受けたことがある場合で、復権を得てから５年を経過していないとき、C社は、免許を受けることができない。

❹　D社が、免許の更新の申請を怠り、その有効期間が満了した場合は、D社は、遅滞なく、免許証を返納しなければならない。

会社の免許申請では、会社のみならず、役員と政令使用人も免許基準に抵触していないかどうかがチェックされる。

肢別のテーマ	❶事務所の定義と免許権者	❷法人の政令使用人と免許基準
	❸法人の役員と免許基準	❹有効期間満了と免許証返納

解　説　正解 2

❶ × 「乙県知事の免許」ではなく、「国土交通大臣の免許」が必要。

支店で宅建業を営む場合の本店は、支店に指令を出す頭脳の役割を果たすから常に事務所だ。よって、A社は2つの都道府県に事務所があり、国土交通大臣免許が必要だ（宅建業法3条1項）。

❷ ○ 過去5年内に不正手段による免許取得を理由に免許が取り消された者は、免許欠格者だ。かかる人物を政令使用人とするB社は、免許を受けることができない（5条1項2号・12号）。

❸ × C社は免許を受けることができる。

破産することは犯罪ではなく、破産者は、復権を得れば翌日からは免許欠格者ではない。よって、取締役が免許欠格者ではないC社は、免許を受けられる（5条1項1号・12号）。

❹ × 返納する必要はない。

難

有効期間満了による免許証の返納義務は、平成12年法改正により削除された（本問は、その直後の出題である）。本来、免許が失効したら免許証は返納しなければならないのが原則であるが、免許証に掲示義務はなく、有効期間も明記されていることによる手続簡素化だ。

P! ココがポイント

・免許取消しの日から5年の経過が必要となる「一定事由」は、次の3つだ。暗記しよう。

① 不正手段による免許取得
② 業務停止処分対象行為で情状が特に重い
③ 業務停止処分に違反した

・❹関係で、「宅建士証」の有効期間満了による返納義務については、法改正はなく、削除されていないことに注意。

「わか合格基本テキスト」　第2編「宅建業法」 Chap.1−Sec.1・2

免許基準（取消し基準）

CHECK!　過去の本試験　H10-問31改

重要度 ★★★

宅地建物取引業者Ａ（法人）が受けている宅地建物取引業の免許（以下「免許」という。）の取消しに関する次の記述のうち、正しいものはどれか。

❶　Ａの取締役Ｂが、道路交通法に違反し懲役の刑に処せられたものの、刑の執行猶予の言渡しを受け、猶予期間中であるとき、このことを理由としてＡの免許が取り消されることはない。

❷　Ａの非常勤の顧問であり、Ａに対し取締役と同等の支配力を有するものと認められるＣが、刑法第247条（背任）の罪により罰金の刑に処せられたとき、このことを理由としてＡの免許が取り消されることはない。

❸　Ａの従業者で、役員又は政令で定める使用人ではないが、専任の宅地建物取引士であるＤが、刑法第246条（詐欺）の罪により懲役の刑に処せられたとき、このことを理由としてＡの免許が取り消されることはない。

❹　Ａの取締役かつ宅地建物取引士であるＥが、宅地建物取引士の事務に関し１年間の事務禁止の処分を受けた場合で、Ａの責めに帰すべき理由があるとき、情状のいかんにかかわらず、このことを理由としてＡの免許が取り消されることはない。

免許基準は宅建業の免許を与えない基準だが、同時に、宅建業の免許を取得している者が事後的に免許基準に抵触したら、免許が取り消されることにもなる。本問は、そんな免許基準を裏から訊く問題だ。

肢別のテーマ
❶法人の役員と免許基準　❷法人の役員と免許基準
❸法人の専任の宅建士と免許基準　❹法人の役員と免許基準

解説　正解 3

❶ × Aの免許は取り消される。

Bは、懲役刑に処せられたので、執行猶予中でも免許欠格者だ。このBを役員とするA社は、免許が取り消される（宅建業法66条1項3号、5条1項5号）。

❷ × Aの免許は取り消される。

Cは、背任罪で罰金刑に処せられており、免許欠格者だ。また、Cは取締役と同等の支配力を有するから役員に該当する。よって、免許欠格者を役員とするA社は、免許が取り消される（66条1項3号、5条1項6号）。

❸ ○ Aの免許が取り消されることはない。

Dは免許欠格者だが、DはA社の役員でも政令使用人でもなく、単なる専任の宅建士に過ぎないから、Aの免許が取り消されることはない。

❹ × Aの免許が取り消されることがある。

宅建士が事務禁止処分等の監督処分を受け、それについて宅建業者の責めに帰すべき理由があるときは、その宅建業者は業務停止処分事由に該当する。そして業務停止処分該当事由は、情状が特に重いと認められるときは、免許取消処分事由にもなり、Aは免許を取り消される場合がある（66条1項9号、65条2項1号の2）。

P! ココがポイント

- 罰金刑だけで基準に抵触する犯罪の種類（暴行罪や背任罪、宅建業法違反など）は覚えておくこと。
- 執行猶予中は免許は受けられないが執行猶予期間が満了したら直ちに免許取得OKなこと、控訴・上告中（上訴審係属中）は免許取得OKなことも覚えよう。

「わか合格基本テキスト」　第2編「宅建業法」Chap.1-Sec.2、Chap.8-Sec.1

免許基準

□□□ CHECK!　過去の本試験 H21-問27改

宅地建物取引業の免許（以下この問において「免許」という。）に関する次の記述のうち、正しいものはいくつあるか。

ア　破産手続開始の決定を受けた個人Ａは、復権を得てから５年を経過しなければ、免許を受けることができない。

イ　宅地建物取引業法の規定に違反したことにより罰金の刑に処せられた取締役がいる法人Ｂは、その刑の執行が終わった日から５年を経過しなければ、免許を受けることができない。

ウ　宅地建物取引業者Ｃは、業務停止処分の聴聞の期日及び場所が公示された日から当該処分をする日又は当該処分をしないことを決定する日までの間に、相当の理由なく廃業の届出を行った。この場合、Ｃは、当該届出の日から５年を経過しなければ、免許を受けることができない。

エ　宅地建物取引業に係る営業に関し成年者と同一の行為能力を有する未成年者Ｄは、その法定代理人が禁錮以上の刑に処せられ、その刑の執行が終わった日から５年を経過しなければ、免許を受けることができない。

❶ 一つ

❷ 二つ

❸ 三つ

❹ 四つ

・ウに関しての聴聞は、免許取消処分か業務停止処分か。
・エに関しての未成年者は、能力を有する未成年者か、能力を有しない未成年者か。

肢別のテーマ	ア　破産と免許基準	イ　法人の役員と免許基準
	ウ　業務停止処分と免許基準	エ　能力を有する未成年者と免許基準

解　説　正解 1

ア　✕　Aは免許を受けることができる。

破産は犯罪ではなく、復権を得れば、その翌日から免許を受けることができる（宅建業法５条１項１号）。

イ　○　Bは免許を受けることができない。

宅建業法違反は、罰金刑に処せられるだけで免許欠格者になる（５条１項６号）。そして、役員が免許欠格者である法人は免許を取得できない（５条１項12号・６号）。

ウ　✕　Cは免許を受けることができる。

業務停止処分については、相当の理由のない廃業の届出で免許欠格者になることはない。一定事由の免許取消処分と混同しないこと（５条１項３号、66条１項８号・９号）。

エ　✕　Dは免許を受けることができる。

能力を有する未成年者は、宅建業を営むにあたり法定代理人が同意権や代理権を行使することはないので、法定代理人は審査しない（５条１項11号）。

以上より、正しいものは、イ１つのみであり、正解は❶となる。

P! ココがポイント

宅建業者に対する監督処分には、(1) 指示処分、(2) 業務停止処分、(3) 免許取消処分の3つがあるが、5年間、免許欠格者となるのは、一定事由（前出・問❹の P! ココがポイント 参照）を理由とする「免許取消処分」だけである。

「わか合格基本テキスト」　第２編「宅建業法」 Chap.1−Sec.2

宅建業者の届出等①

過去の本試験 H9-問33改

重要度

宅地建物取引業者Ａ（法人）が甲県知事から免許を受けている場合に関する次の記述のうち、正しいものはどれか。

❶　Ａが、乙県内で建設業を営んでいる法人Ｂ（事務所数１）を吸収合併して、Ｂの事務所をＡの支店とし、そこで建設業のみを営む場合、Ａは、国土交通大臣へ免許換えの申請をする必要はない。

❷　Ａが合併により消滅した場合、Ａの代表役員であった者は甲県知事にその旨の届出をしなければならないが、Ａの免許は、当該届出の時にその効力を失う。

❸　Ａが、乙県内で一団の宅地建物の分譲を行うため案内所を設置した場合、Ａは、国土交通大臣へ免許換えの申請をする必要がある。

❹　Ａの役員の１人が、刑法第209条（過失傷害）の罪により３年前に罰金の刑に処せられ、罰金を納付していることが判明した場合、甲県知事は、Ａの免許を取り消さなければならない。

事務所の定義は何だったろうか。

肢別のテーマ	❶事務所の定義 ❸案内所の設置と免許換え	❷合併の場合の免許失効の時期 ❹過失傷害罪の罰金と免許基準（取消し基準）

解説　正解 1

❶　○　免許換えの必要はない。

支店は宅建業を営む場所**だけ**が宅建業法上の**事務所**に該当する。乙県内の支店では宅建業は営まないので、この支店は宅建業法上の事務所ではない。したがって、複数の都道府県に事務所を設置することにはならないので、免許換えの必要はない（宅建業法３条１項、７条１項、国交省「考え方」）。

❷　×　合併の時に効力を失う。

法人業者の合併による消滅や個人業者の死亡の場合の**免許の失効時点**は、届出の時ではなく、**合併時や死亡時**だ（11条２項・１項２号）。

❸　×　免許換えの必要はない。

複数の都道府県に**事務所**を設置することとなる場合には、国土交通大臣への免許換えが必要となる。しかし、**案内所**は事務所ではないので、免許換えは不要だ（７条１項）。

❹　×　免許は取り消されない。

過失傷害罪による罰金刑は、免許の欠格要件に該当しない（５条１項６号・66条１項）。**「過失」が付く犯罪名**で罰金刑に処せられただけで免許欠格者となる犯罪は存在しない。

P! ココがポイント

❷の宅建業者の廃業等の届出における免許失効の時期は、原則として届出時だが、例外として実体が世の中から消えてしまう「死亡」と「合併」の場合だけは、その事実の時だ。

「わか合格基本テキスト」　第２編「宅建業法」Chap.1-Sec.1・2、Chap.8-Sec.1

宅建業者の届出等②

CHECK!　過去の本試験　H18-問31改

重要度

宅地建物取引業者Ａ社（甲県知事免許）に関する次の記述のうち、宅地建物取引業法の規定によれば、正しいものはどれか。

❶　Ａ社の唯一の専任の宅地建物取引士であるＢが退職したとき、Ａ社は２週間以内に新たな成年者である専任の宅地建物取引士を設置し、設置後30日以内にその旨を甲県知事に届け出なければならない。

❷　宅地建物取引士ではないＣがＡ社の非常勤の取締役に就任したとき、Ａ社はその旨を甲県知事に届け出る必要はない。

❸　Ａ社がＤ社に吸収合併され消滅したとき、Ｄ社を代表する役員Ｅは、合併の日から30日以内にその旨を甲県知事に届け出なければならない。

❹　Ａ社について、破産手続開始の決定があったとき、Ａ社の免許は当然にその効力を失うため、Ａ社の破産管財人Ｆは、その旨を甲県知事に届け出る必要はない。

宅建士試験では、宅建業者の届出や、宅建士の届出は、頻出事項である。この問題は、宅建業者の届出等に関する平易な問題だ。

肢別のテーマ	❶専任の宅建士の補充と変更の届出	❷役員の氏名の変更の届出
	❸法人の合併消滅と廃業等の届出	❹破産と免許失効と廃業等の届出

解説　正解 1

❶ ○ **2週間以内に補充等の措置を執り、30日以内に届出しなければならない。**

専任の宅建士を設置すべき事務所等の**法定数に不足**が生じた場合、宅建業者は**2週間**以内に**補充等の必要な措置**を執らなければならず（宅建業法31条の3第1項・3項）、新たな専任の宅建士の設置により事務所ごとの**専任の宅建士の氏名**に変更が生じるので、宅建業者は免許権者に**30日**以内に**変更の届出**をしなければならない（9条、8条2項6号）。

❷ × たとえ**非常勤の役員**でも、**変更の届出**が必要だ（9条・8条2項3号）。

❸ × **消滅会社A社の代表役員が届け出る。存続会社D社の代表役員ではない。**

ひっかけ

宅建業者（法人）が**吸収合併により消滅**したときは、**消滅会社の代表役員**が**消滅会社の免許権者**に合併消滅から**30日以内**に**廃業等の届出**をしなければならない（11条1項2号）。

❹ × **破産手続開始決定による免許の失効時期は、廃業等の届出時だ。**

宅建業者について、**破産手続開始決定**があった場合、**破産管財人**は決定時から30日以内に免許権者に廃業等の**届出**を行わなければならない（11条1項3号）。その場合の**免許失効時期**は、破産手続開始決定時ではなく、**届出時**である（11条2項）。

P! ココがポイント

・個人の宅建業者が**死亡**した場合は、その**死亡した宅建業者**の関係者である**相続人**が、死亡したことを**知った日**から**30日**以内に**死亡した宅建業者の免許権者**に廃業等の届出を行う。免許失効時期は、**死亡時**となる。

・法人である宅建業者が**合併により消滅**した場合は、その**合併消滅した宅建業者**の関係者である**代表役員**が**合併消滅の日**から**30日**以内に**合併消滅した宅建業者の免許権者**に廃業等の届出を行う。免許失効時期は、**合併消滅時**となる。

「わか合格基本テキスト」　第2編「宅建業法」 Chap.1−Sec.2、Chap.2−Sec.4

9 宅建業者・宅建士の責務等

CHECK! 過去の本試験 H27-問35

宅地建物取引業法の規定に関する次の記述のうち、正しいものはどれか。

❶ 「宅地建物取引業者は、取引の関係者に対し、信義を旨とし、誠実にその業務を行わなければならない」との規定があるが、宅地建物取引士については、規定はないものの、公正かつ誠実に宅地建物取引業法に定める事務を行うとともに、宅地建物取引業に関連する業務に従事する者との連携に努めなければならないものと解されている。

❷ 「宅地建物取引士は、宅地建物取引業の業務に従事するときは、宅地建物取引士の信用又は品位を害するような行為をしてはならない」との規定がある。

❸ 「宅地建物取引士は、宅地建物取引業を営む事務所において、専ら宅地建物取引業に従事し、これに専念しなければならない」との規定がある。

❹ 「宅地建物取引業者は、その従業者に対し、その業務を適正に実施させるため、必要な教育を行うよう努めなければならない」との規定があり、「宅地建物取引士は、宅地又は建物の取引に係る事務に必要な知識及び能力の維持向上に努めなければならない」との規定がある。

宅建業者に対する規制と宅建士に対する規制は、その異同に注意しよう。

肢別のテーマ
❶宅建士の業務処理の原則等　❷宅建士の信用失墜行為の禁止
❸宅建士と宅建業専念義務　❹宅建業者の従業者への教育義務

解説　正解 4

❶ × 宅建士の業務処理原則の規定もある。
宅建業法には、**宅建業者の業務処理原理**の規定（宅建業法31条1項）とともに、**宅建士の業務処理原則の規定もある**（15条）。単に「解されている」わけではない。

❷ × 宅建士の信用失墜行為の禁止は、職務に関連しない私的な行為も対象だ。
宅建士の信用・品位**を害するような行為の禁止**の対象は、宅建業の**業務に従事するときのみに限定されない**（15条の2、国交省「考え方」）。

❸ × 「宅建士は宅建業に専念しなければならない」旨の規定はない。

専任の宅建士は、事務所等に常勤し、**専ら宅建業に従事**するが、宅建業以外の業務を兼業している宅建業者について、**一時的に他の業種に係る業務に従事**することが禁止されているわけではないし（国交省「考え方」）、そもそも専任の宅建士以外の**一般の宅建士**も存在する。

❹ ○ 「宅建業者の教育義務」および「宅建士の知識能力の維持向上の義務」の規定がある。
宅建業者は、従業者に業務を適正に実施させるため、**必要な教育**を行うよう努める義務がある（31条の2）。また、宅建士は、取引に係る事務に**必要な知識や能力の維持向上**に努める義務がある（15条の3）。
なお、研修に関する規定として、以下のことにも注意。①保証協会は、宅建士や従業者等に対する研修を実施しなければならない（64条の6）。②宅建業者を社員とする一般社団法人は、研修実施の努力義務がある（75条の2）。③保証協会は研修費用の助成ができる（64条の3第2項3号）。

P! ココがポイント

【宅建業者の通則的義務規定】
① 信義誠実義務
② 従業者に教育を行うよう努める義務

【宅建士の通則的義務規定】
① 公正誠実義務と関連業務者との連携に努める義務
② 信用失墜行為の禁止
③ 知識や能力の維持向上に努める義務

「わか合格基本テキスト」　第2編「宅建業法」 Chap.2-Sec.1、Chap.4-Sec.3

10 宅建士登録など

CHECK!　過去の本試験 H12-問33改　重要度

宅地建物取引士の登録に関する次の記述のうち、正しいものはどれか。

❶ 宅地建物取引士Ａが、不正の手段により登録を受けたとして登録の消除の処分に係る聴聞の期日及び場所が公示された日から当該処分についての決定がされる日までの間に、相当の理由なく登録の消除を申請した場合、Ａは、当該登録が消除された日から５年を経過しなければ、新たな登録を受けることができない。

❷ 宅地建物取引士Ｂは、刑法第209条（過失傷害）の罪により罰金の刑に処せられた場合は、30日以内に登録の消除を申請しなければならず、当該登録が消除された日から５年を経過しなければ、新たな登録を受けることができない。

❸ 宅地建物取引士Ｃが、登録を受けている都道府県知事から事務禁止の処分を受け、その禁止の期間中にＣからの申請に基づくことなく登録を消除された場合は、事務禁止の期間が満了するまでの間は、Ｃは、新たな登録を受けることができない。

❹ 未成年であるＤは、法定代理人から宅地建物取引業の営業に関し許可を得て登録を受けることができるが、宅地建物取引業者がその事務所等に置かなければならない成年者である専任の宅地建物取引士とみなされることはない。

・登録基準に抵触する犯罪の種類・刑の重さは？
・営業の許可を受けている、いわゆる「能力を有する未成年者」が専任の宅建士になれるのはどんな場合だろうか。

肢別のテーマ		
	❶登録基準	❷死亡等の届出と登録基準
	❸登録基準	❹未成年者と専任の宅建士

解 説 正解 1

❶ ○ **不正手段による登録**を理由とする**登録消除処分**の聴聞の公示日から処分決定日までの間に、**相当の理由なく登録消除の申請**をした者は、その登録消除日から**5年**を経過しなければ、新たな登録は受けられない（宅建業法18条1項10号）。

❷ × **Bは5年を経過することなく、登録を受けることができる。**

一定の犯罪で**罰金刑**に処せられると、刑の執行が終了した日等から5年経過しなければ、登録できないが（18条1項7号）、傷害罪はともかく、**過失傷害罪**は、一定の犯罪には含まれない。

❸ × **登録を受けることができる。**

事務禁止期間中に「**本人の申請により**」登録を消除された者は、その禁止期間中は、再度の登録申請ができなくなる（18条1項11号）。しかし、本肢では、「**本人の申請に基づくことなく**」登録が消除されているので、登録は受けられる。

❹ × **みなされる。**

営業の許可を受けた未成年者は、その未成年者が個人の**宅建業者**（法人の場合は**役員**）であるときは、その者が**主として業務に従事する事務所等**において、その事務所等に置かれる成年者である**専任の宅建士とみなされる**（31条の3第2項）。

P! ココがポイント

①**通常**の未成年者（行為能力を有しない未成年者）は、宅建試験に合格しても登録を受けることはできない。②宅建業の**営業の許可**を受けている未成年者（行為能力を有する未成年者）は、登録を受けて宅建士になることはできるが、**成年者ではない**ので、原則として、成年者である専任の宅建士となることはできない。ただし、**宅建業者**（宅建業の営業の許可を受けた未成年者が宅建業の免許を受ける場合）や宅建業の免許を受けた法人の**役員**となる場合は、主として業務に従事する事務所の成年者である**専任の宅建士**とみなされる。

「わか合格基本テキスト」 第2編「宅建業法」 Chap.2–Sec.2・4

宅建士登録と宅建士総合

□□□ CHECK! 過去の本試験 H14-問35改

宅地建物取引士資格登録（以下この問において「登録」という。）又は宅地建物取引士に関する次の記述のうち、宅地建物取引業法の規定によれば、正しいものはどれか。

❶ 甲県知事の登録を受けている宅地建物取引士が、乙県に住所を移転し、丙県知事免許を受けている宅地建物取引業者に勤務先を変更した場合、甲県知事を経由して乙県知事に対し、登録の移転の申請をすることができる。

❷ 宅地建物取引士が取締役をしている宅地建物取引業者が、不正の手段により宅地建物取引業の免許を受けたとして、その免許を取り消されるに至った場合、当該宅地建物取引士はその登録を消除される。

❸ 宅地建物取引士が勤務している宅地建物取引業者が、宅地建物取引業に関し不正な行為をして業務停止処分を受けた場合、当該宅地建物取引士は速やかに、宅地建物取引士証をその交付を受けた都道府県知事に提出しなければならない。

❹ 宅地建物取引士が破産手続開始の決定を受けた後、自ら登録の消除を申請した場合、復権を得てから５年を経過しなければ、新たに登録をすることはできない。

問題文を読むときに、誰に対する申請なのか、誰に対する監督処分なのかをよく注意しよう。

肢別のテーマ	
❶登録の移転申請	❷登録（消除）の基準
❸宅建士証の提出義務	❹登録の基準

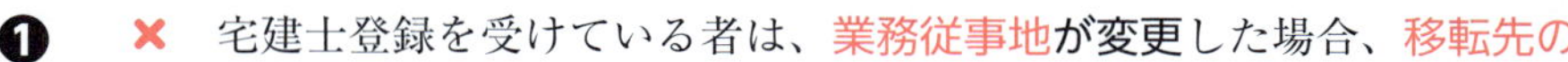

解説　正解 2

❶ × 宅建士登録を受けている者は、業務従事地が変更した場合、移転先の知事（丙県知事）に対し、現に登録を受けている知事（甲県知事）を経由して登録の移転申請ができる（宅建業法19条の2）。なお、住所変更だけの場合は、登録の移転申請はできないが、本肢では業務従事地も変更しているので登録の移転申請ができる。もっとも、申請先は丙県知事になる。なお、本肢のように登録の移転の申請をしようとする宅建士が住所も変更している場合は、まず住所について変更の登録の申請をしてから登録の移転を申請する。

❷ ○ 宅建士登録も消除される。

法人である宅建業者が、不正手段による免許取得を理由に免許取消処分を受けた場合、その役員である宅建士は、免許欠格者になることはもちろん、宅建士の登録欠格者にもなるので、その登録は消除される（18条1項3号、68条の2第1項1号）。

❸ × 提出する義務はない。

宅建士が事務禁止処分を受けたときは、速やかに宅建士証をその交付を受けた知事に提出しなければならないが（22条の2第7項）、勤務先の宅建業者が業務停止処分を受けても、宅建士に宅建士証の提出義務はない。

❹ × 破産手続開始決定を受けた者は、復権後は、5年を待たなくても新たに登録できる（18条1項2号）。

P! ココがポイント

宅建士の登録基準は、まず宅建業者の免許基準をしっかり覚えて、免許基準と異なる登録基準は何かを重点的に覚えると効率のよい勉強ができる。

「わか合格基本テキスト」 第2編「宅建業法」Chap.2-Sec.2・3、Chap.8-Sec.1

宅建士の申請手続

重要度

CHECK!　過去の本試験　H10-問44改

Aが、甲県知事の宅地建物取引士資格登録（以下この問において「登録」という。）を受けている場合に関する次の記述のうち、正しいものはどれか。なお、B社及びC社は、いずれも宅地建物取引業者である。

❶　Aが、乙県に自宅を購入し、甲県から住所を移転した場合、Aは、遅滞なく、甲県知事を経由して乙県知事に登録の移転を申請しなければならない。

❷　Aが、乙県に自宅を購入し、甲県から住所を移転した場合、Aは、30日以内に、甲県知事に変更の登録を申請しなければならない。

❸　Aが、甲県に所在するB社の事務所に従事していたが、転職して乙県に所在するC社の事務所で業務に従事した場合、Aは、30日以内に、甲県知事を経由して乙県知事に登録の移転を申請しなければならない。

❹　Aが、甲県に所在するB社の事務所に従事していたが、転職して乙県に所在するC社の事務所で業務に従事した場合、Aは、遅滞なく、甲県知事に変更の登録を申請しなければならない。

宅建士の「登録の移転申請」と「変更の登録申請」を区別できているだろうか。また、宅建業者の「変更の届出」と混乱していないだろうか。

肢別のテーマ		
	❶登録の移転申請	❷変更の登録申請
	❸登録の移転申請	❹変更の登録申請

解説　正解 4

❶ 頻出 **× 「登録の移転申請」ではなく、住所変更による「変更の登録申請」をしなければならない。**

登録の移転申請は、「業務従事地」を他の都道府県に変更した（または変更しようとする）場合に、**任意的**にするものだ。「**しなければならない**」という強制の言い回しではなく、「できる」という任意の言い回しでなければならない（宅建業法19条の２）。また、**住所**の移転だけでは登録の移転申請はできない。

❷ ひっかけ **× 「30日以内」ではなく、「遅滞なく」申請しなければならない。**

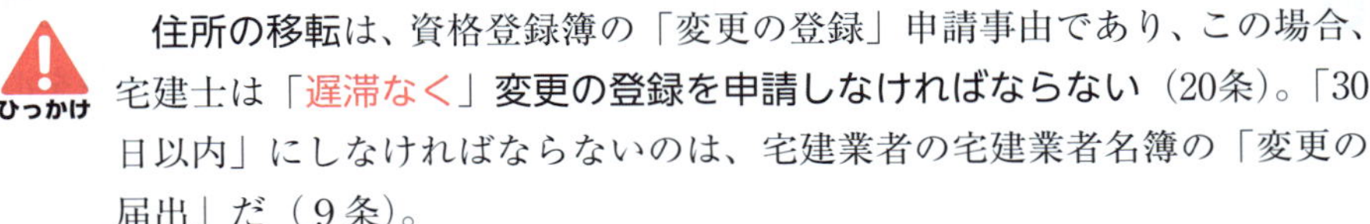

住所の移転は、資格登録簿の「変更の登録」申請事由であり、この場合、宅建士は「遅滞なく」**変更の登録を申請しなければならない**（20条）。「30日以内」にしなければならないのは、宅建業者の宅建業者名簿の「変更の届出」だ（９条）。

❸ 頻出 × **登録の移転申請**は**義務ではない**ので、30日以内に申請をしなければならないということはない（19条の２）。

❹ ○ 宅建士が従事する**宅建業者の商号**（**名称**）や**免許証番号**は、資格登録簿の登載事項だから、勤務先を変更したAは、登録をしている甲県知事に遅滞なく**変更の登録申請をしなければならない**（20条、18条２項、規則14条の２の２第１項５号）。

P! ココがポイント

両者を混乱しないように、対比しながら整理しておこう。

宅建業者の手続	宅建士の手続
・免許換え申請	・登録の移転申請
・変更の届出	・変更の登録申請
・免許証の書換交付	・宅建士証の書付交付
・廃業等の届出	・死亡等の届出

「わか合格基本テキスト」　第２編「宅建業法」 Chap.2–Sec.2

宅建士の申請手続など

CHECK! 過去の本試験 H12-問32改

宅地建物取引士Ａが、甲県知事の宅地建物取引士資格登録（以下「登録」という。）及び宅地建物取引士証の交付を受けている場合に関する次の記述のうち、正しいものはどれか。

❶　Ａが、甲県知事から宅地建物取引士証の交付を受けた際に付された条件に違反したときは、甲県知事は、Ａの登録を消除しなければならない。

❷　Ａは、宅地建物取引士証の有効期間の更新を受けなかったときは、宅地建物取引士証を甲県知事に返納しなければならず、甲県知事は、Ａの登録を消除しなければならない。

❸　Ａは、その住所を変更したときは、遅滞なく、変更の登録の申請とあわせて、宅地建物取引士証の書換え交付を甲県知事に申請しなければならない。

❹　Ａが、乙県知事に登録の移転の申請とともに、宅地建物取引士証の交付の申請をした場合における宅地建物取引士証の交付は、Ａが現に有する宅地建物取引士証に、新たな登録番号その他必要な記載事項を記入する方法で行わなければならない。

宅建士証について、宅建業者の免許証と混乱しないようにしよう。

肢別のテーマ	❶登録消除	❷登録消除
	❸宅建士証の書換交付申請	❹登録の移転と宅建士証の交付

解　説　正解 3

❶ × **宅建士証**に条件を付与したり、条件違反の場合に登録を消除したりする手続は存在しない。**宅建業者の免許**の条件付与や、その条件違反の場合の任意的免許取消しと混同しないこと（宅建業法66条２項、３条の２第１項）。

❷ × **返納はしなければならないが、登録は消除されない。**

宅建士は、有効期間が満了して**失効した宅建士証**を、速やかに**交付を受けた知事**に返納しなければならない（22条の２第６項）が、**登録は一生有効**であり、登録は消除されない。

❸ 頻出 ○ 宅建士は、氏名や住所を変更したときは、**遅滞なく、変更の登録の申請**とあわせて、**宅建士証の書換え交付を申請**しなければならない（20条、18条２項、規則14条の13第１項）。

❹ × **本肢のような規定はない。**

宅建士証が交付された後に登録の移転があったときは、その宅建士証は、その効力を失うので（宅建業法22条の２第４項）、宅建士証はその交付を受けた知事に返納するのが原則である。しかし、登録の移転の申請とともに宅建士証の交付の申請をするときは、宅建士が現に有する宅建士証と「引換え」に**新たな宅建士証を交付**する方法で行う（19条の２、規則14条の14）。なお、宅建士が住所のみを変更した場合は、現に有する宅建士証の裏面に変更後の住所を記載することをもって、引換え交付に代えることが認められていることと混同しないこと（規則14条の13第３項）。

P! ココがポイント

❸に関して、変更の登録申請とあわせて、宅建士証の書換交付申請が必要となるのは、「氏名」と「住所」の変更の場合だけだ。それ以外に、例えば、登録を受けている者の**本籍**や**勤務先の宅建業者の名称または商号**、**免許証番号**が変わった場合、遅滞なく変更の登録申請は必要だが、宅建士証の書換交付申請は必要とされない。

「わか合格基本テキスト」　第２編「宅建業法」 Chap.2−Sec.1〜3、Chap.8−Sec.1

14 宅建業者と宅建士の届出等

□□□ CHECK! 過去の本試験 H16-問33改

宅地建物取引業者Ａ社（甲県知事免許）の宅地建物取引士は、専任の宅地建物取引士であるＢのみである。次の記述のうち、宅地建物取引業法の規定によれば正しいものはどれか。

❶ Ａ社が有限会社から株式会社に組織変更を行った場合、Ａ社は甲県知事に対して宅地建物取引業者名簿の変更の届出が必要であるが、Ｂは宅地建物取引士資格登録簿の変更の登録を申請しなくてもよい。

❷ Ａ社が事務所を乙県に移転したため、乙県知事の免許を取得した場合、Ｂは宅地建物取引士資格登録簿の変更の登録を申請しなければならない。

❸ Ａ社の専任の宅地建物取引士がＢからＣに交代した場合、Ａ社は２週間以内に甲県知事に対して、宅地建物取引業者名簿の変更の届出を行わなければならない。

❹ Ａ社には専任の宅地建物取引士がＢしかいないため、別の宅地建物取引業者Ｄ社が売主となる50戸のマンション分譲の代理に係る業務を、Ａ社とＤ社が共同で設置する案内所で行うことはできない。

一定の事実が発生したとき、宅建業者と宅建士は、それぞれどういう届出・申請が必要だったかを思い出そう。

肢別のテーマ	❶組織変更と変更の登録・変更の届出　❷免許換えと変更の登録 ❸専任の宅建士の変更と変更の届出　❹案内所と専任の宅建士

解　説　……正解 2

❶ × **Bの変更の登録申請も必要。**

A社が**組織変更**をすると必然的に商号**の変更**につながるので（A有限会社→A株式会社、会社法6条2項）、Aの**変更の届出**（宅建業法9条、8条2項2号）も、Bの**変更の登録申請**（20条、18条2項、規則14条の2の2第1項5号）も必要となる。

❷ ○ **Bは、変更の登録を申請しなければならない。**

宅建業者の**免許換え**に伴い、宅建業者は新たな免許を取得することになる。すると、当然に宅建業者の免許証番号**に変更**が生ずるので、その宅建業者に勤務している宅建士は、遅滞なく**変更の登録を申請**しなければならない（宅建業法20条、18条2項、規則14条の2の2第1項5号）。

❸ × **Aの変更の届出は、2週間以内ではなく、30日以内だ。**

事務所ごとの専任の宅建士の氏名に変更があった場合、宅建業者は免許権者に30日**以内**に**変更の届出**をしなければならない（宅建業法9条、8条2項6号）。

❹ × **案内所には、D社が専任の宅建士を設置すればよい。**

同一物件について、売主である宅建業者と代理・媒介を行う宅建業者が同一の案内所で業務を行う場合は、いずれかの宅建業者**が専任の宅建士**を**1人以上置けば**、専任の宅建士の**設置義務を満たす**ことになっている（31条の3第1項、規則15条の5の2第2号・3号、15条の5の3、国交省「考え方」）。

P! ココがポイント

組織変更をしても、A社という会社の法人格に変更はなく、免許の取り直しは不要だ。しかし、会社の商号には、会社の種類の明示が要求されるので、組織変更をすると、商号の変更として、A社は変更の届出と免許証の書換交付申請が必要となり、A社の業務に従事する宅建士は変更の登録申請が必要となる。

「わか合格基本テキスト」　第2編「宅建業法」 Chap.2−Sec.2・4、Chap.1−Sec.2

宅建士証総合①

CHECK! 過去の本試験 H10-問30改

宅地建物取引士Ａが甲県知事の宅地建物取引士資格登録（以下この問において「登録」という。）を受けている場合に関する次の記述のうち、正しいものはどれか。

❶ Ａが、乙県に所在する宅地建物取引業者の事務所の業務に従事するため、登録の移転とともに宅地建物取引士証の交付を受けたとき、登録移転後の新たな宅地建物取引士証の有効期間は、その交付の日から５年となる。

❷ Ａが、宅地建物取引士として行う事務に関し不正な行為をしたとして、乙県知事から事務禁止処分を受けたときは、Ａは、速やかに、宅地建物取引士証を乙県知事に提出しなければならない。

❸ Ａは、氏名を変更したときは、遅滞なく変更の登録を申請するとともに、当該申請とあわせて、宅地建物取引士証の書換え交付を申請しなければならない。

❹ Ａは、宅地建物取引士証の有効期間の更新を受けようとするときは、甲県知事に申請し、その申請前６月以内に行われる国土交通大臣の指定する講習を受講しなければならない。

宅建士証に関する基本的な知識を思い出そう。そして、知識があやふやな場合は、もう一度テキストを読み返そう。

肢別のテーマ	❶登録の移転と宅建士証の交付	❷事務禁止処分と宅建士証の提出
	❸宅建士証の書換交付申請	❹法定講習

解　説　正解 3

❶ × 「交付の日から」５年を有効期間とする宅建士証が交付されるわけではない。

登録の移転に伴い、移転後の知事が新たに交付（引換交付）する宅建士証の有効期間は、移転前の宅建士証の有効期間の残りの期間だ（宅建業法22条の２第５項）。なお、引換交付を受ける際の法定講習は不要である。

❷ × 「乙県知事」ではなく、「甲県知事」。

宅建士が事務禁止処分を受けたときには、交付を受けた知事に宅建士証を提出する（22条の２第７項）。確かに、事務禁止処分は、登録している知事（甲県知事）以外に、業務地の知事（乙県知事）からも受けるが、その場合でも事務禁止処分にともなう宅建士証の提出先は、宅建士証の交付を受けた知事（甲県知事）だ。

❸ ○ 宅建士が、その氏名や住所を変更したときは、変更の登録申請とあわせて、宅建士証の書換交付申請をしなければならない（20条、規則14条の13）。

❹ × 「国土交通大臣」ではなく、「甲県知事」。

宅建士証の有効期間の更新を受ける場合は、登録知事（甲県知事）が指定する交付の申請前６か月以内に行われる講習（法定講習）を受講しなければならない（宅建業法22条の２第２項）。

P! ココがポイント

❹の「講習会」に関しては、2つ覚えること。

法定講習	宅建士証の交付（更新）段階	登録知事（×国土交通大臣）が国土交通省令の定めるところにより指定する講習で、交付（更新）の申請前６か月以内に実施される講習	５年ごとの法改正点等のおさらいをする講習
登録実務講習	資格登録を受ける段階	２年以上の実務経験のない者が、国土交通大臣から実務経験を有する者と同等以上の能力を有すると認めてもらう講習	実務の疑似体験をする講習

「わか合格基本テキスト」　第２編「宅建業法」　Chap.2−Sec.2・3

宅建士証総合②

CHECK!　過去の本試験　H11-問31改

宅地建物取引士Ａが、甲県知事から宅地建物取引士証の交付を受けている場合に関する次の記述のうち、正しいものはどれか。

❶　Ａが、乙県知事に対し宅地建物取引士資格登録の移転の申請とともに宅地建物取引士証の交付を申請したとき、Ａは、乙県知事から新たな宅地建物取引士証の交付を受けた後、１週間以内に甲県知事に従前の宅地建物取引士証を返納しなければならない。

❷　Ａが、乙県の区域内における業務に関して乙県知事から事務禁止の処分を受けたとき、Ａは、１週間以内に乙県知事に宅地建物取引士証を提出しなければならない。

❸　Ａが、宅地建物取引士証の有効期間の更新を受けようとするとき、Ａは、甲県知事が指定する講習で有効期間満了の日前１年以内に行われるものを受講しなければならない。

❹　Ａが、甲県の区域内における業務に関して事務禁止の処分を受け、甲県知事に宅地建物取引士証を提出した場合で、その処分の期間の満了後返還を請求したとき、甲県知事は、直ちに、宅地建物取引士証をＡに返還しなければならない。

「1年」か、「1週間」か、「直ちに」か、そんなところにも注意して問題を解いてみよう。

肢別のテーマ
❶登録の移転と宅建士証の交付 ❷事務禁止処分と宅建士証の提出
❸宅建士証の更新申請と法定講習 ❹事務禁止処分満了と宅建士証の返還

解説 正解 4

❶ × 「1週間以内に…返納」ではなく「引換え交付」。

登録の移転の申請とともに宅建士証の交付の申請があった場合における宅建士証の交付は、その宅建士が現に有する宅建士証と「引換え」に、新たな宅建士証を交付して行う（宅建業法19条の2、規則14条の14）。

❷ × 「乙県知事」に「1週間以内」ではなく「甲県知事」に「速やか」に。

宅建士は、**事務の禁止処分**を受けたときは、速やかに、宅建士証をその交付を受けた知事（甲県知事）に提出しなければならない（宅建業法22条の2第7項）。

❸ × 「1年以内」ではなく「6か月以内」。

宅建士証の有効期間の**交付（更新）**を受けようとする場合には、**登録知事指定**の更新の申請前（有効期間満了の日前）6か月**以内**に行われる**講習**（法定講習）を受講しなければならない（22条の2第2項）。

❹ ○ 知事は、事務禁止期間が満了し、その提出者から**返還請求があったとき**は、直ちに、宅建士証を返還しなければならない（22条の2第8項）。返還請求が必要であることに注意しよう。

P! ココがポイント

❶に関し、宅建士証は引換え交付であることを覚えよう。通常、宅建士証が失効したときは、宅建士証は交付を受けた知事に返納するのが原則（登録の移転により、従前の宅建士証は失効する）だが、登録の移転に伴い宅建士証の交付申請を行った場合は、宅建士としての仕事を継続することが前提となっているため、引換え交付とすることにより、宅建士証を失う時期を無くし、宅建士が間断なく事務を行えるようにしている。

「わか合格基本テキスト」 第2編「宅建業法」 Chap.2-Sec.3

宅建士総合①

CHECK! 過去の本試験 H12-問31改

宅地建物取引士に関する次の記述のうち、正しいものはどれか。

❶ 宅地建物取引業者が、宅地建物取引業法第35条の規定に基づき宅地建物取引業者ではないものを相手方として重要事項の説明をさせる場合の宅地建物取引士は、必ずしも成年者である専任の宅地建物取引士である必要はない。

❷ 宅地建物取引業者が、自ら売主として建物を販売した場合に、その相手方が宅地建物取引業者であれば、宅地建物取引業法第37条の規定に基づき交付すべき書面には、宅地建物取引士をして記名させる必要はない。

❸ 宅地建物取引業者の従業者である宅地建物取引士は、正当な理由がある場合又はその従業者でなくなった場合を除き、宅地建物取引業の業務を補助したことについて知り得た秘密を他に漏らしてはならない。

❹ 宅地建物取引業者は、その事務所に備える従業者名簿に、従業者が宅地建物取引士であるか否かの別を記載しなかった場合、業務停止の処分を受けることがあるが、罰金の刑に処せられることはない。

宅建士の法定事務3つは、何であったか。また、「専任の宅建士」とは、どういう意味であったか。

肢別のテーマ		
	❶宅建士の業務と専任の宅建士	❷37条書面（業者間取引）
	❸従業者の守秘義務	❹従業者名簿の記載事項と監督・罰則

解説　正解 1

❶ ○ 宅建業者が、**重要事項の説明**をする場合には、宅建士にさせなければならないが、**専任の宅建士である必要はない**（宅建業法35条）。「専任」とは、宅建業者が事務所等で確保しなければならない**常勤の宅建士**という意味をもつだけだ。なお、相手方が宅建業者である場合は、宅建士による説明は不要であり、宅建士の記名のある35条書面を交付（または、相手方の承諾を得て、書面に記載すべき事項および宅建士が明示された電磁的方法による提供を）するだけでよい。

❷ × **記名しなければならない。**

37条書面への宅建士の記名は、**宅建業者間でも省略できない**（37条1項・3項、78条2項）。

❸ × **従業者でなくなった後も、守秘義務あり。**

宅建業者の従業者（宅建士も含む）は、正当な理由がある場合でなければ、その業務を補助したことにより知り得た秘密を他に漏らしてはならず、この義務は、**従業者でなくなった後もずっと続く**（75条の3）。

❹ × **罰金刑もあり得る。**

宅建業者は、事務所ごとに**従業者名簿**を備え、従業者の氏名、主たる職務内容、**宅建士であるか否か**の別等一定の事項を記載しなければならない（48条3項、規則17条の2第1項）。違反すると、50万円以下の**罰金**だ（83条1項3号の2）。なお、近時の法改正により、従業者の**「住所」が従業者名簿の記載事項ではなくなった**ことも、覚えておくこと。

P! ココがポイント

宅建士の法定事務は、①**重要事項の説明**をすること、②**重要事項の説明書面（35条書面）**に**記名**すること、③**37条書面**に**記名**すること、の3つ。この3つの仕事は、宅建士であれば、誰でもできる。

「わか合格基本テキスト」 第2編「宅建業法」Chap.2−Sec.1・4、Chap.5−Sec.2

宅建士総合②

□□□ CHECK!　過去の本試験 H13-問31改

宅地建物取引業法（以下この問において「法」という。）に規定する宅地建物取引士に関する次の記述のうち、正しいものはどれか。

❶ 都道府県知事は、宅地建物取引士資格試験を不正の手段で受験したため合格決定が取り消された者について、同試験の受験を以後５年間禁止する措置をすることができる。

❷ 宅地建物取引士資格試験に合格した者でも、３年間以上の実務経験を有しなければ、法第18条第１項の登録を受けることができない。

❸ 甲県内に所在する事務所の専任の宅地建物取引士は、甲県知事による法第18条第１項の登録を受けている者でなければならない。

❹ 宅地建物取引士証を滅失した宅地建物取引士は、宅地建物取引士証の再交付を受けるまで、法第35条の規定による重要事項の説明をすることができない。

年数（3年、5年など）が問題文にあるときは、注意してチェックしよう。

肢別のテーマ
❶不正手段による受験　❷実務経験と宅建士登録
❸専任の宅建士の要件　❹重要事項の説明と宅建士証

解　説　正解 4

❶ **×「5年間」ではなく「3年間」。**

難

合格の決定を取り消すことができるほか、3年以内の期間、**受験を禁止**できる（宅建業法17条1項・3項）。

❷ **×「3年」ではないし、登録実務講習で実務経験に代えることもできる。**

2年以上の**実務経験**を有する者または国土交通大臣がそれと同等以上の能力を有すると認めた者（**登録実務講習終了者**等）は、登録を受けることができる（18条1項、規則13条の15）。

❸ **×　本肢のような規定はない。**

宅建業者は、その**事務所ごと**に専任の宅建士を置かなければならないが、その専任の宅建士は、**事務所所在地の知事の登録**を受けていなければならないという規定はない。宅建士であれば、日本全国、どこでも資格は生かせる。

❹ ○　宅建士は、**重要事項の説明**をするときは、相手方の請求の有無にかかわらず**宅建士証を**提示しなければならない（宅建業法35条4項）。したがって、宅建士証を滅失し、それを提示できない以上、重要事項の説明はできない。

P! ココがポイント

宅建士試験に出題される法律全般に関して、「数字」は試験でよく問われるところだ。過去問できかれたことのある数字だけでよいので、試験直前になったら、その数字だけでも見返すことのできるように、使用しているテキストをマーカーなどで目立つようにしてみると便利だろう。

「わか合格基本テキスト」　第2編「宅建業法」 Chap.**2**-Sec.**1**～**4**、Chap.**5**-Sec.**2**

宅建士総合③

□□□ CHECK!　過去の本試験 H13-問32改

宅地建物取引業法（以下この問において「法」という。）に規定する宅地建物取引士に関する次の記述のうち、正しいものはどれか。

❶　宅地建物取引士は、宅地建物取引業者ではないものを相手方として法第35条の規定による重要事項の説明をするときに、その相手方から要求がなければ、宅地建物取引士証の提示はしなくてもよい。

❷　宅地建物取引業者は、宅地建物取引業者ではない者を相手方として10戸以上の一団の建物を分譲するために案内所を設置し、当該案内所において契約締結を行うときは、１名以上の成年者である専任の宅地建物取引士を置かなければならない。

❸　宅地建物取引士は、宅地建物取引士としてすべき事務の禁止の処分を受けたときは、２週間以内に、宅地建物取引士証をその処分を行った都道府県知事に提出しなければならない。

❹　宅地建物取引士は、法第18条第１項の登録を受けた後に他の都道府県知事にその登録を移転したときには、移転前の都道府県知事から交付を受けた宅地建物取引士証を用いて引き続き業務を行うことができる。

基本的事項の問題だが、わからない知識は常識で考えてみよう。

肢別のテーマ
❶重要事項の説明と宅建士証の提示　❷案内所等の専任の宅建士
❸事務禁止処分と宅建士証の提出　❹登録の移転と宅建士証

解説　正解 2

❶ **× 要求がなくても宅建士証を提示しなければならない。**

宅建士は、**重要事項の説明**をするときは、説明の相手方等から**要求がなくても、宅建士証を提示**しなければならない（宅建業法35条４項）。なお、宅建業者が相手方となる場合は、宅建士の記名のある35条書面を交付（または、決定の電磁的方法による提供を）するだけで、宅建士による説明は不要である。

❷ **○ 契約行為等を予定する案内所には、１名以上の専任の宅建士を設置する。**

契約行為等を予定する10戸以上の**一団**の建物を分譲するための**案内所**には、少なくとも１名**以上の専任の宅建士**を置かなければならない（31条の３第１項、規則15条の５の２第２号、15条の５の３）。契約締結前に宅建士が重要事項の説明をする必要があるからである（宅建業法35条１項）。

❸ × 宅建士が**事務禁止処分**を受けたときは、「**速やかに**」、宅建士証をその交付**を受けた知事に提出**しなければならない（22条の２第７項）。速やかにということを知らなくても、処分後２週間は、おかしいと常識で判断できる。なお、「速やかに」について、時間的即時性を表現する語句として、最も即時性が求められるものから順に、「直ちに→速やかに→遅滞なく」となるが、その違いが宅建試験に出題されたことはない。

❹ **× 引き続きの業務はできない。**

宅建士証は、登録している知事から交付されているから有効なのであって、宅建士証が交付された後に**登録の移転**があったときは、その**宅建士証は効力を失う**。よって、間断なく、引き続き宅建士として業務を行うには、登録の移転申請とともに、宅建士証の交付申請をして、**移転先の知事**から**新たに宅建士証の交付**（引換え交付）を受けなければならない（19条の２、22条の２第４項・５項、規則14条の14）。

P! ココがポイント

基本的な事項をしっかり押さえているかいないかで合否が決まるのが、宅建士試験だ。基本知識で解けない問題は、みんなもわからない。そういうときは立法趣旨（なぜそのような法律規定があるのか）で考えてみよう。

「わか合格基本テキスト」　第２編「宅建業法」 Chap.2-Sec.2〜4、Chap.5-Sec.2

宅建士総合④

CHECK!　過去の本試験　H23-問29改

宅地建物取引士の登録に関する次の記述のうち、宅地建物取引業法の規定によれば、正しいものはどれか。

❶　不正の手段により免許を受けたとしてその免許の取消しを受けた法人において役員ではない従業者であった者は、当該免許取消しの日から５年を経過しなければ、登録を受けることができない。

❷　宅地建物取引士が、刑法第204条の傷害罪により罰金の刑に処せられ、登録が消除された場合は、当該登録が消除された日から５年を経過するまでは、新たな登録を受けることができない。

❸　宅地建物取引業者（甲県知事免許）に勤務する宅地建物取引士（甲県知事登録）が、乙県に住所を変更するとともに宅地建物取引業者（乙県知事免許）に勤務先を変更した場合は、乙県知事に登録の移転の申請をしなければならない。

❹　宅地建物取引業者（甲県知事免許）に勤務する宅地建物取引士（甲県知事登録）が、乙県知事に登録の移転の申請をするとともに宅地建物取引士証の交付の申請をした場合は、乙県知事は、登録後、移転申請前の宅地建物取引士証の有効期間が経過するまでの期間を有効期間とする宅地建物取引士証を交付しなければならない。

犯罪関係で登録が消除されると、いつから５年間、再登録が受けられないのか？

肢別のテーマ	❶免許取消しと登録基準	❷犯罪関係と登録基準
	❸登録の移転申請	❹登録の移転と宅建士証

解説 正解 4

❶ × **免許取消処分を受けた宅建業者の従業者は、登録欠格者にならない。**

宅建業者が**一定事由により免許取消処分**を受けた場合に、登録欠格者となるのは、**宅建業者と役員**だ。政令使用人（支店長など）や従業者は登録欠格者とはならない（宅建業法18条1項3号）。

❷ × **「登録が消除された日」からではなく、「刑の執行が終わった日」等からだ。**

犯罪関係で再登録が受けられなくなる5年の起算日は、**刑の執行を終わり**（罰金を納付した日）、**または執行を受けることがなくなった日からだ**（18条1項7号）。

❸ × **登録の移転申請は義務ではない。よって、「しなければならない」ではなく、することが「できる」だ。**

業務従事地が他の都道府県となったとき、宅建士は現に登録を受けている知事を経由して、移転先の知事に**登録の移転**を申請することが**できる**。登録の移転申請は、あくまで**任意**であり、強制ではない（19条の2）。

❹ ○ **前の宅建士証の有効期間の残りの期間となる。**

登録の移転申請とともに新たな宅建士証の交付申請を行ったとき、移転先の知事から交付される新たな宅建士証の有効期間は、前の宅建士証の有効期間の**残りの期間**（残存期間）となる（22条の2第5項）。なお、この場合、宅建士証の交付の際の**法定講習は免除**されることも覚えておこう（22条の2第2項ただし書）。

「わか合格基本テキスト」 第2編「宅建業法」 Chap.2-Sec.2

宅建業者と宅建士の規制（総合）

CHECK!　過去の本試験　H11-問36改

宅地建物取引業者Ａ及びその従業者である宅地建物取引士に関する次の記述のうち、宅地建物取引業法の規定によれば、正しいものはどれか。

❶　宅地建物取引業法第34条の２の規定に基づきＡが媒介契約の依頼者に交付すべき書面には、宅地建物取引士の記名が必要である。

❷　Ａが、宅地建物取引士をして宅地建物取引業法第37条に規定する契約内容を記載した書面を相手方に交付させる場合には、宅地建物取引士は、当該相手方から請求があったときに宅地建物取引士証を提示すれば足りる。

❸　Ａが、建物の売買の媒介についてその依頼者から国土交通大臣が定めた報酬の限度額の報酬を受けた場合でも、宅地建物取引士は、別途当該依頼者から媒介の報酬を受けることができる。

❹　Ａは、一団の建物の分譲をするため案内所を設置した場合は、その案内所で契約を締結することなく、及び契約の申込みを受けることがないときでも、１名以上の専任の宅地建物取引士を置かなければならない。

宅建士証の提示義務があるのはどのような場合だろうか。

肢別のテーマ	❶媒介契約書面と宅建業者の記名押印　❷37条書面の交付と宅建士証の提示義務 ❸宅建士の報酬請求　❹契約行為等を予定しない案内所と専任の宅建士

解説 正解 2

❶ × 宅建士の記名押印は不要。

媒介契約書面は宅建業者が記名押印し、依頼者に交付する（宅建業法34条の2第1項本文）。なお、**宅建士の記名**を必要とする書面は、重要事項説明書（**35条書面**）および**37条書面**の2つだ。また、媒介契約書面を電磁的方法ではなく、書面で交付する場合は、宅建業者の記名押印が必要であることにも注意。

❷ ○ 宅建士が37条書面を相手方等に交付する場合には、宅建士証の提示義務はなく、相手方等から請求があったときに**提示**すればよい（22条の4）。なお、宅建士は、**重要事項の説明**をするときは、相手方から提示の**請求がなくても**宅建士証を**提示**しなければならないことにも注意すること（35条4項）。

ひっかけ

❸ × 宅建士は報酬を受領できない。

報酬を受領することができる者は、依頼者と媒介契約を締結した宅建業者である（46条1項・2項）。

❹ × 置く必要はない。

宅建業者は、事務所以外においても、**契約を締結しまたは契約の申込みを受ける案内所等**の場所については、1名以上の専任の宅建士を設置しなければならない（31条の3第1項、規則15条の5の3、15条の5の2第2号）。しかし、本肢のように、**契約の締結や申込みを受けることのない案内所**には、専任の宅建士の設置義務はない。

P! ココがポイント

宅建士証の提示に関し、違反した場合に10万円以下の過料の罰則があるのは、重要事項説明の場合の提示義務違反だ。それ以外の、取引の関係者から請求があった場合の宅建士証の提示義務違反には、過料の罰則はない。

「わか合格基本テキスト」 第2編「宅建業法」Chap.2-Sec.4、Chap.5-Sec.1・3

営業保証金①

□□□ CHECK! 過去の本試験 H12-問44改

宅地建物取引業者Ａ（甲県知事免許）の営業保証金に関する次の記述のうち、正しいものはどれか。

❶ Ａは、甲県知事の免許を受けた日から１月以内に、政令で定める額の営業保証金を主たる事務所の最寄りの供託所に供託し、かつ、その旨を甲県知事に届け出なければ、事業を開始することができない。

❷ Ａは、事業の開始後新たに事務所を設置したときは、２週間以内に政令で定める額の営業保証金を主たる事務所の最寄りの供託所に供託し、かつ、その旨を甲県知事に届け出なければならない。

❸ Ａは、宅地建物取引業者ではない買主と宅地又は建物の売買契約を締結しようとするときは、当該契約が成立するまでの間に、相手方に対して、営業保証金を供託した供託所及びその所在地並びに供託金の額について説明しなければならない。

❹ Ａが、営業保証金を金銭のみで供託している場合で、免許換えにより主たる事務所の最寄りの供託所が変更したとき、Ａは、遅滞なく、変更前の供託所に対し、変更後の供託所への営業保証金の保管替えを請求しなければならない。

営業保証金を金銭のみで供託した場合と、一定の有価証券を含んで供託した場合で、主たる事務所移転の場合の最寄りの供託所が変更した場合の手続きはどうなっていただろうか。

肢別のテーマ	❶免許取得後に営業保証金を供託する時期 ❷事務所増設と営業保証金の供託 ❸営業保証金の供託所等の説明 ❹営業保証金の保管替え請求

解説 正解 4

❶ × **免許を受けた後「1月以内」に供託する旨の規定はない。**

休眠会社防止の趣旨から、免許権者は免許後3か月以内に宅建業者が供託をした旨の届出をしないときは、**催告しなければならず**、その催告到達後1か月以内に宅建業者が届出をしないときは、その**免許を取り消すことができる**（宅建業法25条6項・7項）。

❷ × **事務所設置後「2週間以内」に供託する旨の規定はない。**

事業の開始後、**事務所を増設**した場合の**営業保証金の供託**は、新規に宅建業を始める場合の供託手続と何ら変わりはない。すなわち、増設した分の営業保証金を主たる事務所の最寄りの供託所に供託し、その届出後でなければ、増設事務所での事業開始はできない（26条1項）。**弁済業務保証金制度**において、保証協会の社員である宅建業者が新たに事務所を設置したときは、設置後2週間以内に弁済業務保証金分担金を保証協会に納付しなければならないとする規定と混同しないこと。

❸ × **供託金の額は説明事項ではない。**

宅建業者は、相手方に対し、**契約が成立するまでに**、営業保証金を供託した主たる事務所の最寄りの**供託所**や**その所在地**について説明しなければならないが、供託金の額の説明は不要だ（35条の2第1号）。なお、**相手方が宅建業者**の場合は、この「供託所等の説明」は不要である。宅建業者はそもそも保証金から還付を受けることはできないからである。

❹ ○ 宅建業者は、その主たる事務所を移転したためにその最寄りの供託所が変更した場合において、金銭のみで営業保証金を供託しているときは、**遅滞なく**、変更前の供託所に対し、移転後の供託所へ保管替え**を請求しなければならない**（29条）。

「わか合格基本テキスト」 第2編「宅建業法」Chap.3-Sec.1、Chap.4-Sec.3

営業保証金②

CHECK! 過去の本試験 H16-問35改

宅地建物取引業者Ａ（甲県知事免許）が本店と２つの支店を有する場合、Ａの営業保証金に関する次の記述のうち、宅地建物取引業法の規定によれば、正しいものはどれか。

❶　Ａは新たに２つの支店を設置し、同時に１つの支店を廃止したときは、500万円の営業保証金を本店の最寄りの供託所に供託し、業務を開始した後、遅滞なくその旨を甲県知事に届け出なければならない。

❷　Ａが２つの支店を廃止し、その旨の届出をしたときは、営業保証金の額が政令で定める額を超えることとなるので、その超過額1,000万円について公告をせずに直ちに取り戻すことができる。

❸　Ａが営業保証金を取り戻すために公告をしたときは、２週間以内にその旨を甲県知事に届け出なければならず、所定の期間内に債権の申出がなければその旨の証明書の交付を甲県知事に請求できる。

❹　Ａは営業保証金の還付がなされ、甲県知事から政令で定める額に不足が生じた旨の通知を受け、その不足額を供託したときは、２週間以内にその旨を甲県知事に届け出なければならない。

❸は細かいが、それ以外の肢から攻めて正解を導こう。

肢別のテーマ
❶事務所増設と営業保証金の供託 ❷営業保証金の取戻しと公告
❸営業保証金の取戻しの手続 ❹営業保証金の不足額の供託の手続

解説 正解 4

❶ × 業務開始前に届け出なければならない。

結果的に事務所1つの増設になる本肢では、本店最寄りの供託所に500万円を追加供託し甲県知事に届け出た後に、**増設事務所で業務を開始できる**（宅建業法26条、25条1項・4項・5項）。

❷ × 公告しなければ、取り戻すことはできない。

事務所減少による**一部取戻し**の場合でも、営業保証金は、公告をしなければ**取戻しができない**（30条1項・2項）。

❸ 難 × 公告をしたときは、2週間以内ではなく、遅滞なく届け出る。

公告をしたときは、遅滞なくその旨を**免許権者**に**届け出なければならない**（30条1項、営業保証金規則7条3項）。**証明書の交付**に関する記述は、正しい（8条1項）。

❹ ○ 供託後2週間以内に届け出る。

不足額を供託したときは、供託後**2週間以内**に**届け出る**。なお、供託すべき時期も、免許権者から通知書の送付を受けた日から2週間以内である（宅建業法28条1項・2項、営業保証金規則5条）。すなわち、通知後2週間以内に**供託**し、供託後2週間以内に**届け出る**。「ダブル2週間」と覚えよう。

P! ココがポイント

❶に関しては、弁済業務保証金制度の同様の規定と混同しないように。❷に関して、営業保証金取戻しに公告不要なのは、「①日（二）、②本（保）③刀（10）」と覚える。①有価証券で供託している場合の本店移転の「二」重供託と、②「保」証協会加入と、③取戻し事由発生後「10」年経過だ。

「わか合格基本テキスト」 第2編「宅建業法」 Chap.3−Sec.1

営業保証金③

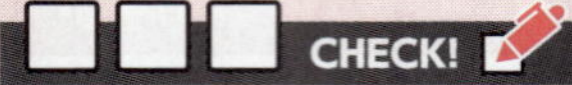

過去の本試験 H26-問29

宅地建物取引業法に規定する営業保証金に関する次の記述のうち、正しいものはどれか。

❶ 新たに宅地建物取引業を営もうとする者は、営業保証金を金銭又は国土交通省令で定める有価証券により、主たる事務所の最寄りの供託所に供託した後に、国土交通大臣又は都道府県知事の免許を受けなければならない。

❷ 宅地建物取引業者は、既に供託した額面金額1,000万円の国債証券と変換するため1,000万円の金銭を新たに供託した場合、遅滞なく、その旨を免許を受けた国土交通大臣又は都道府県知事に届け出なければならない。

❸ 宅地建物取引業者は、事業の開始後新たに従たる事務所を設置したときは、その従たる事務所の最寄りの供託所に政令で定める額を供託し、その旨を免許を受けた国土交通大臣又は都道府県知事に届け出なければならない。

❹ 宅地建物取引業者が、営業保証金を金銭及び有価証券をもって供託している場合で、主たる事務所を移転したためその最寄りの供託所が変更したときは、金銭の部分に限り、移転後の主たる事務所の最寄りの供託所への営業保証金の保管替えを請求することができる。

開業手続の順番として、免許の取得と営業保証金の供託は、どちらが先か。

肢別のテーマ	❶免許取得と営業保証金の供託	❷営業保証金の変換
	❸事務所増設と営業保証金	❹保管替え請求

解　説　正解 2

❶ × 免許取得後に営業保証金を供託。

宅建業者は、免許取得後、**営業保証金**を主たる事務所の最寄りの供託所に**供託**する（宅建業法25条6項・7項参照）。本肢は、順番が逆だ。

❷ ○ 営業保証金の変換のため新たに供託したら、遅滞なく免許権者に届け出る。

難

営業保証金の変換とは、供託した有価証券が満期になる場合等に、供託している営業保証金を**他の営業保証金と差し替える**こと。変換のため新たに供託したときは、**遅滞なく**、免許権者に**届け出る**（規則15条の4の2）。

❸ × 営業保証金は、主たる事務所の最寄りの供託所に供託。

営業保証金を供託する宅建業者が、事業開始後、新たに従たる事務所を設置した場合、主たる事務所**の最寄りの供託所**にその事務所分の営業保証金を**供託**し、免許権者に**届け出る**（宅建業法26条、25条1項）。

❹ × 保管替え請求は、金銭のみで供託している場合だけ。

営業保証金を**金銭および有価証券**で供託している場合、新たな主たる事務所の最寄りの供託所に営業保証金を供託後、従前の営業保証金を取り戻す（29条1項、30条1項後段）。**保管替え請求**は、営業保証金を金銭のみで供託している場合の手続きだ（29条1項）。

P! ココがポイント

❹に関し、保管替えの請求は、金銭で供託している部分はできると誤解している人もいるのではないだろうか。保管替えは、金銭のみで供託している場合のみ、適用される。金銭と有価証券で供託している場合は、保管替え請求はできない。この場合は、二重供託し、その後に、従前の供託所から従前の営業保証金の取戻しを行う（取戻しの際の公告は不要）。

「わか合格基本テキスト」　第2編「宅建業法」　Chap.3−Sec.1

保証協会等

CHECK! 過去の本試験 H21-問44

宅地建物取引業保証協会（以下この問において「保証協会」という。）に関する次の記述のうち、宅地建物取引業法の規定によれば、正しいものはどれか。

❶ 保証協会は、宅地建物取引業者の相手方から社員である宅地建物取引業者の取り扱った宅地建物取引業に係る取引に関する苦情について解決の申出があったときは、その申出及びその解決の結果について社員に周知することが義務付けられている。

❷ 保証協会は、その社員の地位を失った宅地建物取引業者が地位を失った日から１週間以内に営業保証金を供託した場合は、当該宅地建物取引業者に対し、直ちに弁済業務保証金分担金を返還することが義務付けられている。

❸ 保証協会は、新たに社員が加入したときは、当該社員の免許権者が国土交通大臣であるか都道府県知事であるかにかかわらず、直ちに当該保証協会の指定主体である国土交通大臣に報告することが義務付けられている。

❹ 保証協会は、そのすべての社員に対して、当該社員が受領した支払金や預り金の返還債務を負うことになったときに、その債務を連帯して保証する業務及び手付金等保管事業を実施することが義務付けられている。

保証協会の必要的業務と任意的業務を区別できるようにしよう。

肢別のテーマ
❶保証協会の業務（苦情の解決）　❷分担金の返還
❸社員の加入と保証協会の報告　❹保証協会の業務（手付金等保管事業）

解説　正解 1

❶ ○ 社員に周知することが義務付けられている。

保証協会は、苦情についての解決の申出があると、その申出と結果について**社員に周知**させる義務がある（宅建業法64条の5第4項）。なお、保証協会の社員である宅建業者が、保証協会から関係する**資料の提出**を求められたときは、**正当な理由なくしてこれを拒めない**（64条の5第2項・3項）。

❷ × 分担金の全額返還には、公告が必要。

保証協会が社員に**分担金の**全額**を返還**するには、**保証協会**が6か月以上の期間を設けて**公告**をすることが必要だ（64条の11）。分担金の**一部返還**には公告が不要であることや、営業保証金を供託している宅建業者が保証協会に加入した場合は、営業保証金は公告なしに取戻しができることと混同しないこと。

❸ × 社員たる宅建業者の免許権者への報告が義務付けられる。

保証協会は、新たに社員が加入したとき、または社員がその地位を失ったときは、**直ちに**、その社員たる宅建業者の**免許権者**に報告しなければならない（64条の4第2項）。

❹ × 一般保証業務や手付金等保管事業は、行うことは義務ではない。

社員である宅建業者が支払金などの返還債務について保証協会が連帯保証人になったり、手付金等を代わりに保管する事業は、あくまで任意**的業務**であり、実施することを義務付けられてはいない（64条の3第2項）。

P! ココがポイント

保証協会の業務

（1）**必要的業務**……①研修　②弁済業務　③苦情解決
【語　呂……ケン（研）　ベン（弁）　ク（苦）】

（2）**任意的業務**…①一般保証業務、②手付金保管事業、③宅建業の健全な発達を図るため必要な業務、④研修費用の助成

「わか合格基本テキスト」　第2編「宅建業法」 Chap.3–Sec.2

弁済業務保証金①

CHECK!　過去の本試験 H11-問44

宅地建物取引業保証協会（以下この問において「保証協会」という。）に関する次の記述のうち、正しいものはどれか。

❶ 保証協会に加入しようとする者は、加入しようとする日までに弁済業務保証金分担金を保証協会に納付しなければならないが、加入に際して、加入前の宅地建物取引業に関する取引により生じたその者の債務に関し、保証協会から担保の提供を求められることはない。

❷ 弁済業務保証金の還付を受けようとする者は、保証協会の認証を受けなければならず、認証申出書の提出に当たっては、弁済を受ける権利を有することを証する確定判決の正本を必ず添付しなければならない。

❸ 保証協会は、弁済業務保証金の還付があった場合は、当該還付に係る社員又は社員であった者に対し、その還付額に相当する額の還付充当金を法務大臣及び国土交通大臣の定める供託所に納付すべきことを通知しなければならない。

❹ 保証協会は、社員に対して債権を有する場合は、当該社員が社員の地位を失ったときでも、その債権に関し弁済が完了するまで弁済業務保証金分担金をその者に返還する必要はない。

知らない知識が訊かれている問題でもあきらめず、法の趣旨にさかのぼって考えてみよう。

肢別のテーマ	❶保証協会加入と担保の提供	❷認証の申出と添付書類
	❸保証協会の還付充当金納付の通知	❹分担金の返還と債権

解　説　正解 4

❶ × 担保の提供を求められることがある。

保証協会は、社員の**加入前の取引**に関する債権も**弁済**（認証）義務を負う。その弁済により、保証協会の弁済業務の円滑な運営に支障を生ずるおそれがあると認めるときは、その社員に担保の提供を求めることができる（宅建業法64条の４第３項）。なお、問題文前半は正しい。

❷ × 「確定判決の正本」である必要はない。

認証申出書の提出には、認証を申し出るに至った経緯等を記載した書面・代理権限証書等のほか、還付請求権を有することの**証明書**を添付しなければならないが、その証明書は必ずしも確定判決の正本である必要はない（規則26条の５第２項）。なお、保証協会は**認証申出書の受理の順序**に従って認証に係る事務を処理しなければならない（26条の７第１項）。

❸ × 「供託所」ではなく「保証協会」に納付すべきことを通知しなければならない。

本肢の場合、保証協会は、当該還付額に相当する額の**還付充当金**を保証協会に**納付**すべきことを通知しなければならない（宅建業法64条の10第１項）。なお、上記の手続きとは別に、保証協会は、国土交通大臣から通知を受けた日から２週間以内に、還付額に相当する弁済業務保証金を供託所に供託しなければならない。

❹ ○ 保証協会が、地位を失った元社員である宅建業者に、弁済業務保証金**分担金を返還**する場合に、保証協会がその者に債権を有するときは、その**債権の弁済が完了した後に返還**すればよい（64条の11第３項）。

保証協会は、社員の保証協会加入以前の営業保証金を供託して宅建業を営んでいたときの債権についても認証義務を負うので、❶危なそうな宅建業者が加入を求めてきたときは、事前に担保の提供を求めることができるし、❷保証協会に加入した宅建業者は、公告不要で保証協会の加入前に供託していた営業保証金の取戻しができる。

「わか合格基本テキスト」　第２編「宅建業法」 Chap.3−Sec.2

弁済業務保証金②

CHECK!　過去の本試験　H12-問45

宅地建物取引業者Ａが宅地建物取引業保証協会（以下この問において「保証協会」という。）に加入している場合に関する次の記述のうち、正しいものはどれか。

❶　Ａは宅地建物取引業を行うに当たり保証協会へ加入することが義務付けられているが、一の保証協会の社員となった後に、重ねて他の保証協会の社員となることはできない。

❷　Ａは、保証協会から弁済業務保証金の還付に係る還付充当金を納付すべき旨の通知を受けたときは、その通知を受けた日から２週間以内に、通知された額の還付充当金を保証協会に納付しなければならない。

❸　Ａが、保証協会から特別弁済業務保証金分担金を納付すべき旨の通知を受けた場合で、その通知を受けた日から２週間以内に、通知された額の特別弁済業務保証金分担金を保証協会に納付しないとき、Ａは、社員の地位を失う。

❹　保証協会は、Ａがその一部の事務所を廃止したため弁済業務保証金分担金をＡに返還しようとするときは、弁済業務保証金の還付請求権者に対し、一定期間内に保証協会の認証を受けるため申し出るべき旨を公告しなければならない。

「2週間」という数字は、それ以外の「1か月」や「3か月」、「1週間」などの登場場面を覚えておけば、個別に覚える必要はない。記憶になければ2週間と判断すればよいのだから。2週間という数字の登場場面は多いので、2週間「以外」の登場場面を覚えたほうが効率的だ。

肢別のテーマ	❶宅建業を始めるにあたっての保証金制度 ❷還付充当金の納付 ❸特別弁済業務保証金分担金 ❹事務所の一部廃止と分担金の返還

解　説　正解 2

❶ ×　**必ずしも保証協会へ加入することは義務付けられていない。**

宅建業者は、営業保証金制度か弁済業務保証金制度の**いずれかを選択**できる。「一の保証協会の社員となった後に、重ねて他の保証協会の社員になることはできない」としている点は正しい（宅建業法64条の４第１項）。なお、保証協会は、①全国宅地建物取引業保証協会と、②不動産保証協会の２団体がある。

❷ ○　保証協会は、弁済業務保証金の還付がなされた場合は、その社員に**還付充当金**を保証協会に納付すべきことを通知し、その社員は**通知を受けた日から２週間以内に納付**しなければならない（64条の10第１項・２項）。

❸ ×　**「２週間以内」ではなく「１か月以内」。**

難

通知日から**１か月**以内に、その通知された額の**特別弁済業務保証金分担金**を保証協会に**納付**しなければ、**社員の地位を失う**（64条の12第４項）。

❹ ×　**公告の必要はない。**

一部の事務所の廃止による**弁済業務保証金分担金の一部返還**には、**公告**は**不要**である（64条の11第１項・２項）。

P! ココがポイント

❹に関しては、営業保証金と比較してほしい。次のように、営業保証金は規制が厳しく、弁済業務保証金は規制が緩い。

	営業保証金	弁済業務保証金
事務所増設	事前規制 ➡供託の届出後に、増設事務所で事業開始が可能	事後規制 ➡事務所増設後2週間以内に、分担金を保証協会に納付
事務所減少	公告必要 ➡公告後、保証金の取戻し	公告不要 ➡保証協会は、公告なしに分担金を社員に返還

「わか合格基本テキスト」　第２編「宅建業法」 Chap.3−Sec.2

28 弁済業務保証金③

重要度 ★★★

CHECK! 過去の本試験 H26-問39改

宅地建物取引業保証協会（以下この問において「保証協会」という。）に関する次の記述のうち、正しいものはどれか。

❶ 還付充当金の未納により保証協会の社員の地位を失った宅地建物取引業者は、その地位を失った日から２週間以内に弁済業務保証金を供託すれば、その地位を回復する。

❷ 保証協会は、その社員である宅地建物取引業者から弁済業務保証金分担金の納付を受けたときは、その納付を受けた日から２週間以内に、その納付を受けた額に相当する額の弁済業務保証金を供託しなければならない。

❸ 保証協会は、弁済業務保証金の還付があったときは、当該還付に係る社員又は社員であった者に対して、当該還付額に相当する額の還付充当金を保証協会に納付すべきことを通知しなければならない。

❹ 宅地建物取引業者が保証協会の社員となる前に、当該宅地建物取引業者に建物の貸借の媒介を依頼した宅地建物取引業者でない者は、その取引により生じた債権に関し、当該保証協会が供託した弁済業務保証金について弁済を受ける権利を有しない。

保証金制度で「1週間」は、２か所あったはず。

肢別のテーマ	❶保証協会の社員の地位の喪失	❷弁済業務保証金を供託する期間
	❸還付充当金の納付	❹社員となる前の取引と弁済業務

解　説 …… 正解 3

❶ × **地位は回復しない。**

宅建業者が還付充当金の未納で保証協会の社員の地位を失った場合、引き続き宅建業を営むときは、その日から**1週間以内に営業保証金を供託**しなければならないとの規定はあるが（宅建業法64条の15）、**地位を回復する規定**など、**存在しない。**

❷ × **1週間以内に供託。**

保証協会は、社員（メンバー）である宅建業者から分担金の納付を受けたときは、その納付を受けた日から**1週間以内**に、その納付額に相当する額の**弁済業務保証金**を供託所に**供託**しなければならない（64条の7第1項）。

❸ ○ 保証協会は、**還付があったときは**、その還付に係る社員または社員であった者に還付額に相当する**還付充当金を納付すべきことを通知**しなければならない（64条の10第1項）。

❹ × **権利を有する。**

保証協会の社員である宅建業者と取引した者（宅建業者を除く）は、その取引により生じた債権に関し、**社員が社員となる前に取引した者も含めて**、保証協会が供託した弁済業務保証金から**還付**（弁済）を**受けることができる**（64条の8第1項）。

P! ココがポイント

保証金制度（営業保証金・弁済業務保証金）で、1週間という期間が登場するのは、本問の❶と❷の2つだ。

① 保証協会の社員の地位を失った宅建業者が営業保証金を供託する期間（❶）
② 保証協会が社員から分担金の納付を受けた日からそれを供託所に供託する期間（❷）

「わか合格基本テキスト」 第2編「宅建業法」 Chap.3−Sec.2

29 弁済業務保証金④

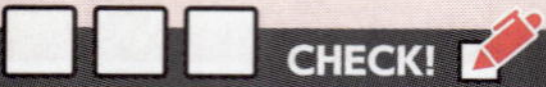

CHECK! 過去の本試験 H28-問31改

宅地建物取引業保証協会（以下この問において「保証協会」という。）の社員である宅地建物取引業者に関する次の記述のうち、宅地建物取引業法の規定によれば、正しいものはどれか。

❶ 保証協会に加入することは宅地建物取引業者の任意であり、一の保証協会の社員となった後に、宅地建物取引業に関し取引をした者の保護を目的として、重ねて他の保証協会の社員となることができる。

❷ 保証協会に加入している宅地建物取引業者（甲県知事免許）は、甲県の区域内に新たに支店を設置した場合、その設置した日から１月以内に当該保証協会に追加の弁済業務保証金分担金を納付しないときは、社員の地位を失う。

❸ 保証協会から還付充当金の納付の通知を受けた社員は、その通知を受けた日から２週間以内に、その通知された額の還付充当金を主たる事務所の最寄りの供託所に供託しなければならない。

❹ 150万円の弁済業務保証金分担金を保証協会に納付して当該保証協会の社員となった者と宅地建物取引業に関し取引をした宅地建物取引業者でない者は、その取引により生じた債権に関し、2,500万円を限度として、当該保証協会が供託した弁済業務保証金から弁済を受ける権利を有する。

「供託」と「納付」は、きちんと区別しよう。

肢別のテーマ	
❶複数の保証協会加入	❷事務所増設
❸還付充当金の納付	❹還付限度額

解　説　正解 4

❶ × 重ねて他の保証協会の社員となることはできない。

保証協会への加入は任意であるが、1つの保証協会の社員となった場合は他の保証協会への社員にはなれない（宅建業法64条の4第1項）。

❷ × 2週間以内に追加の分担金を納付する。

新たに事務所を設置した日から2週間以内に追加の弁済業務保証金分担金を保証協会に納付しないときは、保証協会の社員の地位を失う（64条の9第2項・3項）。

❸ × 還付充当金は保証協会に納付する。

保証協会から通知を受けた宅建業者は、通知を受けた日から2週間以内に、還付充当金を保証協会に納付しなければならない（64条の10第2項）。

❹ ○ 還付限度額は、分担金を営業保証金で換算する。

宅建業に関して取引した者（宅建業者を除く）は、社員が社員でないとしたならばその者が供託すべき営業保証金の額に相当する額の範囲内で、弁済を受ける権利がある（64条の8第1項）。具体的には、150万円の弁済業務保証金分担金（本店60万円＋支店30万円×3）は、営業保証金で換算すると、2,500万円（本店1,000万円＋支店500万円×3）となり、2,500万円が限度額となる。

P! ココがポイント

供託は、供託所に行く金銭等である。弁済業務保証金であれば、保証協会が供託所に保証金を供託する。これに対し、納付は、保証協会に行く金銭である。社員である宅建業者が保証協会に分担金を納付する。この違いに注意しよう。

「わか合格基本テキスト」　第2編「宅建業法」 Chap.3–Sec.2

広告の規制①

CHECK! 過去の本試験 H9-問43

宅地建物取引業者Ａがその業務に関して広告を行った。この場合、宅地建物取引業法の規定によれば、次の記述のうち誤っているものはどれか。

❶ Ａが宅地の売買の契約をするに当たり、特に依頼者から依頼されて特別の広告を行った場合には、当該売買が不成立に終わったときでも、Ａは、その広告の料金に相当する額を依頼者から受け取ることができる。

❷ Ａがマンションを分譲するに当たり、建築確認を申請していたが、建築確認を受ける前であったので、「売買契約は、建築確認を受けた後に締結する」旨を明記して広告を行ったときも、Ａは、宅地建物取引業法に違反する。

❸ その広告により、販売する建物の形質について、実際のものより著しく優良又は有利であると現実に人を誤認させなくても、通常誤認させるような表示であれば、当該広告は、誇大広告に該当する。

❹ Ａが販売する意思のない物件について行った「販売する」旨の広告は、著しく事実に相違する広告に該当し、このためＡは監督処分の対象になるが、罰則の適用を受けることはない。

誇大広告は、何の禁止だったろうか。おとり広告は誇大広告だったろうか。誇大広告の監督・罰則は何だったろうか。

肢別のテーマ	❶依頼者の依頼による広告費用	❷未完成物件の建築確認を受ける前の広告
	❸誇大広告の誤認者がいない場合	❹誇大広告と監督・罰則

解説　正解 4

❶ ○　**依頼者の依頼**によって行う**広告料金に相当する額**については、**契約の成立・不成立にかかわらず**、報酬とは別に受領できる（報酬告示9①、国交省「考え方」）。なお、報酬は成功報酬制であり、契約成立に至らないと受領できない。

❷ ○　建築確認を申請していても、**建築確認が下りた後**でなければ**広告**をすることはできない（宅建業法33条）。なお、未完成物件の広告開始時期制限は、本肢のような売買のみならず、（媒介・代理しての）貸借にも適用される。

❸ ○　**誇大広告**は、実際に被害を受けた者がいなくても、通常誤認させるような**表示をしただけ**で宅建業法違反になる（32条）。

❹ ×　**罰則の適用を受ける。**

実在しない物件の広告や実在はしても取引する意思のない物件の広告など、いわゆる**おとり広告**は、**誇大広告**の典型である。よって、宅建業法違反として、**監督処分**の対象となるのはもちろん、**罰則**の対象（6か月以下の懲役や100万円以下の罰金）にもなる（32条、65条、66条、81条1号）。

P! ココがポイント

誇大広告については、罰則が問われることが多いので、しっかりと覚えておこう。6か月以下の懲役や100万円以下の罰金に処せられることがある（❹）。なお、誇大広告は、被害者がいなくても、また契約締結に至らなくても、誇大な広告をするだけで違反だ（❸）。

「わか合格基本テキスト」　第２編「宅建業法」Chap.4-Sec.1、Chap.7-Sec.1

広告の規制②

CHECK!　過去の本試験　H12-問38改

宅地建物取引業者Ａの行う広告に関する次の記述のうち、宅地建物取引業法の規定によれば、正しいものはどれか。

❶　Ａが、都市計画法第29条の許可を必要とする宅地の分譲をする場合、Ａは、その許可を受ける前であっても、許可申請中である旨表示して、その宅地の分譲の広告をすることができる。

❷　Ａが、宅地建物取引業法第65条第２項の規定により業務の全部の停止を命じられた場合でも、Ａは、停止期間経過後に契約を締結する宅地については、停止期間中に、その販売の広告をすることができる。

❸　Ａが、建物の貸借の媒介をするに当たり、依頼者からの依頼に基づくことなく広告した場合でも、その広告が貸借の契約の成立に寄与したとき、Ａは、報酬とは別に、その広告料金を請求できる。

❹　Ａが、建物を分譲するに当たり宅地建物取引業法第32条の規定に違反して誇大広告をした場合は、その広告をインターネットを利用する方法で行ったときでも、国土交通大臣又は都道府県知事は、Ａに対して監督処分をすることができる。

すべて基本的な問題だ。全肢について確実に正誤が判断できるようにしよう。

肢別のテーマ　❶未完成物件と許可申請中である旨を表示しての広告の可否　❷業務停止処分の期間中の広告の可否　❸依頼者の依頼に基づかない広告費用　❹インターネット広告と誇大広告

解説　正解 4

❶ ✕　広告できない。

宅建業者は、宅地の造成等に関する**工事の完了前**は、その工事に必要とされる**許可や建築確認があった後**でなければ、宅地の売買その他の業務に関する**広告**をしてはならない（宅建業法33条、施行令２条の５第23号）。したがって、Ａは都市計画法の開発許可（都市計画法29条）を受けた後でなければ、その宅地の分譲広告をすることはできず、許可申請中である旨を表示しても広告をすることはできない。

❷ ✕　広告できない。

宅地建物の取引の**広告**も業務の一環であり、**業務の全部の停止**を命じられた場合には、それが停止期間経過後に契約を締結するものであっても、停止期間中の広告はできない（宅建業法65条２項・４項）。

❸ ✕　請求できない。

宅建業者は、**依頼者の依頼によって行う広告の料金**に相当する額については、報酬とは別に請求できる（報酬告示９①）。しかし、依頼者からの依頼に基づかない広告に要した費用は請求できない（46条１項・２項）。

❹ ○　誇大広告等禁止の規定における**広告**の媒体については特に限定はない。よって、本肢のように**インターネット**を利用する方法で行った場合でも、誇大広告等の禁止に違反したときは、監督処分を受けることがある（32条、65条、66条）。

P! ココがポイント

宅建業者を規制して消費者を守るという宅建業法の目的を考えてみれば、広告媒体がインターネットだろうが、テレビ・ラジオ・チラシ広告だろうが、誇大広告として規制対象になるというのは簡単にわかるだろう。

「わか合格基本テキスト」　第２編「宅建業法」Chap.4-Sec.1、Chap.7-Sec.1、Chap.8-Sec.1

広告の規制③

□□□ CHECK!　過去の本試験 H16-問36

宅地建物取引業者Aが行う広告に関する次の記述のうち、宅地建物取引業法の規定によれば、誤っているものはどれか。

❶　Aは、宅地の売買に係る広告において、当該宅地に関する都市計画法第29条の許可を受けていれば、当該造成工事に係る検査済証の交付を受けていなくても、当該広告を行うことができる。

❷　Aは、未完成の土地付建物の販売依頼を受け、その広告を行うにあたり、当該広告印刷時には取引態様の別が未定であるが、配布時には決定している場合、取引態様の別を明示しない広告を行うことができる。

❸　Aは、土地付建物の売買価格について、建物売買に係る消費税額（地方消費税額を含む。）を含む土地付建物売買価格のみを表示し、消費税額を明示しない広告を行うことができる。

❹　Aは、賃貸物件の媒介の広告を行うにあたり、実在しない低家賃の物件の広告を出した。Aは業務停止処分を受けることがある。

過去に出題された事項の焼き直しの問題だ。すでに勉強して覚えた事項を落ち着いて問題文にあてはめて、正解を導こう。

肢別のテーマ	❶未完成物件と広告	❷取引態様の明示義務
	❸消費税総額表示と広告	❹おとり広告と誇大広告

解　説　正解 2

❶ ○ 検査済証の交付前でも、広告を行うことができる。

未完成物件は、**工事に必要な許可や建築確認**があれば、広告を行うことができる（宅建業法33条）。都市計画法上の開発行為の許可を受けて行われた造成工事の終了後になされる検査済証の交付を受けることは（都市計画法36条２項）、工事に必要な処分ではない。

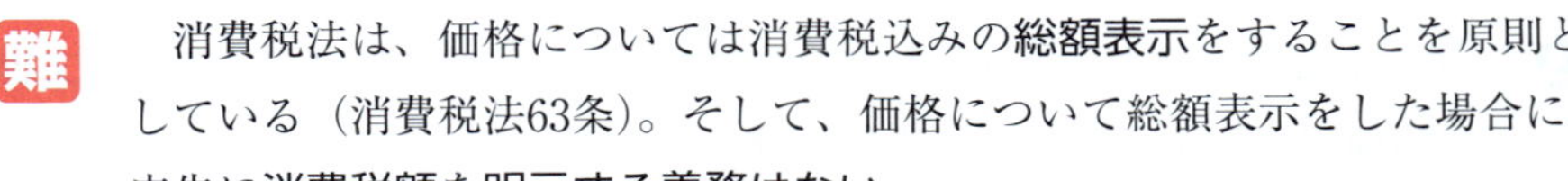

❷ × 取引態様を明示しない広告は、行うことができない。

頻出

宅建業者は、①広告をするときと、②注文を受けたら遅滞なく、の２段階で、**取引態様の別を明示**しなければならない（宅建業法34条）。

❸ ○ 消費税込みの総額表示をする場合、消費税額を明示する義務はない。

難

消費税法は、価格については消費税込みの**総額表示**をすることを原則としている（消費税法63条）。そして、価格について総額表示をした場合に、広告に**消費税額**を明示する**義務はない**。

❹ ○ 業務停止処分を受けることがある。

実在しない物件の広告を行うことは、**誇大広告**の典型であるおとり広告にあたるので、監督処分として**業務停止処分**を受けることがある（宅建業法32条、65条２項・４項）。

P! ココがポイント

❷について：広告に取引態様の別の明示が要求されている以上、そもそも取引態様の別（例えば、ある宅地を宅建業者が買い取って自ら売主として販売するか、買い取らずに代理して売却するか）が未定であると、宅建業者は広告をすることはできないのである。

「わか合格基本テキスト」　第２編「宅建業法」　Chap.4−Sec.1

取引態様の明示義務

CHECK!　過去の本試験　H10-問34

宅地建物取引業者Ａが、建物の売買に関し広告をし、又は注文を受けた場合の取引態様の明示に関する次の記述のうち、宅地建物取引業法の規定によれば、正しいものはどれか。

❶ Ａは、取引態様の別を明示すべき義務に違反する広告をした場合、業務停止処分の対象になることがあり、情状が特に重いとき、免許を取り消される。

❷ Ａは、取引態様の別を明示した広告を見た者から建物の売買に関する注文を受けた場合、注文を受けた際に改めて取引態様の別を明示する必要はない。

❸ Ａは、建物の売買に関する注文を受けた場合、注文者に対して、必ず文書により取引態様の別を明示しなければならない。

❹ Ａは、他の宅地建物取引業者から建物の売買に関する注文を受けた場合、取引態様の別を明示する必要はない。

問われていることは基本的なものだ。ノーヒントで解いてみよう。

肢別のテーマ	❶取引態様の明示義務違反と監督処分 ❸取引態様の明示方法と文書	❷既知の顧客への取引態様の明示義務 ❹取引態様の明示義務と業者間取引

解　説　正解 1

❶ ○ **取引態様の明示義務違反**は、指示処分・**業務停止処分事由**に該当し、情状が特に重いときには、**免許取消処分事由**に該当する（宅建業法34条1項、65条、66条）。

❷ × **明示しなければならない。**

頻出

広告に取引態様の別を明示した場合でも（34条1項）、**注文を受けた際**には、改めて明示する必要がある（34条2項）。

❸ × **必ずしも文書でなくてよい。**

難

宅建業者は、注文を受けたときは、遅滞なく、その注文者に対し取引態様の別を明示しなければならない（34条2項）。もっとも、明示の方法については特に規定はなく、文書でも**口頭**でもよい。

❹ × **明示しなければならない。**

取引態様の別の明示は、相手が宅建業者であっても省略できない（34条2項、78条2項）。

P! ココがポイント

- 取引態様の別の明示は、「**広告**」段階と、「**注文**を受けたら遅滞なく」の2段階で要求される。省略はできない。
- 宅建業法上、書面が要求されるものを横断的に列挙した。参考にしてほしい。なお、⑤⑦を除き、**電磁的方法**による提供も可能である。

> ①35条書面　②37条書面　③媒介契約書面（貸借を除く）　④指定流通機構への登録を証する書面　⑤クーリング・オフ（書面で方法を通知し、書面でクーリング・オフをする）　⑥手付金等の保全措置を講じたことを証する書面　⑦割賦販売契約の解除（書面で催告）

＊　⑤⑥⑦は、８種規制

「わか合格基本テキスト」　第２編「宅建業法」　Chap.4−Sec.1、Chap.8−Sec.1

事務所複合

CHECK!　過去の本試験 H14-問36改

宅地建物取引業法（以下この問において「法」という。）に規定する「事務所」に関する次の記述のうち、法の規定によれば、誤っているものはどれか。

❶ 「事務所」とは、本店又は支店やその他の政令で定めるものを指すものであるが、宅地建物取引業を行わず他の兼業業務のみを行っている支店は「事務所」に含まれない。

❷ 新たに宅地建物取引業の免許を受けようとする者は、免許を受ける前に営業保証金を主たる「事務所」の最寄りの供託所に供託しなければならない。

❸ 宅地建物取引業者は、その「事務所」だけでなく国土交通省令で定める場所ごとに一定の専任の宅地建物取引士を置かなければならないが、これに抵触することとなった場合は、２週間以内に必要な措置を執らなければならない。

❹ 宅地建物取引業者が自ら売主となる宅地の売買契約について、当該宅地建物取引業者の「事務所」において契約の申込み及び締結をした買主は、法第37条の２の規定による売買契約の解除をすることはできない。

事務所という視点から宅建業法全体を見渡してみよう。

肢別のテーマ
❶事務所の定義 ❷免許取得と営業保証金の供託
❸専任の宅建士に欠員が生じた場合の措置 ❹事務所とクーリング・オフ

解 説 正解 2

❶ 頻出 ○ 支店で宅建業を営む場合の**本店**は、宅建業を営んでいなくても、常に「事務所」として扱われるが、支店は、実際に宅建業を営むところのみ**事務所**に該当する（宅建業法３条１項、施行令１条の２、国交省「考え方」）。

❷ × 本肢は順序が逆。

新たに宅建業を営もうとする者は、**宅建業の免許を受けた後に**、営業保証金を**供託**しなければならない（宅建業法25条１項・６項）。

❸ ○ 宅建業者は、事務所や契約締結等を予定する案内所等に置かれる専任の宅建士の数に不足が生じたときは、２週間以内に、**補充する等の必要な措置**を執らなければならない（31条の３第３項）。

❹ ○ 宅建業者が自ら売主となる宅地の売買契約について、宅建業者の事務所で買受けの申込みや売買契約を締結した買主は、**クーリング・オフはできない**（37条の２第１項）。

P! ココがポイント

事務所は宅建業法上、重要な地位を占める。以下、列挙する。

① 免許権者（事務所の設置場所で決まる）
② 保証金の額（事務所の数で決まる）
③ 事務所に備える“5点セット”（問39の P! ココがポイント 参照）
④ 宅建業者名簿に登載（事務所の変更は、変更の届出の対象）
⑤ 免許証記載（主たる事務所の所在地変更は書換交付申請の対象）
⑥ クーリング・オフの可否の決定基準
⑦ 任意的免許取消事由（事務所の所在が確知できないとき）

「わか合格基本テキスト」 第２編「宅建業法」Chap.4-Sec.2、Chap.3-Sec.1

案内所等と標識の横断知識

CHECK!　過去の本試験 H11-問43

宅地建物取引業法に規定する標識に関する次の記述のうち、正しいものはどれか。

❶　複数の宅地建物取引業者が、業務に関し展示会を共同で実施する場合、その実施の場所に、すべての宅地建物取引業者が自己の標識を掲示しなければならない。

❷　宅地建物取引業者は、一団の宅地の分譲を行う案内所で契約の締結を行わない場合、その案内所には標識を掲示しなくてもよい。

❸　宅地建物取引業者は、一団の建物の分譲を、当該建物の所在する場所から約800m離れた駅前に案内所を設置して行う場合で、当該建物の所在する場所に標識を掲示したとき、案内所には標識を掲示する必要はない。

❹　宅地建物取引業者の標識の様式及び記載事項は、その掲示する場所が契約の締結を行う案内所であれば、事務所と同一でなければならない。

標識の規制という視点のもとで、事務所と案内所等の規制を思い出してみよう。

肢別のテーマ	❶展示会場と標識の掲示義務	❷案内所と標識の掲示義務
	❸分譲地と案内所と標識の掲示義務	❹標識の様式および記載事項

解説 正解 1

❶ 難 ○ 宅建業者が、業務に関し**展示会その他これに類する催し**を実施する場所には、標識を掲示しなければならず、この催しを**共同で行う**場合には、**すべての宅建業者**が自己の標識を掲示しなければならない（宅建業法50条1項、規則19条1項5号）。

❷ × 掲示しなければならない。

宅建業者は、一団の宅地の分譲を案内所を設置して行う場合に、**案内所**で契約の締結を行わないときでも、標識を掲示しなければならない（宅建業法50条1項、規則19条1項3号）。なお、契約行為等を行わない案内所には、届出義務と専任の宅建士の設置義務はない（宅建業法50条2項、31条の3第1項、規則15条の5の2）。

❸ × 案内所にも掲示しなければならない。

宅建業者が、一団の宅地建物の分譲をする場合には、その**物件の所在する場所**にも、**案内所**にも、それぞれ**標識**を掲示しなければならない（宅建業法50条1項、規則19条1項2号・3号）。

❹ 難 × 同一ではない。

標識は、事務所に掲示する標識、案内所等に掲示する標識など、掲示する場所の区分に応じ**様式や記載事項**が異なる（宅建業法50条1項、規則19条2項1号・2号）。

P! ココがポイント

標識とは、宅建業者の名札のようなものだ。その宅建業者が、誰の免許を取得していて、本店はどこなのか、契約締結を予定している事務所や案内所等なら、専任の宅建士は誰なのか等、最低限の情報はその名札を見ればわかるようにして、宅建業者の活動を監視するとともに、無免許のもぐり業者の活動を抑制しようとしている。そういう趣旨をもって、もう一度、テキストを読み返してみれば、標識の規制内容が理解しやすくなる。

「わか合格基本テキスト」 第2編「宅建業法」 Chap.4–Sec.2

案内所等の規制①

CHECK! 過去の本試験 H13-問43改

重要度

宅地建物取引業者Aが、自ら所有する土地を20区画の一団の宅地に造成し、これを分譲しようとしている。この場合、宅地建物取引業法（以下この問において「法」という。）の規定によれば、次の記述のうち正しいものはどれか。

❶ Aが、現地案内所を設置して、そこで法第35条の規定による重要事項の説明をさせようとするときには、その業務を行うのは、専任の宅地建物取引士でなければならない。

❷ Aは、分譲の代理を、他の宅地建物取引業者Bに依頼した。Bは単独でその分譲のために現地案内所を設置したが、Aは、この案内所の場所について、法第50条第２項の規定による届出をしなければならない。

❸ Aは、現地案内所を設置して、そこで分譲を行おうとしているが、当該案内所には、法第50条第１項による国土交通省令で定める標識（宅地建物取引業者票）を掲げなければならない。

❹ Aが、法第31条の３第１項の規定により専任の宅地建物取引士を置いて現地案内所を設置している場合に、当該案内所で買受けの申込みをした者は、申込みの日から起算して８日以内であれば、無条件で申込みの撤回をすることができる。

国土交通省令で定める案内所等は、契約の締結または申込みを受ける場所であるか否かにより規制内容が異なる。

肢別のテーマ	❶重要事項の説明と専任の宅建士	❷代理業者の案内所設置と依頼業者の案内所の届出の要否
	❸案内所と標識の掲示義務	❹案内所とクーリング・オフ

解説　正解 3

❶ **× 「専任の」宅建士である必要はない。**

重要事項の説明を行うのは**宅建士**であればよく、専任の宅建士である必要はない（宅建業法35条１項本文）。

❷ **× Aは届出の必要はない。**

宅建業者Ａが分譲代理を他の宅建業者Ｂに依頼し、その宅建業者が単独で契約締結などを予定する現地案内所を設置した場合は、その**案内所**を**設置した宅建業者**Ｂに、案内所等の**届出義務**がある（50条２項、規則15条の５の２第３号）。

❸ 頻出 **○** **案内所**には、そこで契約行為等を行うか否かにかかわりなく、**標識**の掲示義務がある（宅建業法50条１項、規則19条１項２号）。

❹ **× 無条件で撤回できるとは限らない。**

土地に定着する、**契約行為等が予定**された案内所等で買受けの申込みをした場合は、**クーリング・オフ**をすることが**できない**ので、本肢の案内所が土地に定着しているのなら、無条件での申込みの撤回が認められるわけではない（宅建業法37条の２第１項、規則16条の５第１号ロ）。

P! ココがポイント

案内所等の規制は、**3つ**のものが頭に浮かばなければならない。

① **標識**の掲示義務
② １名の**専任の宅建士**の設置義務
③ **届出**義務

・契約行為等が予定された案内所…①②③**すべて**が必要
・案内のみを行う案内所…①**だけ**が必要

「わか合格基本テキスト」　第２編「宅建業法」 Chap.4−Sec.2、Chap.5−Sec.2

案内所等の規制②

CHECK! 過去の本試験 H14-問42改

宅地建物取引業者Ａ（甲県知事免許）が、売主である宅地建物取引業者Ｂ（甲県知事免許）から、120戸の分譲マンションの販売代理を一括して受け、当該マンションの所在する場所以外の場所にモデルルームを設けて、売買契約の申込みを受ける場合、宅地建物取引業法の規定によれば、次の記述のうち誤っているものはどれか。なお、当該マンション及びモデルルームは甲県内に所在するものとする。

❶ Ａは、モデルルームに自己の標識を掲示する必要があるが、Ｂは、その必要はない。

❷ Ａは、マンションの所在する場所に自己の標識を掲示する必要があるが、Ｂは、その必要はない。

❸ Ａは、モデルルームの場所について、甲県知事に届け出る必要があるが、Ｂは、その必要はない。

❹ Ａは、モデルルームに成年者である専任の宅地建物取引士を置く必要があるが、Ｂは、その必要はない。

売主業者の規制と代理業者の規制とを混同しないようにしよう。

肢別のテーマ
❶代理業者の設置した案内所の標識の掲示義務　❷分譲地の標識の掲示義務と代理業者
❸代理業者の設置した案内所と届出義務　❹代理業者の設置した案内所と専任の宅建士の設置義務

解説　正解 2

❶ ○　宅建業者Bがマンションの販売代理を他の宅建業者Aに依頼し、Aが単独で契約の申込みを受けるモデルルーム（以下「案内所」という）を設置した場合は、**案内所を設置したAは**、その**案内所**にAの**標識を掲示する義務**があるが、Bには標識の掲示義務はない（宅建業法50条1項、規則19条1項4号）。

❷ ×　マンションの**所在地**は、案内所とは別の場所にあり、マンションの所在する場所には、**分譲業者B**がBの標識を掲示しなければならず、Aには**標識の掲示義務**はない（宅建業法50条1項、規則19条1項2号）。

❸ ○　Aは、案内所の場所について、一定事項を**免許権者**と**業務地を管轄する知事**（本問では、いずれも甲県知事）に**届け出なければならない**（宅建業法50条2項、規則19条1項4号）。依頼をした宅建業者Bには、届出義務はない。

❹ ○　Aは、**案内所**に**成年者である専任の宅建士**を1名以上置く必要がある（宅建業法31条の3第1項、規則15条の5の2第3号）。案内所はBが設置するわけではないから、Bには、その必要はない。

P! ココがポイント

分譲地等の販売に、売主業者と代理業者がかかわる場合には、売主業者に分譲地の規制がかかり、代理業者には代理業者の設置する案内所の規制がかかる。

代理業者の設置する案内所は、代理業者が規制を受けるのであって、その案内所で契約締結等が予定されるなら、代理業者は、届出義務と標識の掲示義務と専任の宅建士の設置義務を負う。売主業者には、案内所に関しては規制はかからない。売主業者にかかる規制は、分譲地についての標識の掲示義務だ。

「わか合格基本テキスト」　第2編「宅建業法」　Chap.4−Sec.2、Chap.2−Sec.4

案内所等の規制③

CHECK!　過去の本試験 H16-問43改

重要度 ★★★

宅地建物取引業者Ａ（甲県知事免許）が甲県に建築した一棟100戸建てのマンションを、宅地建物取引業者Ｂ（国土交通大臣免許）に販売代理を依頼し、Ｂが当該マンションの隣地（甲県内）に案内所を設置して契約を締結する場合、宅地建物取引業法（以下この問において「法」という。）の規定によれば、次の記述のうち正しいものはどれか。

❶　Ａ及びＢは当該マンションの所在する場所について、法第50条第１項に規定する標識をそれぞれ掲示しなければならない。

❷　Ａ及びＢはその案内所について、それぞれの法第50条第１項に規定する標識に専任の宅地建物取引士の氏名を記載しなければならない。

❸　Ｂはその案内所に、業務に従事する者５人につき、専任の宅地建物取引士を１人置かなければならない。

❹　Ｂは法第50条第２項で定める届出を、その案内所の所在地を管轄する甲県知事及び甲県知事を経由して国土交通大臣に、業務を開始する10日前までにしなければならない。

物件の所在地や案内所の規制は、それを設置する宅建業者に働く規制である。

肢別のテーマ	
❶代理業者と物件所在地の標識	❷代理業者と標識
❸案内所の専任の宅建士の数	❹案内所等の届出義務

解説　正解 4

❶ × **Bには、標識の掲示義務はない。**

物件所在地の標識の掲示義務の規制は、売主Aにのみ働き、代理業者Bには働かない（宅建業法50条１項、規則19条１項２号）。

❷ × **Aには、記載義務はない。**

案内所の規制は、案内所を設置するBにのみ働く。Bは、契約を予定する案内所の標識に専任の宅建士の氏名を記載しなければならない（宅建業法50条１項、規則19条１項４号・２項５号・様式11号の２）。

❸ × **業務に従事する者が何人いても、専任の宅建士は１人以上でよい。**

頻出

契約締結を予定する**案内所に設置する専任の宅建士の法定数**は、１人以上である（宅建業法31条の３第１項、規則15条の５の２第３号、15条の５の３）。事務所に設置する専任の宅建士の法定数（業務に従事する者の５人に１人以上の割合）と混同しないこと。

❹ ○ 契約締結を予定する案内所を設置するBは、**業務開始の**10日前**まで**に、**免許権者**である国土交通大臣と**所在地を管轄する**甲県**知事**の両方に一定事項を届け出なければならない。なお、国土交通大臣への届出は、所在地の知事を経由しなければならない（宅建業法50条２項、規則19条３項、宅建業法78条の３第２項）。

P! ココがポイント

代理業者が設置する**契約締結を予定する案内所**の標識には、代理業者が設置する専任の宅建士の氏名のほか、**売主の商号・名称や免許証番号**も記載する。仮に、この**案内所で契約を行わない**ならば、標識に専任の宅建士の氏名の記載は不要だが、**クーリング・オフ制度の適用がある旨**の記載が必要となる。

「わか合格基本テキスト」　第２編「宅建業法」 Chap.4−Sec.2、Chap.2−Sec.4

39 従業者名簿

重要度

□□□ CHECK!　過去の本試験 H9-問30改

宅地建物取引業者の従業者名簿に関する次の記述のうち、宅地建物取引業法の規定に違反しないものはどれか。

❶ 従業者名簿に、従業者の氏名、生年月日及び主たる職務内容を記載したが、宅地建物取引士であるか否かの別は記載しなかった。

❷ 従業者名簿を、最終の記載をした日から５年間保存し、その後直ちに廃棄した。

❸ 従業者名簿を、それぞれの事務所ごとに作成して備え付け、主たる事務所に一括して備え付けることはしなかった。

❹ 取引の関係者から従業者名簿の閲覧を求められたが、宅地建物取引業法第45条に規定する秘密を守る義務を理由に、この申出を断った。

事務所に設置する“5点セット”は何か。

肢別のテーマ	❶従業者名簿の記載事項（宅建取引士であるか否かの別） ❷従業者名簿の保存期間 ❸従業者名簿の備付け場所 ❹従業者名簿の閲覧

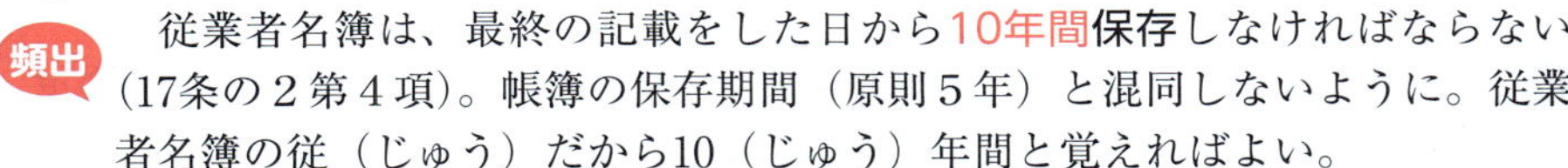

❶ **違反する。**

従業者名簿には、**宅建士であるか否かの別**も記載しなければならない（宅建業法48条３項、規則17条の２第１項３号）。なお、近時の法改正により、従業者の「住所」は、従業者名簿の記載事項から削除された。

❷ **違反する。**

頻出

従業者名簿は、最終の記載をした日から**10年間保存**しなければならない（17条の２第４項）。帳簿の保存期間（原則５年）と混同しないように。従業者名簿の従（じゅう）だから10（じゅう）年間と覚えればよい。

❸ **違反しない。**

頻出

従業者名簿は、**事務所ごと**に備えなければならない（宅建業法48条３項）。主たる事務所に一括して備え付ける必要はないし、主たる事業所に一括して備え付けるだけで、従たる事務所に備え付けないのであれば、宅建業法違反になる。

❹ **違反する。**

従業者名簿は、取引の関係者から**請求**があれば**閲覧**させなければならない（48条４項）。これに対して、帳簿は、取引の関係者から閲覧を求められても、守秘義務を理由にその申出を断るべきであるが、それと混同しないこと。

P! ココがポイント

従業者名簿は、事務所に設置する“5点セット”の１つ。
なお、5点セットとは、以下のものをいう。

① 「帳」簿
② 従業者「名」簿
③ 「標」識
④ 「報」酬額の掲示
⑤ 成年者である専任の宅建「士」

【覚え方の語呂】

「チョ」「メイ」な「ヒョウ」「ホウ」「シ」

「わか合格基本テキスト」 第２編「宅建業法」 Chap.4－Sec.2

従業者名簿・従業者証明書

CHECK! 過去の本試験 R2-10月-問39

次の記述のうち、宅地建物取引業法の規定によれば、正しいものはどれか。

❶ 宅地建物取引業者は、従業者名簿の閲覧の請求があったときは、取引の関係者か否かを問わず、請求した者の閲覧に供しなければならない。

❷ 宅地建物取引業者は、その業務に従事させる者に従業者証明書を携帯させなければならず、その者が宅地建物取引士であり、宅地建物取引士証を携帯していても、従業者証明書を携帯させなければならない。

❸ 宅地建物取引業者は、その事務所ごとに従業者名簿を備えなければならないが、退職した従業者に関する事項は、個人情報保護の観点から従業者名簿から消去しなければならない。

❹ 宅地建物取引業者は、その業務に従事させる者に従業者証明書を携帯させなければならないが、その者が非常勤の役員や単に一時的に事務の補助をする者である場合には携帯させなくてもよい。

いくら閲覧させる義務があるとしても、個人情報が載っているものをどんな人にも見せなければいけないのだろうか？

肢別のテーマ
❶従業者名簿の閲覧　❷宅建士と従業者証明書の携帯（宅建士）
❸従業者名簿の記載事項　❹役員等と従業者証明書の携帯（役員等）

解説　正解 2

❶ × 取引の関係者だけに閲覧させればよい。

宅建業者は、取引の関係者から、事務所ごとに設置している**従業者名簿**の**閲覧**の請求があったときは、その閲覧に供しなければならない（宅建業法48条３項・４項）。しかし、取引の関係者ではない者から閲覧の請求があっても、閲覧に供する義務はない。

❷ ○ 宅建士も従業者証明書を携帯する。

宅建業者は、従事者に従業者証明書を**携帯**させなければならず、その者が宅建士で**宅建士証**を携帯していても、従業者証明書を携帯させなければ、業務に従事させてはならない（48条１項）。

❸ × 従業者名簿には退職した従業者の情報も10年間残っている。

宅建業者は、その事務所ごとに従業者名簿を備えなければならず、従業者名簿には、その事務所の従業者でなくなった**ときはその年月日**を記載し、**最終の記載の日**から10年間保存しなければならない（48条３項、規則17条の２第１項５号・４項）。よって、**退職した従業者に関する事項**も記載され、消去することは認められていないので、本肢は誤りである。

❹ × 役員やアルバイトも従業者証明書を携帯する。

宅建業者は、従業者に**従業者証明書を携帯**させなければ業務に従事させてはならないが、ここにいう「**従業者**」には、非常勤の役員や単に一時的に事務の補助をする者（アルバイト等）も含まれる（宅建業法48条１項、国交省「考え方」）。

P! ココがポイント

❶については、従業者名簿には従業員の個人情報も載っているのだから、誰に対しても閲覧させるのは危ない。❹については、アルバイトや役員が外で悪いことをして、宅建業者にクレームがきたときに、「そんな名前の人間は、当社の関係者にはいませんよ」などと言い逃れをさせるのはマズい。一見、細かい知識を問う出題でも、柔軟に考えてみよう。

「わか合格基本テキスト」　第２編「宅建業法」　Chap.4−Sec.2

事務所5点セット

□□□ CHECK! 過去の本試験 H12-問42改

次の記述のうち、宅地建物取引業法の規定によれば、正しいものはどれか。

❶ 宅地建物取引業者は、その業務に関する各事務所の帳簿を一括して主たる事務所に、従業者名簿を各事務所ごとに備えなければならない。

❷ 宅地建物取引業者は、その業務に関する帳簿を、各事業年度の末日をもって閉鎖し、原則として閉鎖後５年間当該帳簿を保存しなければならない。

❸ 宅地建物取引業者は、その業務に従事する者であっても、アルバイトとして一時的に事務の補助をする者については、従業者名簿に記載する必要はない。

❹ 宅地建物取引業者は、宅地建物取引業法第49条の規定に違反して業務に関する帳簿を備え付けなかったときでも、罰金の刑に処せられることはない。

事務所の5点セットは何だろうか。それぞれの規制内容は何だろうか。

肢別のテーマ　❶帳簿と従業者名簿の設置場所　❷帳簿の保存期間　❸アルバイト従業員と従業者名簿への記載の要否　❹帳簿の備付け義務違反と罰金

解　説　正解 2

❶ **×　帳簿も従業者名簿も各事務所ごとに備えなければならない。**

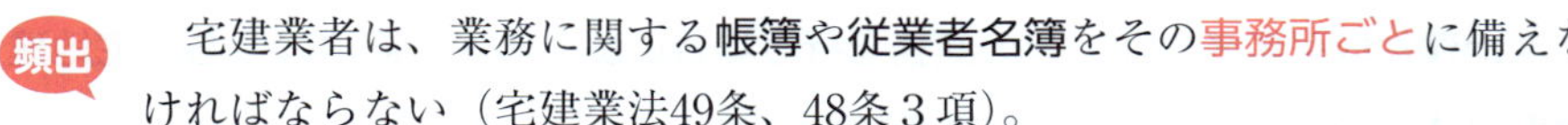

頻出　宅建業者は、業務に関する**帳簿**や**従業者名簿**をその**事務所ごと**に備えなければならない（宅建業法49条、48条３項）。

❷ ○　宅建業者は、**事務所ごと**に、その業務に関する**帳簿**を備え、取引のあったつど、その年月日、取引に係る宅地建物の所在や面積等一定事項を記載し、**各事業年度の末日をもって閉鎖**し、原則として**閉鎖後５年間**は保存しなければならない（49条、規則18条３項）。なお、例外として宅建業者が自ら売主となる新築住宅に関しては、10年間保存しなければならない。

頻出

❸ **×　記載しなければならない。**

従業者名簿に記載を要する**従業者**には、宅建業者と継続的雇用関係に立つ者ばかりでなく、単に**一時的に事務の補助をする者**（アルバイト等）も含まれる（宅建業法48条３項、国交省「考え方」）。

❹ **×　処せられる。**

宅建業者が、業務に関する**帳簿**を備えず、または法定事項を記載しなかったり虚偽の記載をすると、50万円以下の**罰金**刑に処せられる（83条１項４号）。なお、帳簿に限らず、事務所５点セット（前出・問39の P! ココがポイント 参照）の違反は、すべて罰金刑だ。

P! ココがポイント

帳簿の保存期間は**原則5年**だ（例外として、宅建業者が自ら売主となる新築住宅の場合は10年）。帳簿は、免許を受けた宅建業者が営業活動をしていることの証明となり、免許更新の審査資料となるので、免許の有効期間5年と連動している。

それに対して**従業者名簿**の保存期間は、最終の記載をした日から**10年**である。従業者名簿の「**従**（じゅう）」で10年と覚えよう。

「わか合格基本テキスト」　第２編「宅建業法」　Chap.4−Sec.2

業務上の規制①（総合）

CHECK!　過去の本試験　H12-問35改

宅地建物取引業者Aが、その業務を行う場合に関する次の記述のうち、宅地建物取引業法の規定に違反しないものはどれか。

❶　Aが、建物の貸借の媒介をするに当たり、当該建物の近隣にゴミの集積場所を設置する計画がある場合で、それを借主が知らないと重大な不利益を被るおそれがあるときに、Aは、その計画について故意に借主に対し告げなかった。

❷　Aは、建物の売買の媒介をするに当たり、建物の売主から特別の依頼を受けて広告をし、当該建物の売買契約が成立したので、国土交通大臣が定めた報酬限度額の報酬のほかに、その広告に要した実費を超える料金を受領した。

❸　Aが、建物の貸借の媒介をするに当たり、借受けの申込みをした者から預り金の名義で金銭を授受した場合で、後日その申込みが撤回されたときに、Aは、「預り金は、手付金として既に家主に交付した」といって返還を拒んだ。

❹　Aは、建物の売買の媒介をするに当たり、買主が手付金を支払えなかったので、手付金に関し銀行との間の金銭の貸借のあっせんをして、当該建物の売買契約を締結させた。

手付貸与等による契約締結の誘引の禁止とは、誰が手付を貸与することを禁止しているのか。

肢別のテーマ	❶重要な事実の不告知等の禁止	❷依頼者の依頼による広告費用
	❸受領した預かり金の返還の拒絶	❹手付貸与等による契約誘引の禁止

解説 正解 4

❶ 違反する。

宅建業者は、契約締結の勧誘に際して、物件の将来の環境に関する事項であって、取引の相手方の判断に重要な影響を及ぼす事項に関して、故意に**事実を告げず**、または**不実のことを告げる**行為をしてはならない（宅建業法47条1号）。

❷ 違反する。

宅建業者は、**依頼者の依頼**によって行う**広告の料金**に相当する額は、報酬限度額のほかに別途受領できる（報酬告示9①、国交省「考え方」）が、実費**を超える料金**を受領することは、宅建業法の規定に違反する。

❸ 違反する。

宅建業者の相手方等が、契約の**申込みの撤回**を行うに際し、すでに受領した預り金**を返還することを拒む**行為をしてはならない（47条の2第3項、規則16条の11第2号）。「預り金」である以上は返還しなければならないのである。

❹ 違反しない。

難 宅建業者は、その業務に関して、相手方等に対し、手付について貸付けその他**信用の供与をする**ことにより契約の締結を誘引する行為をしてはならない（宅建業法47条3号）。この規定は、**宅建業者が手付の貸付け等をすることを禁止**しているのであり、銀行が貸し付ける行為のあっせんまで禁止しているわけではない。

P! ココがポイント

手付貸与等による契約締結の誘引とは、宅建業者の手付金の信用供与行為だ（手付の分割払い・手付を約束手形で受領）。銀行の信用供与行為である手付融資あっせんや、予定された手付金や代金を減額することで契約締結の誘引をしても、該当しない（問43の P! ココがポイント 参照）。

「わか合格基本テキスト」 第2編「宅建業法」 Chap.4−Sec.3、Chap.7−Sec.1

業務上の規制②（総合）

重要度

CHECK!　過去の本試験　H11-問42改

宅地建物取引業者Ａが、宅地の所有者Ｂの依頼を受けてＢＣ間の宅地の売買の媒介を行おうとし、又は行った場合に関する次の記述のうち、宅地建物取引業法第47条（業務に関する禁止事項）の規定に違反しないものはどれか。

❶　Ａは、Ｂとの媒介契約の締結に当たり不当に高額の報酬を要求したが、ＢＣ間の売買契約が成立した後に実際にＡがＢから受領した報酬額は、国土交通大臣が定めた報酬額の限度内であった。

❷　Ａは、Ｃに対し手付を貸し付けるという条件で、ＢＣ間の売買契約の締結を誘引したが、Ｃは、その契約の締結に応じなかった。

❸　Ａは、当該宅地に対抗力のある借地権を有する第三者が存在することを知っていたが、当該借地権は登記されていなかったので、Ｃに対して告げることなく、ＢＣ間の売買契約を締結させた。

❹　Ａは、Ｂ及びＣに対し、手付金について当初Ｂが提示した金額より減額するという条件でＢＣ間の売買契約の締結を誘引し、その契約を締結させた。

本問も実務的な色彩の強い問題だ。ただ、内容的には基本的知識のあてはめで正解できる問題だから、あわてないように解いてみよう。

肢別のテーマ	❶不当に高額な報酬の要求の禁止 ❸重要な事実の不告知等の禁止	❷手付貸与等による契約締結の誘引の禁止 ❹手付の減額と手付貸与

解説　正解 4

❶ **違反する。**
宅建業者は、**不当に高額の報酬を要求する行為**をしてはならない（宅建業法47条２号）。実際に報酬額を受け取ったかどうかは問題ではない。

❷ **違反する。**
宅建業者は、**手付**について貸付けその他**信用の供与**をすることにより契約の締結を**誘引する行為**をしてはならない（47条３号）。実際に契約を締結したかどうかは、問題ではない。

❸ **違反する。**
宅建業者は、その業務に関して、取引の相手方の判断に**重要な影響を及ぼす事項**について、**故意に事実を告げない行為**をしてはならない（47条１号）。取引物件に対抗力のある借地権者が存在すると、買主は購入しても自分で使用できないので、これに該当する。

❹ **違反しない。**
宅建業者が**手付金を減額**して契約を締結させる行為は、「手付について貸付けその他信用の供与をすることにより契約の締結を誘引する行為」には該当しない（47条３号）。

P! ココがポイント

手付貸与による契約締結誘引について、ここでまとめると以下のとおり。

① 手付貸与とは、宅建業者が信用供与すること。銀行等に手付の融資をあっせんすることは含まれない。
② 手付について当初の手付額や代金、媒介報酬を減額する条件で契約を誘引しても、手付貸与ではない。
③ 自ら売主業者に限らず、媒介・代理業者が手付貸与して契約締結の誘引をすることも該当する（８種規制ではないので、媒介業者等にも適用される。⑤の宅建業者間取引も同じ。）。
④ 手付について宅建業者が分割払いを許容したり、約束手形による支払いを認めることも、該当する。
⑤ 手付貸与等による契約締結の誘引の禁止は、宅建業者間取引にも適用される。
⑥ 監督処分として、指示・業務停止・免許取消処分を受けることがあり、罰則として6か月以下の懲役刑や100万円以下の罰金刑を受けることもある。

「わか合格基本テキスト」 第２編「宅建業法」Chap.4-Sec.3、Chap.7-Sec.1

業務上の規制③（総合）

□□□ CHECK!　過去の本試験 H24-問41

宅地建物取引業者Ａ社による投資用マンションの販売の勧誘に関する次の記述のうち、宅地建物取引業法の規定に違反するものはいくつあるか。

ア　Ａ社の従業員は、勧誘に先立ってＡ社の商号及び自らの氏名を告げてから勧誘を行ったが、勧誘の目的が投資用マンションの売買契約の締結である旨を告げなかった。

イ　Ａ社の従業員は、「将来、南側に５階建て以上の建物が建つ予定は全くない。」と告げ、将来の環境について誤解させるべき断定的判断を提供したが、当該従業員には故意に誤解させるつもりはなかった。

ウ　Ａ社の従業員は、勧誘の相手方が金銭的に不安であることを述べたため、売買代金を引き下げ、契約の締結を誘引した。

エ　Ａ社の従業員は、勧誘の相手方から、「午後３時に訪問されるのは迷惑である。」と事前に聞いていたが、深夜でなければ迷惑にはならないだろうと判断し、午後３時に当該相手方を訪問して勧誘を行った。

❶ 一つ

❷ 二つ

❸ 三つ

❹ 四つ

投資用マンションについて、しつこい勧誘が増加していることから新たに加えられた業務上の規制を含む問題である。

肢別のテーマ　ア　勧誘に先立ち目的等を告げる義務　イ　将来の環境等の断定的判断の提供
ウ　手付貸与等による契約締結の誘引　エ　迷惑を覚える時間の電話や訪問

解説　正解 3

ア　**違反する。**

勧誘に先立ち、商号または名称および**勧誘者の氏名**や**勧誘目的**を告げずに、**勧誘**を行ってはならない(宅建業法47条の2第3項、規則16条の11第1号ハ)。

イ　**違反する。**

勧誘に際し、物件の**将来の環境**について**誤解させるべき断定的判断を提供**してはならない（宅建業法47条の2第3項、規則16条の11第1号イ)。故意に誤解させるつもりがなくても、違反だ。

ウ　**違反しない。**

売買代金を引き下げて契約の締結を勧誘しても、**手付け**について貸付けその**他信用供与をして契約の締結を誘引**しているわけではなく、違反しない(宅建業法47条3号参照)。

エ　**違反する。**

勧誘のため**迷惑を覚えさせるような時間に訪問**するのは禁止だ（47条の2第3項、規則16条の11第1号ホ)。「迷惑を覚えさせるような時間」は、相手方の職業や生活習慣等に照らし、**個別に判断される**ので（国交省「考え方」)、相手が迷惑だと告げていた時間に訪問し勧誘するのは、違反だ。

以上から、違反するものは「ア、イ、エ」の3つとなる。

P! ココがポイント

近時の改正で追加された**禁止項目**を簡単に表現すると、以下の通り。

① 迷惑な時間の訪問や電話
② 所属する宅建業者や勧誘者の氏名、勧誘目的を告げない勧誘
③ 相手方が断っているのに、勧誘を継続

「わか合格基本テキスト」　第2編「宅建業法」 Chap.4-Sec.3

45 業務上の規制④（総合）

CHECK!　過去の本試験　H29-問34

次の記述のうち、宅地建物取引業法（以下この問において「法」という。）の規定によれば、誤っているものはどれか。

❶ 宅地建物取引業者が、自ら売主として、宅地及び建物の売買の契約を締結するに際し、手付金について、当初提示した金額を減額することにより、買主に対し売買契約の締結を誘引し、その契約を締結させることは、法に違反しない。

❷ 宅地建物取引業者が、アンケート調査をすることを装って電話をし、その目的がマンションの売買の勧誘であることを告げずに勧誘をする行為は、法に違反する。

❸ 宅地建物取引業者が、宅地及び建物の売買の媒介を行うに際し、媒介報酬について、買主の要望を受けて分割受領に応じることにより、契約の締結を誘引する行為は、法に違反する。

❹ 宅地建物取引業者が、手付金について信用の供与をすることにより、宅地及び建物の売買契約の締結を誘引する行為を行った場合、監督処分の対象となるほか、罰則の適用を受けることがある。

違反した場合に懲役や罰金等の罰則が規定されているものは、厳格に解釈される。

肢別のテーマ	❶手付貸与等による契約締結の誘引	❷勧誘に先立ち目的等を告げる義務
	❸手付貸与等による契約締結の誘引	❹手付貸与等による契約締結の誘引

解　説　……正解 3

❶　○　**手付金の減額は、手付貸与等ではない。**

手付金の減額は、支払うべき手付金を減額するだけであり、宅建業者が手付金を「貸し付けている」わけではないので、貸与等にはあたらない（宅建業法47条３号参照）。

❷　○　**勧誘に先立って、勧誘目的である旨を告げなければならない。**

宅建業者等は、宅建業に係る契約締結の勧誘をするに先立って、宅建業者の商号または名称および勧誘を行う者の氏名ならびに契約の勧誘をする目的である旨を告げずに勧誘を行ってはならない（47条の２第３項、規則16条の11第１号ハ）。

❸　×　**媒介報酬は手付ではないので、手付貸与等ではない。**

宅建業者は、手付について、貸付その他信用の供与をすることにより契約の締結を誘引する行為をしてはならないが（宅建業法47条３号）、媒介報酬は手付ではない。

❹　○　**手付貸与等による契約締結の誘引の禁止違反には、罰則がある。**

手付貸与等による契約締結の誘引の禁止に違反すると、監督処分のほか、罰則（６か月以下の懲役や100万円以下の罰金）が科せられる（47条３号、65条１項本文・２項２号・３項・４項２号、66条１項９号、81条２号）。

P! ココがポイント

手付貸与等による契約締結の誘引の禁止に違反すると、懲役･罰金という罰則（刑罰）が科せられるので、**罪刑法定主義**（刑罰を科すには、どのような行為が犯罪に該当するのかをあらかじめ明確に法律で規定しなければならず、似ているからといって類推適用してはならないこと）が適用され、手付貸与等に該当するかは、厳格に解される。実質的に同じだ！ということで処罰はできないのである。

「わか合格基本テキスト」　第２編「宅建業法」　Chap.4−Sec.3

媒介契約①（総合）

CHECK!　過去の本試験　H10-問45改

宅地建物取引業者Aが、Bの所有する宅地の売却の依頼を受け、Bと媒介契約を締結した場合に関する次の記述のうち、宅地建物取引業法の規定によれば、正しいものはどれか。なお、本問における「書面」には、依頼者の承諾を得て、当該書面に記載すべき事項を一定の電磁的方法によって提供する場合を含むものとする。

❶　媒介契約が専任媒介契約以外の一般媒介契約である場合、Aは、媒介契約を締結したときにBに対し交付すべき書面に、当該宅地の指定流通機構への登録に関する事項を記載する必要はない。

❷　媒介契約が専任媒介契約（専属専任媒介契約を除く。）である場合、Aは、契約の相手方を探索するため、契約締結の日から５日（休業日を除く。）以内に、当該宅地につき所定の事項を指定流通機構に登録しなければならない。

❸　媒介契約が専任媒介契約である場合で、指定流通機構への登録後当該宅地の売買の契約が成立したとき、Aは、遅滞なく、登録番号、宅地の取引価格及び売買の契約の成立した年月日を当該指定流通機構に通知しなければならない。

❹　媒介契約が専属専任媒介契約である場合で、当該契約に「Aは、Bに対し業務の処理状況を10日ごとに報告しなければならない」旨の特約を定めたとき、その特約は有効である。

一般媒介契約か、専任媒介契約か、専属専任媒介契約か。
きちんと3つを区別しよう。

肢別のテーマ	❶媒介契約書面の記載事項	❷専任媒介と指定流通機構への登録期間制限
	❸登録物件の成約と指定流通機構への通知	❹専属専任媒介と報告義務

解説 正解 3

❶ × 記載が必要。

指定流通機構への登録に関する事項は、それが一般媒介契約か、専任媒介契約かを問わず、**媒介契約書面に記載（電磁的方法による提供を含む）**しなければならない（宅建業法34条の2第1項6号）。

❷ × 「5日以内」ではなく「7日以内」。

専任媒介契約締結日から**7日以内**（専属専任媒介契約は5日以内）に、指定流通機構に所定事項を**登録**しなければならない（34条の2第5項、規則15条の10）。

❸ ○ 宅建業者は、登録物件の契約が**成立したときは**、**遅滞なく**一定の事項を指定流通機構に**通知**しなければならない（宅建業法34条の2第7項）。

❹ × 特約は無効。

専属専任媒介契約を締結した宅建業者は、依頼者に対し、業務処理の状況**報告**を**1週間に1回以上**しなければならない。本肢のように「10日ごとに報告」という**特約は無効**となる（34条の2第9項・10項）。なお、上記の**定期の報告義務**以外に、売買・交換の媒介契約を締結した宅建業者は、媒介契約の目的物である宅地建物の売買または交換の**申込みがあった**ときは、**遅滞なく**、その旨を**依頼者に報告**しなければならない義務もある（34条の2第8項）。

P! ココがポイント

❶に関しては、誤解している受験生が多い。

たしかに、**一般媒介契約**では、専任媒介や専属専任媒介契約とは異なり、指定流通機構への登録義務はない。しかし、**媒介契約書面**には、一般媒介契約と（専属）専任媒介契約の区別なく、指定流通機構への登録に関する**記載（電磁的方法による提供を含む）**が必要だ。

「わか合格基本テキスト」 第2編「宅建業法」 Chap.5-Sec.1

媒介契約②（総合）

重要度

CHECK!　過去の本試験　H30-問33改

宅地建物取引業者Aは、Bから、Bが所有し居住している甲住宅の売却について媒介の依頼を受けた。この場合における次の記述のうち、宅地建物取引業法（以下この問において「法」という。）の規定によれば、正しいものはどれか。なお、本問における「書面」には、依頼者の承諾を得て、当該書面に記載すべき事項を一定の電磁的方法によって提供する場合を含むものとする。

❶　Aが甲住宅について、法第34条の２第１項第４号に規定する建物状況調査の制度概要を紹介し、Bが同調査を実施する者のあっせんを希望しなかった場合、Aは、同項の規定に基づき交付すべき書面に同調査を実施する者のあっせんに関する事項を記載する必要はない。

❷　Aは、Bとの間で専属専任媒介契約を締結した場合、当該媒介契約締結日から７日以内（休業日を含まない。）に、指定流通機構に甲住宅の所在等を登録しなければならない。

❸　Aは、甲住宅の評価額についての根拠を明らかにするため周辺の取引事例の調査をした場合、当該調査の実施についてBの承諾を得ていなくても、同調査に要した費用をBに請求することができる。

❹　AとBの間で専任媒介契約を締結した場合、Aは、法第34条の２第１項の規定に基づき交付すべき書面に、BがA以外の宅地建物取引業者の媒介又は代理によって売買又は交換の契約を成立させたときの措置について記載しなければならない。

既存建物の売買の媒介契約書面に「建物状況調査を実施する者のあっせんに関する事項」を記載させる趣旨は、何だろうか？

肢別のテーマ	❶建物状況調査を実施する者のあっせん ❷専属専任と指定流通機構への登録期間 ❸空家の特別な調査等に要する実費 ❹媒介契約違反の措置

解説 正解 4

❶ 

× あっせんをしない旨を記載。

宅建業者は、既存建物の売買の媒介契約書面に建物状況調査を実施する者のあっせんに関する事項を記載（電磁的方法による提供を含む。以下同じ）しなければならない（宅建業法34条の２第１項４号）。これには、「あっせんの有無」を記載するので（国交省「考え方」）、依頼者があっせんを希望しない場合は、あっせんをしない旨を記載しなければならない。

❷ × 「７日以内」ではなく「５日以内」に登録しなければならない。

宅建業者は、売買の専属専任媒介契約を締結した場合、その媒介契約締結日から５日以内（休業日を除く）に、指定流通機構に建物の所在等を登録しなければならない（34条の２第５項、規則15条の10）。

❸ × 評価額の根拠を明らかにするための調査実施費用は、依頼者に請求できない。

宅建業者は、依頼物件の取引すべき価額や評価額について意見を述べるときは、その根拠を明らかにしなければならない（宅建業法34条の２第２項）。そして、宅建業者は、根拠を明示するため、周辺の取引事例の調査をすることもあるが、媒介価額について意見を述べる際に根拠を明示することは宅建業法上の義務であるから、依頼者の承諾の有無にかかわらず、その調査費用は媒介の依頼者に請求できない（国交省「考え方」）。

❹ ○ 専任媒介契約を締結した場合、媒介契約書面には、依頼者が他の宅建業者の媒介・代理によって売買・交換の契約を締結したときの措置（かかる違反行為をした場合は、違約金として報酬相当額を受領するなど）を記載しなければならない（34条の２第１項８号、規則15条の９第１号）。

P! ココがポイント

建物状況調査を実施する者のあっせんに関する事項の記載を要求する趣旨は、まだ一般にはあまり周知されていない「建物状況調査制度」を紹介する機会を提供するためだ。とすれば、宅建業者に建物状況調査制度の紹介をさせることを担保するため、あっせんをしない場合にも「なし」との記載をさせるべきであろう。

「わか合格基本テキスト」 第２編「宅建業法」 Chap.5−Sec.1

媒介契約③（一般媒介）

□□□ CHECK! 過去の本試験 H12-問36改

宅地建物取引業者Aが、B所有建物の売買の媒介の依頼を受け、Bと一般媒介契約（専任媒介契約でない媒介契約）を締結した場合に関する次の記述のうち、宅地建物取引業法の規定によれば、正しいものはどれか。なお、本問における「書面」には、依頼者の承諾を得て、当該書面に記載すべき事項を一定の電磁的方法によって提供する場合を含むものとする。

❶ Aは、遅滞なく、宅地建物取引業法第34条の２の規定により依頼者に交付すべき書面を作成し、宅地建物取引士をして記名押印（電磁的方法による提供の場合、記名押印に代わる措置を講じたものを含む。）させ、Bに交付しなければならない。

❷ 「Bが、A以外の宅地建物取引業者に重ねて売買の媒介の依頼をする際は、Aに通知しなければならない」旨の定めをしたときは、その定めは無効である。

❸ Aが、建物を売買すべき価額について意見を述べる場合に、その根拠を明らかにしなかったとき、Aは、そのことを理由に業務停止の処分を受けることがある。

❹ BがAに対して支払う報酬に関する事項については、必ずしも宅地建物取引業法第34条の２の規定により依頼者に交付すべき書面に記載する必要はない。

宅建士の3つの法定事務は、何だったろうか。また、一般媒介の2つの型は、何だったろうか。

肢別のテーマ	❶媒介契約書面の記名押印と宅建士	❷一般媒介契約の明示型
	❸価額の根拠明示義務と監督処分	❹媒介契約書面記載事項と報酬

解 説 …… 正解 3

❶ ×　宅建士の記名押印は不要。

宅建業者は、宅地建物の売買や交換の媒介の契約を締結したときは、遅滞なく、一定事項を記載した書面を作成し、宅建業者が記名押印して、依頼者に交付（電磁的方法による提供を含む。以下同じ）しなければならない（宅建業法34条の２第１項）。しかし、その媒介契約書面には、宅建士の記名押印（または電磁的方法により提供する場合の記名押印に代わる措置）は必要とされていない。

❷ ×　定めは有効。

一般媒介契約には、依頼者が他に媒介や代理の依頼をした宅建業者があれば、その宅建業者名を明示する義務があるか否かにより、「明示型」と「非明示型」に分けられる。重ねて依頼した宅建業者を通知しなければならないと定める「明示型」の媒介契約も有効だ（34条の２第１項３号）。

❸ 難 ○　宅建業者は、価額について意見を述べるときは、その根拠を明らかにしなければならず（34条の２第２項）、その規定に違反した場合には、業務停止処分を受けることがある（65条２項・４項）。

❹ ×　報酬に関する事項は、媒介契約書面に記載すべき事項だ（34条の２第１項７号）。

P! ココがポイント

❶の媒介契約書面の作成交付義務（電磁的方法による提供義務も含む）に関して、貸借は除外されていることに注意しよう。すなわち、宅地建物の貸借の媒介や代理では、依頼を受けた際の媒介（代理）契約書面の作成・交付義務はない。

「わか合格基本テキスト」　第２編「宅建業法」　Chap.5−Sec.1

媒介契約④（専任媒介）

CHECK!

過去の本試験 H9-問36改

重要度

宅地建物取引業者Ａは、売主Ｂとの間で、宅地の売買の専任媒介契約を締結し、宅地建物取引業法第34条の２の規定に基づく媒介契約の内容を記載した書面（以下この問において「34条の２書面」といい、当該書面には、特に断りのない限り、書面に記載すべき事項を一定の電磁的方法によって提供する場合を含むものとする。）を交付した。この場合、同法の規定によれば、次の記述のうち正しいものはどれか。

❶　Ａが、34条の２書面に記載した宅地を売買すべき価額について意見を述べる場合は、その根拠を書面により明らかにしなければならない。

❷　Ｂが宅地建物取引業者である場合でも、Ａは、34条の２書面に、Ｂが他の宅地建物取引業者の媒介又は代理によって売買又は交換の契約を成立させたときの措置を記載しなければならない。

❸　Ｂが宅地建物取引業者である場合は、専任媒介契約締結時にあらかじめＢの申出があれば、「契約の有効期間は３月を超えない範囲内で自動更新する」旨約定し、それを34条の２書面に記載することができる。

❹　Ａが、宅地建物取引士でない従業者をして、Ａの名で34条の２書面（書面で作成した場合に限る）に記名押印させた場合、Ａは、業務の停止などの監督処分を受けることがある。

宅建業法上、「書面（電磁的方法）」で行わなければならないのは何だったろうか。

肢別のテーマ　❶価額についての意見の根拠の示し方　❷媒介契約違反の措置の記載
❸専任媒介における自動更新の特約　❹媒介契約書面の記名押印

解説　正解 2

❶ ×　売買すべき価額について意見を述べる場合は、その根拠を明らかにしなければならないが、**書面**（**電磁的方法による提供も含む。以下同じ**）**による必要はなく**、**口頭**で述べてもよい（宅建業法34条の２第２項・１項・11項）。

❷ ○　媒介契約書面の交付は宅建業者間でも省略できず、また法定記載事項も省略できない。**媒介契約違反に対する措置**は書面の法定記載事項だ（34条の２第１項８号・11項、規則15条の９第１号）。

❸ ×　**「自動更新」の特約は無効。**
　宅建業者間の専任媒介契約でも、**更新**は、**依頼者の申出**がなければできず、自動更新の特約は、無効となる（宅建業法34条の２第４項・10項・11項、78条２項）。

❹ ×　**監督処分を受けることはない。**
　媒介契約書面に**記名押印するのは宅建業者**である（34条の２第１項）。そして、宅建業者Ａが宅建士でない従業者に職務上Ａの名前で記名押印させたとしても、宅建業法違反ではなく、監督処分を受けることもない。なお、書面で交付する場合には、その書面には宅建業者の**押印**は省略できない点に注意。

P! ココがポイント

❶に関して、宅建業者が依頼者の売却希望価額等に対してプロとしての立場から意見を述べる（その価額では高すぎて買手は見つからないなど）には、根拠（類似の取引事例とか、価格査定マニュアル）を示さなければならない。ただ、その根拠は媒介契約書面等に記載（記録）する必要はなく、口頭で示してもよい。要は、宅建業者が勘だけで意見を述べて、依頼する宅建業者によって意見がばらばらであるという事態を避けようという趣旨だ。

「わか合格基本テキスト」　第２編「宅建業法」　Chap.5−Sec.1

媒介契約⑤（専任媒介）

CHECK! 過去の本試験 H12-問37

宅地建物取引業者Ａが、Ｂ所有地の売買の媒介の依頼を受け、Ｂと専任媒介契約を締結した場合に関する次の記述のうち、宅地建物取引業法の規定によれば、誤っているものはどれか。

❶ 当該契約には、Ｂが、他の宅地建物取引業者の媒介又は代理によって売買又は交換の契約を成立させたときの措置を定めなければならない。

❷ Ａは、Ｂの申出に基づき、「契約の有効期間を６月とする」旨の特約をしたときでも、その期間は３月（専属専任媒介契約にあっては、1月）となる。

❸ 「当該Ｂ所有地についての売買すべき価額は指定流通機構への登録事項とはしない」旨の特約をしたときは、その特約は無効である。

❹ Ａは、Ｂに対し、当該契約に係る業務の処理状況を２週間に１回以上（専属専任媒介契約にあっては、１週間に１回以上）報告しなければならない。

専任媒介契約と専属専任媒介契約の違いは何だったろうか。
最長有効期間、業務処理状況の報告義務、探索方法（指定流通機構への登録）の3つについて、きちんと整理できているだろうか。

肢別のテーマ
❶媒介契約違反の措置　❷媒介契約の有効期間
❸指定流通事項の登録事項からの排除の特約　❹業務処理状況の報告義務

解　説　正解 2

❶ ○　専任媒介契約では、依頼者が**他の宅建業者の媒介や代理によって契約を成立させたときの措置**（媒介契約違反に対する措置）について定め、媒介契約書面に記載（**電磁的方法による提供も含む**）しなければならない（宅建業法34条の２第１項８号、規則15条の９第１号）。

❷ ×　**専属専任媒介契約でも３か月。**

依頼者の申出に基づき、契約の有効期間を定めた場合でも、専任・**専属専任媒介契約**ともに、３か月を超えることはできない。これより長い期間を定めたときは、その期間は３か月となる（宅建業法34条の２第３項）。

❸ 頻出 ○　宅建業者は、専任媒介契約を締結したときは、契約締結の日から７日以内（専属専任媒介契約では５日以内）に、売買すべき価額等の一定事項を指定流通機構へ**登録しなければならない**（34条の２第５項、規則15条の10～12）。かかる宅建業法の規定に違反する特約は無効になる（宅建業法34条の２第10項）。

❹ 頻出 ○　宅建業者は、依頼者に対し、専任媒介契約では、業務の処理状況を２週間に１回以上、専属専任媒介契約では、１週間に１回以上**報告**しなければならない（34条の２第９項）。

P! ココがポイント

専任媒介契約と専属専任媒介契約は、媒介や代理を依頼できる宅建業者が1人に限られる点では共通する。違いは自己発見取引禁止の特約が付いているか否かだ（自分のコネなどを通じて、契約の相手方を探して取引してよいかどうか）。専属専任媒介契約では自己発見取引はできないので、依頼した業者を通じてしか契約成立はありえない。だから、専属専任媒介契約は専任媒介契約よりも、業務処理状況の報告義務の間隔と、指定流通機構への登録までの日数が厳しくなっている。契約の最長有効期間の規制だけは、両者は共通の「3か月」だ。

「わか合格基本テキスト」　第２編「宅建業法」 Chap.5–Sec.1

媒介契約⑥（専属専任）

CHECK!　過去の本試験 H11-問37改

重要度 ★★★

宅地建物取引業者Ａが、Ｂから宅地の売却の依頼を受け、Ｂと専属専任媒介契約（以下この問において「媒介契約」という。）を締結した場合に関する次の記述のうち、宅地建物取引業法の規定によれば、正しいものはどれか。なお、本問にいう「書面」には、宅地建物取引業法第34条の２第11項に規定する電磁的方法を含むものとする。

❶ 「媒介契約の有効期間内に宅地の売買契約が成立しないときは、同一の期間で契約を自動更新する」旨の特約を定めた場合、媒介契約全体が無効となる。

❷ 宅地の買主の探索が容易で、指定流通機構への登録期間経過後短期間で売買契約を成立させることができると認められる場合には、Ａは、契約の相手方を探索するため、当該宅地について指定流通機構に登録する必要はない。

❸ Ｂが宅地建物取引業者である場合でも、Ａが媒介契約を締結したときにＢに交付すべき書面には、ＢがＡの探索した相手方以外の者と宅地の売買又は交換の契約を締結したときの措置を記載しなければならない。

❹ 媒介契約において、「Ｂが他の宅地建物取引業者の媒介によって宅地の売買契約を成立させた場合、宅地の売買価額の３パーセントの額を違約金としてＡに支払う」旨の特約は、無効である。

専属専任媒介契約において、当事者の特約をもってしてもなしえない約束とは何だろうか。もし、その特約をしたらどうなるのだろうか。

肢別のテーマ
❶専属専任媒介の自動更新の約定　❷指定流通機構の登録義務
❸業者間取引と媒介契約書面の記載事項　❹媒介契約における違約金の定め

解説　正解 3

❶ × 「契約全体」ではなく「違反部分の特約」のみが無効。

専属専任媒介契約の有効期間は「依頼者の（更新したい旨の）申出」があって、宅建業者もその申出を承諾することで更新される。自動更新の特約がなされても、その特約は無効となる（宅建業法34条の２第４項）。もっとも、媒介契約全体が無効となるわけではなく、**違反した部分の特約のみが無効**となる（34条の２第10項）。

❷ × 登録しなければならない。

頻出

宅建業者は、物件情報を指定流通機構に専属専任媒介契約の締結日から５日**以内**（休業日を除く）に**登録**しなければならない（34条の２第５項、規則15条の10）。

❸ ○ たとえ**宅建業者間**でも、媒介契約書面（電磁的方法を含む）に、専属専任媒介契約違反（依頼者が媒介を依頼した宅建業者が探索した者以外と契約を締結した）の措置について記載等しなければならない（宅建業法34条の２第１項８号、規則15条の９第２号）。

❹ × 特約は有効。

専属専任媒介契約では、依頼者が、その依頼した宅建業者を通さずに契約を成立させた場合、**違約金を支払う旨の特約**も締結できる（宅建業法34条の２第１項８号、規則15条の９第２号）。

P! ココがポイント

媒介契約は、①法定された媒介契約（一般媒介の明示・非明示型、専任媒介、専属専任媒介）から選択し、②媒介契約書面（電磁的方法を含む。以下同じ）を作成・交付し（貸借を除く）、③その書面に記載すべき事項も法定されているという流れを押さえよう。

「わか合格基本テキスト」　第２編「宅建業法」　Chap.5−Sec.1

媒介契約⑦（指定流通機構）

CHECK!　過去の本試験　H10-問35

次の事項のうち、指定流通機構への登録事項に該当しないものはどれか。

❶ 登録に係る宅地の所在、規模及び形質

❷ 登録に係る宅地の所有者の氏名及び住所

❸ 登録に係る宅地を売買すべき価額

❹ 登録に係る宅地の都市計画法その他の法令に基づく制限で主要なもの

とても覚えきれないような知識問題が出たときは、どういう対処をとるべきか。法の趣旨にさかのぼって考えてみよう。

肢別のテーマ	❶〜❹ 指定流通機構への登録事項

解説 正解 2

❶❸❹ 登録事項に該当する。

指定流通機構の登録事項は、①物件の**所在・規模・形質**、②売買すべき**価額**または**評価額**、③当該物件に係る都市計画法その他**法令に基づく制限**で主要なもの、④当該媒介契約が**専属専任媒介契約である場合はその旨**、である（宅建業法34条の２第５項、規則15条の11）。よって、登録事項に該当する。

❷ 登録事項に該当しない。

❶解説参照。宅地の所有者の氏名や住所は登録事項ではなく、本肢が正解。その宅地の所有者の氏名や住所は、契約をするかしないかの判断情報ではないし、かかる情報を登録することはプライバシー上も問題であるからだ。なお、売買・交換の専任媒介・専属専任媒介契約を締結した宅建業者が宅地建物の売買・交換の**契約を成約**させた場合、遅滞なく、①登録番号、②取引価格、③売買・交換契約の成立した年月日を指定流通機構に通知しなければならないが（宅建業法34条の２第７項、規則15条の13）、**買主等の氏名及び住所**は**通知すべき事項**には**該当しない**ことも覚えておこう。

P! ココがポイント

指定流通機構への登録事項は、以下の4つだ。

① 物件の所在、規模、形質
② 売買すべき価額または評価額
③ 当該物件に係る都市計画法その他法令に基づく制限で主要なもの
④ 当該媒介契約が専属専任媒介契約である場合はその旨

ただ、この4つを覚えている人は少ないだろう。知識で解けない問題が出たときは法の趣旨を思い出そう。

指定流通機構への物件情報の登録というのは、物件情報を広く知らしめることで契約が早期に結べるようにしようということだ。だとしたら、その物件が取引に値するか否かの判断情報が、登録事項ということになる。

「わか合格基本テキスト」 第２編「宅建業法」 Chap.5−Sec.1

媒介契約⑧（指定流通機構）

CHECK!　過去の本試験　H20-問35改

宅地建物取引業者Ａが、Ｂから自己所有の宅地の売却の媒介を依頼された場合における当該媒介に係る契約に関する次の記述のうち、宅地建物取引業法の規定によれば、正しいものはいくつあるか。なお、本問にいう「媒介契約の内容を記載した書面」には、宅地建物取引業法第34条の２第11項に規定する電磁的方法を含むものとする。

ア　Ａが、Ｂとの間に一般媒介契約（専任媒介契約でない媒介契約）を締結したときは、当該宅地に関する所定の事項を必ずしも指定流通機構へ登録しなくてもよいため、当該媒介契約の内容を記載した書面に、指定流通機構への登録に関する事項を記載等する必要はない。

イ　Ａが、Ｂとの間に専任媒介契約を締結し、当該宅地に関する所定の事項を指定流通機構に登録したときは、Ａは、遅滞なく、その旨を記載した書面を作成してＢに交付しなければならない。

ウ　Ａが、Ｂとの間に専任媒介契約を締結し、売買契約を成立させたときは、Ａは、遅滞なく、当該宅地の所在、取引価格、売買契約の成立した年月日を指定流通機構に通知しなければならない。

❶　一つ

❷　二つ

❸　三つ

❹　なし

受験生が苦手とする個数問題だ。

結果オーライではなく、3つの肢それぞれについて、正誤の判断ができるかをチェックしよう。

肢別のテーマ	ア　媒介契約書面の記載事項　　　イ　登録を証する書面 ウ　指定流通機構への通知事項

解　説　正解 4

ア　× **一般媒介契約でも、指定流通機構に関する事項は記載等しなければならない。**

一般媒介契約では、宅建業者に指定流通機構への登録義務はない（宅建業法34条の２第５項参照）。しかし、**媒介契約書面**（電磁的方法を含む）には、**指定流通機構への登録に関する事項を**記載等しなければならない(34条の２第１項６号)。

イ　× （登録を証する）書面は、宅建業者が作成するのではない。指定流通機構が発行した**登録を証する書面**を、宅建業者が**遅滞なく依頼者に交付**するのである（34条の２第６項、50条の６）。なお、宅建業者は、指定流通機構から発行を受けた登録を証する書面の引渡しに代えて、依頼者の承諾を得て、これを**電磁的方法**により**提供**することもできる(34条の２第12項)。

ウ　× **「所在」は、通知事項に該当しない。**

登録した物件の売買契約が成立した場合、宅建業者は、遅滞なく、以下の事項を指定流通機構に通知しなければならない（34条の２第７項、規則15条の13)。

① 登録番号
② 宅地または建物の**取引価格**
③ 売買または交換の**契約の成立した年月日**

以上より正しいものはなく、正解は❹となる。

P! ココがポイント

ウに関して、指定流通機構への登録事項として「物件の所在、規模、形質」があるのだから（問52の P! ココがポイント 参照)、登録をした物件に関する指定流通機構への通知事項としては、登録した物件が成約した際に、再度、「物件の所在」を通知しなくても、「登録番号」を通知すれば充分なのだ。

「わか合格基本テキスト」 第２編「宅建業法」 Chap.5–Sec.1

重要事項の説明①（複数業者の介在）

CHECK! 過去の本試験 H10-問39改

重要度 ★★

宅地建物取引業者であるＡ及びＢが、共同で宅地の売買の媒介をするため、協力して一の重要事項説明書（宅地建物取引業法第35条の規定に基づく重要事項を記載した書面）を作成した場合に関する次の記述のうち、誤っているものはどれか。なお、Ａの宅地建物取引士をａ、Ｂの宅地建物取引士をｂとし、説明の相手方は宅地建物取引業者ではないものとする。また、本問において、「重要事項説明書」には、当該書面の交付に代えて、宅地建物取引業法第35条第８項の規定による電磁的方法により提供した場合の当該電磁的方法は含まないものとする。

❶ ＡとＢは、ａ一人を代表として、宅地の買主に対し重要事項説明書を交付して重要事項について説明させることができる。

❷ ＡとＢは、重要事項についてａとｂに分担して説明させるときでも、ａが単独で記名した重要事項説明書を交付させれば足りる。

❸ ａ及びｂは、重要事項説明書を交付して説明する際に宅地建物取引士証を提示するとき、胸に着用する方法で行うことができる。

❹ 重要事項説明書に記載された事項のうち、Ａが調査及び記入を担当した事項の内容に誤りがあったとき、Ａとともに、Ｂも指示処分を受けることがある。

きわめて実務的な問題だが、複数の宅建業者が1つの取引にかかわっている場合、「説明義務を負っているものは誰か」ということと、その「説明方法はどうするか」ということを分けて検討しよう。

肢別のテーマ
❶重要事項の説明方法（複数業者介在での代表説明） ❷重要事項の説明方法（複数業者介在での分担説明）
❸重要事項の説明方法（宅建士証の提示の仕方） ❹重要事項の説明と監督処分（複数業者介在の場合）

解　説　　正解 2

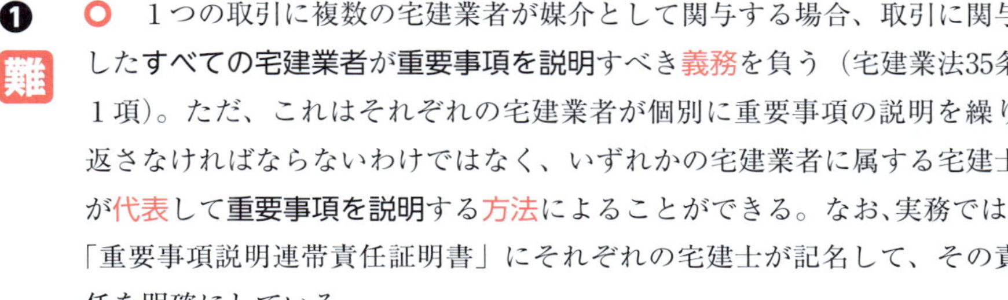

❶ 難 ○　1つの取引に複数の宅建業者が媒介として関与する場合、取引に関与した**すべての宅建業者**が**重要事項を説明**すべき義務を負う（宅建業法35条1項）。ただ、これはそれぞれの宅建業者が個別に重要事項の説明を繰り返さなければならないわけではなく、いずれかの宅建業者に属する宅建士が代表して**重要事項を説明**する方法によることができる。なお、実務では、「重要事項説明連帯責任証明書」にそれぞれの宅建士が記名して、その責任を明確にしている。

❷ 難 ×　❶とは異なり、**分担**して説明することにした以上は、それぞれが重要事項の説明を行う際のルール（説明を担当する宅建士が35条書面に記名をしなければならないこと）を履行しなければならず、ｂの記名も必要だ。

❸ ○　重要事項説明をするときの**宅建士証の**提示**方法**としては、宅建士証を**胸に着用する**等の方法により、相手方に明確に示さなければならないとされている（35条４項、国交省「考え方」）。

❹ ○　複数の宅建業者が関与する場合、ＡおよびＢがそれぞれ重要事項の説明義務を負うのだから、35条書面記載事項に誤りがあれば、誰が調査・記入を担当しようと、説明義務を負う**すべての宅建業者**が監督処分を受けることがある（65条）。

P! ココがポイント

重要事項の説明は、宅建士の法定事務として、とても大切なものだ。宅建士試験は宅建士になるための第一関門なのだから、宅建士試験に重要事項の説明が出題されないはずがない。かなり細かい点も問われる難しい分野ではあるが、必ず出題されるのだから、頑張って覚えよう。

「わか合格基本テキスト」　第２編「宅建業法」 Chap.5−Sec.2

重要事項の説明②（総合）

CHECK! 過去の本試験 H15-問36改

宅地建物取引業者Ａが、宅地建物取引業法第35条の規定に基づき重要事項の説明を行う場合に関する次の記述のうち、誤っているものはどれか。なお、説明の相手方は宅地建物取引業者ではないものとする。

❶ 対象物件が、建物の区分所有等に関する法律第２条第１項に規定する区分所有権の目的である場合、Ａは、同条第４項に規定する共用部分に関する規約の定めがあるときはその内容を説明する必要があるが、当該規約が未だ案であるときはその内容を説明する必要はない。

❷ 売買契約の対象となる宅地が、建築基準法に基づき、地方公共団体が条例で指定した災害危険区域内にある場合、Ａは、条例で定められている制限に関する事項の概要を説明しなければならない。

❸ 賃貸借契約の対象となる建物について、高齢者の居住の安定確保に関する法律第52条で定める終身建物賃貸借の媒介をしようとする場合、Ａは、その旨を説明しなければならない。

❹ 売買契約の対象となる宅地が、土壌汚染対策法で規定する指定区域内にある場合、Ａは、当該宅地の形質の変更を行おうとするときは、原則として、都道府県知事への届出が必要である旨を説明しなければならない。

重要事項の説明対象に改正で追加された法律上の制限には、注意しよう。

肢別のテーマ ❶重要事項説明対象（規約共用部分）❷重要事項説明対象（災害危険区域）❸重要事項説明対象（終身建物賃貸借）❹重要事項説明対象（土壌汚染）

解説　正解 1

❶ × **売買等なら案でも説明義務があるが、賃貸借なら共用部分の規約は説明義務がない。**

本肢は売買なのか賃貸借なのかの限定はないが、**共用部分の規約の定め**は売買・交換では、**案**の段階でも**説明義務**があり（宅建業法35条1項6号、規則16条の2第2号）、賃貸借では、そもそも説明義務はない（規則16条の2柱書）。

❷ ○ 宅地の売買では、物件が**災害危険区域内**にあるときは、条例で定められている制限の概要を説明しなければならない（宅建業法35条1項2号、令3条1項）。

❸ ○ 建物の賃貸借では、物件が、**終身建物賃貸借**であるときは、その旨を説明しなければならない（宅建業法35条1項14号、規則16条の4の3第9号）。

❹ ○ 宅地の売買では、物件が**土壌汚染対策法**で**規定する指定区域内**にあるときは、宅地の形質の変更につき知事への届出が必要である旨を説明しなければならない（宅建業法35条1項2号、令3条1項56号）。

P! ココがポイント

重要事項の説明対象の問題では、特に近時に加わった法令上の制限が出題されやすい。この問題でも❷❸❹が、それに該当する。

「わか合格基本テキスト」 第2編「宅建業法」 Chap.5–Sec.2

重要事項の説明③（建物の売買）

CHECK! 過去の本試験 H14-問37改

宅地建物取引業者Ａが行う宅地建物取引業法第35条の重要事項の説明に関する次の記述のうち、同条の規定に違反しないものはどれか。なお、説明の相手方は宅地建物取引業者ではないものとする。

❶ Ａは、建物（建築工事完了前）の売買の契約を行うに際し、建物の完成時における主要構造部、内装及び外装の構造又は仕上げ並びに設備の設置及び構造についての図面を渡したのみで、当該図面の説明はしなかった。

❷ Ａは、マンションの分譲を行うに際し、当該マンションの管理規約案に「分譲業者であるＡは当該マンションの未販売住戸の修繕積立金を負担しなくてもよい」とする規定があったが、これについては説明しなかった。

❸ Ａは、中古マンションの売買の媒介を行うに際し、当該マンション修繕の実施状況について、当該マンションの管理組合及び管理業者に確認したところ、修繕の実施状況の記録が保存されていなかったため、購入者にこの旨説明し、実施状況については説明しなかった。

❹ Ａは、建物の売買の契約を行うに際し、当該建物は住宅の品質確保の促進等に関する法律の住宅性能評価を受けた新築住宅であったが、その旨説明しなかった。

近時に施行された法令上の制限を思い出そう。

肢別のテーマ	❶重要事項説明対象（完了時の主要構造部等）❷重要事項説明対象（特定の者の管理費用減免） ❸重要事項説明対象（修繕の実施状況）❹重要事項説明対象（住宅性能評価）

解説　正解 3

❶　違反する。

未完成物件は、その完了時における当該建物の形状、構造などについて図面を必要とするときは、**図面を交付して説明**しなければならない（宅建業法35条１項５号、規則16条、国交省「考え方」）。もっとも、図面を渡したのみでこれを説明しないことは違反だ。

❷　違反する。

一棟の建物の**計画的な維持修繕のための費用**などを**特定の者にのみ減免する旨の規約の定め**があるときのその内容は重要事項の説明内容だから、これを説明しないことは違反だ（宅建業法35条１項６号、規則16条の２第５号）。

❸　違反しない。

一棟の建物の維持修繕の実施状況が記録されているときは、その内容を説明しなければならないが、実施状況の記録が保存されていなければ説明義務はない（宅建業法35条１項６号、規則16条の２第９号）。

❹　違反する。

当該**建物が住宅の品質確保の促進等に関する法律に規定する住宅性能評価を受けた新築住宅であるときは、その旨**を重要事項として説明しなければならず、その説明をしなかったことは違反だ（宅建業法35条１項14号、規則16条の４の３第６号）。

P! ココがポイント

重要事項の説明対象にあたるか否かを問う問題は、毎年出題は必至だ。特に、マンション関係（区分所有権の目的であるもの）の出題には注意を払わなければならない。この問題でも、❷❸がそれに該当する。

「わか合格基本テキスト」　第２編「宅建業法」　Chap.5−Sec.2

重要事項の説明④（建物の貸借）

□□□ CHECK!　過去の本試験 H10-問41改　重要度

宅地建物取引業者が建物の貸借の媒介を行う場合の宅地建物取引業法第35条に規定する重要事項の説明に関する次の記述のうち、正しいものはどれか。なお、説明の相手方は宅地建物取引業者ではないものとする。

❶ 当該建物について建築基準法に基づき容積率又は建蔽率に関する制限があるときは、その概要について説明しなければならない。

❷ 敷金の授受の定めがあるときは、当該建物の借賃の額のほか、敷金の額及び授受の目的についても説明しなければならない。

❸ 当該建物の貸借について、契約期間及び契約の更新に関する事項の定めがないときは、その旨説明しなければならない。

❹ 当該建物が、建物の区分所有等に関する法律第２条第１項に規定する区分所有権の目的である場合で、同条第４項に規定する共用部分に関する規約の定め（その案を含む。）があるときは、その内容を説明しなければならない。

建物の貸借の契約において、契約を締結するか否かの判断材料として重要なものは何だろうか。

肢別のテーマ　❶重要事項説明対象（容積率や建蔽率）❷重要事項説明対象（借賃の額）❸重要事項説明対象（契約期間や更新）❹重要事項説明対象（共用部分の規約の定め）

解説　正解 3

❶ × 説明する必要はない。

建物の貸借の契約では、**容積率や建蔽率**などの建築基準法に基づく法令上の制限の概要は、説明事項ではない（宅建業法35条１項２号、施行令３条３項）。

❷ × 説明する必要はない。

借賃以外に授受される金銭の額や授受目的は説明事項であるから、敷金の額や授受の目的は説明しなければならない（宅建業法35条１項７号）。しかし、建物の借賃の額は、説明事項ではない。

❸ ○ 契約期間や契約の更新**に関する事項**は、その**定めの有無にかかわらず**、必ず説明しなければならない（35条１項14号、規則16条の４の３第８号）。

❹ × 説明する必要はない。

区分所有建物（マンション）の貸借の契約においては、①**専有部分の用途その他利用の制限に関する規約の定め**があるときの内容、②**管理の委託先の氏名や住所**は重要事項の説明の内容だが、共用部分に関する規約の定めがあるときのその内容は、貸借の契約では重要事項の説明事項ではない（宅建業法35条１項６号、規則16条の２）。

P! ココがポイント

❷との関係で、次の3つは重要事項の説明対象ではないことを絶対に覚えておこう。

① 代金・借賃関係（額、支払時期、支払方法）
② 移転登記申請時期
③ 物件引渡し時期

「わか合格基本テキスト」　第２編「宅建業法」　Chap.5−Sec.2

重要事項の説明⑤（建物の貸借）

□□□ CHECK!　過去の本試験 H30-問39改

宅地建物取引業者が建物の貸借の媒介を行う場合における宅地建物取引業法（以下この問において「法」という。）第35条に規定する重要事項の説明に関する次の記述のうち、誤っているものはどれか。なお、特に断りのない限り、当該建物を借りようとする者は宅地建物取引業者ではないものとする。

❶　当該建物を借りようとする者が宅地建物取引業者であるときは、貸借の契約が成立するまでの間に重要事項を記載した書面を交付（電磁的方法による提供を含む。）しなければならないが、その内容を宅地建物取引士に説明させる必要はない。

❷　当該建物が既存の住宅であるときは、法第34条の２第１項第４号に規定する建物状況調査を実施しているかどうか、及びこれを実施している場合におけるその結果の概要を説明しなければならない。

❸　台所、浴室、便所その他の当該建物の設備の整備の状況について説明しなければならない。

❹　宅地建物取引士は、テレビ会議等のＩＴを活用して重要事項の説明を行うときは、相手方の承諾があれば宅地建物取引士証の提示を省略することができる。

テレビ会議等の「ＩＴを活用した重要事項の説明」についてのポイントは、きちんと覚えているだろうか？

肢別のテーマ	❶重要事項説明（宅建業者間） ❸台所浴室等の整備状況	❷貸借の重説と建物状況調査 ❹ＩＴ重説

解　説 ……… 正解 4

❶ ○ **宅建業者に対しては、宅建士による説明は不要。**

宅建業者は、重要事項の説明の相手方が**宅建業者**であるときは、宅建士の記名のある35条書面を交付する（電磁的方法による提供を含む）だけでよく、宅建士にその内容を説明させる必要はない（宅建業法35条６項・１項・８項）。

❷ ○ **既存建物**の貸借の媒介でも、売買･交換と同様に、**建物状況調査を実施しているか**どうか、および**これを実施している場合の結果の概要**を説明しなければならない（35条１項６号の２イ）。

❸ ○ **建物の貸借**の媒介では、**台所、浴室、便所その他の当該建物の設備の整備の状況**について、重要事項として説明しなければならない（35条１項14号、規則16条の４の３第７号）。なお、建物は住宅であるか、事務所や倉庫等であるかを問わない。

❹ × **ＩＴ重説でも、宅建士証の提示は省略できない。**

重要事項の説明には、**テレビ会議等のＩＴを活用すること**（ＩＴ重説）**が可能**だ。もっとも、ＩＴ重説をするときでも、宅建士が、**宅建士証を提示**し、それを相手方が画面上で視認できた旨を確認することは必要であり、たとえ相手方の承諾があっても、宅建士証の提示を省略することはできない（国交省「考え方」）。

P! ココがポイント

ＩＴ重説については、宅建士証の提示以外に下記の点にも注意すること。
①ＩＴ重説は売買を含む**すべての取引**で可能
②テレビ会議等のＩＴの活用であり、電話だけではダメ

「わか合格基本テキスト」 第２編「宅建業法」 Chap.5–Sec.2

重要事項の説明⑥（建物の売買と貸借）

CHECK! 過去の本試験 H12-問39改

宅地建物取引業者が、宅地建物取引業法第35条に規定する重要事項について説明をする場合に関する次の記述のうち、正しいものはどれか。なお、説明の相手方は宅地建物取引業者ではないものとする。

❶ 建物の貸借の媒介において、当該貸借が借地借家法第38条第１項の定期建物賃貸借である場合は、貸主がその内容を書面で説明したときでも、定期建物賃貸借である旨を借主に説明しなければならない。

❷ 建物の売買の媒介において、売主が種類又は品質に関して契約の内容に適合しない目的物を買主に引き渡した場合におけるその不適合を担保すべき責任を負わない旨の定めをする場合は、その内容について買主に説明しなければならない。

❸ 建物の貸借の媒介において、借賃以外の金銭の授受に関する定めがあるときは、その額及びその目的のほか、当該金銭の授受の時期についても借主に説明しなければならない。

❹ 建物の売買の媒介において、売買契約の当事者双方の責めに帰すことができない事由によって建物の引渡しができなくなっても、買主は解除をすることができず、代金支払いの履行も拒むことができない旨の定めをする場合は、その内容について買主に説明しなければならない。

重要事項の説明対象と37条書面記載事項を混同しないようにしよう。

肢別のテーマ	❶重要事項説明対象（定期建物賃貸借）❷重要事項説明対象（契約不適合責任）❸重要事項説明対象（借賃以外の金銭の授受の時期）❹重要事項説明対象（危険負担の特約）

解説　正解 1

❶ ○ 定期建物賃貸借の場合には、その旨の重要事項の説明をしなければならない（宅建業法35条1項14号、規則16条の4の3第9号）。これは、**借地借家法上の賃貸人の説明義務**は別個のものだ（国交省「考え方」）。

❷ × **契約不適合責任を負わない旨の特約は、説明する必要はない。**

契約不適合責任については、①**民法の規定と異なる**特約と、②**不適合責任の履行に関して講ずべき保証保険契約等の措置**、の2点を区別すること。本肢の担保責任を負わないような①の特約は、**重要事項の説明対象ではない**が、②は、**保険等に入るか否かと入る場合のその内容**は説明対象になる（宅建業法35条1項13号）。37条書面の記載事項（**電磁的方法により提供する場合を含む。以下同じ**）と混同しないこと（37条1項11号）。

❸ × **「授受の時期」は、説明する必要はない。**

代金や借賃以外に授受される金銭の額や授受目的は、定めのあるなしにかかわらず重要事項として説明をしなければならないが（宅建業法35条1項7号）、当該金銭の**授受の時期**は、説明事項ではない。37条書面の記載事項と混同しないこと（37条1項6号）。

❹ × **説明する必要はない。**

民法の危険負担の規定によれば、当事者双方に落ち度なく債務の履行ができなくなった場合、買主は売買契約を解除することができ（民法541条、542条）、買主が解除しない場合も、履行拒絶（代金支払拒絶）ができる（536条1項）。もっとも、当事者が民法の規定と異なる特約を結ぶことは自由であるが、かかる特約は**重要事項の説明対象ではない**。

P! ココがポイント

本問において、❷❸❹は宅建業法37条の書面の記載事項としては、その定めがある場合には記載しなければならない事項だ。重要事項の説明と混同しないように注意すること。

「わか合格基本テキスト」 第2編「宅建業法」 Chap.5–Sec.2

重要事項の説明⑦（建物の売買と貸借）

CHECK!　過去の本試験　H16-問38改

宅地建物取引業者が、宅地建物取引業法第35条に規定する重要事項について説明をする場合に関する次の記述のうち、正しいものはどれか。なお、説明の相手方は宅地建物取引業者ではないものとする。

❶　自ら売主として、マンション（建築工事完了前）の分譲を行うに当たり、建物の完成時における当該マンションの外壁の塗装については説明しなくてもよいが、建物の形状や構造については平面図を交付して説明しなければならない。

❷　事業用建物の賃貸借の媒介を行うに当たっても、居住用建物と同様に、台所、浴室等の設備の整備状況について説明しなければならない。

❸　宅地建物取引業者ではない売主から依頼されて建物の売買の媒介を行うに当たり、損害賠償額の予定は説明しなくてもよいが、売主が種類又は品質に関して契約の内容に適合しない目的物を買主に引き渡した場合におけるその不適合を担保すべき責任を負わないことについては説明しなければならない。

❹　自ら売主として、マンションの分譲を行うに当たり、管理組合の総会の議決権に関する事項については、管理規約を添付して説明しなければならない。

建物の貸借における重要事項の説明対象は、その建物が事業用か居住用かで説明対象は異なっていたか。

肢別のテーマ	❶重要事項説明対象（未完成物件）　❷重要事項説明対象（台所や浴室） ❸重要事項説明対象（損害賠償額の予定等）❹重要事項説明対象（組合議決権）

解説　正解 2

❶ × 外壁の塗装は、説明必要。

未完成物件の建物の売買では、外装の塗装について、主として天井や壁面の材質や塗装の状況等を説明しなければならない（宅建業法35条１項５号、規則16条、国交省「考え方」）。

❷ ○ 事業用建物の貸借でも、台所等の設備の整備状況は説明必要。

事業用と居住用との区別なく、建物の貸借では、台所や浴室、便所等の建物の設備に関する状況を説明しなければならない（宅建業法35条１項14号、規則16条の４の３第７号）。

❸ × 損害賠償額の予定は、説明しなければならないが、契約不適合責任を負わない旨の特約は、その必要はない。

損害賠償額の予定または違約金に関する事項は、説明しなければならない（宅建業法35条1項９号）。また、契約不適合責任については、①民法の規定と異なる特約と、②不適合責任の履行に関して講ずべき保証保険契約等の措置、の２点を区別しなければならないが、本肢①の特約は、説明をする必要はない（宅建業法35条１項13号参照）。

❹ × 管理組合の総会の議決権に関する事項は、説明不要。

管理組合の総会の議決権に関する事項は、説明する必要はない。紛らわしい問題ではあるが、マンションの売買の追加項目としてどのようなものがあったかを思い出そう。

P! ココがポイント

❶に関連する未完成物件の重要事項の説明の追加項目は、「①せつ、②ない、③がいの、④けい、⑤こう、⑥とう（どう）」、と覚えて、①「設」備、②「内」装、③「外」装、④「形」状、⑤「構」造、⑥「道」路、の6つを記憶しよう。

「わか合格基本テキスト」　第２編「宅建業法」 Chap.5−Sec.2

重要事項の説明⑧（建物の売買と貸借）

□□□ CHECK!　過去の本試験 R2-10月-問31

宅地建物取引業者が行う宅地建物取引業法第35条に規定する重要事項の説明に関する次の記述のうち、正しいものはどれか。なお、説明の相手方は宅地建物取引業者ではないものとする。

❶ 建物の売買の媒介だけでなく建物の貸借の媒介を行う場合においても、損害賠償額の予定又は違約金に関する事項について、説明しなければならない。

❷ 建物の売買の媒介を行う場合、当該建物について、石綿の使用の有無の調査の結果が記録されているか照会を行ったにもかかわらず、その存在の有無が分からないときは、宅地建物取引業者自らが石綿の使用の有無の調査を実施し、その結果を説明しなければならない。

❸ 建物の売買の媒介を行う場合、当該建物が既存の住宅であるときは、建物状況調査を実施しているかどうかを説明しなければならないが、実施している場合その結果の概要を説明する必要はない。

❹ 区分所有建物の売買の媒介を行う場合、建物の区分所有等に関する法律第２条第３項に規定する専有部分の用途その他の利用の制限に関する規約の定めがあるときは、その内容を説明しなければならないが、区分所有建物の貸借の媒介を行う場合は、説明しなくてよい。

区分所有建物の売買の媒介を行う場合に説明すべき事項（9項目）のうち、区分所有建物の貸借でも説明を要すべき事項は、2項目だけ。それは何だっただろう？

肢別のテーマ	❶損害賠償額の予定等	❷石綿使用の有無の調査結果
	❸建物状況調査	❹専有部分の用途等の利用制限

解説　正解 1

❶ ○ **損害賠償額の予定等は、貸借の媒介でも説明する。**

損害賠償額の予定または違約金に関する事項は、建物の売買の媒介だけでなく、建物の貸借の媒介を行う場合においても、重要事項として説明しなければならない（宅建業法35条1項9号）。

❷ × **宅建業者が調査を行う必要はない。**

建物の売買の媒介を行う場合、石綿の使用の有無の調査の結果が記録されているときは、その旨を重要事項として説明しなければならない。しかし、調査をしているか否かが不明の場合、宅建業者自らが石綿の使用の有無の調査を行う必要はない（35条1項14号、規則16条の4の3第4号、国交省「考え方」）。

❸ × **既存住宅の売買等では、建物状況調査の結果の概要も説明する。**

既存建物（住宅）の売買・貸借等の媒介を行う場合、建物状況調査（実施後1年以内）を実施しているかどうか、実施している場合にはその結果の概要を重要事項として説明しなければならない（宅建業法35条1項6号の2イ）。

❹ × **区分所有建物の貸借の媒介でも、専有部分の利用の制限を説明する。**

区分所有建物の売買の媒介を行う場合にも、その貸借の媒介を行う場合にも、専有部分の用途その他の利用の制限に関する規約の定めがあるときは、その内容を重要事項として説明しなければならない（35条1項6号、規則16条の2第3号）。

P! ココがポイント

区分所有建物の重要事項の説明対象（追加項目）

	売買	貸借
① 敷地に関する権利の種類･内容	○	
② 共用部分に関する規約の定め	○	
③ 専有部分の用途その他の利用制限の規約の定め	○	○
④ 専用使用権に関する規約の定め	○	
⑤ 維持修繕費用等を特定の者のみ減免する規約の定め	○	
⑥ 維持修繕費用の積み立てを行う旨の規約の定め（規約内容と既に積み立てられた額）	○	
⑦ 管理費用の額	○	
⑧ 管理が委託されているときの受託者の氏名・住所	○	○
⑨ 維持修繕の実施状況が記録されているときの内容	○	

※ 規約（②～⑥）は、定め（案を含む）があるときのみ説明する。

「わか合格基本テキスト」 第2編「宅建業法」 Chap.5−Sec.2

62 37条書面①

CHECK! 過去の本試験 H10-問43改

重要度 ★★

宅地建物取引業者Aが、宅地の所有者Bから定期借地権（借地借家法第22条）の設定を受けてその宅地に建物を建築し、Bの承諾を得て定期借地権付きで建物を宅地建物取引業者ではないCに売却する契約を締結した場合に関する次の記述のうち、宅地建物取引業法の規定によれば、正しいものはどれか。なお、この問において、「37条書面」とは、同法第37条の規定に基づく契約の内容を記載した書面をいい、宅地建物取引業法第37条第４項の規定により、書面の交付に代えて、電磁的方法であって国土交通省令で定めるものにより提供する場合を含むものとする。

❶ Aは、Cに対し、宅地建物取引士をして、建物の敷地に関する権利が定期借地権である旨を記載した37条書面を交付して説明をさせなければならない。

❷ Aは、当該契約を締結する時に建物の完成時期が確定していない場合でCの了解を得たとき、37条書面に建物の引渡しの時期を記載する必要はない。

❸ Aは、37条書面に、定期借地権の存続期間終了時における建物の取壊しに関する事項の内容を記載しなければならない。

❹ Aは、宅地建物取引士をして37条書面に記名させなければならず、これに違反したときは、指示処分を受けるほか、罰金に処せられることがある。

問題文をよく読んで、35条書面記載事項とのひっかけに注意しよう。

肢別のテーマ	
❶37条書面と説明義務	❷37条書面記載事項（引渡し時期）
❸37条書面記載事項（契約終了時の建物の取壊し）	❹37条書面と監督・罰則

解説 正解 4

❶ × 37条書面は、説明義務はない。

宅建業者が、**借地権付建物の売買を行う場合の当該借地権の内容**は、重要事項の説明対象だ（宅建業法35条、国交省「考え方」）。しかし、37条書面の記載事項**（電磁的方法による交付を含む。以下同じ）**ではない。それに、そもそも37条書面を交付（または電磁的方法による提供）して説明をさせなければならない義務は、存在しない。

❷ × 記載しなければならない。

たとえ建物の完成時期が確定していなくても、建物の引渡しの時期は、37条書面に必ず記載しなければならず（引渡時期が未定である旨を記載）、了解を得ていても記載を省略できない（37条1項4号）。

❸ × 「37条書面」ではなく「35条書面」。

定期借地権の存続期間終了時における建物の取壊しに関する事項は、37条書面の記載事項ではなく、重要事項説明書（35条書面）の記載事項だ（35条1項14号、規則16条の4の3第13号）。

❹ ○ 宅建業者は、37条書面に**宅建士をして記名**をさせなければならず、違反した場合は、指示処分等の**監督処分**を受けるほか、50万円以下の罰金**刑**に処せられる（宅建業法65条、83条1項2号）。

P! ココがポイント

❹に関して、監督・罰則はなかなか判断が難しい。しかしながら、指示処分はすべての宅建業法上の違反が対象となるから、37条違反も指示処分を受けるというのは正しいと判断すればよい。罰則（懲役や罰金、過料）に関しては、宅建業法上のすべての違反がその対象となるわけではなく、一定の重要なものに限られているが、適正な37条書面の交付は、宅建業法上、重要なものであると判断できれば、罰金に処せられることがあるのではないかと予想がつく。

「わか合格基本テキスト」 第2編「宅建業法」 Chap.5–Sec.3

37条書面②（売買）

過去の本試験　H13-問35改

宅地建物取引業者Ａは、宅地の売買を媒介し、契約が成立した場合、宅地建物取引業法第37条の規定により、その契約の各当事者に書面を交付（宅地建物取引業法第37条第４項の規定により、書面の交付に代えて、電磁的方法であって国土交通省令で定めるものにより提供する場合を含むとする。）しなければならないが、次の事項のうち、当該書面に記載しなくてもよいものはどれか。

❶　代金以外の金銭の授受に関する定めがあるときは、その額並びに当該金銭の授受の時期及び目的

❷　当該宅地上に存する登記された権利の種類及び内容並びに登記名義人又は登記簿の表題部に記録された所有者の氏名（法人にあっては、その名称）

❸　損害賠償額の予定又は違約金に関する定めがあるときは、その内容

❹　当該宅地に係る租税その他の公課の負担に関する定めがあるときは、その内容

37条書面記載事項であるかを問う単純な知識問題だ。ただ、37条書面記載事項と35条書面記載事項を混同しないようにしよう。

肢別のテーマ
❶37条書面記載事項（代金以外の金銭の額など）❷37条書面記載事項（登記された権利の種類など）
❸37条書面記載事項（損害賠償額の予定など）❹37条書面記載事項（公租公課の負担）

解説 正解 2

❶ 記載しなければならない。

代金以外の金銭の授受に関する定めがあるときのその額、その金銭の授受の時期および目的は、37条書面の記載事項（電磁的方法により提供する場合を含む。以下同じ）だ（宅建業法37条１項６号）。

❷ 記載しなくてもよい。

物件に登記された権利の種類、内容、登記名義人、表題部に記録された所有者の氏名は、37条書面の記載事項ではない。ちなみに35条書面の記載事項ではある（35条１項１号）。

❸ 記載しなければならない。

頻出

損害賠償額の予定または違約金に関する定めがあるときのその内容は、37条書面の記載事項だ（37条１項８号）。

❹ 記載しなければならない。

租税その他の公課の負担に関する定めがあるときのその内容は、37条書面の記載事項だ（37条１項12号）。

P! ココがポイント

37条書面の作成交付の趣旨は、契約は口約束だけで法律上成立するが、それだと、言った言わないの争いが生じるので、契約で取り決める事項で後のトラブルに結びつきそうなものを書面で文字にして保存することにある。すると、❷はどうだろう。これから購入しようとする宅地に抵当権の設定登記がある等の**登記された権利の種類、内容等は、契約で取り決める事項ではなく**、その物件について契約を締結するか否かの判断材料だ。そう考えれば、❷が37条書面記載事項ではなく、本問の正解肢であると判断できる。

「わか合格基本テキスト」 第２編「宅建業法」 Chap.5−Sec.3

37条書面③（貸借）

CHECK!　過去の本試験　H12-問34改

宅地建物取引業者が、その媒介により宅地の貸借の契約を成立させた場合に、宅地建物取引業法第37条の規定に基づく契約内容を記載した書面（宅地建物取引業法第37条第４項の規定により、書面の交付に代えて、電磁的方法であって国土交通省令で定めるものにより提供する場合を含む。）において必ず記載すべき事項以外のものは、次のうちどれか。

❶ 借賃の額並びにその支払の時期及び方法

❷ 契約の解除に関する定めがあるときは、その内容

❸ 契約の更新に関する事項

❹ 損害賠償額の予定又は違約金に関する定めがあるときは、その内容

37条書面の問題は、定めのあるなしにかかわらず必ず書面に記載しなければならない事項（必要的記載事項）と、定めがあれば記載をしなければならない事項（任意的記載事項）を間違えないことが大切だ。

肢別のテーマ	❶37条書面記載事項（借賃の額等）　❷37条書面記載事項（契約の解除） ❸37条書面記載事項（契約の更新）　❹37条書面記載事項（損害賠償額の予定等）

解　説　正解 3

❶ **必ず記載すべき事項**（電磁的方法により提供を含む。以下同じ）。

頻出 **借賃の額、その支払時期および方法は、定めのあるなしにかかわらず、必ず記載しなければならない事項だ**（宅建業法37条２項２号）。

❷ **必ず記載すべき事項。**

宅地の貸借の媒介においても、**契約の解除に関する定めがあるときは、その内容**について、記載事項となる（37条２項１号・１項７号）。

❸ **記載事項ではない。**

頻出 **契約の更新に関する事項**は、37条書面の記載事項ではない。なお、これは、35条書面においては、記載事項だ（35条１項14号、規則16条の４の３第１項８号）。契約の更新に関する事項を37条書面の記載事項であると誤って覚えている受験生がとても多いので、注意すること。

❹ **必ず記載すべき事項。**

頻出 宅地の貸借の媒介においても、**損害賠償額の予定または違約金に関する定めがあるときは、その内容**について、記載事項となる（宅建業法37条２項１号・１項８号）。

P! ココがポイント

❶に関して、重要事項の説明との関係で覚えてほしいことがある。35条書面記載事項でありそうに思えるが、そうでない3つのものがあった（問題㉟参照）。

① 代金・借賃関係（額、支払時期、支払方法）
② 移転登記申請時期
③ 物件引渡し時期

この3つは、37条書面では、定めのあるなしにかかわらず、必ず記載すべき事項だ（なお、②は貸借においては記載事項ではない）。

「わか合格基本テキスト」　第２編「宅建業法」　Chap.5−Sec.3

65 37条書面④（貸借）

CHECK!　過去の本試験 H18-問37改

宅地建物取引業者が建物の貸借の媒介を行う場合、宅地建物取引業法第37条に規定する書面（宅地建物取引業法第37条第４項の規定により、書面の交付に代えて、電磁的方法であって国土交通省令で定めるものにより提供する場合を含む。）に必ず記載しなければならないとされている事項の組合せとして、正しいものはどれか。

ア　当該建物が種類又は品質に関して契約の内容に適合しない場合におけるその不適合を担保すべき責任についての定めがあるときは、その内容

イ　損害賠償額の予定又は違約金に関する定めがあるときは、その内容

ウ　天災その他不可抗力による損害の負担に関する定めがあるときは、その内容

❶　ア、イ

❷　ア、ウ

❸　イ、ウ

❹　ア、イ、ウ

37条書面の記載事項は、その取引が売買・交換の場合と、貸借の場合とで異なることに注意しよう。

肢別のテーマ ア　37条書面と貸借（契約不適合責任の特約）　イ　37条書面と貸借（違約金等の特約）
ウ　37条書面と貸借（危険負担の特約）

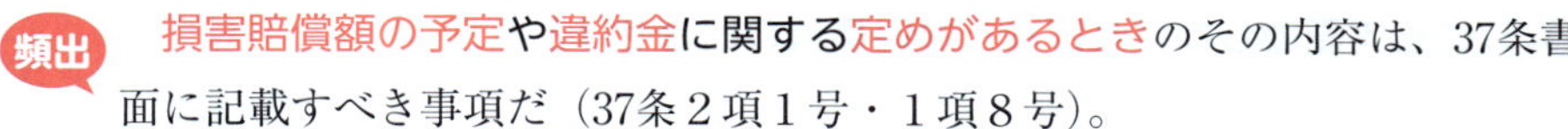

解説　正解 ❸

ア　**記載事項ではない。**

　貸借においては、売買や交換の場合とは異なり、種類や品質に関する**契約不適合責任についての特約**があっても、それは37条書面に記載すべき事項ではない（宅建業法37条２項１号・１項11号）。

イ　**記載事項だ。**

頻出　**損害賠償額の予定や違約金に関する定めがあるとき**のその内容は、37条書面に記載すべき事項だ（37条２項１号・１項８号）。

ウ　**記載事項だ。**

　本肢のいわゆる**危険負担に関する定めがあるとき**のその内容は、37条書面に記載すべき事項だ（37条２項１号・１項10号）。

　記載事項となるのは、**イとウ**であり、必ず記載すべき事項の組合せとして正しいものは、❸が正解となる。

P! ココがポイント

　37条書面で「売買・交換」の記載事項から「貸借」が外れるのは、次の5つだ。

【語呂】…「①確認 ②移転 ③ローンは ④けい(契) ⑤こう(公)」

① 既存建物の構造耐力上主要な部分等の状況について、当事者双方が確認した事項
② 移転登記申請時期
③ ローンあっせんの定めがあるときの、ローン不成立の措置
④ 契約不適合責任の特約およびその履行に関しての資力確保措置
⑤ 公租公課の負担の特約

「わか合格基本テキスト」　第２編「宅建業法」　Chap.5−Sec.3

37条書面⑤（貸借）

過去の本試験 H30-問34改

宅地建物取引業者が媒介により既存建物の貸借の契約を成立させた場合、宅地建物取引業法第37条の規定により、当該貸借の契約当事者に対して交付すべき書面（宅地建物取引業法第37条第４項の規定により、書面の交付に代えて、電磁的方法であって国土交通省令で定めるものにより提供する場合を含むものとする。）に必ず記載しなければならない事項の組合せはどれか。

ア　当該建物が種類又は品質に関して契約の内容に適合しない場合におけるその不適合を担保すべき責任の内容

イ　当事者の氏名（法人にあっては、その名称）及び住所

ウ　建物の引渡しの時期

エ　建物の構造耐力上主要な部分等の状況について当事者双方が確認した事項

❶ ア、イ

❷ イ、ウ

❸ イ、エ

❹ ウ、エ

既存建物における「建物の構造耐力上主要な部分等の状況について当事者双方が確認した事項」の37条書面への記載が要求されるのは売買･交換だけだろうか、それとも貸借も含むだろうか？

肢別のテーマ	
ア　37条書面（契約不適合責任の特約）	イ　37条書面(当事者の氏名・住所)
ウ　37条書面（物件引渡時期）	エ　37条書面（既存建物の貸借と確認事項）

解　説　正解❷

以下、必ず記載しなければならない事項を○、記載不要な事項を×とする。なお、電磁的方法により提供する場合を含むものとする。

ア　×　記載事項ではない。

貸借においては、売買や交換の場合とは異なり、種類や品質に関する**契約不適合責任についての特約**があっても、それは37条書面に記載すべき事項ではない（宅建業法37条２項１号・１項11号）。

イ　○「当事者の氏名（法人にあっては、その名称）および住所」は、必ず記載しなければならない（37条２項１号・１項１号）。

ウ　○「建物の引渡しの時期」は、定めの有無にかかわらず、必ず記載しなければならない（37条２項１号・１項４号）。

頻出

エ　×　既存建物の貸借では、37条書面に「建物の構造耐力上主要な部分等の状況について当事者双方が確認した事項」の記載は不要。

この記載が要求されるのは、売買と交換の場合だ（37条２項１号・１項２号の２）。

以上により、必ず記載しなければならない事項の組合せは、「イとウ」であり、正解は❷となる。

P! ココがポイント

既存建物について、「構造耐力上主要な部分等の状況について当事者双方が確認した事項」を必ず37条書面に記載しなければならないのは、**売買・交換**の場合だけである。貸借においては、記載は不要だ。なお、35条書面の記載事項に「建物状況調査を実施しているか否か、およびこれを実施している場合の結果の概要」があるが、こちらは既存建物の貸借にも適用があることと混同しないこと。

「わか合格基本テキスト」　第２編「宅建業法」 Chap.5−Sec.3

35条書面と37条書面①

□□□ CHECK! 過去の本試験 H13-問39改

宅地建物取引業者が、宅地又は建物の売買の媒介に際して相手方に交付する必要のある書面に関する次の記述のうち、宅地建物取引業法の規定によれば、正しいものはどれか。なお、この問において、「重要事項説明書」又は「契約書面」とは、それぞれ同法第35条又は同法第37条の規定に基づく書面をいい、説明の相手方は宅地建物取引業者ではないものとする。また、それぞれの書面には、同法第35条第８項の規定及び第37条第４項の規定により、書面の交付に代えて、電磁的方法であって国土交通省令で定めるものにより提供する場合を含むものとする。

❶　契約の解除については、特に定めをしなかったため、重要事項説明書にはその旨記載し内容を説明したが、契約書面には記載しなかった。

❷　代金の額及びその支払の時期については、重要事項説明書に記載し内容を説明したが、契約書面には記載しなかった。

❸　宅地及び建物の引渡しの時期については、特に定めをしなかったため、重要事項説明書にはその旨記載し内容を説明したが、契約書面には記載しなかった。

❹　移転登記の申請の時期については、特に定めをしなかったため、重要事項説明書にはその旨記載し内容を説明したが、契約書面には記載しなかった。

ある事項が35条書面と37条書面のいずれの記載事項であるかを問う、よくあるパターンだ。考え方としては、**その書面を作成する趣旨**から判断しよう。

肢別のテーマ	❶35条・37条書面記載事項（契約の解除）❷35条・37条書面記載事項（代金の額等） ❸35条・37条書面記載事項（引渡し時期）❹35条・37条書面記載事項（移転登記申請時期）

解　説　正解 1

❶ ○　契約の解除に関する事項は、35条書面では必要的記載事項だから、その定めがなくても記載しなければならないが、37条書面では**定めがなければ**記載は義務付けられていない（宅建業法35条1項8号、37条1項7号）。

❷ ×　**契約書面には必ず記載しなければならない。**

頻出

代金の額やその支払いの時期は、37条書面では必要的記載事項だが、35条書面では記載は義務付けられていない（37条1項3号、35条1項参照）。

❸ ×　**契約書面には必ず記載しなければならない。**

頻出

宅地建物の**引渡しの時期**は、37条書面では必要的記載事項だが、35条書面では記載は義務付けられていない（37条1項4号、35条1項参照）。

❹ ×　**契約書面には必ず記載しなければならない。**

頻出

移転登記申請時期は、37条書面では必要的記載事項だが、35条書面では記載は義務付けられていない（37条1項5号、35条1項参照）。

P! ココがポイント

35条書面と37条書面の記載事項を問う出題に対処するため、まずは、覚える量の少ない37条書面の記載事項をマスターしてはいかがだろうか。37条書面には定めの有無にかかわらず必ず記載すべき事項（**必要的記載事項**）と、定めがある場合のみ必ず記載すべき事項（**任意的記載事項**）がある。

必要的記載事項には、「契約の当事者が誰か」（**当事者の氏名・住所**）、「どの物件について契約をしたのか」（**物件を特定すべき事項**）に加え、「35条書面に挙がっていそうで挙がっていない事項3つ」（**①代金・借賃関係、②移転登記申請時期、③物件引渡し時期**）、そして、「**既存建物の構造耐力上主要な部分等の状況で当事者双方が確認した事項**」がある。

「わか合格基本テキスト」　第2編「宅建業法」　Chap.5−Sec.2・3

35条書面と37条書面②

CHECK! 過去の本試験 H14-問38改

次の記述のうち、宅地建物取引業法（以下この問において「法」という。）の規定によれば、正しいものはどれか。なお、法第35条の重要事項の説明の相手方は、宅地建物取引業者ではないものとし、法第35条に規定する書面及び法第37条に規定する書面には、電磁的方法であって国土交通省令で定めるものにより提供する場合を含まないものとする。

❶ 法第35条に規定する重要事項を記載した書面には、説明した宅地建物取引士Ａが記名をしたが、法第37条に規定する書面には、Ａが不在であったため、宅地建物取引士でない従事者Ｂが、Ａの記名を行った。

❷ 法第37条に規定する書面は、宅地又は建物の取引に係る契約書とは本来別個のものであるので、必ず取引の契約書とは別に当該書面を作成し、交付しなければならない。

❸ 法第35条の重要事項の説明のうち、宅地建物取引業者の相手方等の保護の必要性及び契約内容の別を勘案して国土交通省令で定められている事項は、宅地又は建物の貸借に係る事項であり、売買に係るものは含まれていない。

❹ 法第35条に規定する重要事項を記載した書面には、説明した宅地建物取引士Ｃが記名をしたが、法第37条に規定する書面には、Ｃが急病で入院したため、専任の宅地建物取引士Ｄが自ら記名した。

35条書面と37条書面に関する基本的な知識問題だ。ただ、実務的な色彩も強いので、今までテキストで勉強してきたことの具体的なイメージを抱いて問題を解いてみよう。

肢別のテーマ	
❶35条・37条書面の記名	❷契約書と37条書面
❸重要事項の説明対象	❹35条・37条書面に記名する宅建士の同一性

解 説 正解 4

❶ × **宅建士が記名しなければならない。**

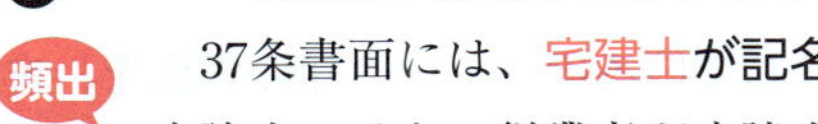

頻出

37条書面には、**宅建士が記名**しなければならない（宅建業法37条３項）。宅建士ではない従業者が宅建士の名前で記名を行っても、宅建士が記名をしたことにはならない。

❷ × **必ずしも取引の契約書とは別に37条書面を作成し交付する必要はない。**

37条書面は、同条に掲げる事項が記載された契約書であれば、その**契約書**をもって**37条書面とする**ことが認められている（国交省「考え方」）。

❸ × **売買に係るものも含まれる。**

国土交通省令で定める事項は、宅建業者の相手方等の保護の必要性や契約内容の別を勘案して、宅地建物の**売買や交換**の契約、宅地建物の**貸借**の契約について定められている（35条１項14号、規則16条の４の３）。

❹ ○ 宅建業者は、37条書面には、宅建士をして記名させなければならない（37条３項）。宅建士であれば、**35条書面に記名する宅建士**と**37条書面に記名する宅建士**は、同一人物である必要はない。なお、**35条書面は**、重要事項の説明を担当する宅建士の記名が必要であると解されている。また、**37条書面**には宅建士の記名が必要であるが、いずれの場合においても専任の宅建士でなくてよい。

P! ココがポイント

近時の宅建士試験では、実務的な具体例を問う出題が増加傾向にある。過去問も、テキストで勉強した宅建業法の規定が具体的に実務でどのように適用されているかを知る素材として、有用だ。

「わか合格基本テキスト」 第２編「宅建業法」 Chap.5−Sec.2･3

媒介・35条・37条書面複合

CHECK! 過去の本試験 H30-問27

宅地建物取引業者Aは、Bが所有し、居住している甲住宅の売却の媒介を、また、宅地建物取引業者Cは、Dから既存住宅の購入の媒介を依頼され、それぞれ媒介契約を締結した。その後、B及びDは、それぞれA及びCの媒介により、甲住宅の売買契約（以下この問において「本件契約」という。）を締結した。この場合における次の記述のうち、宅地建物取引業法（以下この問において「法」という。）の規定によれば、正しいものはどれか。なお、この問において「建物状況調査」とは、法第34条の２第１項第４号に規定する調査をいうものとする。

❶ Aは、甲住宅の売却の依頼を受けた媒介業者として、本件契約が成立するまでの間に、Dに対し、建物状況調査を実施する者のあっせんの有無について確認しなければならない。

❷ A及びCは、本件契約が成立するまでの間に、Dに対し、甲住宅について、設計図書、点検記録その他の建物の建築及び維持保全の状況に関する書類で国土交通省令で定めるものの保存の状況及びそれぞれの書類に記載されている内容について説明しなければならない。

❸ CがDとの間で媒介契約を締結する２年前に、甲住宅は既に建物状況調査を受けていた。この場合において、A及びCは、本件契約が成立するまでの間に、Dに対し、建物状況調査を実施している旨及びその結果の概要について説明しなければならない。

❹ A及びCは、Dが宅地建物取引業者である場合であっても、法第37条に基づき交付すべき書面（書面の交付に代えて、電磁的方法であって国土交通省令で定めるものにより提供する場合を含む。）には、甲住宅の構造耐力上主要な部分等の状況について当事者の双方が確認した事項があるときにその記載を省略することはできない。

細かい点に注意しながら問題文をしっかり読み込むことを怠らないようにしよう。

肢別のテーマ	❶建物状況調査実施者のあっせん（媒介）❷維持保全状況の書類等の保存状況（35条）❸建物状況調査の結果の概要（35条）❹構造耐力上主要な部分等の状況確認（37条）

解説　正解 4

❶ **× 「B」に対し、「媒介契約締結時」に確認する。**

宅建業者は、**既存建物**の売買の媒介契約を締結したときは、**依頼者**への**建物状況調査を実施する者のあっせん**に関する事項を**記載した媒介契約書面**を作成し、依頼者に交付（電磁的方法により提供する場合を含む。以下同じ）しなければならない（宅建業法34条の2第1項4号・11項）。媒介依頼者はBでありDではないので、Aは媒介契約書面に記載するため、「B」に対し、「媒介契約時」に確認しなければならない。

❷ **× 「内容」の説明は不要。**

宅建業者は、**既存建物**の売買契約を締結するまでに、買主に対し、**設計図書、点検記録その他の建物の建築・維持保全の状況に関する書類**で国土交通省令で定めるものの**保存の状況**について重要事項として**説明**しなければならないが、**記載内容の説明は不要**である（35条1項6号の2ロ）。

❸ **× 調査実施後「1年を経過していない」の建物状況調査のみ、説明が必要。**

宅建業者は、**既存建物**の売買契約を締結するまでに、買主に対し、**建物状況調査**（**実施後1年を経過していないもの**に限る）を実施しているかどうか、およびこれを実施している場合におけるその結果の概要について、重要事項として説明しなければならない（35条1項6号の2イ、規則16条の2の2）。本肢における建物状況調査は、実施後2年を経過しているので、実施後1年を経過していない建物状況調査は**実施していない旨を説明**することになる。

❹ **○** 宅建業者は、**既存建物**の**売買**契約が成立したときは、建物の**構造耐力上主要な部分等の状況**について、**当事者双方が確認した事項**を37条書面に記載（**電磁的方法により提供する場合を含む**）しなければならず（宅建業法37条1項2号の2・4項）、これは買主が宅建業者の場合でも省略できない（78条2項）。

「わか合格基本テキスト」　第2編「宅建業法」　Chap.5−Sec.1・2・3

８種規制①（業者間取引）

CHECK!　過去の本試験　H13-問42改

宅地建物取引業者Ａが、自ら売主となり、宅地建物取引業者Ｂと建物の売買契約を締結しようとする場合に関する次の記述のうち、宅地建物取引業法の規定によれば正しいものはどれか。

❶　ＡがＢから受け取る手付金の額が売買代金の２割を超える場合には、その手付金について宅地建物取引業法第41条又は第41条の２の規定による手付金等の保全措置を講じなければならない。

❷　買主Ｂも宅地建物取引業者であるので、ＡがＢに対し手付金を貸し付けて契約の締結を誘引してもさしつかえない。

❸　売買予定の建物が、建築工事完了前の建物である場合には、Ａは、建築基準法第６条第１項の確認の申請をすれば、Ｂと売買契約を締結することができる。

❹　ＡＢ間で、建物の譲渡価格について値引きをする代わりに、当該建物が種類又は品質に関して契約の内容に適合しない場合におけるその不適合を担保すべき責任を負うべき期間を引渡しの日から６月間とする特約を結ぶ場合、この特約は有効である。

本問の4肢のうち、８種規制はどれだろうか。

肢別のテーマ	❶業者間取引と手付額の制限・手付金等の保全措置 ❷業者間取引と手付貸与等の契約締結誘引の禁止 ❸業者間取引と未完成物件の契約締結時期制限 ❹業者間取引と契約不適合責任の特約の制限

解 説 正解 4

❶ × **講じる必要はない。**

宅建業者間の取引であり、8種規制である**手付額の制限**も**手付金等の保全措置**の規定も、適用されない（宅建業法78条2項、39条、41条）。

❷ × **手付金の貸付けはダメ。**

宅建業者はその相手方等に対し、**手付を貸付けその他信用の供与をすることで契約の締結を誘引する行為**をしてはならない。これは**宅建業者間の取引**でも適用される（47条3号、78条2項）。

❸ × **契約できない。**

宅建業者は、宅地の造成や建物の建築に関する**工事の完了前**には、**工事に必要な許可や建築確認が下りた後**でなければ**売買契約を締結**することはできない。これは**宅建業者間の取引**でも適用される（36条、78条2項）。

❹ ○ **宅建業者間取引には、担保責任の特約の制限は適用されない。**

8種規制である**担保責任（契約不適合責任）の特約の制限**については、**宅建業者間の取引には適用されない**（40条、78条2項）。したがって、民法が規定する目的物の種類または品質に関する**担保責任を負うべき期間**（買主が**契約不適合を知った時から1年以内**に売主に**通知**することにより、**消滅時効にかかるまでは担保責任が存続**すること）について、「引渡しの日から6か月間のみ担保責任を負う」との特約をすることも有効である。

P! ココがポイント

宅建業者相互間の取引に適用される規定と、適用されない規定とを訊く問題だ。

8種規制は、**宅建業者間の取引には適用されない**ので、8種規制を8つそらんじることができるまで覚える必要はないが、ある規制が出されたとき、それが、8種規制かそうでないかを判断できるようになるのは必須だ。

「わか合格基本テキスト」 第2編「宅建業法」Chap.6-Sec.1、Chap.4-Sec.1・3

8種規制②（手付額の制限等・手付金等の保全措置）

□□□ CHECK!　過去の本試験　H9-問39

宅地建物取引業者Aは、自ら売主として、宅地建物取引業者でないBと建築工事完了前の分譲住宅の売買契約（代金5,000万円、手付金200万円、中間金200万円）を締結した。この場合に、宅地建物取引業法の規定によれば、次の記述のうち誤っているものはどれか。

❶　Aは、手付金を受け取る時点では、宅地建物取引業法第41条に規定する手付金等の保全措置（以下この問において「保全措置」という。）を講じる必要はない。

❷　売買契約で手付金が解約手付であることを定めておかなかった場合でも、Aが契約の履行に着手していなければ、Bは、手付を放棄して契約の解除をすることができる。

❸　売買契約で「手付放棄による契約の解除は、契約締結後30日以内に限る」旨の特約をしていた場合でも、契約締結から45日経過後にAが契約の履行に着手していなければ、Bは、手付を放棄して契約の解除をすることができる。

❹　契約締結時の２月後で分譲住宅の引渡し及び登記前に、Aが中間金を受け取る場合で、中間金を受け取る時点では当該分譲住宅の建築工事が完了していたとき、Aは、手付金及び中間金について保全措置を講じる必要はない。

未完成物件を取引しているという前提を見落とさないようにしよう。

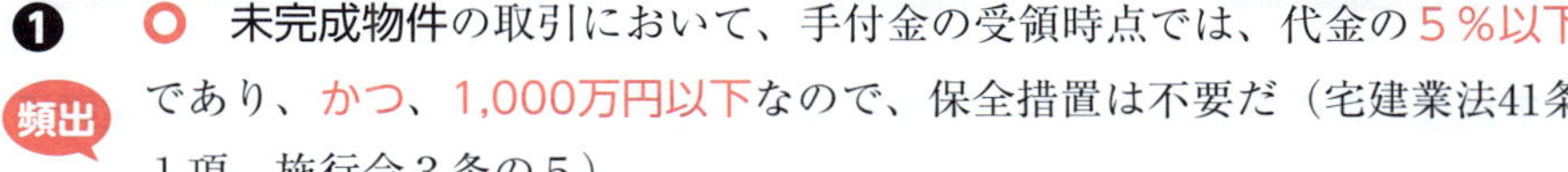

解　説　正解 4

❶ 頻出 ○ **未完成物件**の取引において、手付金の受領時点では、代金の**５％以下**であり、**かつ**、**1,000万円以下**なので、保全措置は不要だ（宅建業法41条１項、施行令３条の５）。

❷ ○ 宅建業者が自ら売主として宅建業者でない者と宅地建物の売買契約を締結する場合、宅建業者が受領する手付は、その**手付がいかなる性質のものであっても、相手方が履行に着手するまで**は、**買主**はその**手付を放棄**し、**宅建業者**は**手付の倍額を現実に提供**して、契約の**解除**ができる（宅建業法39条２項）。

❸ ○ ❷の解約手付の規定に反する特約で、民法の解約手付に関する規定より買主に不利なものは無効だ（39条２項・３項）。したがって、「契約締結後30日以内に限る」との特約をしたとしても、この特約は無効となり、**相手方**Ａが**履行に着手する前**であれば、Ｂは手付を放棄して契約を解除できる。

❹ × **保全措置が必要。**

契約時に未完成の物件であれば、たとえ中間金を受け取る時点で完成しても、未完成物件としての法の適用を受ける（国交省「考え方」）。本肢では、既に受領している手付金200万円と、今回受領する中間金200万円と併せて400万円の「手付金等」を受領することになり、代金5,000万円の５％（250万円）を超える額を受領することとなるので、中間金を受領する前に、手付金および中間金について保全措置を講じる必要がある（41条１項）。

「わか合格基本テキスト」 第２編「宅建業法」 Chap.6−Sec.2

8種規制③ (手付金等の保全措置など)

CHECK! 過去の本試験 H9-問44

宅地建物取引業者Aが、自ら売主として、宅地建物取引業者でないBと建築工事完了後の分譲住宅についての売買契約（手付金500万円）を締結した。この場合、宅地建物取引業法第41条の２に規定する手付金等の保全措置（以下この問において「保全措置」という。）に関する次の記述のうち、同法の規定によれば正しいものはどれか。

❶ 手付金の額が売買代金の額の10パーセントを超える場合でも、営業保証金の額の範囲内であるので、Aは、保全措置を講じる必要はない。

❷ 手付金の額が売買代金の額の10パーセントを超える場合には、Aは、手付金の受領後すみやかに保全措置を講じなければならない。

❸ 手付金の額が売買代金の額の20パーセントを超える場合でも、Aは、手付金全額について保全措置を講ずれば、手付金を受領することができる。

❹ 手付金の額が分譲住宅の本体価額（売買代金の額から消費税及び地方消費税に相当する額を控除した額）の10パーセントを超えていても、売買代金の額の10パーセント以下である場合には、Aは、保全措置を講じる必要はない。

完成物件であることを落とさないようにしよう。

手付金等の保全措置の要否にばかり気をとられていると、落とし穴がある。

肢別のテーマ　❶手付金等の保全措置（営業保証金との関係）❷手付金等の保全措置（保全措置をとる時期）❸手付金等の保全措置と手付額等の制限 ❹手付金等の保全措置（消費税との関係）

解　説 …… 正解 4

❶ × 完成物件の場合、手付金等の額が売買代金の**10%を超える**場合は、保全措置が必要だ（宅建業法41条の2第1項）。営業保証金の範囲内かどうかは関係がない。

❷ × 「受領後すみやかに」ではなく「受領前」に講ずる。

手付金等の保全措置は、**手付金等を受領する前**に講じなければならない（41条の2第1項）。「受領後すみやかに」では遅すぎる。

❸ × 保全措置を講じても、**手付金の額**は売買代金の20%に制限される（39条1項）。

❹ ○ 手付金等の保全措置が不要となる「代金の10%以下」の「代金」とは、**消費税込み**の代金を指す。したがって、例えば、完成物件である建物本体の価格が5,000万円、消費税込みの価格が5,500万円である場合、550万円までは保全措置が不要となる（41条の2第1項、国交省「考え方」）。

P! ココがポイント

手付金等の保全措置は、消費税込みの代金に対して、完成物件10%、未完成物件5%を超えるか、1,000万円を超える手付金等を受領する場合に必要になる。

手付金等と「等」が付いているのは、手付金だけではなく、①**契約締結後引渡し前までに授受**されて、②**代金に充当**されるものはすべて「手付金等」に含まれるからだ。保全措置の対象は「手付金」だけではないことに注意しよう。

ただ、5%、10%、1,000万円とかの金額にばかり気をとられていると、落とし穴にはまることがある。それが、本問の❸だ。

手付の額が20%を超えると、**手付額の制限**に違反する。手付金等の保全措置をとるかとらないかとは関係がない。

「わか合格基本テキスト」 第2編「宅建業法」 Chap.6−Sec.2

8種規制④（手付金等の保全措置など）

□□□ CHECK! 過去の本試験 H13-問41

重要度 ★★★

宅地建物取引業者Aは、自ら売主となって、宅地建物取引業者でない買主Bに、建築工事完了前のマンションを価格4,000万円で譲渡する契約を締結し、手付金300万円を受け取った。この場合、宅地建物取引業法の規定によれば、次の記述のうち誤っているものはどれか。なお、この問において「保全措置」とは、同法第41条第１項の規定による手付金等の保全措置をいう。

❶　Ｂが契約前に申込証拠金10万円を支払っている場合で、契約締結後、当該申込証拠金を代金に充当するときは、Ａは、その申込証拠金についても保全措置を講ずる必要がある。

❷　Ａが手付金について銀行との間に保全措置を講じている場合で、Ａが資金繰りに困り工事の請負代金を支払うことができず、マンションの譲渡が不可能となったときには、Ｂは、手付金の全額の返還を当該銀行に請求できる。

❸　ＡＢ間の契約においては、「Ａがマンションの引渡しができない場合には、当該手付金の全額を返還するので、Ｂの履行着手前にＡが契約を解除してもＢは損害賠償その他の金銭を請求しない」旨の特約をすることができる。

❹　Ａは、手付金300万円を受け取ったのち、工事中にさらに中間金として100万円をＢから受け取る場合は、当該中間金についても保全措置を講ずる必要がある。

手付金等に該当するかどうかと、保全措置が必要なものはどれかをしっかり把握しよう。

肢別のテーマ	❶手付金等の保全措置（申込証拠金） ❷手付金等の保全措置（銀行等による保証） ❸手付額の制限（民法の規定より不利な特約） ❹手付金等の保全措置（手付金と中間金）

解説　正解 3

❶ ○ 手付金等とは、①**契約締結後引渡し前まで**に支払われる、②**代金に充当**されるものが該当し、その名称は問わない（宅建業法41条1項）。本肢の**申込証拠金**は、契約締結前に支払われているのでそれだけなら手付金等には含まれないが、**契約締結後に代金に充当**するとしたので、保全すべき手付金等に該当する。

❷ ○ **保証委託契約**は、銀行等が、宅建業者が買主から受領した手付金等の返還債務の全部を**連帯保証**するものであり、買主は保証人である銀行等に、手付金等の全額の返還を請求できる（41条2項、民法446条1項）。

❸ × 特約をすることはできない。

宅建業者が、自ら売主として宅建業者でない者と宅地建物の売買契約を締結する場合、宅建業者が受領する手付については、**いかなる性質のものであっても、相手方が履行に着手するまでは、買主**はその**手付を放棄**し、宅建業者は手付の倍額を**現実に提供**して契約の**解除**ができ（宅建業法39条2項）、これに反する**特約**で**買主に不利**なものは無効となる（39条3項）。よって、本肢のように、宅建業者Aの「手付金の全額の返還」のみで解除を認める特約をすることはできない。

❹ ○ 売買契約締結後、物件の引渡し前に支払われる**中間金**も、原則として手付金等の保全措置の対象となる（41条1項）。

「わか合格基本テキスト」 第2編「宅建業法」 Chap.6−Sec.2

8種規制⑤（手付総合）

CHECK!　過去の本試験　H14-問40改

宅地建物取引業者Aが、自ら売主となって宅地建物取引業者でない買主Bと建物（完成物件）を売買する場合に関する次の記述のうち、宅地建物取引業法の規定によれば、正しいものはどれか。

❶　Aは、Bの承諾を得ている場合は、契約自由の原則に則り、購入代金の額を超える額の手付を受領できる。

❷　Bが手付を支払った後、代金の一部を支払った場合は、Aは、手付の倍額を現実に提供することによる契約解除はできない。

❸　AがBから受領した手付が代金の額の10分の１を超え、かつ、1,000万円を超える場合、Aは、いかなる場合も手付金等の保全措置を行わなければならない。

❹　Aは、Bの債務不履行を理由とする契約の解除に伴う損害賠償額の予定や違約金を契約条項に定めることができるが、これらの合計額が代金の額の10分の２を超える場合は、Bに不利になるので全額無効である。

おなじみの手付金等の保全措置と手付額の制限等の複合問題だ。

肢別のテーマ
❶手付額の制限等（特約）　❷手付額の制限等（解約手付）
❸手付金等の保全措置（保全措置不要な場合）　❹損害賠償額の予定等の制限（20%を超えた場合）

解説　正解 2

❶ × 買主Bの承諾を得ても受領できない。

宅建業者は、８種規制として**代金の**10分の２**を超える額の手付**は受領できず、買主に不利な特約は無効だ（宅建業法39条１項）。

❷ ○ 買主Bが代金の一部を支払うと、売主Aは手付解除できない。

宅建業者は、８種規制として手付を受領したときは、その**手付がいかなる性質のものであっても**、相手方が履行に着手するまでは、**買主**はその**手付を放棄**し、**宅建業者**は**手付の倍額を現実に提供**して、契約の**解除**ができる（**解約手付みなし**、宅建業法39条２項）。本肢では、宅建業者Aの相手方である買主Bが代金の一部を支払っており、既に履行に着手しているので、Aは手付解除できない。

❸ × 必ずしも行う必要はない。

建物について、**買主への所有権移転**登記**がされたときか**、買主が所有権の登記をしたとき、または引渡し**が終了したときは**、手付金等の保全措置を行う必要はない（41条の２第１項）。

❹ × 「全額」ではなく「10分の２を超える」部分が無効となる。

８種規制では、当事者の債務不履行を理由とする契約の解除に伴う損害賠償額の予定や違約金を定めるときは、これらを合算した額が代金の10分の２を超える定めをしてはならず（38条１項）、これに反する特約は、**代金の額の**10分の２**を**超える部分**について**、**無効**となる（38条２項）。全額が無効となるのではない。

P! ココがポイント

手付について宅建業法を横断的に整理してみよう。

① 重要事項の説明（代金や借賃以外に授受される金銭の額、目的）
② 37条書面（任意的記載事項・代金や借賃以外に授受される金銭の額、支払時期、支払方法）
③ 手付貸与等による契約締結誘引の禁止
④ 手付額等の制限（解約手付みなし・20%）
⑤ 手付金等の保全措置（契約締結後から、物件の引渡し前までに授受され、代金に充当される金銭は、すべて「手付金等」に該当）

「わか合格基本テキスト」　第２編「宅建業法」　Chap.6−Sec.2

8種規制⑥（自己の所有に属さない物件）

重要度 ★★★

□□□ CHECK!　過去の本試験 H17-問35

宅地建物取引業者Ａが自ら売主となって宅地建物の売買契約を締結した場合に関する次の記述のうち、宅地建物取引業法の規定に違反するものはどれか。なお、この問において、ＡとＣ以外の者は宅地建物取引業者でないものとする。

❶ Ｂの所有する宅地について、ＢとＣが売買契約を締結し、所有権の移転登記がなされる前に、ＣはＡに転売し、Ａは更にＤに転売した。

❷ Ａの所有する土地付建物について、Ｅが賃借していたが、Ａは当該土地付建物を停止条件付でＦに売却した。

❸ Ｇの所有する宅地について、ＡはＧと売買契約の予約をし、Ａは当該宅地をＨに転売した。

❹ Ｉの所有する宅地について、ＡはＩと停止条件付で取得する売買契約を締結し、その条件が成就する前に当該物件についてＪと売買契約を締結した。

このような形式の問題は、必ず登場人物の図を描いて、それぞれの関係を把握しつつ問題を解いていこう。

肢別のテーマ
❶自己の所有に属さない物件の売買契約の制限と業者間取引 ❷賃貸している物件の売買契約
❸自己の所有に属さない物件の売買契約の制限と業者間取引 ❹自己の所有に属さない物件の売買契約の制限と業者間取引

解 説 …… 正解 4

❶ **宅建業法の規定に違反しない。**

売買契約の締結さえあれば（停止条件付契約の条件成就前を除く）、**移転登記前**でも、宅建業者Aは、宅建業者でないDに、Aの所有でない宅地を転売できる（宅建業法33条の２）。これは、宅地の所有者との間に宅建業者Cを挟んでいても同じだ。

❷ **宅建業法の規定に違反しない。**

宅建業者が所有する土地付建物を他人に賃貸していたとしても、それを宅建業者が売却することは、宅建業法上禁止されてはいない。この場合、賃借人Eが土地付建物の譲受人Fに賃借権を主張できるかは、民法や借地借家法の規定に従って判断される。

❸ **宅建業法の規定に違反しない。**

宅建業者は、宅地の所有者と**売買の予約契約を締結**すれば、予約完結権を行使する前であっても、自己の所有しない宅地を宅建業者でない者に売却できる（33条の２）。

❹ **宅建業法の規定に違反する。**

宅建業者は、宅地の所有者と**停止条件付売買契約を締結**しているに過ぎない場合は、その条件の成就前には、宅建業者でない者に自己の所有しない宅地を売却する契約を締結できない（33条の２）。

P! ココがポイント

宅建業法では、素人と他人物売買契約を締結するのは原則禁止だ。しかし、売主の宅建業者が**物件を確実に取得**できる場合は、例外として許される。それは、物件所有者と「売買契約」や「予約契約」を締結している場合であり、契約さえあれば、代金支払いや予約完結権の行使は不要である。これに対し、停止条件付契約における「条件成就前」は、物件を確実に取得できるとはいえないので、禁止される。

「わか合格基本テキスト」 第２編「宅建業法」 Chap.6−Sec.2

8種規制⑦（クーリング・オフ）

CHECK! 過去の本試験 H15-問39

宅地建物取引業者Aが、自ら売主となり、宅地建物取引業者でない買主との間で締結した宅地の売買契約について、買主が宅地建物取引業法第37条の2の規定に基づき売買契約の解除（以下この問において「クーリング・オフ」という。）をする場合に関する次の記述のうち、正しいものはどれか。

❶　買主Bは、20区画の宅地を販売するテント張りの案内所において、買受けを申し込み、契約を締結して、手付金を支払った。Bは、Aからクーリング・オフについて書面で告げられていなくても、その翌日に契約の解除をすることができる。

❷　買主Cは、喫茶店で買受けの申込みをした際に、Aからクーリング・オフについて書面で告げられ、その４日後にAの事務所で契約を締結した場合、契約締結日から起算して８日が経過するまでは契約の解除をすることができる。

❸　買主Dは、ホテルのロビーで買受けの申込みをし、翌日、Aの事務所で契約を締結した際に手付金を支払った。その３日後、Dから、クーリング・オフの書面が送付されてきた場合、Aは、契約の解除に伴う損害額と手付金を相殺することができる。

❹　買主Eは、自ら指定したレストランで買受けの申込みをし、翌日、Aの事務所で契約を締結した際に代金の全部を支払った。その６日後、Eは、宅地の引渡しを受ける前にクーリング・オフの書面を送付したが、Aは、代金の全部が支払われていることを理由に契約の解除を拒むことができる。

クーリング・オフの可否については、ポイントとなる点を順を追って検討してみよう。

肢別のテーマ	❶クーリング・オフ（場所と時期）	❷クーリング・オフ（場所と時期）
	❸クーリング・オフ（場所と効果）	❹クーリング・オフ（場所と履行）

解説 …… 正解 1

❶ ○ テント張りの案内所は、土地に定着していないので「事務所等」にあたらず、解除できる。書面で告げられていなければ、８日の起算が始まらないだけだ（宅建業法37条の２第１項、規則16条の５第１号、国交省「考え方」）。

❷ × ８日の起算は書面で告げられた日からである。

買主は、喫茶店で買受けの申込みをしているので、事務所で契約締結しても解除できる（宅建業法37条の２第１項、規則16条の５）。ただし、宅建業者から書面で告げられた日（喫茶店で買受けの申込みをした日）から起算して８日経過までだ（宅建業法37条の２第１項１号）。

❸ × 損害金と手付金は相殺できない。

頻出

クーリング･オフにより契約が解除された場合、損害賠償は請求できず、宅建業者は、速やかに、受領した手付金その他の金銭を返還しなければならない（37条の２第１項・３項）。

❹ × 代金全部を支払っても、引渡しが未了なら解除できる。

レストランで買受けの申込みをしているので契約は解除できる（場所）。８日の経過もない（時期）。引渡しも未了だ（履行）。よって、解除できる（37条の２第１項）。

P! ココがポイント

クーリング・オフの可否については、売主業者・買主非業者を前提に、

①「場所」（事務所等以外か・申込み場所基準）
②「時期」（書面でクーリング･オフができる旨等を告げられて8日以内）
③「履行」（引渡しを受け、かつ、代金全部の支払い）

を検討し、いずれも満たしているなら、次に、

④「方法」（買主が解除等を書面で発する）や「効果」（損害賠償請求は不可・手付金等は返還）、を順を追って検討することがコツだ。

「わか合格基本テキスト」 第２編「宅建業法」 Chap.6−Sec.2

8種規制⑧（クーリング・オフ）

CHECK!　過去の本試験　H22-問38

重要度 ★★★

宅地建物取引業者Aが、自ら売主となり、宅地建物取引業者でない買主Bとの間で締結した宅地の売買契約について、Bが宅地建物取引業法第37条の2の規定に基づき、いわゆるクーリング・オフによる契約の解除をする場合における次の記述のうち、正しいものはどれか。

❶　Bが、自ら指定したホテルのロビーで買受けの申込みをし、その際にAからクーリング・オフについて何も告げられず、その3日後、Aのモデルルームで契約を締結した場合、Bは売買契約を解除することができる。

❷　Bは、テント張りの案内所で買受けの申込みをし、その際にAからクーリング・オフについて書面で告げられ、契約を締結した。その5日後、代金の全部を支払い、翌日に宅地の引渡しを受けた。この場合、Bは売買契約を解除することができる。

❸　Bは、喫茶店で買受けの申込みをし、その際にAからクーリング・オフについて書面で告げられ、翌日、喫茶店で契約を締結した。その5日後、契約解除の書面をAに発送し、その3日後に到達した。この場合、Bは売買契約を解除することができない。

❹　Bは、自ら指定した知人の宅地建物取引業者C（CはAから当該宅地の売却について代理又は媒介の依頼を受けていない。）の事務所で買受けの申込みをし、その際にAからクーリング・オフについて何も告げられず、翌日、Cの事務所で契約を締結した場合、Bは売買契約を解除することができない。

クーリング·オフでは、その要件と行使の方法をしっかり検討しよう。

肢別のテーマ	❶クーリング･オフ（場所） ❸クーリング･オフ（方法）	❷クーリング･オフ（履行） ❹クーリング･オフ（場所）

解説　正解 1

❶　○　解除できる。

買受けの申込みと契約締結の場所が異なる場合は、買受けの申込みをした場所を基準に判断する。そして、買受けの申込みをしたホテルのロビーは、買主Bが自ら指定してもクーリング･オフができる場所である。本肢では、クーリング･オフについて何も告げられていない以上、Bが代金全部を支払い、かつ、引渡しを受けるまでは、契約を解除できる（宅建業法37条の２第１項２号、規則16条の６）。

❷　×　解除できない。

テント張りの案内所でクーリング・オフについて書面で告げられ契約を締結しても、８日を経過するまでに、物件の引渡しを受け、かつ、その代金全部を支払ったときは解除できない（宅建業法37条の２第１項２号）。

❸　×　解除できる。

クーリング･オフは、書面で行わなければならず、その書面を発した時に効力が生ずるので、契約解除の書面を発した時がクーリング・オフについて書面で告げられてから８日以内であれば解除はできる（37条の２第１項１号・２項、規則16条の６第５号）。仮に、書面で告げられた日を1/1とすれば、契約締結は1/2、解除の書面を発送したのは契約締結の５日後なので1/7となるが、クーリング・オフは書面で告げられた1/1から８日以内（1/8まで）に発すればよい。

❹　×　解除できる。

宅建業者Aが他の宅建業者に媒介・代理を依頼した場合、その媒介・代理業者の事務所等でなされた売買契約の申込み等は、クーリング･オフできない（37条の２第１項、規則16条の５第１号ハ）。しかし、本肢のCは、Aから代理・媒介の依頼を受けていないので、解除できる。

「わか合格基本テキスト」　第２編「宅建業法」 Chap.6–Sec.2

8種規制⑨（クーリング・オフ）

□□□ CHECK! 過去の本試験 H14-問45

宅地建物取引業者Aが自ら売主として締結した建物の売買契約について、買主が宅地建物取引業法第37条の2の規定に基づき売買契約の解除をする場合に関する次の記述のうち、正しいものはどれか。

❶ 宅地建物取引業者でない買主Bは、建物の物件の説明を自宅で受ける申し出を行い、自宅でこの説明を受け、即座に買受けを申し込んだ。後日、勤務先の近くのホテルのロビーで売買契約を締結した場合、Bは売買契約の解除はできない。

❷ 宅地建物取引業者でない買主Cは、建物の物件の説明をAの事務所で受け、翌日、出張先から電話で買受けを申し込んだ。後日、勤務先の近くの喫茶店で売買契約を締結した場合、Cは売買契約の解除はできない。

❸ 宅地建物取引業者である買主Dは、建物の物件の説明をAの事務所で受けた。後日、Aの事務所近くの喫茶店で買受けを申し込むとともに売買契約を締結した場合、Dは売買契約の解除はできる。

❹ 宅地建物取引業者でない買主Eから売買契約の解除があった場合で、この契約の解除が法的要件を満たし、かつ、Aが手付金を受領しているとき、Aは契約に要した費用を手付金から控除して返還することができる。

・クーリング・オフは、宅建業者間の取引に適用されるか。
・申込みと契約の場所が異なった場合の解決はどうするのか。

肢別のテーマ	❶クーリング・オフ（場所）	❷クーリング・オフ（場所）
	❸クーリング・オフ（業者間取引）	❹クーリング・オフ（効果）

解　説　正解 1

❶ ○ 解除できない。

買主Bが自ら申し出た自宅は、クーリング・オフが適用されない「事務所等」に該当し、そこで買受けの申込みがなされた以上、クーリング・オフができるか否かは買受けの申込みがなされた場所で判断するので、売買契約の解除はできない（宅建業法37条の２第１項、規則16条の５第２号）。

❷ × 解除できる。

買主Cが電話でした買受けの申込みは、「事務所等」以外の場所でなされたものだから、契約を解除することができる（宅建業法37条の２第１項、規則16条の５）。事務所では説明がなされただけで、買受けの申込み等がなされたわけではないことに注意。

❸ × 解除できない。

宅建業者間取引には８種規制は適用されないから、契約は解除できない（宅建業法37条の２、78条２項）。

❹ × 契約費用を控除することはできない。

クーリング・オフによる契約の解除は、**完全白紙撤回**だから、売主Aは、受領していた手付金を買主Eに全額返還しなければならず、契約に要した費用は控除できない（37条の２第３項）。

P! ココがポイント

クーリング・オフ制度の論点の1つとして、買受けの申込みがなされた場所と契約を締結した場所とが異なる場合に、そのどちらを判断基準として考えればよいのかということがあるが、そのときは、買受けの申込みがなされた場所で判断する。

「わか合格基本テキスト」　第２編「宅建業法」　Chap.6−Sec.2

8種規制⑩（契約不適合責任）

CHECK!　過去の本試験　H9-問41改

　宅地建物取引業者Ａが、自ら売主として、宅地建物取引業者でないＢと建物の売買契約を締結したときの当該建物が種類又は品質に関して契約の内容に適合しない場合におけるその不適合を担保すべき責任（以下この問において単に「担保責任」という。）に関する次の記述のうち、宅地建物取引業法及び民法の規定によれば、正しいものはどれか。なお、建物の引渡しの日は、契約締結の日の１月後とする。

❶　「ＢがＡに建物が種類又は品質に関して契約の内容に適合しない旨を通知すべき期間は建物の引渡しの日から２年以内とし、Ｂは、契約を解除することはできないが、損害賠償を請求することができる」旨の特約は無効である。

❷　「建物の種類又は品質に関して、契約内容の不適合があった場合でも、その不適合がＡの責めに帰すものでないとき、Ａは担保責任を負わない」旨の特約は有効である。

❸　「ＢがＡに建物が種類又は品質に関して契約の内容に適合しない旨を通知すべき期間は契約締結の日から２年以内とし、Ｂは、修補請求もすることができる」旨の特約は有効である。

❹　「ＢがＡに建物が種類又は品質に関して契約の内容に適合しない旨を通知すべき期間は建物引渡しの日から１年以内とする」旨の特約は無効であり、Ｂは、引渡しの日から２年以内に通知すればよい。

民法の「契約不適合責任」を思い出そう。

肢別のテーマ　❶契約不適合責任の特約（解除の否定）❷契約不適合責任の特約（売主の過失責任）❸❹契約不適合責任の特約（通知すべき期間を引渡しから2年未満とする特約）

解説　正解 1

❶ ○ **解除を認めない特約は、無効。**

宅建業者が自ら売主として宅建業者でない者と宅地建物の売買契約を締結する場合、宅建業法は、契約不適合責任について、通知すべき期間を**引渡しの日から２年以上**（２年を含む）とする特約を除き、民法より買主に不利な特約は無効とする（宅建業法40条）。したがって、通知すべき期間を引渡しの日から２年以下（２年を含む）とする特約は有効であるが、民法が認めている解除を認めない特約は無効となる。

❷ × **売主Aの責めに帰すものでない場合に担保責任を認めない特約は、無効。**

民法が規定する契約不適合責任（民法566条）は、損害賠償請求を除き（415条1項）、**必ずしも**売主の責めに帰すべき事由**を要求しない**ので、Aの責めに帰すべきものでないときの契約不適合責任を全面的に否定する特約は、無効である（宅建業法40条）。

❸ × **契約締結の日から２年間とする特約は、無効。**

民法は、履行の**追完請求**も認めており（民法566条）、目的物の修補請求**も可能**であることから（562条１項）、これは民法規定と同じ特約であり、この部分に関しては宅建業法に違反しない。しかし、通知すべき期間を「契約締結の日から２年以内」とする特約は、本問では引渡しは契約締結の１か月後なので、宅建業法が認める引渡しの日から２年以上ではなく、**特約は無効**となる（宅建業法40条）。結果として、Bは契約不適合を知った時から１年以内にAに不適合を通知すれば、契約不適合責任をAに追及できることになる。

❹ × **「引渡しの日から１年以内」とする特約が無効になると、民法が適用される。**

通知すべき期間を「引渡しの日から１年以内」とする**特約は無効**となり(40条)、民法が適用される。「引渡しの日から２年以内」となるのではない。民法は、契約不適合責任については、原則として、**買主が不適合を**知った時**から**１年以内**にその旨を売主に**通知しないと、売主への担保責任の追及ができなくなると規定する（民法566条）。

「わか合格基本テキスト」 第２編「宅建業法」 Chap.6–Sec.2

8種規制⑪（総合）

CHECK!　過去の本試験　H14-問41改

宅地建物取引業者Aが、自ら売主となり、宅地又は建物を売買する場合に関する次の記述のうち、宅地建物取引業法の規定によれば、正しいものはどれか。なお、買主B、C、D及びEは、いずれも宅地建物取引業者でないものとする。

❶　買主Bとの売買契約において、物件が競売で取得した中古住宅であるため、現状有姿とし、当該中古住宅の種類又は品質に関する契約内容の不適合責任を負わないと定めた契約書の条項は有効である。

❷　買主Cとの未完成物件の売買契約において、手付金等を受領する場合、保証委託契約による保全措置の対象は、代金の額の100分の５を超え、かつ、この金額が1,000万円を超える部分である。

❸　買主Dとの未完成物件の売買において、宅地建物取引業法第41条に規定する手付金等の保全措置が必要であるにもかかわらず、Aが当該措置を講じない場合は、Dは、手付金等を支払わないことができる。

❹　買主Eとの割賦販売契約において、「Eが割賦金の支払を40日以上遅延した場合は、催告なしに契約の解除又は支払時期の到来していない割賦金の支払を請求することができる」と定めた契約書の条項は有効である。

８種規制の総合問題だ。

肢別のテーマ	❶契約不適合責任 ❸手付金等の保全措置（保全措置をとらない場合の支払拒絶権）	❷手付金等の保全措置（保全される額） ❹割賦販売契約の解除等の制限（書面での催告）

解説　正解 3

❶ **× 種類または品質に関する契約不適合責任を負わない旨の特約は、無効。**

宅建業者が、自ら売主として宅建業者でない買主に宅地建物を売却する場合における種類または品質に関する契約不適合責任については、その不適合を通知すべき期間を引渡しから２年以上とする特約を除き、**民法の規定よりも買主に不利となる特約**をすることはできず、これに反する特約は無効となる（宅建業法40条）。よって、種類または品質に関する契約不適合責任を負わない旨の特約は無効である。

❷ **× 超える部分に限定されない。**

保全措置の対象は、保全措置が必要とされる手付金等の**全額**だ（41条２項１号）。保全措置が必要になる額を超えた部分であると誤解してはいけない。

❸ ○ 宅建業者が保全措置を必要とする場合に、**保全措置を講じないとき**は、買主は**手付金等を支払わなくてよい**（41条４項）。

❹ **× 催告を不要とする特約は無効。**

８種規制で割賦販売の契約について賦払金の支払いの義務が履行されない場合は、30日以上の**相当期間**を定めて支払いを書面で催告した後でなければ、契約の解除や支払時期の未到来の賦払金の支払いは請求できない。そして、これに反する特約は無効だ（42条）。

P! ココがポイント

割賦販売契約の解除等の制限に関し、宅建業法では相当期間を30日以上として（30日あれば、サラリーマンであれば、次の給料日が含まれるので、割賦金の支払いができる可能性が高い）、さらに慎重を期して、催告は書面でしなければいけないことになっている。

「わか合格基本テキスト」　第２編「宅建業法」　Chap.6−Sec.2

8種規制⑫（総合）

□□□ CHECK!　過去の本試験 H11-問40

宅地建物取引業者Aが、自ら売主として、建物を販売する場合に関する次の記述のうち、宅地建物取引業法の規定に違反しないものはどれか。

❶ Aは、建物を新築するため建築確認の申請中であったので、「建築確認申請済」と表示して、その建物の販売に関する広告を行い、販売の契約は建築確認を受けた後に締結した。

❷ Aが、建物を新築するため建築確認の申請中であったので、宅地建物取引業者Bに対し、その建物を販売する契約の予約を締結した。

❸ Aは、中古の建物を、その所有者Cから停止条件付きで取得する契約を締結し、当該条件の未成就のまま、その建物を宅地建物取引業者Dに対し販売する契約を締結した。

❹ Aは、都道府県知事から業務の全部の停止を命じられ、その停止の期間中に建物の販売に関する広告を行ったが、販売の契約は当該期間の経過後に締結した。

広告を中心に、宅建業者が自ら売主となる8種規制を含んだ総合問題だ。さて、この中で8種規制はどれだろうか。

肢別のテーマ	❶未完成物件の広告開始時期制限	❷未完成物件の契約締結時期制限
	❸自己の所有に属しない契約締結の制限（業者間取引）	❹業務停止処分と広告

解　説　正解 3

❶　**違反する。**

未完成物件は、工事に必要な**許可や建築確認**があった**後**でなければ、**広告**できない（未完成物件の広告開始時期制限、宅建業法33条）。なお、契約締結は建築確認後だから、この点は未完成物件の契約締結時期制限に違反しない（36条）。

❷　**違反する。**

未完成物件は、工事に必要な**許可や建築確認**があった**後**でなければ、**売買契約**や**交換契約**を締結できない（36条）。**契約の予約**であっても、また、**宅建業者間取引**であっても規制される（78条２項）。

❸　**違反しない。**

８種規制は、**宅建業者間の取引**には適用されない（78条２項）。

❹　**違反する。**

業務停止処分（業務全部の停止）の期間中は、取引（販売の契約）はもちろんのこと、**広告**を行うこともできない（65条２項・４項）。広告を行うことも「業務」だからである。

P! ココがポイント

未完成物件について、宅建業法を横断的に整理しよう。

① 重要事項の説明(未完成物件は追加項目として説明事項が増える)
② 未完成物件の契約締結時期制限
③ 未完成物件の広告開始時期制限
④ 手付金等の保全措置（８種規制･未完成物件は5％、保全方法2つ）
⑤ 自己の所有に属さない売買契約の制限（８種規制・自己の所有に属さないとは、未完成も含む）

「わか合格基本テキスト」　第２編「宅建業法」Chap.6-Sec.1、Chap.4-Sec.1

報酬額の制限①

CHECK!　過去の本試験　H20-問43改

宅地建物取引業者Ａ及び宅地建物取引業者Ｂ（共に消費税課税事業者）が受領する報酬に関する次の記述のうち、正しいものはどれか。なお、借賃には、消費税相当額を含まないものとする。

❶　Ａが単独で行う居住用建物の貸借の媒介に関して、Ａが依頼者の一方から受けることができる報酬の上限額は、当該媒介の依頼者から報酬請求時までに承諾を得ている場合には、借賃の1.1か月分である。

❷　Ａが単独で行う事業用建物の貸借の媒介に関して、Ａが依頼者の双方から受ける報酬の合計額が借賃の1.1か月分以内であれば、Ａは依頼者の双方からどのような割合で報酬を受けてもよい。

❸　Ａが単独で貸主と借主の双方から店舗用建物の貸借の媒介の依頼を受け、１か月の借賃25万円（消費税額及び地方消費税額を含む。）、権利金330万円（権利設定の対価として支払われるもので、返還されない。消費税額及び地方消費税額を含む。）の契約を成立させた場合、Ａは依頼者の双方から合計で31万円の報酬を受けることができる。

❹　Ａは売主から代理の依頼を、Ｂは買主から媒介の依頼を、それぞれ受けて、代金4,000万円の宅地の売買契約を成立させた場合、Ａは売主から277万2,000円、Ｂは買主から138万6,000円の報酬をそれぞれ受けることができる。

【速算法】
- ・400万円（税抜き価額）～　取引価額×3％＋6万円
- ・200～400万円　取引価額×4％＋2万円
- ・～200万円　取引価額×5％

肢別のテーマ　❶報酬計算（居住用建物の貸借媒介）❷報酬計算（事業用建物の貸借媒介）❸報酬計算（店舗用建物の貸借媒介・権利金）❹報酬計算（宅地の売買・複数業者）

解説　正解 2

❶ ひっかけ

× 「請求時までに承諾」ではダメ。媒介の依頼を受けるにあたっての承諾が必要だ。

原則として、**居住用建物**の**賃貸借の媒介**に際して、課税事業者である宅建業者が**依頼者の一方**から受け取ることのできる報酬の上限額は、借賃の**0.5か月分**に消費税10%を加算した額だ（宅建業法46条１項、報酬告示４）。しかし、例外として、**媒介の依頼を受けるにあたって**、その**依頼者の承諾**を得れば、借賃の1.1か月分（報酬への消費税込み）が上限額となる。

❷

○ 課税事業者である宅建業者が、**居住用建物以外の貸借**の媒介に際して**依頼者双方**から受ける報酬の上限額は、合計して借賃の1.1か月以内となる（46条１項、報酬告示４）。依頼者からどのような割合で受領できるかについての制限はない。

❸

× 「31万円の報酬を受け取ることができる」➡30万8,000円しか受け取れない。

居住用建物以外の**賃貸借**の代理・媒介で**権利金**の授受がある場合は、権利金の額（消費税相当額を除いた額）を**売買代金とみなして**、売買の報酬計算をし、その額と１か月分の借賃に相当する額とを比較し、**高い方**が報酬上限額となる（46条１項、報酬告示６）。300万円×４%＋２万円＝14万円（消費税分を加えても15万4,000円。これを貸主・借主双方から受領すると合計で30万8,000円となり、31万円の受領はできない）。

❹

× 売主・買主双方から受領する合計額は、(4,000万円×３%＋６万円)×2＝252万円（消費税含む277万2,000円）が上限。

複数の宅建業者が１つの売買契約の成立に媒介や代理で関わる場合でも、その**複数業者の受領する報酬**の**総額**は、**売買の媒介の場合の報酬額の２倍**を超えてはいけない（国交省「考え方」）。

「わか合格基本テキスト」　第２編「宅建業法」　Chap.7−Sec.1・2

83 報酬額の制限②

CHECK! 過去の本試験 H24-問35改

宅地建物取引業者Ａ社（消費税課税事業者）は売主Ｂから土地付中古別荘の売却の代理の依頼を受け、宅地建物取引業者Ｃ社（消費税課税事業者）は買主Ｄから別荘用物件の購入に係る媒介の依頼を受け、ＢとＤの間で当該土地付中古別荘の売買契約を成立させた。この場合における次の記述のうち、宅地建物取引業法の規定によれば、正しいものの組合せはどれか。なお、当該土地付中古別荘の売買代金は320万円（うち、土地代金は100万円）で、消費税額及び地方消費税額を含むものとする。

ア　Ａ社がＢから受領する報酬の額によっては、Ｃ社はＤから報酬を受領することができない場合がある。

イ　Ａ社はＢから、少なくとも154,000円を上限とする報酬を受領することができる。

ウ　Ａ社がＢから100,000円の報酬を受領した場合、Ｃ社がＤから受領できる報酬の上限額は208,000円である。

エ　Ａ社は、代理報酬のほかに、Ｂからの依頼の有無にかかわらず、通常の広告の料金に相当する額についても、Ｂから受け取ることができる。

❶ ア、イ

❷ イ、ウ

❸ ウ、エ

❹ ア、イ、ウ

図解

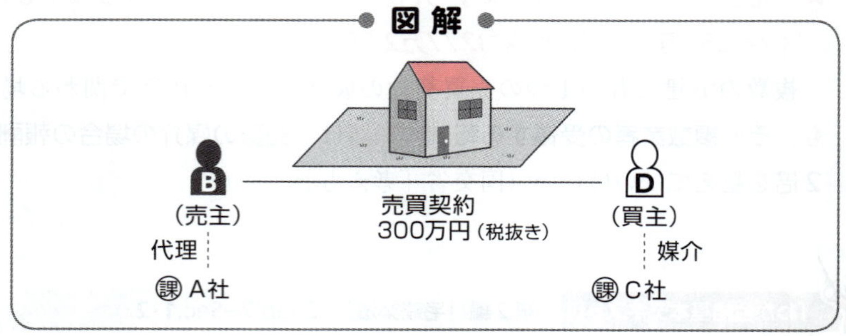

肢別のテーマ		
	ア　報酬計算（複数業者）	イ　報酬計算（複数業者）
	ウ　報酬計算（複数業者）	エ　報酬計算（広告料金）

解　説　正解 ❶

ア　○　税抜き価額300万円×４％＋2万円＝14万円（αとする）。**売買の媒介**業者が**依頼者の一方から**受領できる限度額はα、**売買の代理**業者が**依頼者から**受領できる限度額は**２α**（報酬告示２・３）。かつ、１つの売買契約の成立に**複数の業者**が関わる場合の報酬**合計額は２α**。代理業者Ａ社がＢから報酬額２αを受領すると、媒介業者Ｃ社はＤから報酬を受領できない（宅建業法46条３項、報酬告示、以下同じ）。

イ　○　**売買の媒介**業者Ｃ社がＤから受領できる報酬限度額はα。Ａ社とＣ社が受領できる**報酬合計額は２α**だから、Ａ社は**２α－α＝α**（Ａ社は課税事業者だから**α**に消費税10％上乗せで154,000円）。もっとも、Ｃ社が上限であるαを受領せず、例えば0.8αを受領するのであればＡ社は1.2αを受領できるので、「少なくとも154,000円を上限」（Ｃ社の受領する報酬額がαより少なければＡ社はその分、多く）とする報酬となる。

ウ　×　**Ｃ社は売買の媒介の依頼者Ｄから154,000円（税込みα）までしか受領できない。**

単純に30万8,000円（**税込み２α**）－10万円＝20万8,000円とあてはめてしまうことは、誤りである。

エ　×　**Ａ社はＢの依頼がなければ、広告料金に相当する額を報酬とは別個に受領できない。**

以上から、正しいものの組合せは「ア、イ」で正解は❶だ。

P! ココがポイント

①　宅建業者がそれぞれの依頼者から受領する報酬限度額
　・売買の媒介…依頼者の一方からα
　・売買の代理…依頼者から２α

②　複数の宅建業者が受領する合計の報酬限度額
　合計で２α

「わか合格基本テキスト」　第２編「宅建業法」　Chap.7–Sec.1・2

報酬額の制限③

CHECK! 過去の本試験 H30-問31改

宅地建物取引業者Ａ（消費税課税事業者）が受け取ることのできる報酬の上限額に関する次の記述のうち、宅地建物取引業法の規定によれば、正しいものはどれか。

❶ 土地付中古住宅（代金500万円。消費税等相当額を含まない。）の売買について、Ａが売主Ｂから媒介を依頼され、現地調査等の費用が通常の売買の媒介に比べ５万円（消費税等相当額を含まない。）多く要する場合、その旨をＢに対し説明した上で、ＡがＢから受け取ることができる報酬の上限額は286,000円である。

❷ 土地付中古住宅（代金300万円。消費税等相当額を含まない。）の売買について、Ａが買主Ｃから媒介を依頼され、現地調査等の費用が通常の売買の媒介に比べ４万円（消費税等相当額を含まない。）多く要する場合、その旨をＣに対し説明した上で、ＡがＣから受け取ることができる報酬の上限額は198,000円である。

❸ 土地（代金350万円。消費税等相当額を含まない。）の売買について、Ａが売主Ｄから媒介を依頼され、現地調査等の費用が通常の売買の媒介に比べ２万円（消費税等相当額を含まない。）多く要する場合、その旨をＤに対し説明した上で、ＡがＤから受け取ることができる報酬の上限額は198,000円である。

❹ 中古住宅（１か月分の借賃15万円。消費税等相当額を含まない。）の貸借について、Ａが貸主Ｅから媒介を依頼され、現地調査等の費用が通常の貸借の媒介に比べ３万円（消費税等相当額を含まない。）多く要する場合、その旨をＥに対し説明した上で、ＡがＥから受け取ることができる報酬の上限額は198,000円である。

「低廉な空家等に関する報酬の特例」の当てはめに注意しよう。

肢別のテーマ　❶～❹低廉な空家等の報酬特例

解説　正解 3

❶ × **特例は、400万円以下（税抜）の物件に適用。**

低廉な空家等に関する報酬の特例（以下「特例」）は、**価額400万円以下（税抜き）の物件に適用**されるので、本肢の代金500万円の物件には、適用されない（報酬告示7・8、以下同じ）。よって、500万円×3％＋6万円＝21万円で、Aは課税事業者だから、消費税10％が上乗せされた23万1,000円が、Bから受領できる報酬上限だ。

❷ × **特例は、売主から受領する報酬に適用。**

特例は、売買の媒介の**売主**から受領する報酬のみに適用され、**買主**からは、**通常の報酬計算で算出される額を上限に請求できるだけ**である。よって、本肢では、300万円×4％＋2万円＝14万円で、Aは課税事業者だから、消費税10％が上乗せされた15万4,000円が、**買主C**から受領できる報酬上限だ。

❸ ○ 本肢では、Aが売主Dから受け取ることができる報酬には、**特例が適用**される（❶解説参照）。代金は350万円なので、350万円×4％＋2万円＝16万円となり、それに通常より多く要する現地調査等の費用2万円を加えて18万円である。Aは課税事業者なので、消費税10％が上乗せされた19万8,000円が、報酬上限だ。

❹ × **特例は、貸借には適用されない。**

特例の対象となるのは、売買・交換の場合のみであり、**貸借**には**適用されない**。したがって、通常より多く要する現地調査等の費用3万円を1か月分の借賃15万円に加えて報酬計算（税込19万8,000円）することはできない。

P! ココがポイント

「**低廉な空家等の報酬の特例**」のポイントは以下のとおりである。

① **税抜き400万円以下**の宅地・建物の**売買(交換)**の媒介・代理であること(空家に限定せず)
② **通常よりも現地調査等の費用を要する**ものであること
③ 依頼者である**売主(等)から受領**するものに限ること
④ 媒介・代理契約時に、あらかじめ依頼者に**説明**し、合意すること
⑤ 特例を適用した場合の受領できる**報酬額**の上限は、課税事業者の場合、**売買の媒介**であれば、**18万円＋消費税＝198,000円**であること

「わか合格基本テキスト」　第2編「宅建業法」　Chap.7−Sec.1・2

監督処分①

□□□ CHECK! 過去の本試験 H20-問45改

宅地建物取引業者Ａ（甲県知事免許）に対する監督処分に関する次の記述のうち、宅地建物取引業法の規定によれば、正しいものはどれか。

❶ Ａの専任の宅地建物取引士が事務禁止処分を受けた場合において、Ａの責めに帰すべき理由があるときは、甲県知事は、Ａに対して指示処分をすることができる。

❷ 甲県知事は、Ａの事務所の所在地を確知できないときは、直ちにＡの免許を取り消すことができる。

❸ Ａが宅地建物取引業法の規定に違反したとして甲県知事から指示処分を受け、その指示に従わなかった場合、甲県知事は、Ａの免許を取り消さなければならない。

❹ 甲県知事は、Ａに対して指示処分をした場合には、甲県の公報等により、その旨を公告しなければならない。

宅建士は、宅建業者の指揮監督の下で事務を行うことが多い。それなのに、宅建士だけに監督処分をして「はい、おしまい」でいいのだろうか。

肢別のテーマ
❶宅建業者への監督処分事由　❷公告による免許取消処分
❸免許取消処分事由　❹監督処分の公告

解説　正解 1

❶ ○　宅建士が事務禁止処分等の監督処分を受けた場合に、宅建業者の責めに帰すべき理由があるときは、免許権者は、宅建業者に対しても、指示処分等の監督処分ができる（宅建業法65条1項4号）。

❷ 難 ×　「直ちに」ではなく、「公告後30日経過しても申出がない場合に」。

免許権者は、宅建業者またはその事務所の所在が確知できない場合、その旨を公告した後、30日を経過しても宅建業者から申出がない場合に、その免許を取り消すことができる（67条1項）。

❸ 難 ×　「免許を取り消さなければならない」とは限らない。

指示処分に従わない場合でも、業務停止処分対象事由に過ぎず、情状が特に重い場合にのみ、必要的な免許取消処分事由となる（65条2項3号、66条1項9号）。よって、指示に従わなかったとしても、その情状が重い場合に該当しなければ、甲県知事は、Aの免許を取り消さなくてもよい。

❹ ひっかけ ×　「指示処分をした場合には、…公告しなければならない」➡指示処分には、公告不要。

公告が必要となる監督処分は、「宅建業者に対する業務停止処分と免許取消処分だけ」である（70条1項、規則29条）。「宅建業者に対する指示処分」は含まれない。なお、「宅建士に対する監督処分」を行った場合にも、公告は不要である。

「わか合格基本テキスト」 第2編「宅建業法」 Chap.8–Sec.1

86 監督処分②

□□□ CHECK!　過去の本試験 H24-問44改

重要度 ★★★

宅地建物取引業法の規定に基づく監督処分に関する次の記述のうち、正しいものはどれか。

❶　国土交通大臣又は都道府県知事は、宅地建物取引業者に対して必要な指示をしようとするときは、行政手続法に規定する弁明の機会を付与しなければならない。

❷　甲県知事は、宅地建物取引業者Ａ社（国土交通大臣免許）の甲県の区域内における業務に関し、Ａ社に対して指示処分をした場合、遅滞なく、その旨を国土交通大臣に通知するとともに、甲県の公報等により公告しなければならない。

❸　乙県知事は、宅地建物取引業者Ｂ社（丙県知事免許）の乙県の区域内における業務に関し、Ｂ社に対して業務停止処分をした場合は、乙県に備えるＢ社に関する宅地建物取引業者名簿へ、その処分に係る年月日と内容を記載しなければならない。

❹　国土交通大臣は、宅地建物取引業者Ｃ社（国土交通大臣免許）が宅地建物取引業法第37条に規定する書面の交付をしていなかったことを理由に、Ｃ社に対して業務停止処分をしようとするときは、あらかじめ、内閣総理大臣に協議しなければならない。

宅建業法では、どのような監督処分をする場合でも、聴聞が必要だ。

肢別のテーマ		
	❶聴聞	❷監督処分と公告等
	❸宅建業者名簿への記載	❹内閣総理大臣との協議

解　説　正解 4

❶ **× 弁明の機会の付与ではなく、聴聞を行う。**

たとえ指示処分を行う場合であっても、監督処分を行う場合は**聴聞**であり、**弁明の機会の付与**という簡略手続ではない（宅建業法69条）。

❷ **× 国土交通大臣に報告するが、公告はしない。**

知事は、管轄区域内で業務を行う宅建業者に指示処分をした場合、免許権者である**国土交通大臣に報告**する。通知ではない。また、知事は、業務停止・免許取消処分をした場合は、公報等で公告するが、**指示処分では公告しない**（70条１項・３項、規則29条）。

❸ **× Ｂの宅建業者名簿への記載は、免許権者である丙県知事が行う。**

宅建業者名簿には、免許権者以外の知事による指示・業務停止処分の年月日や内容も記載されるが、**丙県知事免許を受けたＢの宅建業者名簿に記載**するのは、業務停止処分をした乙県知事ではないし、そもそも**丙県知事免許**を受けたＢ社の宅建業者名簿は**乙県**には設置されていない（宅建業法８条２項、規則５条）。

❹ **○ 国土交通大臣**は、**国土交通大臣免許を受けた宅建業者**が宅建業法上の**消費者保護に関わる規定**（本肢の37条書面の交付義務も含む）に違反したことを理由に監督処分をする場合、**あらかじめ内閣総理大臣に協議**しなければならない（宅建業法71条の２）。

難

❹は、国土交通大臣が国土交通大臣免許業者に監督処分を行う場合、消費者の利益代表者である内閣総理大臣との協議が必要となることについて、本試験で初めて出題された。

なお、❷に関し、知事が宅建業者に業務停止・免許取消処分の監督処分をした際の公告方法は、都道府県の公報に限定されず、**ウェブサイトへの掲載**等でもよいことにも、注意しておこう。

「わか合格基本テキスト」　第２編「宅建業法」　Chap.8−Sec.1

87 監督処分③

CHECK! 過去の本試験 H25-問42改

甲県知事の宅地建物取引士資格登録（以下この問において「登録」という。）を受けている宅地建物取引士Ａへの監督処分に関する次の記述のうち、宅地建物取引業法の規定によれば、正しいものはどれか。

❶ Ａは、乙県内の業務に関し、他人に自己の名義の使用を許し、当該他人がその名義を使用して宅地建物取引士である旨の表示をした場合、乙県知事から必要な指示を受けることはあるが、宅地建物取引士として行う事務の禁止の処分を受けることはない。

❷ Ａは、乙県内において業務を行う際に提示した宅地建物取引士証が、不正の手段により交付を受けたものであるとしても、乙県知事から登録を消除されることはない。

❸ Ａは、乙県内の業務に関し、乙県知事から宅地建物取引士として行う事務の禁止の処分を受け、当該処分に違反したとしても、甲県知事から登録を消除されることはない。

❹ Ａは、乙県内の業務に関し、甲県知事又は乙県知事から報告を求められることはあるが、乙県知事から必要な指示を受けることはない。

宅建士に対して登録消除処分ができるのは、誰だろうか。

肢別のテーマ	
❶業務地知事の事務禁止処分の可否	❷業務地知事の登録消除処分の可否
❸登録知事の登録消除処分の可否	❹業務地知事の指示処分の可否

解説　正解 2

❶ × 業務地知事も事務禁止処分できる。

宅建士が**名義貸し**の違反行為をした場合、**業務地知事**からも指示処分や**事務禁止処分**を受けることがある（宅建業法68条３項・４項・１項２号）。

❷ ○ 登録消除処分は登録知事だけが可能だ。

登録消除処分は、Ａが宅建士の登録を受けている**甲県**知事のみ行うことができ、業務地を管轄する乙県知事は行うことができない（68条の２第１項３号）。

❸ × **事務禁止処分に違反**した場合、それが**業務地知事が行った事務禁止処分**でも、登録知事は、**登録消除処分**をすることができる（68条の２第１項４号、68条４項）。

❹ × **業務地知事も登録知事も**、宅建士に**報告**を求めることができ（72条３項）、また**業務地知事**も宅建士が行う宅建士の事務に関し、不正または著しく不当な行為をした場合、その宅建士に対して**指示処分**ができる（68条３項・１項３号）。

P! ココがポイント

【宅建士に対する監督処分】

	指示処分	事務禁止処分	登録消除処分
登録知事	できる	できる	できる
業務地知事	できる	できる	できない※

※宅建士に対して登録消除処分ができるのは、登録している知事のみ。これは、宅建業者に対して免許取消処分ができるのが免許権者だけであることと同じだ。

「わか合格基本テキスト」第２編「宅建業法」Chap.8–Sec.1

88 監督・罰則

□□□ CHECK! 過去の本試験 H19-問36

重要度 ★★★

法人である宅地建物取引業者Ａ（甲県知事免許）に関する監督処分及び罰則に関する次の記述のうち、宅地建物取引業法の規定によれば、誤っているものはどれか。

❶ Ａが、建物の売買において、当該建物の将来の利用の制限について著しく事実と異なる内容の広告をした場合、Ａは、甲県知事から指示処分を受けることがあり、その指示に従わなかったときは、業務停止処分を受けることがある。

❷ Ａが、乙県内で行う建物の売買に関し、取引の関係者に損害を与えるおそれが大であるときは、Ａは、甲県知事から指示処分を受けることはあるが、乙県知事から指示処分を受けることはない。

❸ Ａが、正当な理由なく、その業務上取り扱ったことについて知り得た秘密を他人に漏らした場合、Ａは、甲県知事から業務停止処分を受けることがあるほか、罰則の適用を受けることもある。

❹ Ａの従業者Ｂが、建物の売買の契約の締結について勧誘をするに際し、当該建物の利用の制限に関する事項で買主の判断に重要な影響を及ぼすものを故意に告げなかった場合、Ａに対して１億円以下の罰金刑が科せられることがある。

指示処分や業務停止処分が出せるのは、誰だろうか。

肢別のテーマ	❶指示処分や業務停止処分対象事由　❷業務管轄知事の指示処分 ❸守秘義務違反　❹両罰規定

解説　正解 2

❶ ○ **指示処分に従わないと、業務停止処分を受けることがある。**

誇大広告等の禁止に違反すると、指示処分、業務停止処分、情状が重ければ免許取消処分の対象となる。そして、**指示処分に違反**すると、**業務停止処分の対象**になる（宅建業法32条、65条１項・２項４号）。

❷ × **業務地を管轄する知事も、指示処分ができる。**

指示処分や業務停止処分は、免許権者である甲県知事以外に、**業務地を管轄する**乙県**知事**もできる（65条１項１号・３項）。

❸ ○ 宅建業者が守秘義務に違反した場合は、**監督処分**として業務停止処分等を受けることがあるほか、罰則として50万円以下の罰金刑の適用を受けることもある（45条、65条２項２号、83条１項３号）。

❹ ○ **従業者が重要な事実の不告知等の禁止に違反**すると、**法人業者には１億円以下の罰金刑**が科せられることがある。これを両罰規定という（47条１号、79条の２、84条）。

P! ココがポイント

両罰規定とは、たとえば法人業者の役員や従業員が違反行為をした場合に、その者を罰するほか、法人業者にも罰金刑を科すことをいう。

宅建業法では、①宅建業法上一番重く処罰される無免許営業関係と、肢❹の重要な事実の不告知等の禁止違反では、法人業者に１億円以下の罰金刑、②それ以外の罰金刑が設定されている違反は、法人業者にも同額の罰金刑が科される。

「わか合格基本テキスト」　第２編「宅建業法」　Chap.8−Sec.1・2

住宅瑕疵担保履行法①

□□□ CHECK!　過去の本試験　H22-問45改

特定住宅瑕疵担保責任の履行の確保等に関する法律に基づく住宅販売瑕疵担保保証金の供託又は住宅販売瑕疵担保責任保険契約の締結（以下この問において「資力確保措置」という。）に関する次の記述のうち、正しいものはどれか。

❶　宅地建物取引業者は、自ら売主として宅地建物取引業者である買主との間で新築住宅の売買契約を締結し、当該住宅を引き渡す場合、資力確保措置を講ずる義務を負う。

❷　自ら売主として新築住宅を販売する宅地建物取引業者は、住宅販売瑕疵担保保証金の供託をする場合、宅地建物取引業者でない買主に対して供託所の所在地等について記載した書面を交付し又は電磁的方法により提供し、その説明を、新築住宅を引き渡すまでに行えばよい。

❸　宅地建物取引業者は、自ら売主として新築住宅を販売する場合だけでなく、新築住宅の売買の媒介をする場合においても、資力確保措置を講ずる義務を負う。

❹　自ら売主として新築住宅を宅地建物取引業者でない買主に引き渡した宅地建物取引業者は、基準日ごとに、当該基準日に係る資力確保措置の状況について、その免許を受けた国土交通大臣又は都道府県知事に届け出なければならない。

平成22年本試験から出題範囲となった住宅瑕疵担保履行法は、毎年のように同じ箇所からの出題が続いている。

肢別のテーマ	❶宅建業者間取引	❷書面を交付等しての説明義務
	❸媒介と資力確保措置	❹基準日ごとの届出義務

解　説　正解 4

❶ × **宅建業者間取引に適用なし。**

頻出

買主も宅建業者（宅建業者間取引）である場合は、**資力確保措置**を講ずる**義務はない**（履行法2条7項2号ロ）。

❷ × **契約締結までに行う。**

頻出

保証金を供託した宅建業者は、買主に対し、売買契約を締結するまでに、その保証金を供託している供託所の所在地その他国土交通省令で定める事項について、これらの事項を記載した**書面を交付し、または電磁的方法により提供して説明**しなければならない（15条、規則21条）。なお、この説明は、宅建業法上の重要事項の説明として行われる。

❸ × **媒介業者に、資力確保措置を講ずる義務なし。**

宅建業者の資力確保措置は、自ら売主として**新築住宅を販売**する場合にのみ義務付けられる（履行法11条1項）。

❹ ○ **基準日ごとに一定期間内に免許権者への届出が必要となる。**

頻出

新築住宅を引き渡した宅建業者は、年1回（毎年3月31日）の基準日ごとに、その基準日に係る保証金の供託や保険契約の締結の状況について、**免許権者**である国土交通大臣または知事に**届け出**なければならない（12条、規則16条）。なお、届出をすべき期間は、基準日から**3週間以内**である。

P! ココがポイント

住宅品質確保法において、新築住宅の売主等に構造耐力上主要な部分と雨水の浸入を防止する部分の10年間の瑕疵担保責任（種類または品質に関する契約不適合責任）が強制されたのを受け、その責任の履行を確実にするため、住宅瑕疵担保履行法において、新築住宅の売主である宅建業者に一定額の保証金を供託するか、一定の保険に加入することのいずれかを義務付けている。

「わか合格基本テキスト」　第2編「宅建業法」　Chap.9−Sec.1

住宅瑕疵担保履行法②

重要度

CHECK!　過去の本試験　H29-問45改

宅地建物取引業者Ａが自ら売主として、宅地建物取引業者でない買主Ｂに新築住宅を販売する場合における次の記述のうち、特定住宅瑕疵担保責任の履行の確保等に関する法律の規定によれば、正しいものはどれか。

❶　Ａは、住宅販売瑕疵担保保証金の供託をする場合、Ｂに対し、当該住宅を引き渡すまでに、供託所の所在地等について記載した書面を交付し又は買主の承諾を得て当該書面に記載すべき事項を電磁的方法により提供して、説明しなければならない。

❷　自ら売主として新築住宅をＢに引き渡したＡが、住宅販売瑕疵担保保証金を供託する場合、その住宅の床面積が55㎡以下であるときは、新築住宅の合計戸数の算定に当たって、床面積55㎡以下の住宅２戸をもって１戸と数えることになる。

❸　Ａは、基準日に係る住宅販売瑕疵担保保証金の供託及び住宅販売瑕疵担保責任保険契約の締結の状況についての届出をしなければ、当該基準日から１月を経過した日以後においては、新たに自ら売主となる新築住宅の売買契約を締結してはならない。

❹　Ａは、住宅販売瑕疵担保責任保険契約の締結をした場合、当該住宅を引き渡した時から10年間、当該住宅の給水設備又はガス設備の瑕疵（種類又は品質に関して契約の内容に適合しない状態）によって生じた損害について保険金の支払を受けることができる。

肢❹については、品確法と履行法の関係を思い出そう。

肢別のテーマ	❶書面を交付等しての説明義務	❷新築住宅の合計戸数の算定
	❸基準日ごとの届出を欠く場合	❹履行法の瑕疵の対象

解　説　正解 2

❶ 

× 「当該住宅を引き渡すまでに」ではなく、「売買契約を締結するまでに」説明しなければならない。

宅建業者が保証金の供託をする場合、買主に新築住宅の売買契約を締結するまでに、供託所の所在地等を記載した書面を交付し、または買主の承諾を得て当該書面に記載すべき事項を電磁的方法により提供して、説明しなければならない（履行法15条）。

❷ ○ 床面積55㎡以下の住宅の戸数は、2戸分を1戸と数える。

供託すべき保証金を算定する際の新築住宅の合計戸数は、床面積55㎡以下の住宅は、2戸で1戸と数える（11条3項、施行令5条）。

❸ 

× 届出をしないと、基準日の翌日から起算して50日経過後は、自ら売主となる新築住宅の売買契約締結は禁止。

基準日ごとの資力確保措置の状況の届出をしないと、原則として、基準日の翌日から起算して50日を経過した日以後は、新たに自ら売主となる新築住宅の売買契約をすることが禁止される（履行法13条）。

❹ × 保険金の支払いを受けられるのは、住宅の構造耐力上主要な部分等の瑕疵についてのみ。

保険金支払いの対象は、住宅の構造耐力上主要な部分または雨水の浸入を防止する部分の瑕疵（種類または品質に関する契約不適合）により生じた損害である。品確法は、かかる瑕疵に限定して瑕疵担保責任（契約不適合責任）を強制するので、品確法を担保するための履行法もかかる瑕疵に限定される（2条2項・5項、品確法2条5項、94条1項、95条1項、品確法施行令5条）。

P! ココがポイント

住宅瑕疵担保履行法では、同じ論点が繰返し出題される。

① 新築住宅を自ら売主（×媒介）として販売する宅建業者に資力確保措置を講ずる義務あり。
② 宅建業者間の取引（×建設会社）には適用なし。
③ 資力確保措置の状況の届出は、基準日から（×引き渡した日から）3週間以内に行う。
④ 上記届出をしないと、基準日の翌日から（×基準日から）50日（×3週間、×1か月）経過後は、自ら売主となる新築住宅の販売が禁止。
⑤ 供託所等の説明は、売買契約を締結するまで（×引渡しまで）に書面を交付し、または買主の承諾を得て電磁的方法により提供して行う。

「わか合格基本テキスト」　第2編「宅建業法」　Chap.9−Sec.1

TAC
出版
TAC PG

2024年度版

わかって合格(うかる)る

宅建士

分野別過去問題集

第3編　法令上の制限

第3編

法令上の制限

テーマ	『基本テキスト』の対応	問題番号
都市計画法	Chap.1-Sec.1 ～ 5	❶～⓳
建築基準法	Chap.2-Sec.1 ～ 5	⓴～㊳
国土利用計画法	Chap.3-Sec.1 ～ 3	㊴～㊺
農地法	Chap.4-Sec.1・2	㊻～54
土地区画整理法	Chap.5-Sec.1・2	55～63
盛土規制法・その他の制限法令	Chap.6-Sec.1 ～ 3	64～73

都市計画（地域地区・区域区分等）

□□□ CHECK!　過去の本試験　H22-問16改

都市計画法に関する次の記述のうち、正しいものはどれか。

❶　市街化区域については、少なくとも用途地域を定めるものとし、市街化調整区域については、原則として用途地域を定めないものとされている。

❷　準都市計画区域は、都市計画区域外の区域のうち、新たに住居都市、工業都市その他の都市として開発し、及び保全する必要がある区域に指定するものとされている。

❸　区域区分は、指定都市及び中核市の区域の全部又は一部を含む都市計画区域には必ず定めるものとされている。

❹　特定用途制限地域は、用途地域内の一定の区域における当該区域の特性にふさわしい土地利用の増進、環境の保護等の特別の目的の実現を図るため当該用途地域の指定を補完して定めるものとされている。

❷については、「都市計画区域」と「準都市計画区域」の指定要件の違いを思い出そう！

肢別のテーマ ❶市街化区域と用途地域 ❷都市計画区域 ❸区域区分 ❹特別用途地区・特定用途制限地域

解説 …… 正解 1

❶ ○ 市街化区域には、少なくとも用途地域を定めるものとし、市街化調整区域には、原則として用途地域を定めないものとされている（都市計画法13条１項７号）。

❷ × 「準都市計画区域」ではない。

新たに住居都市、工業都市その他の都市として開発し、および保全する必要がある区域を指定するのは、「都市計画区域」である（５条２項）。

❸ × 三大都市圏の一定の区域等以外では、必要があれば定めることができる。

三大都市圏の一定の区域等であれば、区域区分を必ず定めなければならないが、それ以外では、都市計画区域について無秩序な市街化を防止し、計画的な市街化を図るため必要があるときは、都市計画に、区域区分を定めることが「できる」（７条１項本文）。

❹ × 「特別用途地区」の定義である。

特定用途制限地域は、用途地域外の土地の区域（市街化調整区域を除く）内において、良好な環境の形成または保持のため、制限すべき特定の建築物等の用途の概要を定める地域である（９条15項、８条３項２号ニ）。

P! ココがポイント

① 特別用途地区
➡用途地域内
② 特定用途制限地域
➡用途地域外（市街化調整区域を除く）
つまり、非線引区域と準都市計画区域に定められる。

「わか合格基本テキスト」 第３編「法令上の制限」 Chap.1−Sec.1・2

都市計画
(地域地区・地区計画・都市計画の決定等)

重要度

CHECK! 過去の本試験 H19-問18

都市計画法に関する次の記述のうち、正しいものはどれか。

❶　高度地区は、用途地域内において市街地の環境を維持し、又は土地利用の増進を図るため、建築物の高さの最高限度又は最低限度を定める地区である。

❷　都市計画区域については、無秩序な市街化を防止し、計画的な市街化を図るため、市街化区域と市街化調整区域との区分を必ず定めなければならない。

❸　地区計画の区域のうち、地区整備計画が定められている区域内において、土地の区画形質の変更又は建築物の建築を行おうとする者は、当該行為に着手した後、遅滞なく、行為の種類、場所及び設計又は施行方法を市町村長に届け出なければならない。

❹　都市計画の決定又は変更の提案をすることができるのは、当該提案に係る都市計画の素案の対象となる土地の区域について、当該土地の所有権又は建物の所有を目的とする対抗要件を備えた地上権若しくは賃借権を有する者に限られる。

❶については、用途地域内で定める都市計画の種類を思い出そう！

肢別のテーマ	❶高度地区	❷区域区分
	❸地区計画の区域内での制限	❹都市計画の決定手続

解説　正解 1

❶ ○　高度地区は、用途地域内において、建築物の高さの最高限度又は最低限度を定める地区である（都市計画法9条18項）。

❷ ×　三大都市圏の一定の区域等なら、区域区分を必ず定めなければならない。

都市計画区域について、必要があるときは、都市計画に、市街化区域と市街化調整区域との区分を定めることが「できる」（7条1項本文）。

❸ ×　行為に「着手した後、遅滞なく」ではない。

頻出

地区整備計画等が定められている地区計画の区域内では、建築等一定の行為を行おうとする者は、原則として、「行為着手日の30日前まで」に、一定事項を市町村長に届け出なければならない（58条の2第1項）。

❹ ×　土地所有者・借地権者に限られない。

都市計画の提案ができるのは、①土地所有者・借地権者、②まちづくりの推進を図る活動を行う特定非営利活動法人、③都市再生機構・地方住宅供給公社等である（21条の2第1項・2項）。

P! ココがポイント

いずれも、必ず覚えるべき事項である。

区域区分（※）		
市街化区域	市街化調整区域	非線引都市計画区域
①　すでに市街地となっている区域 ②　おおむね10年以内に優先的かつ計画的に市街化を図るべき区域	市街化を抑制すべき区域	区域区分が定められていない都市計画区域

※　任意で定められるが、三大都市圏の一定の区域等では、必ず定められる

「わか合格基本テキスト」　第3編「法令上の制限」 Chap.1−Sec.2・3

建築制限等総合①

□□□ CHECK! 過去の本試験 H9-問17改

都市計画法に関する次の記述のうち、正しいものはどれか。

❶ 都道府県が都市計画区域を指定する場合には、一体の都市として総合的に整備し、開発し、及び保全する必要がある区域を市町村の行政区域に沿って指定しなければならない。

❷ 公衆の縦覧に供された都市計画の案について、関係市町村の住民及び利害関係人は、都市計画の案の公告の日から２週間の縦覧期間の満了の日までに、意見書を提出することができる。

❸ 都市計画施設の区域内において建築物の新築をしようとする者は、原則として都道府県知事（市の区域内においては市の長）の許可を受けなければならないが、階数が２以下の木造建築物で、容易に移転し、又は除却することができるものの新築であれば、許可が必要となることはない。

❹ 地区整備計画が定められている地区計画の区域内において建築物の建築を行う場合には、市町村長の許可が必要であり、市町村長は、地区計画の内容と建築行為の内容とが適合するとき許可をすることができる。

都市計画の案について意見書を提出するのはいつまでだったかを思い出そう！

肢別のテーマ	❶都市計画区域の指定	❷都市計画の決定手続
	❸都市計画施設の区域での制限	❹地区計画の区域での制限

解説　正解 2

❶ ✕ 行政区域に沿う必要はない。

都市計画区域の指定は、行政区域にとらわれずに指定される（都市計画法5条1項後段）。

❷ ○ 本肢のとおり、意見書の提出は縦覧期間内に！

縦覧に供された都市計画の案について、関係市町村の住民および利害関係人は、**縦覧期間内**に、都道府県の作成に係るものについては都道府県に、市町村の作成に係るものは市町村に、**意見書を提出**することができる（17条1項・2項）。

❸ ✕ 許可は必要。

都市計画施設の区域等内で、建築物の建築をしようとする者は、**知事または市長の許可が必要**である（53条1項1号）。**許可不要の要件**として、「**木造建築物の改築と移転**」という規定はあるが、本肢は新築行為であり、許可不要とはならない（施行令37条）。

❹ ✕ 「許可」ではなく、「届出」。

再開発等促進区もしくは開発整備促進区（いずれも、道路、公園その他の一定施設の配置および規模が定められているものに限る）または地区整備計画が定められている地区計画の区域内において、建築物の建築等を行おうとする者は、行為に着手する日の**30日前まで**に、一定事項を**市町村長**に届け出なければならない（都市計画法58条の2第1項）。

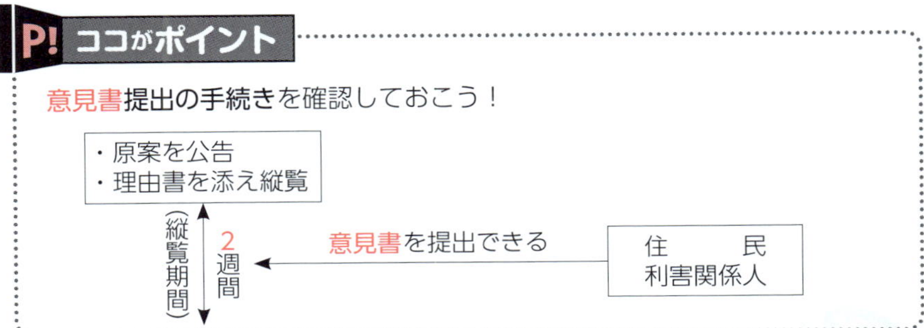

「わか合格基本テキスト」　第3編「法令上の制限」　Chap.1−Sec.1〜4

建築制限等総合②

CHECK! 過去の本試験 H24-問16

都市計画法に関する次の記述のうち、正しいものはどれか。

❶ 市街地開発事業等予定区域に関する都市計画において定められた区域内において、非常災害のため必要な応急措置として行う建築物の建築であれば、都道府県知事（市の区域内にあっては、当該市の長）の許可を受ける必要はない。

❷ 都市計画の決定又は変更の提案は、当該提案に係る都市計画の素案の対象となる土地について所有権又は借地権を有している者以外は行うことができない。

❸ 市町村は、都市計画を決定しようとするときは、あらかじめ、都道府県知事に協議し、その同意を得なければならない。

❹ 地区計画の区域のうち地区整備計画が定められている区域内において、建築物の建築等の行為を行った者は、一定の行為を除き、当該行為の完了した日から30日以内に、行為の種類、場所等を市町村長に届け出なければならない。

❶の「非常災害のため必要な応急措置として行う行為」は、例外の場面で登場する！

肢別のテーマ	❶市街地開発事業等予定区域での制限 ❷都市計画の決定手続き ❸都市計画の決定手続き ❹地区計画の区域での制限

解 説 正解 1

❶ ○ 許可は不要。

市街地開発事業等予定区域内で、建築物の建築等を行う者は、知事（市の区域内では市長）の許可が必要（都市計画法52条の2第1項）。しかし、非常災害のため必要な応急措置として行う行為なら不要（同1項2号）。

❷ × 行うことはできる。

次の①～③の者は、都道府県または市町村に対し、都市計画区域・準都市計画区域の一定の面積（0.5ha）以上の一体として整備等をすべき区域について、都市計画に関する基準に適合することおよび土地所有者等の3分の2以上の同意を得ることにより、都市計画の決定または変更を提案できる（21条の2、施行令15条）。

> ① 土地所有権・借地権者（土地所有者等）
> ② まちづくりNPO
> ③ 都市再生機構・地方住宅供給公社・その他

よって、①以外にも②③が可能である。

❸ × 同意は不要。

市町村は、一定の都市計画を決定しようとする場合、あらかじめ、知事に協議しなければならない（都市計画法19条3項）。

❹ × 「行為完了日から30日以内」ではない。

地区計画の区域（地区整備計画が定められている区域等に限る）内で、建築物の建築等を行おうとする者は、当該「行為に着手」する日の30日「前」までに、行為の種類、場所等を市町村長に届け出なければならない（58条の2第1項本文）。

P! ココがポイント

【市街地開発事業等予定区域の制限の内容】

① 土地の形質の変更
② 建築物の建築
③ 工作物の建設

「わか合格基本テキスト」 第3編「法令上の制限」 Chap.1－Sec.2～4

建築制限等総合③

重要度

CHECK! 過去の本試験 R2-10月-問15

都市計画法に関する次の記述のうち、正しいものはどれか。

❶ 地区計画については、都市計画に、地区施設及び地区整備計画を定めるよう努めるものとされている。

❷ 都市計画事業の認可の告示があった後に当該認可に係る事業地内の土地建物等を有償で譲り渡そうとする者は、施行者の許可を受けなければならない。

❸ 第二種住居地域は、中高層住宅に係る良好な住居の環境を保護するため定める地域とされている。

❹ 市街化調整区域における地区計画は、市街化区域における市街化の状況等を勘案して、地区計画の区域の周辺における市街化を促進することがない等当該都市計画区域における計画的な市街化を図る上で支障がないように定めることとされている。

「定めるよう努める（努力義務）」と「定める」を区別して考えよう！

肢別のテーマ　❶地区計画について都市計画に定めるもの等　❷土地建物等の先買い　❸第二種住居地域の定義　❹市街化調整区域における地区計画

解説　正解 4

❶ × 「定めるよう努める」ではない。

地区計画等については、都市計画に、①地区計画等の種類・名称・位置・区域を**定める**とともに、②区域の面積、③当該地区計画の目標、④当該区域の整備・開発・保全に関する方針を**定めるよう努める**（都市計画法12条の4第2項、12条の5第2項2号・3号、施行令7条の3）。この②～④に対し、⑤**地区施設**（主として街区内の居住者等の利用に供される道路・公園等の施設）、⑥**地区整備計画**（建築物等の整備・土地利用に関する計画）を**定める**（都市計画法12条の5第2項1号）。

❷ × 「許可」ではない。

都市計画事業の認可の告示後においては、施行者は、すみやかに、一定事項を公告するが、この公告の日の翌日から10日を経過した後に事業地内の**土地建物等を有償で譲り渡そうとする者**は、原則として、当該土地建物等、その予定対価の額（予定対価が金銭以外のものであるときは、これを時価を基準として金銭に見積もった額）及び当該土地建物等を譲り渡そうとする相手方等の一定事項を書面で**施行者**に「**届け出**」なければならない（67条1項）。

❸ × **第二種住居地域**は、**主として住居**の環境を保護するため定める地域とする（9条6項）。

❹ ○ 記述のとおり。

市街化調整区域における地区計画は、市街化区域における市街化の状況等を勘案して、地区計画の区域の周辺における**市街化を促進することがない**等当該都市計画区域における計画的な**市街化を図る上で支障がないように定める**（13条1項15号イ）。

P! ココがポイント

住居系	①第一種低層住宅専用地域	**低層住宅**に係る良好な住居の環境を保護するため定める地域
	②第二種低層住居専用地域	「**主として**」**低層住宅**に係る良好な住居の環境を保護するため定める地域
	③田園住居地域	**農業**の利便の増進を図りつつ、これと調和した**低層住宅**に係る良好な住居の環境を保護するため定める地域
	④第一種中高層住居専用地域	**中高層住宅**に係る良好な住居の環境を保護するため定める地域
	⑤第二種中高層住居専用地域	「**主として**」**中高層住宅**に係る良好な住居の環境を保護するため定める地域
	⑥第一種住居地域	**住居**の環境を保護するため定める地域
	⑦第二種住居地域	「**主として**」**住居**の環境を保護するため定める地域
	⑧準住居地域	**道路の沿道**としての地域の特性にふさわしい業務の利便の増進を図りつつ、これと調和した住居の環境を保護するため定める地域

「わか合格基本テキスト」　第3編「法令上の制限」Chap.1-Sec.2

建築制限等①

CHECK! 過去の本試験 H20-問18

都市計画法に関する次の記述のうち、正しいものはどれか。

❶　都市計画施設の区域又は市街地開発事業の施行区域内において建築物の建築をしようとする者は、行為の種類、場所及び設計又は施行方法を都道府県知事に届け出なければならない。

❷　都市計画事業の認可の告示があった後、当該認可に係る事業地内において当該事業の施行の障害となるおそれがある土地の形質の変更、建築物の建築、工作物の建設を行おうとする者は、当該事業の施行者の同意を得て、当該行為をすることができる。

❸　都市計画事業の認可の告示があった後、当該認可に係る事業地内の土地建物等を有償で譲り渡した者は、当該譲渡の後速やかに、譲渡価格、譲渡の相手方その他の事項を当該事業の施行者に届け出なければならない。

❹　市町村長は、地区整備計画が定められた地区計画の区域内において、地区計画に適合しない行為の届出があった場合には、届出をした者に対して、届出に係る行為に関し設計の変更その他の必要な措置をとることを勧告することができる。

❸は「土地建物等の先買い」についてであるが、有償で譲渡した者が、事後届出をするのか？　事前に届出をするのか？

肢別のテーマ	❶都市計画施設の区域等での制限	❷事業地内での制限
	❸土地建物等の先買い	❹市町村長の勧告

解　説　正解 4

❶ × 「知事に届出」ではない。

都市計画施設の区域または市街地開発事業の施行区域内において**建築物の建築**をしようとする者は、原則として、**知事または市長の許可**を受けなければならない（都市計画法53条1項）。

❷ × 「施行者の同意」ではない。

都市計画事業の認可の告示があった後、当該認可に係る**事業地内**において当該事業の施行の障害となるおそれがある**土地の形質の変更、建築物の建築、工作物の建設**を行おうとする者は、**知事または市長の許可**を受けなければならない（65条1項）。

❸ × 事後の届出ではない。

都市計画事業の認可の公告日の翌日から10日経過後に**事業地内の土地建物等を有償で譲り渡そうとする者**は、原則として、当該土地建物等、その予定対価の額および当該土地建物等を譲り渡そうとする相手方その他の一定事項を書面で**施行者に届け出**なければならない（67条1項）。

❹ ○ **市町村長**は、地区整備計画が定められた**地区計画の区域内**において、地区計画に適合しない行為の届出があった場合には、その届出をした者に対して、その届出に係る行為に関し設計の変更その他の必要な措置をとることを**勧告**することができる（58条の2第3項）。

P! ココがポイント

「**事業地内**」の**制限内容**には、次のようなものがある。

① 先買い制度（67条）
事業地内の土地建物等を**有**償で譲渡しようとする者
➡ 予定対価の額等を**施行者**に届け出なければならない。

② 土地の買取り請求（68条）
事業地内の土地で、収用の手続が保留されているものの所有者
➡ 施行者に対し、時価で当該土地（更地に限る）を買い取るべきことを請求できる。

「わか合格基本テキスト」第３編「法令上の制限」Chap.1-Sec.2・4

建築制限等②

CHECK!　過去の本試験 H21-問16改

都市計画法に関する次の記述のうち、正しいものはどれか。

❶ 市街地開発事業の施行区域内においては、非常災害のために必要な応急措置として行う建築物の建築であっても、都道府県知事（市の区域内においては市の長）の許可を受けなければならない。

❷ 風致地区内における建築物の建築については、政令で定める基準に従い、地方公共団体の条例で、都市の風致を維持するため必要な規制をすることができる。

❸ 工作物の建設を行おうとする場合は、地区整備計画が定められている地区計画の区域であっても、行為の種類、場所等の届出が必要となることはない。

❹ 都市計画事業においては、土地収用法における事業の認定の告示をもって、都市計画事業の認可又は承認の告示とみなしている。

風致地区は、自然美を維持する目的があり、たとえば、明治神宮（東京）などがある。

肢別のテーマ	❶市街地開発事業施行区域での制限	❷風致地区
	❸地区計画の区域での制限	❹都市計画事業での土地収用・使用

解説 正解 2

❶ × 「非常災害の応急措置」は許可不要である。

市街地開発事業の施行区域内において建築物の建築をしようとする者は、原則として、**知事または市長の許可**を受けなければならない（都市計画法53条１項２号）。本肢は、その例外に該当する。

❷ ○ 風致地区内における建築物の建築等について**地方公共団体の条例**で、都市の風致を維持するための規制ができる（58条１項）。

❸ × 原則、届出が必要。

地区整備計画等が定められている**地区計画の区域**で、建築等（工作物の建設も含む）をする場合、原則として、一定事項を**行為着手の30日前まで**に市町村長に**届け出る**必要がある（58条の２第１項、施行令38条の４）。

❹ × 「みなし」の内容が逆になっている。

都市計画事業については、**都市計画事業の認可等の告示**をもって、**土地収用法の事業認定の告示**とみなされる（都市計画法70条１項）。

P! ココがポイント

【建築についての許可基準】

制限項目／制限内容	都市計画施設の区域または市街地開発事業の施行区域の制限（施行予定者が未定の場合） ※　施行予定者が決定済みの場合は、別の制限になる。
知事（市の区域内では市長）の許可	建築物の建築 ①　都市計画のうち建築物について定めるものに適合 ②　容易に移転除却でき、2階以下で地階がなく、主要構造部が木造、鉄骨造、コンクリート・ブロック造等であるもの　等

「わか合格基本テキスト」　第３編「法令上の制限」Chap.1-Sec.2･4

建築制限等③

□□□ CHECK!

過去の本試験 H29-問16

都市計画法に関する次の記述のうち、正しいものの組合せはどれか。

ア　都市計画施設の区域又は市街地開発事業の施行区域内において建築物の建築をしようとする者は、一定の場合を除き、都道府県知事（市の区域内にあっては、当該市の長）の許可を受けなければならない。

イ　地区整備計画が定められている地区計画の区域内において、建築物の建築を行おうとする者は、都道府県知事（市の区域内にあっては、当該市の長）の許可を受けなければならない。

ウ　都市計画事業の認可の告示があった後、当該認可に係る事業地内において、当該都市計画事業の施行の障害となるおそれがある土地の形質の変更を行おうとする者は、都道府県知事（市の区域内にあっては、当該市の長）の許可を受けなければならない。

エ　都市計画事業の認可の告示があった後、当該認可に係る事業地内の土地建物等を有償で譲り渡そうとする者は、当該事業の施行者の許可を受けなければならない。

❶ ア、ウ

❷ ア、エ

❸ イ、ウ

❹ イ、エ

イについては、都市計画の種類によって、制限内容の厳しい「知事等の許可」と緩い「市町村長への届出」があったはず。

肢別のテーマ	ア　都市計画施設の区域等での制限	イ　地区計画の区域での制限
	ウ　事業地内での制限	エ　土地建物等の先買い

解説　正解 1

ア　○　都市計画施設の区域または市街地開発事業の施行区域内において建築物の建築をしようとする者は、一定の場合を除き、知事（または市長）の許可を受けなければならない（都市計画法53条１項）。

イ　×　「知事（又は市長）の許可」ではない。

地区整備計画が定められている地区計画の区域内で、建築物の建築を行おうとする者は、原則として、一定事項を行為着手の30日前までに「市町村長に届け出」る必要がある（58条の２第１項、施行令38条の４）。

ウ　○　都市計画事業の認可の告示があった後、事業地内において施行の障害となるおそれがある土地の形質の変更を行おうとする者は、知事（又は市長）の許可を受けなければならない（都市計画法65条１項）。

エ　×　「許可」ではない。

都市計画事業の認可の告示後においては、施行者は、すみやかに、一定事項を公告するが、この公告日の翌日から10日経過後に事業地内の土地建物等を有償譲渡しようとする者は、原則として、一定事項を施行者に「届け出」なければならない（67条１項）。

以上から、正しいものの組合せはア、ウであり、正解は、❶となる。

「わか合格基本テキスト」　第３編「法令上の制限」Chap.1-Sec.2・4

開発行為の定義・開発許可の要否

CHECK! 過去の本試験 H25-問16

都市計画法に関する次の記述のうち、正しいものはどれか。

❶ 開発行為とは、主として建築物の建築の用に供する目的で行う土地の区画形質の変更を指し、特定工作物の建設の用に供する目的で行う土地の区画形質の変更は開発行為には該当しない。

❷ 市街化調整区域において行う開発行為で、その規模が300㎡であるものについては、常に開発許可は不要である。

❸ 市街化区域において行う開発行為で、市町村が設置する医療法に規定する診療所の建築の用に供する目的で行うものであって、当該開発行為の規模が1,500㎡であるものについては、開発許可は必要である。

❹ 非常災害のため必要な応急措置として行う開発行為であっても、当該開発行為が市街化調整区域において行われるものであって、当該開発行為の規模が3,000㎡以上である場合には、開発許可が必要である。

ちょっとだけヒント

【開発許可要否判定のパターン】

① 開発行為に該当するか
建築物の建築目的か、または
特定工作物の建設目的か
→ NO → 開発許可は不要
↓ YES
② 許可不要の要件に該当するか
→ YES → 開発許可は不要
↓ NO
開発許可必要

肢別のテーマ	
❶開発行為の定義	❷開発許可の要否
❸開発許可の要否	❹開発許可の要否

解 説 正解 3

❶ × **開発行為に該当する。**

「開発行為」とは、主として**建築物の建築**または「**特定工作物の建設**」の用に供する目的で行う**土地の区画形質の変更**をいう（都市計画法４条12項）。

❷ × **開発許可不要の扱いは受けない。**

市街化調整区域「外」の区域内で行う開発行為であれば、その**規模**が、それぞれの区域の区分に応じて**一定の規模未満**であるものは、**開発許可が不要**である（29条１項１号、施行令19条、22条の２）。しかし、**市街化調整区域**の場合、**規模がいくら小さくても、許可不要の扱いは受けない。**

❸ ○ **公益上必要な建築物**（駅舎その他の**鉄道の施設**・**図書館**・**公民館**・**変電所**等）で一定の要件を満たす建築物の建築の用に供する目的で行う開発行為であれば、**開発許可が不要**であるが（都市計画法29条１項３号）、本肢は「**市町村が設置する医療法に規定する診療所**」の建築の用に供する目的で行う開発行為であるから、**許可不要に当てはまらない**。したがって、市街化区域では、規模が**1,000㎡以上**（本肢では1,500㎡）であれば、原則として**開発許可が必要**である（同１号、施行令19条１項）。なお、「市町村」が行う開発行為も、開発許可の対象となる（都市計画法34条の２第１項参照）。

❹ × **開発許可は不要。**

非常災害のため必要な応急措置として行う開発行為は、その**区域にかかわらず**、**知事の開発許可が不要**である（29条１項10号）。したがって、市街化調整区域内において行われるものであっても、知事の許可は不要である。

P! ココがポイント

許可不要の開発行為（主なもの）を確認しよう！

(1) 市街化区域	(2) 市街化調整区域	(3) 非線引都市計画区域	(4) 準都市計画区域	(5) 左記(1)〜(4)以外の区域
原則1,000㎡未満	――――	原則3,000㎡未満		１ha未満
――――	農林漁業用の一定の建築物の建築用の開発行為等			

「わか合格基本テキスト」 第３編「法令上の制限」 Chap.1−Sec.5

開発許可の要否①

CHECK! 過去の本試験 R元-問16

都市計画法に関する次の記述のうち、正しいものはどれか。ただし、許可を要する開発行為の面積については、条例による定めはないものとし、この問において「都道府県知事」とは、地方自治法に基づく指定都市、中核市及び施行時特例市にあってはその長をいうものとする。

❶ 準都市計画区域において、店舗の建築を目的とした4,000㎡の土地の区画形質の変更を行おうとする者は、あらかじめ、都道府県知事の許可を受けなければならない。

❷ 市街化区域において、農業を営む者の居住の用に供する建築物の建築を目的とした1,500㎡の土地の区画形質の変更を行おうとする者は、都道府県知事の許可を受けなくてよい。

❸ 市街化調整区域において、野球場の建設を目的とした8,000㎡の土地の区画形質の変更を行おうとする者は、あらかじめ、都道府県知事の許可を受けなければならない。

❹ 市街化調整区域において、医療法に規定する病院の建築を目的とした1,000㎡の土地の区画形質の変更を行おうとする者は、都道府県知事の許可を受けなくてよい。

開発許可が不要となる「公益上必要な施設」に、病院は含まれただろうか？

肢別のテーマ　❶～❹　開発許可の要否

解説　正解 1

❶ ○ 準都市計画区域では、原則として3,000㎡以上（本肢では4,000㎡）の開発行為を行おうとする者は、あらかじめ、知事の開発許可が必要である（都市計画法29条1項1号・3号、施行令19条1項）。

❷ × 市街化区域では原則、開発許可が必要。

市街化区域では、農業を営む者の居住の用に供する建築物の建築等の目的で行う開発行為は、許可不要に該当しない。したがって、規模が1,000㎡以上（本肢では1,500㎡）であれば、原則として開発許可が必要となる（都市計画法29条1項1号、施行令19条1項）。

❸ × 10,000㎡未満の野球場は開発行為に該当しない。

8,000㎡の野球場は、10,000㎡以上ではないので、第二種特定工作物ではない。つまり、本肢は、開発行為に該当しない。したがって、その区域にかかわらず、開発許可は不要である（都市計画法4条11項、施行令1条2項1号）。

❹ × 開発許可不要の扱いを受けない。

病院の建築目的の開発行為は、開発許可が不要なケースに該当しない（都市計画法29条1項3号、施行令21条参照）。また、市街化調整区域では、規模にかかわらず（本肢では1,000㎡）開発許可不要の扱いは受けない。

P! ココがポイント

第二種特定工作物の定義を確認しておこう！

① ゴルフコース（規模にかかわらず）
② 1ha以上の野球場、庭球場、遊園地等のレジャー施設、墓園　等

「わか合格基本テキスト」　第3編「法令上の制限」 Chap.1−Sec.5

開発許可の要否②

重要度

CHECK!

過去の本試験 R2-12月-問16

都市計画法に関する次の記述のうち、正しいものはどれか。ただし、許可を要する開発行為の面積については、条例による定めはないものとし、この問において「都道府県知事」とは、地方自治法に基づく指定都市、中核市及び施行時特例市にあってはその長をいうものとする。

❶ 市街化調整区域において、非常災害のため必要な応急措置として8,000㎡の土地の区画形質の変更を行おうとする者は、あらかじめ、都道府県知事の許可を受けなければならない。

❷ 市街化区域において、社会教育法に規定する公民館の建築の用に供する目的で行われる1,500㎡の土地の区画形質の変更を行おうとする者は、都道府県知事の許可を受けなくてよい。

❸ 区域区分が定められていない都市計画区域において、店舗の建築の用に供する目的で行われる2,000㎡の土地の区画形質の変更を行おうとする者は、あらかじめ、都道府県知事の許可を受けなければならない。

❹ 市街化調整区域において、自己の居住の用に供する住宅の建築の用に供する目的で行われる100㎡の土地の区画形質の変更を行おうとする者は、都道府県知事の許可を受けなくてよい。

市街化調整区域において、規模によって開発許可が不要となる扱いはあっただろうか？

肢別のテーマ	❶〜❹ 開発許可の要否

解説 …… 正解 2

❶ × 知事の許可は不要。

非常災害のため必要な応急措置として行う開発行為は、その区域・規模にかかわらず、知事の「開発許可は不要」となる（都市計画法29条１項10号）。したがって、市街化調整区域において行われるものであっても、知事の許可は不要である。

❷ ○ 公益上必要な建築物（駅舎その他の鉄道の施設・図書館・公民館・変電所等）で一定の要件を満たす建築物の建築の用に供する目的で行う開発行為であれば、その区域（本肢では市街化区域）や面積にかかわらず、開発許可は不要となる（29条１項３号）。

❸ × 規模が2,000㎡であるから、知事の許可は不要。

区域区分が定められていない（非線引）都市計画区域では、原則として3,000㎡「未満」の開発行為を行おうとする者は、開発許可は不要となる（29条１項１号・３号、施行令19条１項）。

❹ × 知事の許可は不要とはいえない。

市街化調整区域の場合、規模がいくら小さくても、許可不要の扱いは受けない。これに対して、市街化調整区域「外」の区域内において行う開発行為であれば、その規模が、それぞれの区域の区分に応じて一定の規模未満であるものは、開発許可は不要となる（都市計画法29条１項１号、施行令19条、22条の２）。

開発許可の要否・申請

CHECK! 過去の本試験 H12-問20改

都市計画法に関する次の記述のうち、正しいものはどれか。

❶ 医療施設又は社会福祉施設の建築の用に供する目的で行う開発行為は、市街化調整区域内においても、原則として、開発許可を受けることが必要である。

❷ 市街化調整区域内における開発行為であっても、その区域内で生産される農産物の加工に必要な建築物の建築の用に供する目的で行うものについては、開発許可を受けることなく、行うことができる。

❸ 都道府県知事は、用途地域の定められていない土地について開発許可をするときは、建築物の建蔽率に関する制限を定めることができるが、建築物の高さに関する制限を定めることはできない。

❹ 都道府県知事は、市街化区域内の土地について開発許可をしたときは、当該許可に係る開発区域内において予定される建築物の用途、構造及び設備を開発登録簿に登録しなければならない。

「許可不要のケースに該当するため許可が不要となるもの」と、「開発許可が必要でその基準に該当するもの」とを混同しないように気をつけよう。

肢別のテーマ	❶開発許可の要否	❷開発許可基準34条
	❸用途地域無指定区域での制限	❹開発登録簿への登録事項

解説　正解 1

❶ ○ 本肢のとおり（都市計画法29条1項3号参照）。

❷ × 開発許可が必要。

本肢は、都市計画法**34条の許可基準の1つに該当**する（34条4号）のであり、開発許可が不要な要件に該当するということではない（29条1項2号、施行令20条）。注意しよう。

❸ × 建築物の高さ制限も定められる。

知事は、**用途地域の**定められていない土地について開発許可をする場合、必要があると認めるときは、建築物の**建蔽率**、「建築物の**高さ**」、壁面の位置その他建築物の敷地、構造および設備に関する**制限を定める**ことができる（都市計画法41条1項）。

❹ × 「構造・設備」は登録不要。

知事は、開発許可をしたときは、当該許可に係る土地について、「予定される建築物等（**用途地域**等の区域内の建築物および第一種特定工作物を**除く**）の**用途**」その他の一定事項を開発登録簿に登録しなければならない（47条1項）。

本肢のような「構造および設備」は、そもそも登録の対象になっていない。また、「市街化区域内」においては、用途地域が定められているので、結局「用途」も登録の対象外だ。

「わか合格基本テキスト」 第3編「法令上の制限」 Chap.1−Sec.5

13 開発行為の定義・開発許可の申請

重要度 ★★★

□□□ CHECK! 過去の本試験 H16-問18改

都市計画法の開発許可に関する次の記述のうち、正しいものはどれか。なお、この問における都道府県知事とは、地方自治法に基づく指定都市等にあってはその長をいうものとする。

❶ 都道府県知事は、開発許可の申請があったときは、申請があった日から21日以内に、許可又は不許可の処分をしなければならない。

❷ 開発行為とは、主として建築物の建築の用に供する目的で行う土地の区画形質の変更をいい、建築物以外の工作物の建設の用に供する目的で行う土地の区画形質の変更は開発行為には該当しない。

❸ 開発許可を受けた者は、開発行為に関する工事を廃止したときは、遅滞なく、その旨を都道府県知事に届け出なければならない。

❹ 開発行為を行おうとする者は、開発許可を受けてから開発行為に着手するまでの間に、開発行為に関係がある公共施設の管理者と協議し、その同意を得なければならない。

肢別のテーマ	❶開発許可の処分	❷開発行為の定義
	❸工事の廃止	❹公共施設の管理者の同意等

解　説　正解 3

❶ × 知事がする**開発許可の処分**のタイミングは、「**遅滞なく**」である（都市計画法35条１項）。「21日以内」ではない。

❷ × 建築物の建築だけでなく、**特定工作物建設目的の土地の区画形質の変更**も、**開発行為**である（４条12項）。頻出

❸ ○ 開発行為に関する**工事を廃止**したときは、**遅滞なく**、**知事**に**届け出**なければならない（38条）。

❹ × 開発行為に**関係がある**公共施設の管理者との**協議・同意**のタイミングは、開発許可を受ける前、すなわち「**あらかじめ**」である（32条１項）。「開発許可を受けてから」ではない。

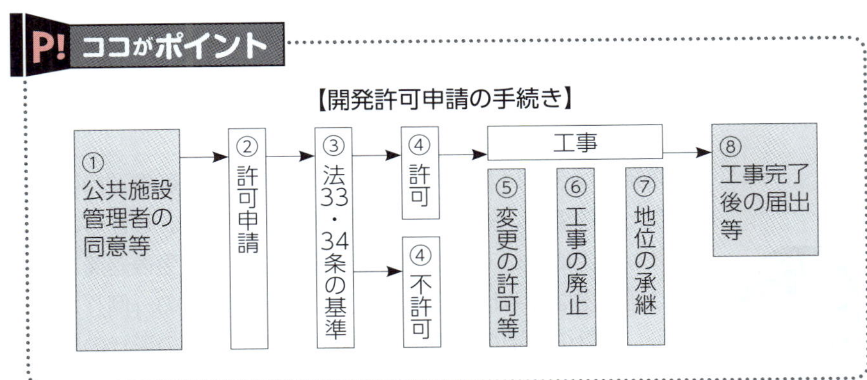

「わか合格基本テキスト」　第３編「法令上の制限」 Chap.1−Sec.5

開発許可の申請①

CHECK!　過去の本試験　H10-問19改

都市計画法の開発許可に関する次の記述のうち、誤っているものはどれか。

❶　開発許可を申請しようとする者は、あらかじめ、開発行為に関係がある公共施設の管理者と協議し、その同意を得なければならない。

❷　開発許可を申請した場合、開発行為をしようとする土地等について開発行為の施行又は開発行為に関する工事の実施の妨げとなる権利を有する者の相当数の同意を得ていなければ許可を受けることができない。

❸　自己居住用の住宅を建築するために行う開発行為について開発許可を受ける場合は、道路の整備についての設計に係る開発許可の基準は適用されない。

❹　開発許可を受けた者は、開発区域の区域を変更した場合においては、都道府県知事に届出をしなければならない。

開発許可を受けた者は、開発許可申請書の記載事項の変更をしようとする場合、知事の許可が必要だったはず。しかし、一定の軽微な変更については、許可は不要となり、変更後遅滞なく、知事に届け出なければならなかった。下記が、その「例」だ。

① 設計の変更のうち、予定建築物等の敷地の形状の変更（一定のものを除く）

② 工事施行者の変更（一定のもの）

③ 工事の着手予定年月日または工事の完了予定年月日の変更

肢別のテーマ	❶公共施設の管理者の同意等	❷開発許可基準33条
	❸開発許可基準33条	❹変更による許可等

解説　正解 4

❶ ○ 本肢のとおり（都市計画法32条１項）。

❷ ○ 本肢のとおり。

開発行為をしようとする土地等について、開発行為や開発行為に関する工事の実施の妨げとなる権利者がいる場合は、それらの者の**相当数の同意**を得ることが、**開発許可の許可基準の１つ**とされている（33条１項14号）。

❸ ○ 本肢のとおり。

主として、**自己居住用の住宅を建築するために行う開発行為以外の開発行為**では、道路・公園等の公共の用に供する空地が、環境の保全上、災害の防止上、通行の安全上、または事業活動の効率上支障がないような規模・構造で適切に配置され、かつ、開発区域内の主要な道路が、開発区域外の相当規模の道路に接続されているように設計が定められていなければならない（33条１項２号）。

❹ × 「知事に届出」ではなく、「知事の許可」を受けなければならない（35条の２第１項、30条１項１号）。

軽微な変更であれば、変更後遅滞なく**届出**をすればよいが、開発区域の区域の変更は軽微な変更に該当せず（規則28条の４）、許可が必要だ。

P! ココがポイント

① 協議・同意を得なければならない者➡開発行為に関係のある公共施設の管理者

② 協議をしなければならない者➡開発行為・開発行為に関する工事により設置される公共施設を管理することとなる者

「わか合格基本テキスト」　第３編「法令上の制限」 Chap.1−Sec.5

開発許可の申請②

CHECK! 過去の本試験 H11-問19

重要度

都市計画法に関する次の記述のうち、正しいものはどれか。

❶ 開発許可を申請しようとする者は、あらかじめ、当該開発区域に隣接する土地について権利を有する者の相当数の同意を得なければならない。

❷ 開発許可を申請しようとする者は、開発行為に関係がある公共施設の管理者の同意を得たことを証する書面を、申請書に添付しなければならない。

❸ 開発許可を受けた者の相続人その他の一般承継人は、都道府県知事の承認を受けて、被承継人が有していた開発許可に基づく地位を承継することができる。

❹ 開発行為の許可又は不許可の処分に関して不服のある者は、都道府県知事に対して異議申立てをすることができる。

申請に必要な添付書類とは、次の３つである。

① 開発行為に関係がある公共施設の管理者の**同意**を得たことを証する書面

② 開発行為・開発行為に関する工事により設置される公共施設を管理することとなる者の**協議**の経過を証する書面

③ 開発許可に係る区域内の土地所有者等の**相当数**の同意を得たことを証する書面

肢別のテーマ	❶開発許可基準33条	❷公共施設の管理者の同意等
	❸地位の承継	❹不服申立て

解説　正解 2

❶ × 本肢のような規定はない。

都市計画法33条１項14号には、「開発区域内の土地等につき、**工事の実施の妨げとなる権利を有する者の相当数の同意**を得て…」という規定はある。

❷ ○ 本肢のとおり。

開発許可を申請しようとする者は、あらかじめ、①「**開発行為に関係がある公共施設の管理者**」➡**協議**・**同意**、②開発行為または開発行為に関する工事により設置される公共施設を管理することとなる者➡協議、を必要とする（都市計画法32条１項・２項）。また、開発許可申請書には、これら**同意を得たことを証する書面**、協議の経過を示す書面その他一定図書を添付しなければならない（30条２項）。

❸ × 「知事の承認を受け」なくても当然に承継する。

開発許可を受けた者の相続人その他の一般承継人は、被承継人が有していた許可に基づく地位を承継する（44条）。

❹ × 「知事に異議申立て」ではなく「開発審査会に審査請求」できる（50条１項）。

P! ココがポイント

【審査請求先について】

審査請求は、「開発審査会」に対して行う。この場合、不作為については、当該不作為に係る「知事」に対してもできる。

「わか合格基本テキスト」　第３編「法令上の制限」　Chap.1−Sec.5

開発許可の申請③

CHECK!　過去の本試験　H17-問20

都市計画法第33条に規定する開発許可の基準のうち、主として自己の居住の用に供する住宅の建築の用に供する目的で行う開発行為に対して適用のあるものは、次のうちどれか。

❶ 予定建築物等の敷地に接する道路の幅員についての基準

❷ 開発区域に設置しなければならない公園、緑地又は広場についての基準

❸ 排水施設の構造及び能力についての基準

❹ 開発許可の申請者の資力及び信用についての基準

自己の用に供するものでも性質上必要性のあるものは？

肢別のテーマ　❶〜❹　開発許可基準33条

解説　正解 3

❶　適用されない。

本肢の許可基準（道路・公園等を適当に配置していること）は、自己用の場合、条件をクリアしなくても許可してもらえる（都市計画法33条１項２号・２項、施行令25条２号）。

❷　適用されない。

本肢の許可基準（道路・公園等を適当に配置していること）も、自己用の場合、条件をクリアしなくても許可してもらえる（都市計画法33条１項２号、施行令25条７号）。

❸　適用される。

難　本肢の許可基準（排水施設を適当に配置していること）は、自己用の場合でも、条件をクリアしなければ許可してもらえない（都市計画法33条１項３号）。

❹　適用されない。

本肢の許可基準（資力・信用があること）は、自己用の場合、条件をクリアしなくても許可してもらえる（33条１項12号）。

「わか合格基本テキスト」　第３編「法令上の制限」　Chap.1–Sec.5

開発許可総合①

□□□ CHECK! 過去の本試験 H19-問19改

都市計画法に関する次の記述のうち、正しいものはどれか。なお、この問における都道府県知事とは、地方自治法に基づく指定都市等にあってはその長をいうものとする。

❶ 開発許可を受けた開発区域内において、当該開発区域内の土地について用途地域等が定められていないとき、都道府県知事に届け出れば、開発行為に関する工事完了の公告があった後、当該開発許可に係る予定建築物以外の建築物を建築することができる。

❷ 開発許可を受けた土地において、都道府県は、開発行為に関する工事完了の公告があった後、都道府県知事との協議が成立しても、当該開発許可に係る予定建築物以外の建築物を建築することはできない。

❸ 都道府県知事は、市街化区域内における開発行為について開発許可をする場合、当該開発区域内の土地について、建築物の建蔽率に関する制限を定めることができる。

❹ 市街化調整区域のうち開発許可を受けた開発区域以外の区域内において、公民館を建築する場合は、都道府県知事の許可を受けなくてよい。

❷ではひっかからないように！ ❹の基礎知識さえあれば、正解に至れるはず。

肢別のテーマ	❶開発区域内での建築行為等の制限	❷開発区域内での建築行為等の制限
	❸用途地域無指定区域での制限	❹市街化調整区域での建築等の制限

解説 正解 4

❶ ひっかけ × 開発許可を受けた開発区域内において、当該開発区域内の土地について用途地域等が定められていないとき、**知事が利便の増進上、環境の保全上支障がないと認めて許可をした**ときは、開発行為に関する**工事完了の公告があった後**、当該開発許可に係る予定建築物以外の建築物を**建築できる**（都市計画法42条１項）。「知事に届出」をしても例外にならない。

❷ × 開発許可を受けた土地において、開発行為に関する**工事完了の公告があった後**、**国・都道府県等が行う行為**については、当該国の機関または都道府県等と知事との協議が成立すれば、**許可があったとみなされる**ので、当該開発許可に係る予定建築物以外の建築物を建築することができる（42条２項）。

❸ 難 × 知事は、**用途地域が定められていない区域内**における開発行為について開発許可をする場合、当該開発区域内の土地について、建築物の「**建蔽率**」**等に関する制限を定める**ことができる（41条１項）。「市街化区域内」には、必ず用途地域が定められているので（13条１項７号後段）、本肢のような制限を定めることはできない。

❹ ○ **市街化調整区域のうち開発許可を受けた開発区域以外の区域内**において、**公民館**等、公益上必要な建築物を建築する場合は、**知事の許可を受けなくてよい**（43条１項本文、29条１項３号）。

P! ココがポイント

① 国・都道府県等が行う行為
➡国の機関または都道府県等と知事との協議が成立すれば、42条2項の許可があったものとみなされる。

② 国・都道府県等が行う“開発”行為
➡国の機関または都道府県等と知事との協議が成立すれば、開発許可があったものとみなされる。

「わか合格基本テキスト」 第３編「法令上の制限」 Chap.1−Sec.5

開発許可総合②

CHECK! 過去の本試験 H22-問17改

都市計画法に関する次の記述のうち、誤っているものはどれか。なお、この問における都道府県知事とは、地方自治法に基づく指定都市等にあってはその長をいうものとする。また、各選択肢に掲げる行為は、都市計画事業、土地区画整理事業、市街地再開発事業、住宅街区整備事業及び防災街区整備事業の施行として行うもの、公有水面埋立法第２条第１項の免許を受けた埋立地で行うもの並びに非常災害のため必要な応急措置として行うものを含まない。

❶ 区域区分が定められていない都市計画区域内において、20戸の分譲住宅の新築を目的として5,000㎡の土地の区画形質の変更を行おうとする場合は、都道府県知事の許可を受けなければならない。

❷ 市街化調整区域のうち開発許可を受けた開発区域以外の区域内において、土地の区画形質の変更を伴わずに、床面積が150㎡の住宅の全部を改築し、飲食店としようとする場合には、都道府県知事の許可を受けなければならない。

❸ 開発許可を受けた開発区域内において、当該区域内の土地の所有権を有し、かつ、都市計画法第33条第１項第14号に規定する同意をしていない者は、開発行為に関する工事が完了した旨の公告があるまでの間は、その権利の行使として建築物を新築することができる。

❹ 開発許可申請者以外の者は、開発許可を受けた開発区域内のうち、用途地域等の定められていない土地の区域においては、開発行為に関する工事が完了した旨の公告があった後は、都道府県知事の許可を受けなくとも、当該開発許可に係る予定建築物以外の建築物を新築することができる。

設問は長文だが、要するに“開発許可が不要であるケースを考えなくてよい”という意味である。

肢別のテーマ
❶開発許可の要否　❷市街化調整区域での建築等の制限
❸開発区域内での建築行為等の制限　❹開発区域内での建築行為等の制限

解説　正解 4

❶ ○ **非線引都市計画区域**では、原則として3,000㎡以上の規模の分譲住宅の新築を目的として**土地の区画形質の変更**を行おうとする場合は、**開発許可が必要になる**（都市計画法29条1項1号、施行令19条1項）。

❷ ○ 市街化調整区域のうち開発許可を受けた**開発区域以外の区域内**で、土地の区画形質の変更を伴わずに、住宅の全部を**改築**しようとする場合には、**知事の許可が必要**になる（都市計画法43条1項本文）。

❸ ○ 開発許可を受けた開発区域内で、当該区域内の土地の所有権を有し、かつ、**開発行為を行うことに同意していない者**（33条1項14号）は、開発行為に関する**工事完了公告前**でも、例外的に**建築物を新築できる**（37条2号）。

❹ × **「何人も」**、開発許可を受けた開発区域内のうち、**用途地域等の定められていない**土地の区域では、開発行為に関する**工事完了公告後**は、**知事の許可**を受けなければ、当該開発許可に係る**予定建築物以外の建築物を新築できない**（42条1項）。「開発許可申請者以外の者」も、知事の許可が必要である。

ひっかけ

「わか合格基本テキスト」　第3編「法令上の制限」 Chap.1−Sec.5

開発許可総合③

CHECK!　過去の本試験　H27-問15

都市計画法に関する次の記述のうち、正しいものはどれか。なお、この問において「都道府県知事」とは、地方自治法に基づく指定都市、中核市及び施行時特例市にあってはその長をいうものとする。

❶　市街化区域内において開発許可を受けた者が、開発区域の規模を100㎡に縮小しようとする場合においては、都道府県知事の許可を受けなければならない。

❷　開発許可を受けた開発区域内の土地において、当該開発許可に係る予定建築物を建築しようとする者は、当該建築行為に着手する日の30日前までに、一定の事項を都道府県知事に届け出なければならない。

❸　開発許可を受けた開発区域内において、開発行為に関する工事の完了の公告があるまでの間に、当該開発区域内に土地所有権を有する者のうち、当該開発行為に関して同意をしていない者がその権利の行使として建築物を建築する場合については、都道府県知事が支障がないと認めたときでなければ、当該建築物を建築することはできない。

❹　何人も、市街化調整区域のうち開発許可を受けた開発区域以外の区域内において、都道府県知事の許可を受けることなく、仮設建築物を新築することができる。

❶は、過去初めての論点で難しかった。しかし、❷～❹は、定番の基本論点である。

肢別のテーマ	❶変更による許可等	❷開発区域内での建築行為等の制限
	❸開発区域内での建築行為等の制限	❹市街化調整区域での建築等の制限

解説 正解 4

❶ 
× 市街化区域内で開発許可を受けた者が、**開発区域の規模を開発許可が必要な規模未満**（原則「1,000㎡未満」であり、本肢はその範囲内の100㎡）にする場合、**知事の「許可は不要」**である（都市計画法35条の2第1項）。

❷ 
× 開発許可を受けた開発区域内で、工事完了の公告があった後に、原則として、当該開発許可に係る**予定建築物等「以外」の建築物を新築等**してはならない（42条1項）。しかし、本肢は、開発許可に係る**予定建築物を建築**しようとする者であり、この場合、**知事への「届出は不要」**である。

❸ 
× 開発許可を受けた開発区域内で、開発行為に関する**工事完了公告前**に、当該開発区域内に土地所有権を有する者のうち、当該開発行為に関して**同意をしていない者**がその権利の行使として建築物を建築する場合、当該建築物を**建築できる**（都市計画法37条2号）。この場合、「知事が支障がないと認めたとき」という要件は「不要」である（同1号）。

開発許可を受けた開発区域の建築等の制限は、次のとおり。なお、❷は下段、❸は上段に該当する。

	建築等の制限	例外
工事完了公告前	建築物の建築、特定工作物の建設をしてはならない（37条）。	① 工事用仮設建築物等 ② **知事等が認めたとき** ③ 開発区域内の土地の所有者等で、**開発行為を行うことに同意していない者**が、その**権利の行使として建築物の建築等をするとき**
工事完了公告後	許可内容である**予定建築物等「以外」のものを新築**、改築、または用途変更して、予定建築物以外の建築物としてはならない（42条）。	④ 知事等が許可したとき 〔国・都道府県等が行う行為については、その国の機関または都道府県等と知事との協議が成立することをもって、この許可があったものとみなす〕 ⑤ 用途地域が定められているとき

❹ ○ 何人も、**市街化調整区域**のうち**開発許可を受けた開発区域以外の区域内**において、**仮設建築物**の場合は、例外として、知事の許可を受けることなく、**新築できる**（43条1項3号）。

P! ココがポイント

確実に知っている肢から解答を探し出す手もあるが、正しい知識が必要だ。

「わか合格基本テキスト」 第3編「法令上の制限」 Chap.1−Sec.5

建築物の用途制限に関する次の記述のうち、建築基準法の規定によれば、正しいものはどれか。ただし、特定行政庁の許可については考慮しないものとする。

❶ 病院は、工業地域、工業専用地域以外のすべての用途地域内において建築することができる。

❷ 老人ホームは、工業専用地域以外のすべての用途地域内において建築することができる。

❸ 図書館は、すべての用途地域内において建築することができる。

❹ 大学は、工業地域、工業専用地域以外のすべての用途地域内において建築することができる。

老人ホームや図書館は、ある程度静かな環境が要求される。

肢別のテーマ ❶～❹ 用途制限

解説 正解 2

❶ × 「工業地域、工業専用地域」ではなく、「低層住居専用地域、田園住居地域、工業地域、工業専用地域」以外でできる。

頻出

病院は、原則として、低層（第一種・第二種）住居専用地域、田園住居地域、工業地域、工業専用地域において建築できない（建築基準法48条、別表第二、以下同じ）。

❷ ○ 老人ホームは、原則として、工業専用地域においてのみ建築できない。

❸ × 「すべて」ではなく、「工業専用地域以外のすべて」で建築できる。

図書館は、原則として、工業専用地域においてのみ建築できない。

❹ × 「工業地域、工業専用地域」ではなく、「低層住居専用地域、田園住居地域、工業地域、工業専用地域」以外でできる。

頻出

大学は、原則として、低層（第一種・第二種）住居専用地域、田園住居地域、工業地域、工業専用地域において建築できない。

P! ココがポイント

○=建築できるもの、×=建築できないもの

用途＼用途地域等	① 一低住専	① 二低住専	① 田園住居	② 一中高住専	② 二中高住専	③ 一住居	③ 二住居	③ 準住居	④ 近商	⑤ 商業	⑥ 準工業	⑦ 工業	⑧ 工専
図書館等	○	○	○	○	○	○	○	○	○	○	○	○	×
大学・高等専門学校等	×	×	×	○	○	○	○	○	○	○	○	×	×
病院	×	×	×	○	○	○	○	○	○	○	○	×	×

【語呂合わせ】＊図書館にヤー（⑧）さんは来ないでね。➡⑧は×
＊イヤナ（①、⑦、⑧）大学 病院➡①、⑦、⑧は×

「わか合格基本テキスト」 第3編「法令上の制限」 Chap.2−Sec.3

建築物の用途規制に関する次の記述のうち、建築基準法の規定によれば、誤っているものはどれか。ただし、用途地域以外の地域地区等の指定及び特定行政庁の許可は考慮しないものとする。

❶ 建築物の敷地が工業地域と工業専用地域にわたる場合において、当該敷地の過半が工業地域内であるときは、共同住宅を建築することができる。

❷ 準住居地域内においては、原動機を使用する自動車修理工場で作業場の床面積の合計が150㎡を超えないものを建築することができる。

❸ 近隣商業地域内において映画館を建築する場合は、客席の部分の床面積の合計が200㎡未満となるようにしなければならない。

❹ 第一種低層住居専用地域内においては、高等学校を建築することはできるが、高等専門学校を建築することはできない。

❹の「高等学校」と「高等専門学校」は、別々の用途として考えよう！

肢別のテーマ ❶〜❹ 用途制限

解説 正解 3

❶ ○ 建築物の**敷地が複数の用途地域にまたがる**ときは、敷地の全部について、**過半の属する用途制限が適用**される（建築基準法91条）。したがって、建築物の敷地が工業地域と工業専用地域にわたる場合、当該敷地の過半が**工業地域内**であるときは、**共同住宅は建築できる**（48条、別表第二、以下同じ）。

頻出

❷ ○ **準住居地域内**では、原動機を使用する**自動車修理工場**で作業場の床面積の合計が150㎡**以下**のものは**建築できる**。

❸ × **近隣商業地域内**では、**映画館**は客席の部分の**床面積の合計にかかわらず**、**建築できる**。したがって、200㎡未満にしなければならないとする本肢は、誤りである。

ひっかけ

❹ ○ **第一種低層住居専用地域内**では、**高等学校は建築できる**が、**高等専門学校は建築できない**。

P! ココがポイント

○＝建築できるもの、×＝建築できないもの	①			②		③			④	⑤	⑥	⑦	⑧
用途＼用途地域等	一低住専	二低住専	田園住居	一中高住専	二中高住専	一住居	二住居	準住居	近商	商業	準工業	工業	工専
小学校・中学校・高等学校等	○	○	○	○	○	○	○	○	○	○	○	×	×
客席の床面積の合計が200㎡未満の映画館等	×	×	×	×	×	×	×	○	○	○	○	×	×
客席の床面積の合計が200㎡以上の映画館等	×	×	×	×	×	×	×	×	○	○	○	×	×
作業場の床面積の合計が150㎡以下の自動車修理工場	×	×	×	×	×	×	×	○	○	○	○	○	○

【語呂合わせ】 ナウ（⑦、⑧）を首につけても高校までは行かせるぞ。➡⑦、⑧は×

「わか合格基本テキスト」 第3編「法令上の制限」 Chap.2−Sec.3

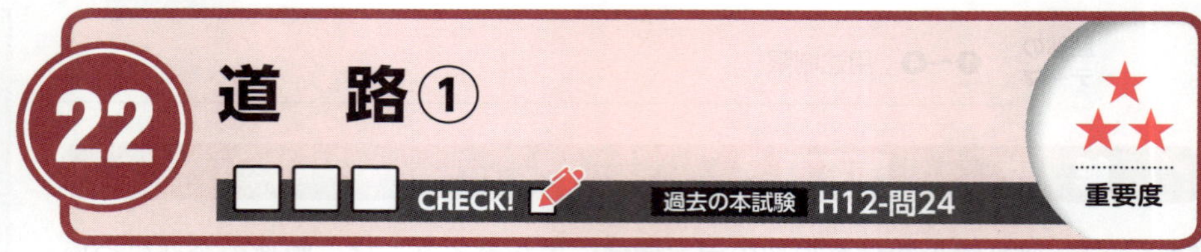

建築基準法に関する次の記述のうち、正しいものはどれか。

❶　道路法による道路は、すべて建築基準法上の道路に該当する。

❷　建築物の敷地は、必ず幅員４ｍ以上の道路に２ｍ以上接しなければならない。

❸　地方公共団体は、土地の状況等により必要な場合は、建築物の敷地と道路との関係について建築基準法に規定された制限を、条例で緩和することができる。

❹　地盤面下に設ける建築物については、道路内に建築することができる。

❹の、地下街などは、道路内の往来の妨げにはならない。

肢別のテーマ	❶建築基準法上の道路の定義	❷道路の定義と接道義務
	❸建築物の敷地と道路との関係	❹道路内の建築制限

解　説　正解 4

❶ × 「すべて」ではなく、「一定の幅員があれば」道路に該当する。

道路法による道路は、幅員4m（一定の区域内では6m）未満で特定行政庁が指定したものを除き、幅員4m（一定の区域内では6m）以上のものが建築基準法の道路に該当する（建築基準法42条1項・2項）。

❷ × 「必ず」ではなく、「原則」4m以上の道路に2m以上接しなければならない。

建築物の敷地は、原則として、幅員4m（一定の区域内では6m）以上の道路に2m以上接しなければならないが（43条1項）、幅員4m（一定の区域内では6m）未満で特定行政庁が指定した道路に接している場合も認められる。その他にも、①その敷地が幅員4m以上の道（道路に該当するものを除き、一定の基準に適合するものに限る）に2m以上接する建築物のうち、利用者が少数であり、その用途および規模に関し一定の基準に適合するとして特定行政庁が認めたもの（建築審査会の同意は不要）、②その敷地の周囲に広い空地を有する建築物その他の一定の建築物で、特定行政庁が認めて建築審査会の同意を得て許可したものも、道路に2m以上接していなくてもよい（同2項）。

❸ × 「緩和」ではなく、「付加」することができる。

頻出

地方公共団体は、建築物の敷地と道路との関係について建築基準法に規定された制限を、条例で「付加」できる（43条3項）が、緩和できない。

❹ ○ 建築物・敷地造成のための擁壁は、道路内に、または道路に突き出して建築し、または築造してはならないが、「地盤面下に設ける建築物」については、道路内に建築ができる（44条1項1号）。

頻出

P! ココがポイント

道路の出題ポイントは、①建基法上の道路の定義、②建築物の敷地と道路との関係、③私道の変更・廃止の制限、④壁面線の指定・制限だ。

「わか合格基本テキスト」 第3編「法令上の制限」 Chap.2−Sec.3

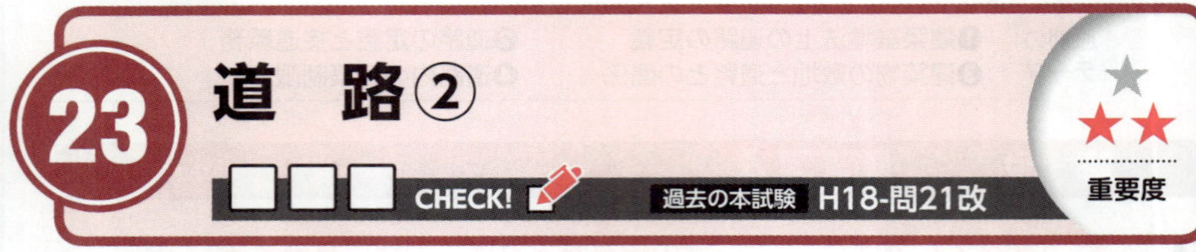

建築基準法（以下この問において「法」という。）に関する次の記述のうち、正しいものはどれか。

❶　都市計画区域若しくは準都市計画区域の指定若しくは変更又は条例の制定若しくは改正により、法第３章の規定が適用されるに至った際、現に建築物が立ち並んでいる幅員４ｍ未満の道路法による道路は、特定行政庁の指定がなくとも法上の道路とみなされる。

❷　法第42条第２項の規定により道路の境界線とみなされる線と道との間の部分の敷地が私有地である場合は、敷地面積に算入される。

❸　法第42条第２項の規定により道路とみなされた道は、実際は幅員が４ｍ未満であるが、建築物が当該道路に接道している場合には、法第52条第２項の規定による前面道路の幅員による容積率の制限を受ける。

❹　敷地が法第42条に規定する道路に２ｍ以上接道していなくても、特定行政庁が交通上、安全上、防火上及び衛生上支障がないと認めて利害関係者の同意を得て許可した場合には、建築物を建築してもよい。

・「法第３章の規定」とは、集団規定のことである。
・「法第42条第２項の規定」による道路とは、幅員４m未満の道路のことである。

肢別のテーマ	
❶建築基準法上の道路の定義	❷２項道路と敷地面積との関係
❸前面道路の幅員による容積率	❹接道義務

解　説　正解 3

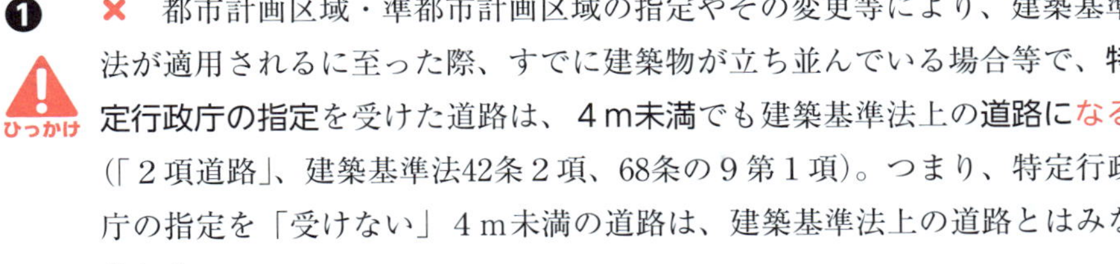

❶ ひっかけ　×　都市計画区域・準都市計画区域の指定やその変更等により、建築基準法が適用されるに至った際、すでに建築物が立ち並んでいる場合等で、**特定行政庁の指定**を受けた道路は、４m未満でも建築基準法上の**道路になる**（「２項道路」、建築基準法42条２項、68条の９第１項）。つまり、特定行政庁の指定を「受けない」４m未満の道路は、建築基準法上の道路とはみなされない。

❷　×　「２項道路」の規定で、道路とみなされる敷地部分は、私有地であっても、**敷地面積に算入しない**（42条２項）。

❸ 難　○　「２項道路」の幅員は容積率等の計算上、４mとみなすため、前面道路の幅員が**12m未満**である場合の前面道路の幅員による**容積率の制限を受ける**（52条２項）。

❹ ひっかけ　×　敷地の周囲に広い空地を有する等一定の基準に適合し、特定行政庁が、**「建築審査会」の同意**を得て許可すれば、道路に**２m以上接していなくてもよい**（43条２項２号）。「利害関係者」の同意ではない。

「わか合格基本テキスト」 第３編「法令上の制限」 Chap.2−Sec.3

用途制限・道路・容積率・建蔽率

重要度

□□□ CHECK!　過去の本試験　H29-問19

建築基準法（以下この問において「法」という。）に関する次の記述のうち、正しいものはどれか。

❶　都市計画区域又は準都市計画区域内における用途地域の指定のない区域内の建築物の建蔽率の上限値は、原則として、法で定めた数値のうち、特定行政庁が土地利用の状況等を考慮し当該区域を区分して都道府県都市計画審議会の議を経て定めるものとなる。

❷　第二種中高層住居専用地域内では、原則として、ホテル又は旅館を建築することができる。

❸　幅員４m以上であり、法が施行された時点又は都市計画区域若しくは準都市計画区域に入った時点で現に存在する道は、特定行政庁の指定がない限り、法上の道路とはならない。

❹　建築物の前面道路の幅員により制限される容積率について、前面道路が２つ以上ある場合には、これらの前面道路の幅員の最小の数値（12m未満の場合に限る。）を用いて算定する。

肢別のテーマ	❶建蔽率制限	❷用途制限
	❸建築基準法上の道路の定義	❹容積率制限

解　説　正解 1

❶ ○ 用途地域の指定のない区域の建蔽率は、法で定めた数値（$\frac{3}{10}$・$\frac{4}{10}$・$\frac{5}{10}$・$\frac{6}{10}$・$\frac{7}{10}$）のうち、**特定行政庁**が土地利用の状況等を考慮し当該区域を区分して都道府県都市計画審議会の議を経て**定めた数値以下**でなければならない（建築基準法53条1項6号）。

❷ × **建築できない。**

第二種中高層住居専用地域内では、原則として、**ホテル・旅館**は**建築できない**（48条、別表第二）。

❸ × **「幅員4m以上」であれば、法上の道路**（建築基準法42条1項）。

幅員4m「**未満**」であり、法が施行された時点または都市計画区域もしくは準都市計画区域に入った時点で現に存在する道は、**特定行政庁が指定**したものが**法上の道路**となる（同2項）。

❹ × **幅員の最大の数値。**

前面道路の幅員により制限される容積率について、前面道路が2つ以上ある場合は、これらの前面道路の**幅員の最「大」**の数値（12m未満の場合に限る）を用いて算定する（52条2項）。

P! ココがポイント

前面道路の幅員による容積率について、前面道路（2つ以上に面する場合は幅の広いもの）の幅が12m未満の場合は、①「用途地域では、都市計画で定められた容積率」、②「道路の幅員×法定乗数」のうち小さいほうが限度となる。

「わか合格基本テキスト」　第3編「法令上の制限」 Chap.2–Sec.3

容積率・建蔽率①

CHECK! 過去の本試験 H10-問22改

下図のような敷地Ａ（第一種住居地域内）及び敷地Ｂ（準工業地域内）に住居の用に供する建築物を建築する場合における当該建築物の容積率及び建蔽率に関する次の記述のうち、建築基準法の規定によれば、正しいものはどれか。ただし、他の地域地区、法第52条第２項でいう法定乗数等の指定、特定道路及び特定行政庁の許可は考慮しないものとする。

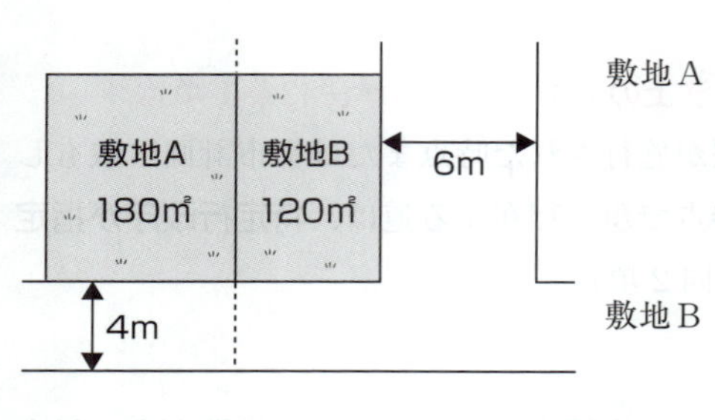

敷地Ａ
都市計画において定められた容積率の最高限度 $\frac{20}{10}$
都市計画において定められた建蔽率の最高限度 $\frac{6}{10}$

敷地Ｂ
都市計画において定められた容積率の最高限度 $\frac{40}{10}$
都市計画において定められた建蔽率の最高限度 $\frac{6}{10}$

❶ 敷地Ａのみを敷地として建築物を建築する場合、容積率の最高限度は200パーセント、建蔽率の最高限度は60パーセントとなる。

❷ 敷地Ｂのみを敷地として建築物を建築する場合、敷地Ｂが街区の角にある敷地として特定行政庁の指定を受けているとき、建蔽率の最高限度は20パーセント増加して80パーセントとなる。

❸ 敷地Ａと敷地Ｂをあわせて一の敷地として建築物を建築する場合、容積率の最高限度は264パーセントとなる。

❹ 敷地Ａと敷地Ｂをあわせて一の敷地として建築物を建築する場合、建蔽率の最高限度は74パーセントとなる。

肢別のテーマ　❶容積率・建蔽率制限　❷建蔽率制限　❸容積率制限　❹建蔽率制限

解　説　正解 3

❶ × 「200%」ではなく、「160%」。

Aのみを敷地とした場合、敷地Aは6m道路に接していないので、道路の幅員による容積率は4m×$\frac{4}{10}$＝$\frac{16}{10}$、つまり、容積率の最高限度は160%となる(建築基準法52条1項・2項)。建蔽率の最高限度は記述のとおり(建築基準法53条1項)。

❷ × 「20%増加して80%」ではなく、「10%増加して70%」。

ひっかけ

街区の角にある敷地として特定行政庁の指定を受けているときは、建蔽率が10%増加する。設問にはこれ以外の要件はないので、指定された建蔽率に10%増加して70%となる（53条1項2号・3項2号)。

❸ ○ 本肢のとおり。

① 敷地Aの容積率を求めると（52条1項2号・2項2号)、容積率：$\frac{20}{10}$(小さいほうの数値をとる）となる。
- 都市計画で定められた容積率：$\frac{20}{10}$
- 前面道路の幅員による容積率：$\frac{24}{10}$（6m×$\frac{4}{10}$）

（❶と異なり、敷地AとBをあわせて一の敷地とする場合は、敷地Aは幅員6mの道路に接するものとして扱う）

② 敷地Bの容積率（52条1項2号・2項3号）を求めると、容積率：$\frac{36}{10}$(小さいほうの数値をとる）となる。
- 都市計画で定められた容積率：$\frac{40}{10}$
- 前面道路の幅員による容積率：$\frac{36}{10}$（6m×$\frac{6}{10}$）

以上により、容積率の最高限度は、$\frac{20}{10}\times\frac{180}{300}+\frac{36}{10}\times\frac{120}{300}=\frac{792}{300}=\frac{264}{100}$となる(52条7項)。

❹ × 「74%」ではなく、「60%」。

敷地Aも敷地Bも、ともに指定された建蔽率は60%だから、敷地全体の建蔽率も当然に60%となる。

「わか合格基本テキスト」　第3編「法令上の制限」 Chap.2−Sec.3

容積率・建蔽率②

CHECK! 過去の本試験 H20-問20改

建築物の建築面積の敷地面積に対する割合（以下この問において「建蔽率」という。）及び建築物の延べ面積の敷地面積に対する割合（以下この問において「容積率」という。）に関する次の記述のうち、建築基準法の規定によれば、誤っているものはどれか。

❶ 建蔽率の限度が80％とされている防火地域内にある耐火建築物又はこれと同等以上の延焼防止性能を有する一定の建築物については、建蔽率による制限は適用されない。

❷ 建築物の敷地が、幅員15m以上の道路（以下「特定道路」という。）に接続する幅員６m以上12m未満の前面道路のうち、当該特定道路からの延長が70m以内の部分において接する場合における当該敷地の容積率の限度の算定に当たっては、当該敷地の前面道路の幅員は、当該延長及び前面道路の幅員を基に一定の計算により算定した数値だけ広いものとみなす。

❸ 容積率を算定する上では、エレベーターの昇降路の部分、共同住宅又は老人ホーム等の共用の廊下又は階段部分は、当該共同住宅又は老人ホーム等の延べ面積の３分の１を限度として、当該共同住宅又は老人ホーム等の延べ面積に算入しない。

❹ 隣地境界線から後退して壁面線の指定がある場合において、当該壁面線を越えない建築物で、特定行政庁が安全上、防火上及び衛生上支障がないと認めて許可したものの建蔽率は、当該許可の範囲内において建蔽率による制限が緩和される。

建築物の延べ面積には、エレベーターの**昇降路**の部分、共同住宅または老人ホーム等の共用の**廊下**または**階段**の用に供する部分の床面積は、「すべて」算入しなかったのでは…？　延べ面積の$\frac{1}{3}$を限度として延べ面積に算入しないのは、地階の扱いではなかったか？

肢別のテーマ ❶建蔽率制限 ❷容積率の特例（特定道路） ❸容積率の特例 ❹建蔽率の緩和

解説 正解 3

❶ ○ 建蔽率制限の適用が除外されるのは、次のとおりである（建築基準法53条6項）。

① 第一種・二種・準住居地域、準工業地域、近隣商業地域のうち建蔽率の限度が$\frac{8}{10}$とされている地域・商業地域内で、防火地域内に耐火建築物またはこれと同等以上の延焼防止性能を有する一定の建築物（以下「耐火建築物等」という）を建築する場合（1号）

② 巡査派出所、公衆便所、公共用歩廊その他これらに類するもの（2号）

③ 公園、広場、道路、川その他これらに類するものの内にある建築物で特定行政庁が安全上、防火上および衛生上支障がないと認めて建築審査会の同意を得て許可したもの（3号）

したがって、建蔽率の限度が80％とされている防火地域内にある耐火建築物等は①に該当するので、建蔽率による制限は適用されない。

❷ ○ 建築物の敷地が、幅員15m以上の道路（以下「特定道路」という）に接続する幅員6m以上12m未満の前面道路のうち、当該特定道路からの延長が70m以内の部分において接する場合における当該敷地の容積率の限度の算定にあたっては、その前面道路の幅員の数値は、当該特定道路から当該建築物の敷地が接する当該前面道路の部分までの延長距離に応じて定まる数値を加えたものとなる（52条9項）。したがって、本肢のとおり、当該敷地の前面道路の幅員は、当該延長および前面道路の幅員を基に一定の計算により算定した数値だけ広いものとみなす。

❸ × 建築物の延べ面積には、①エレベーターの昇降路の部分、②共同住宅または老人ホーム等の共用の廊下または階段の用に供する部分等の床面積は、算入しない（52条6項、施行令135条の16）。したがって、本肢のように「当該共同住宅または老人ホーム等の延べ面積の$\frac{1}{3}$を限度として」ではない。

❹ ○ 隣地境界線から後退して壁面線の指定がある場合において、当該壁面線を越えない建築物で特定行政庁が安全上、防火上および衛生上支障がないと認めて許可したものの建蔽率は、許可の範囲内において緩和される（建築基準法53条4項）。

P! ココがポイント

(1) 建蔽率については、次の規定をまとめておこう！
① 建蔽率の緩和（53条4項） ② 建蔽率の適用除外（53条6項）

(2) 容積率については、次の規定をまとめておこう！
① 住宅または老人ホーム等の用途に供する部分の地階の扱い（52条3項）
② エレベーターの昇降路の部分、共同住宅・老人ホーム等の共用の廊下・階段の用に供する部分の床面積の扱い（52条6項）
③ 特定道路に接続する前面道路に接する一定の敷地のその前面道路の幅員の扱い（52条9項）

「わか合格基本テキスト」 第3編「法令上の制限」 Chap.2−Sec.3

用途制限・斜線制限

CHECK!　過去の本試験　H20-問21

建築基準法（以下この問において「法」という。）に関する次の記述のうち、正しいものはどれか。ただし、用途地域以外の地域地区等の指定及び特定行政庁の許可は考慮しないものとする。

❶ 店舗の用途に供する建築物で当該用途に供する部分の床面積の合計が20,000㎡であるものは、準工業地域においては建築することができるが、工業地域においては建築することができない。

❷ 第一種住居地域において、カラオケボックスで当該用途に供する部分の床面積の合計が500㎡であるものは建築することができる。

❸ 建築物が第一種中高層住居専用地域と第二種住居地域にわたる場合で、当該建築物の敷地の過半が第二種住居地域内に存するときは、当該建築物に対して法第56条第１項第３号の規定による北側高さ制限は適用されない。

❹ 第一種中高層住居専用地域において、火葬場を新築しようとする場合には、都市計画により敷地の位置が決定されていれば新築することができる。

❹は、試験対策上、深入りしなくてもよい！

肢別のテーマ	
❶用途制限	❷用途制限
❸斜線制限	❹処理施設等の建築

解説 正解 1

❶ ○ 床面積の合計が10,000㎡超の店舗等（特定大規模建築物という）は、近隣商業地域・商業地域・「準工業地域」でのみ建築できる（建築基準法48条、別表第二）。

❷ × 第一種住居地域では、カラオケボックスは、規模にかかわらず、建築できない（48条、別表第二）。

❸ × 各地域の斜線制限が適用。

建築物の敷地が、斜線制限の異なる地域にまたがるときは、建築物の各部分でそれぞれの地域の斜線制限が適用される（56条5項）。したがって、北側斜線制限が適用されない第二種住居地域が敷地の過半であったとしても、北側斜線制限が適用される第一種中高層住居専用地域の敷地部分では、北側斜線制限が適用される（56条1項3号参照）。

❹ × 火葬場の新築は、第一種中高層住居専用地域ではできない。

まず、①火葬場等の用途に供する建築物は、都市計画区域内では、都市計画においてその敷地の位置が決定しているものでなければ、原則として新築や増築ができないが（51条本文）、特定行政庁が都道府県都市計画審議会（または市町村都市計画審議会）の議を経て支障がないと認めて許可した場合または一定の規模の範囲内において新築や増築をする場合は、その敷地の位置が決定しているものでなくてもよい（同但書）。他方、②第一種中高層住居専用地域では、そもそも火葬場は、建築できない（48条、別表第二）。

P! ココがポイント

○＝建築できるもの、×＝建築できないもの	①			②		③			④	⑤	⑥	⑦	⑧
用途＼用途地域等	一低住専	二低住専	田園住居	一中高住専	二中高住専	一住居	二住居	準住居	近商	商業	準工業	工業	工専
カラオケボックス、ダンスホール等	×	×	×	×	×	×	◉	◉	○	○	○	◉	◉

◉➡当該用途に供する部分が10,000㎡以下の場合に限り建築可能。

「わか合格基本テキスト」 第3編「法令上の制限」 Chap.2–Sec.3

斜線制限・日影規制

CHECK! 過去の本試験 H18-問22

建築基準法（以下この問において「法」という。）に関する次の記述のうち、正しいものはどれか。

❶　第二種中高層住居専用地域内における建築物については、法第56条第１項第３号の規定による北側斜線制限は適用されない。

❷　第一種低層住居専用地域及び第二種低層住居専用地域内における建築物については、法第56条第１項第２号の規定による隣地斜線制限が適用される。

❸　隣地境界線上で確保される採光、通風等と同程度以上の採光、通風等が当該位置において確保されるものとして一定の基準に適合する建築物については、法第56条第１項第２号の規定による隣地斜線制限は適用されない。

❹　法第56条の２第１項の規定による日影規制の対象区域は地方公共団体が条例で指定することとされているが、商業地域、工業地域及び工業専用地域においては日影規制の対象区域として指定することができない。

日影規制の対象区域として「指定できない」ことと、「例外的に適用される」こととは、別次元！

肢別のテーマ	
❶北側斜線制限	❷隣地斜線制限
❸隣地斜線制限	❹日影規制

解　説　正解 4

❶ 頻出 × **北側斜線制限**は、**住居専用地域**（第一種低層住居専用地域、第二種低層住居専用地域、田園住居地域、第一種中高層住居専用地域、第二種中高層住居専用地域）内において「**適用される**」（建築基準法56条1項3号）。

❷ 頻出 × **隣地斜線制限**は、**低層住居専用地域**および田園住居地域内において「**適用がない**」（56条1項2号）。

❸ × **「隣地境界線上」ではない。**

隣地境界線からの水平距離が一定の位置（16mまたは12.4mだけ外側の線上）において確保される採光、通風等と同程度以上の採光、通風等が当該位置において確保されるものとして一定の基準に適合する建築物については、隣地斜線制限は適用されない（56条7項2号）。

❹ 頻出 ○ 日影規制の対象区域は、地方公共団体が条例で指定することとされているが、**商業**地域、**工業**地域および**工業専用**地域においては**日影規制の対象区域として指定することができない**（56条の2第1項、別表第四）。

P! ココがポイント

【高さ制限のまとめ】

<table>
<tr><th>地域等</th><th>道路斜線</th><th>隣地斜線</th><th>北側斜線</th><th>日影規制（条例指定）</th></tr>
<tr><td>第一種低層住専</td><td rowspan="13">○</td><td rowspan="3">×</td><td rowspan="5">○</td><td rowspan="3">○ 軒高7m超または地上階数3以上</td></tr>
<tr><td>第二種低層住専</td></tr>
<tr><td>田園住居地域</td></tr>
<tr><td>第一種中高層住専</td><td rowspan="10">○</td><td rowspan="6">○ 高さ10m超</td></tr>
<tr><td>第二種中高層住専</td></tr>
<tr><td>第一種住居地域</td><td rowspan="8">×</td></tr>
<tr><td>第二種住居地域</td></tr>
<tr><td>準住居地域</td></tr>
<tr><td>近隣商業地域</td></tr>
<tr><td>商業地域</td><td>×</td></tr>
<tr><td>準工業地域</td><td>○ 高さ10m超</td></tr>
<tr><td>工業地域</td><td rowspan="2">×</td></tr>
<tr><td>工業専用地域</td></tr>
</table>

「わか合格基本テキスト」　第3編「法令上の制限」 Chap.2−Sec.3

29 用途制限・低層住居専用地域内の制限・斜線制限

CHECK! 過去の本試験 H19-問22 重要度 ★★★

第二種低層住居専用地域に指定されている区域内の土地（以下この問において「区域内の土地」という。）に関する次の記述のうち、建築基準法の規定によれば、正しいものはどれか。ただし、特定行政庁の許可については考慮しないものとする。

❶ 区域内の土地においては、美容院の用途に供する部分の床面積の合計が100㎡である２階建ての美容院を建築することができない。

❷ 区域内の土地においては、都市計画において建築物の外壁又はこれに代わる柱の面から敷地境界線までの距離の限度を２ｍ又は1.5ｍとして定めることができる。

❸ 区域内の土地においては、高さが９ｍを超える建築物を建築することはできない。

❹ 区域内の土地においては、建築物を建築しようとする際、当該建築物に対する建築基準法第56条第１項第２号のいわゆる隣地斜線制限の適用はない。

❶の美容院、つまり店舗の用途制限を思い出そう。

肢別の テーマ	❶用途制限	❷低層住居専用地域内での規制
	❸低層住居専用地域内での規制	❹斜線制限

解 説　正解 4

❶ × 第二種低層住居専用地域では、一定の店舗（店舗面積150㎡以内）は建築できる（建築基準法48条、別表第二）。

❷ 頻出 × 第二種低層住居専用地域では、必要に応じて、都市計画で外壁の後退距離を「1mまたは1.5m」と定めることができる（54条）。「2mまたは1.5m」ではない。

❸ 頻出 × 第二種低層住居専用地域では、建築物の高さは「10mまたは12m」のうち、都市計画で定められた高さ（必ず定めるので絶対高さ制限という）を超えてはならない（55条1項）。「9m」ではない。

❹ 頻出 ○ 第二種低層住居専用地域では、隣地斜線制限は適用されない（56条1項2号）。

P! ココがポイント

○＝建築できるもの、×＝建築できないもの

用途＼用途地域等	①		②			③			④	⑤	⑥	⑦	⑧
	一低住専	二低住専	田園住居	一中高住専	二中高住専	一住居	二住居	準住居	近商	商業	準工業	工業	工専
①床面積が150m^2以下の一定の店舗・飲食店	×	○	○	○	○	○	○	○	○	○	○	○	■
②床面積が150m^2を超え500m^2以下の一定の店舗・飲食店（原則2階以下）	×	×	▲	○	○	○	○	○	○	○	○	○	■

■ ➡物品販売店舗、飲食店は建築できない。
▲ ➡地域で生産された農産物直売所・農家レストラン等で2階以下の場合に限り建築可能。

「わか合格基本テキスト」 第3編「法令上の制限」 Chap.2-Sec.3

30 建築確認・単体規定・防火規制

□□□ CHECK!　過去の本試験 H15-問20改　重要度 ★★★

防火地域内において、地階を除く階数が５（高さ25m）、延べ面積が800㎡で共同住宅の用途に供する鉄筋コンクリート造の建築物で、その外壁が耐火構造であるものを建築しようとする場合に関する次の記述のうち、建築基準法の規定によれば、正しいものはどれか。

❶　当該建築物は、防火上有効な構造の防火壁又は防火床によって有効に区画しなければならない。

❷　当該建築物について確認をする場合は、建築主事は、建築物の工事施工地又は所在地を管轄する消防長又は消防署長へ通知しなければならない。

❸　当該建築物には、安全上支障がない場合を除き、非常用の昇降機を設けなければならない。

❹　当該建築物は、外壁を隣地境界線に接して設けることができる。

肢別のテーマ
❶大規模建築物の防火壁　❷確認に関する消防長等の同意
❸非常用昇降機　❹防火地域等での建築物の規制

解説　正解 4

❶ 頻出
× 防火地域内の耐火建築物であるし、800㎡であるから不要。

耐火建築物・準耐火建築物等「以外」の建築物で、延べ面積が1,000㎡を超える建築物は、原則として防火上有効な構造の防火壁または防火床によって有効に区画し、かつ、各区画の床面積の合計をそれぞれ1,000㎡以内としなければならない（建築基準法26条1号）。

❷ ひっかけ
× 防火地域内であるので、同意が必要となり、通知は必要でない。

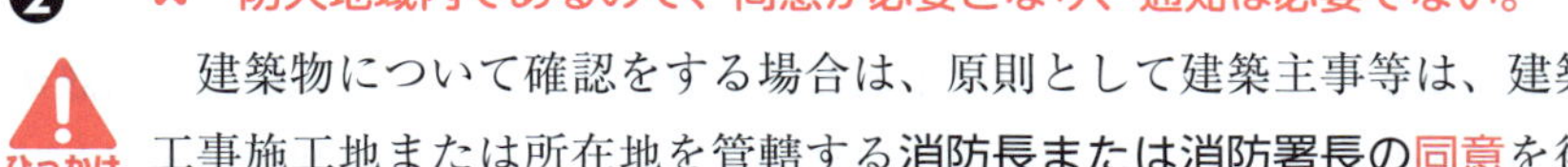

建築物について確認をする場合は、原則として建築主事等は、建築物の工事施工地または所在地を管轄する消防長または消防署長の同意を得なければならないが（93条1項）、確認に係る建築物が防火地域および準防火地域以外の区域内における住宅である場合等は例外となる。

❸ 頻出
× 当該建築物は25mであるから対象にならない。

高さ31mを超える建築物には、安全上支障がない場合を除き、非常用の昇降機を設けなければならない（34条2項）。

❹
○ 防火地域または準防火地域内にある建築物で、外壁が耐火構造のものについては、その外壁を隣地境界線に接して設けることができる（63条）。

P! ココがポイント

建築確認・単体規定・集団規定に関する、いずれも基礎知識を聞く問題であるが、総合力が試されている。

「わか合格基本テキスト」　第3編「法令上の制限」　Chap.2−Sec.2･3

用途制限・容積率・斜線制限・防火規制等

CHECK! 過去の本試験 H16-問20

建築基準法に関する次の記述のうち、誤っているものはどれか。

❶ 建築物の敷地が第一種住居地域と近隣商業地域にわたる場合、当該敷地の過半が近隣商業地域であるときは、その用途について特定行政庁の許可を受けなくとも、カラオケボックスを建築することができる。

❷ 建築物が第二種低層住居専用地域と第一種住居地域にわたる場合、当該建築物の敷地の過半が第一種住居地域であるときは、北側斜線制限が適用されることはない。

❸ 建築物の敷地が、都市計画により定められた建築物の容積率の限度が異なる地域にまたがる場合、建築物が一方の地域内のみに建築される場合であっても、その容積率の限度は、それぞれの地域に属する敷地の部分の割合に応じて按分計算により算出された数値となる。

❹ 建築物が防火地域及び準防火地域にわたる場合、建築物が防火地域外で防火壁により区画されているときは、その防火壁外の部分については、準防火地域の規制に適合させればよい。

肢別のテーマ	❶用途制限	❷斜線制限
	❸容積率	❹防火地域・準防火地域

解説　正解 2

❶ 頻出 ○ 建築物の敷地が異なる地域にわたる場合は、その敷地の全部について、**過半の属する用途制限に従う**（建築基準法91条）。そして、カラオケボックスは近隣商業地域で建築できる（48条9項、別表第二）ので、本肢の敷地には建築できる。

❷ × **適用される。**

建築物の敷地が、異なる地域にまたがるときは、**建築物の各部分でそれぞれの地域の斜線制限が適用**される（56条5項）。したがって、本肢のように建築物の敷地の過半が第一種住居地域であっても、すべてこの地域に従った斜線制限が適用されるとはいえず、第二種低層住居専用地域である部分は、北側斜線制限が適用されることがある（56条1項3号参照）。

❸ ○ 建築物の敷地が**容積率の制限を受ける地域の2以上にわたる場合、各地域内の容積率の限度に、その敷地の当該地域にある各部分の面積の敷地面積に対する割合を乗じて得たものの合計以下**でなければならない（52条7項）。

❹ ひっかけ ○ 建築物が、**防火壁で有効に区画**されているときは、その**防火壁外の部分**については、**その区域の制限に従う**（65条2項ただし書）。したがって、本肢では準防火地域の規制に適合させればよい。

P! ココがポイント

① 用途制限➡敷地が2つの用途地域にまたがった。➡面積の**大きい**ほうの規制を受ける

② 建蔽率➡敷地が2つの用途地域にまたがった。➡**加重**平均

③ 容積率➡敷地が2つの用途地域にまたがった。➡**加重**平均

④ 建築物が｛防火地域／準防火地域／その他の地域｝のうち2つの地域にまたがった。➡規制の**厳しい**地域の規定が適用

「わか合格基本テキスト」　第3編「法令上の制限」 Chap.2–Sec.3

32 建築確認・単体規定・防火規制

CHECK!　過去の本試験 H19-問21改

建築基準法に関する次の記述のうち、正しいものはどれか。

❶　建築主は、共同住宅の用途に供する建築物で、その用途に供する部分の床面積の合計が280㎡であるものの大規模の修繕をしようとする場合、当該工事に着手する前に、当該計画について建築主事の確認を受けなければならない。

❷　居室を有する建築物の建築に際し、飛散又は発散のおそれがある石綿を添加した建築材料を使用するときは、その居室内における衛生上の支障がないようにするため、当該建築物の換気設備を政令で定める技術的基準に適合するものとしなければならない。

❸　防火地域又は準防火地域内にある建築物は、壁・柱・床等の建築物の部分及び当該防火設備を、通常の火災による周囲への延焼を防止するために、これらに必要とされる性能に関して「防火地域及び準防火地域の別や建築物の規模に応じて一定の技術的基準」に適合するもので、国土交通大臣が定めた構造方法を用いるもの又は国土交通大臣の認定を受けたものとしなければならないが、高さ３m以下の門又は塀は除かれる。

❹　防火地域又は準防火地域において、延べ面積が1,000㎡を超える耐火建築物は、防火上有効な構造の防火壁又は防火床で有効に区画し、かつ、各区画の床面積の合計をそれぞれ1,000㎡以内としなければならない。

❷で、アスベストについては、飛散等の被害を重要視しているので、換気設備で対応できるものではない。

肢別のテーマ	❶建築確認	❷アスベスト
	❸防火地域・準防火地域	❹大規模建築物の防火壁

解説 …… 正解 1

❶ ○ 本肢の建築物は、共同住宅で、その床面積が280㎡であるから、「200㎡超」の特殊建築物である。したがって、大規模修繕は、その工事着手前に、建築主事の建築確認を受けなければならない（建築基準法6条1項1号）。

❷ × 石綿等については換気設備の規定はない。

本肢は、アスベストの規定である（28条の2第2号）。なお、シックハウス対策（ホルムアルデヒド物質対策）としては、その居室内における衛生上の支障がないようにするため、当該建築物の換気設備を政令で定める技術的基準に適合するものとしなければならない（施行令20条の8）。

❸ × 高さ「2m以下」の門または塀は除かれる。

防火地域または準防火地域内にある建築物は、壁・柱・床等の建築物の部分および当該防火設備を、通常の火災による周囲への延焼を防止するために、これらに必要とされる性能に関して「防火地域および準防火地域の別や建築物の規模に応じて一定の技術的基準」に適合するもので、国土交通大臣が定めた構造方法を用いるもの、または国土交通大臣の認定を受けたものとしなければならない（建築基準法61条）。

❹ × 耐火建築物であれば防火壁で有効に区画する必要はない。

耐火建築物・準耐火建築物等「以外」の建築物で、延べ面積が1,000㎡超のものは、防火壁または防火床で1,000㎡以下になるよう有効に区画しなければならない（26条1号）。よって、耐火建築物や準耐火建築物は、防火壁または防火床で1,000㎡以下に区画する必要はない。

P! ココがポイント

【防火地域・準防火地域内の建築物の規制（61条）】

防火地域・準防火地域内にある建築物は、上記❸本文以外にも、その外壁の開口部で延焼のおそれのある部分に防火戸等の一定の防火設備を設ける必要がある。

「わか合格基本テキスト」 第3編「法令上の制限」 Chap.2–Sec.2～4

道路・容積率・建蔽率・建築協定

重要度

CHECK!　過去の本試験　H27-問18改

建築基準法に関する次の記述のうち、誤っているものはどれか。

❶ 建築物の容積率の算定の基礎となる延べ面積には、エレベーターの昇降路の部分、共同住宅又は老人ホーム等の共用の廊下又は階段の用に供する部分の床面積は、一定の場合を除き、算入しない。

❷ 建築物の敷地が建蔽率に関する制限を受ける地域又は区域の２以上にわたる場合においては、当該建築物の建蔽率は、当該各地域又は区域内の建築物の建蔽率の限度の合計の２分の１以下でなければならない。

❸ 地盤面下に設ける建築物については、道路内に建築することができる。

❹ 建築協定の目的となっている建築物に関する基準が建築物の借主の権限に係る場合においては、その建築協定については、当該建築物の借主は、土地の所有者等とみなす。

肢別のテーマ
❶容積率の特例　❷建蔽率
❸道路内の建築制限　❹建築協定

解説　正解 2

❶ 頻出 ○ 容積率の算定の基礎となる延べ面積には、①エレベーターの昇降路の部分、②共同住宅または老人ホーム等の共用の廊下または階段の用に供する部分等の床面積は、一定の場合を除き、算入しない（建築基準法52条6項、施行令135条の16）。

❷ ひっかけ × 「合計の$\frac{1}{2}$」ではない。

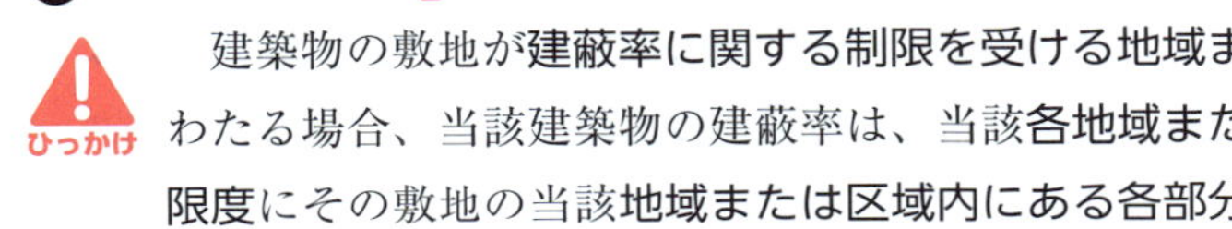

建築物の敷地が建蔽率に関する制限を受ける地域または区域の2以上にわたる場合、当該建築物の建蔽率は、当該各地域または区域内の建蔽率の限度にその敷地の当該地域または区域内にある各部分の面積の敷地面積に対する割合を乗じて得たものの合計以下（加重平均）でなければならない（建築基準法53条2項）。

❸ 頻出 ○ 建築物または敷地を造成するためのよう壁は、原則として、道路内に、または、道路に突き出して建築・増築してはならない（44条1項）。ただし、地盤面下に設ける建築物については、道路内に建築できる（同1号）。

❹ ○ 建築協定の目的となっている建築物に関する基準が建築物の借主の権限に係る場合、その建築協定については、当該建築物の借主は、土地の所有者等とみなされる（77条）。

P! ココがポイント

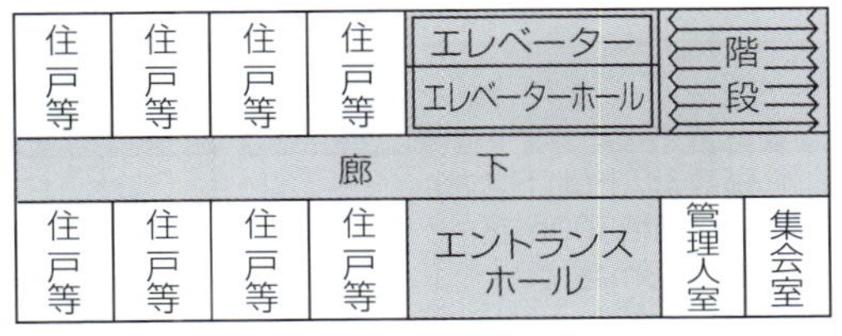

平面図の［網掛け部分］：延べ面積に不算入とする部分

「わか合格基本テキスト」 第3編「法令上の制限」Chap.2-Sec.3・5

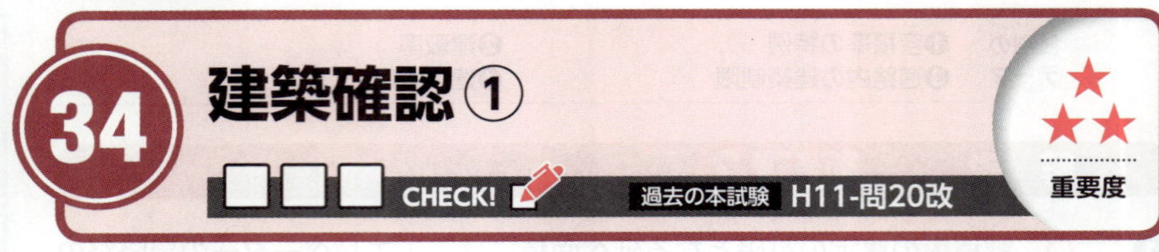

建築基準法の確認に関する次の記述のうち、誤っているものはどれか。

❶ 木造３階建て、延べ面積が300㎡の建築物の建築をしようとする場合は、建築主事又は指定確認検査機関の確認を受ける必要がある。

❷ 鉄筋コンクリート造平屋建て、延べ面積が300㎡の建築物の建築をしようとする場合は、建築主事又は指定確認検査機関の確認を受ける必要がある。

❸ 自己の居住の用に供している建築物の用途を変更して共同住宅（その床面積の合計300㎡）にしようとする場合は、建築主事又は指定確認検査機関の確認を受ける必要がない。

❹ 文化財保護法の規定によって重要文化財として仮指定された建築物の大規模の修繕をしようとする場合は、建築主事又は指定確認検査機関の確認を受ける必要がない。

○＝確認が必要

<table>
<tr><th>区域</th><th colspan="2">建築物の種類</th><th colspan="2">規　　模</th><th>新</th><th>増･改･移</th><th>大規模修繕・模様替</th></tr>
<tr><td rowspan="2">全国</td><td rowspan="2">大規模建築物</td><td>木造</td><td>① 階数3以上(地下含む)
② 延べ面積500㎡超
③ 高さ13m超
④ 軒高9m超</td><td>いずれかに該当</td><td rowspan="2">○</td><td rowspan="2">○
(防火・準防火地域内のときは､10㎡以内でも○)</td><td rowspan="2">○</td></tr>
<tr><td>木造以外</td><td>① 階数2以上(地下含む)
② 延べ面積200㎡超</td><td>いずれかに該当</td></tr>
</table>

肢別のテーマ	
❶建築確認の要否	❷建築確認の要否
❸建築確認の要否	❹建築確認の要否と適用除外の関係

解説　正解 3

❶ ○　**大規模建築物の建築なので、確認が必要。**

本肢は、木造3**階建て**であり、建築物の建築（新築・増築・改築・移転）をしようとするので、**建築確認が必要**である（建築基準法6条1項2号）。

❷ ○　**大規模建築物の建築なので、確認が必要。**

本肢は、木造以外で**延べ面積**200㎡**超**であり、建築物の建築（新築・増築・改築・移転）をしようとするので、**建築確認が必要**である（6条1項3号）。

❸ ×　**確認が必要。**

一定の特殊**建築物への用途変更**（類似の用途変更を除く）は、**建築確認が必要**である。この確認を要する特殊建築物とは、その特殊な用途に供する部分の床面積の合計が200㎡**を超える**ものをいう（87条、6条1項1号、別表第一、施行令137条の18）。

❹ ○　**重要文化財の仮指定があれば、建築確認は不要。**

文化財保護法によって国宝・**重要文化財**・特別史跡名勝天然記念物等として、指定または仮指定された建築物には、**建築基準法は適用**されない（建築基準法3条1項1号）。

P! ココがポイント

「類似の用途」とは、例えば次の組合せのようなものだ。

①劇場、映画館、演芸場　②公会堂、集会場　③診療所、児童福祉施設等　④ホテル、旅館　⑤下宿、寄宿舎　⑥博物館、美術館、図書館　⑦体育館、ボウリング場、スケート場、水泳場等　⑧百貨店、マーケット等　⑨キャバレー、バー等　⑩待合、料理店　⑪映画スタジオ、テレビスタジオ

「わか合格基本テキスト」　第3編「法令上の制限」 Chap.2−Sec.4

建築確認②

CHECK! 過去の本試験 H27-問17

重要度

建築基準法に関する次の記述のうち、誤っているものはどれか。

❶ 防火地域及び準防火地域外において建築物を改築する場合で、その改築に係る部分の床面積の合計が10㎡以内であるときは、建築確認は不要である。

❷ 都市計画区域外において高さ12m、階数が3階の木造建築物を新築する場合、建築確認が必要である。

❸ 事務所の用途に供する建築物をホテル（その用途に供する部分の床面積の合計が500㎡）に用途変更する場合、建築確認は不要である。

❹ 映画館の用途に供する建築物で、その用途に供する部分の床面積の合計が300㎡であるものの改築をしようとする場合、建築確認が必要である。

○＝確認が必要

区域	建築物の種類	規模	新	増・改・移	大規模修繕・模様替	用途変更
全国	特殊建築物	用途部分の床面積200㎡超	○	○（防火・準防火地域内のときは、10㎡以内でも○）	○	○

肢別のテーマ　❶〜❹　建築確認の要否

解説　正解 3

❶ ○ **防火地域及び準防火地域「外」**で、建築物を増築・**改築**・移転する場合で、その増築・**改築**・移転に係る部分の床面積の合計が**10㎡以内**であるときは、**建築確認は不要**である（建築基準法6条2項）。

❷ ○ **区域を問わず**（本肢では都市計画区域外）、**木造**建築物で①**3以上**の階数（本肢ではこれに該当）、②延べ面積が500㎡超、③高さ**13m超**（本肢では12m）、④軒高9m超のいずれかに該当する「**新築**」では、**建築確認が必要**である（6条1項2号）。

❸ × **特殊建築物以外の用途に供する建築物**（本肢では事務所）を、その用途に供する部分の床面積合計が**200㎡超**（本肢では500㎡）の**特殊建築物**（本肢ではホテル）に**用途変更**する場合、「**建築確認は必要**」である（87条1項、6条1項1号、別表第一、施行令137条の18）。

ひっかけ

❹ ○ **特殊建築物の用途に供する建築物**（本肢では映画館）で、その用途に供する部分の床面積の合計が**200㎡超**（本肢では300㎡）であるものの増築・**改築**・移転をしようとする場合、**建築確認が必要**である（6条1項1号）。

P! ココがポイント

用途変更前の用途にかかわらず、**用途変更後**に**特殊建築物**にするときは、建築確認が必要。

・特殊建築物 ➡ **他の特殊建築物**：（例）映画館 ➡ 美術館
・一般建築物 ➡ **特殊建築物**：（例）一般住宅 ➡ 共同住宅

「わか合格基本テキスト」　第3編「法令上の制限」 Chap.2–Sec.4

建築確認総合①

CHECK! 過去の本試験 H14-問21

建築基準法に関する次の記述のうち、正しいものはどれか。

❶ 建築確認を申請しようとする建築主は、あらかじめ、当該確認に係る建築物の所在地を管轄する消防長又は消防署長の同意を得ておかなければならない。

❷ 建築主は、工事を完了した場合においては、工事が完了した日から３日以内に到達するように、建築主事に文書をもって届け出なければならない。

❸ 文化財保護法の規定によって重要文化財に指定された建築物であっても、建築基準法は適用される。

❹ 建築物の建築、修繕、模様替又は除却のための工事の施工者は、当該工事の施工に伴う地盤の崩落、建築物又は工事用の工作物の倒壊等による危害を防止するために必要な措置を講じなければならない。

建築確認申請から使用開始までの流れを思い出そう。

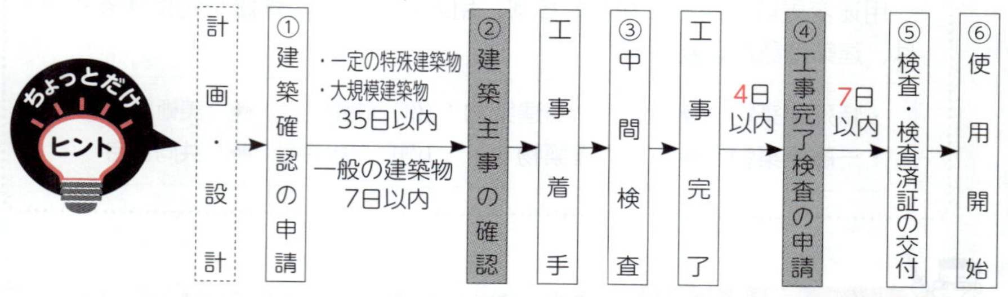

肢別のテーマ ❶確認に関する消防長等の同意 ❷完了検査の申請 ❸適用除外 ❹工事現場の危害の防止

解説 正解 4

❶ × **建築主ではなく、建築主事等が同意を得る。**

「**建築主事等**」は建築確認をしようとする場合、原則として、確認に係る建築物の工事施工地または所在地を管轄する**消防長または消防署長の同意**を得ておかなければ確認をすることはできない（建築基準法93条１項）。

❷ × **３日ではなく、届出でもない。**

建築主は、工事を完了した場合においては、やむを得ない理由があるときを除き、工事が完了した日から**4日以内に到達**するように、建築主事に文書をもって**完了検査の申請**をしなければならない（７条１項・２項）。

❸ × **法の適用除外のケースである。**

文化財保護法の規定によって、国宝、重要文化財等に指定され、または仮指定を受けた建築物については、**建築基準法の規定が「適用されない」**（３条１項１号）。

❹ ○ 建築物の建築、修繕、模様替または除却のための**工事の施工者**は、当該工事の施工に伴う地盤の崩落、建築物または工事用の工作物の倒壊等による危害を防止するために**必要な措置**を講じなければならない（90条１項）。

難

「わか合格基本テキスト」 第３編「法令上の制限」Chap.2-Sec.1・4

建築確認総合②

CHECK! 過去の本試験 H22-問18

３階建て、延べ面積600㎡、高さ10mの建築物に関する次の記述のうち、建築基準法の規定によれば、正しいものはどれか。

❶ 当該建築物が木造であり、都市計画区域外に建築する場合は、確認済証の交付を受けなくとも、その建築工事に着手することができる。

❷ 用途が事務所である当該建築物の用途を変更して共同住宅にする場合は、確認を受ける必要はない。

❸ 当該建築物には、有効に避雷設備を設けなければならない。

❹ 用途が共同住宅である当該建築物の工事を行う場合において、２階の床及びこれを支持するはりに鉄筋を配置する工事を終えたときは、中間検査を受ける必要がある。

肢別のテーマ	❶確認済証の交付	❷建築確認の要否
	❸避雷設備	❹中間検査

解説 正解 4

❶ ひっかけ ✕ 設問から**木造大規模建築物**（3階建て、延べ面積500㎡超）と判断でき、これを**都市計画区域外に建築**するときでも、**建築確認が必要**であり、**確認済証の交付**を受けなければ、その建築工事に**着手できない**（建築基準法6条1項2号）。

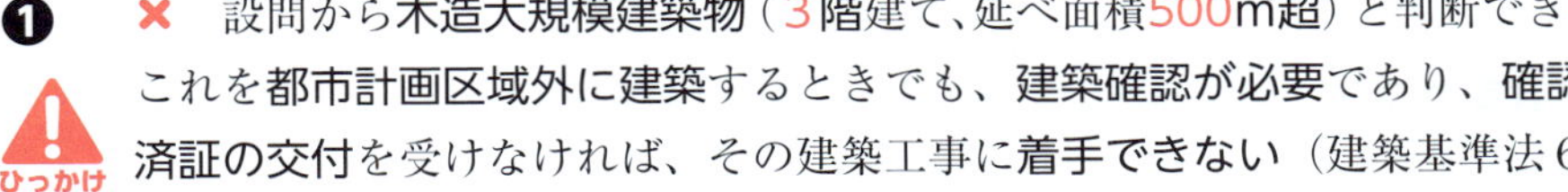

❷ 頻出 ✕ **特殊建築物以外の建築物**（本肢では事務所）の用途を**変更**して、一定（延べ面積200㎡超）の**特殊建築物**（本肢では共同住宅）にする場合、**建築確認が必要**である（87条1項、6条1項1号、別表第一、施行令137条の18）。

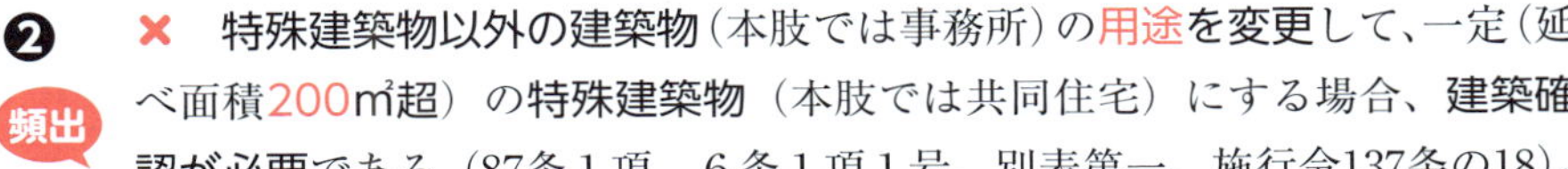

❸ 頻出 ✕ 高さ20m超の建築物は、原則として、有効に**避雷設備**を設けなければならない（33条）。しかし、高さ10mの建築物には設置不要である。

❹ ひっかけ ○ 建築主は、工事が次の①②のいずれかの特定工程を含む場合、当該特定工程に係る**工事を終えたとき**は、その都度、**建築主事の中間検査を申請**しなければならない（7条の3第1項）。

> ① 階数が3以上である**共同住宅の床およびはりに鉄筋を配置する工事**の工程のうち一定の工程
> ② ①のほか、特定行政庁が指定する一定の工程

したがって、本肢の場合、階数が3以上である共同住宅のうち、2階の床およびこれを支持するはりに鉄筋を配置する工事を終えたときは、中間検査を受ける必要がある。なお、この検査は指定確認検査機関によってもよい（7条の4第1項）。

P! ココがポイント

【中間検査（特定工程を含む場合）】

特定工程 → 特定工程の工事終了 → 中間検査の申請 → ・中間検査合格証の交付 ・中間検査

「わか合格基本テキスト」 第3編「法令上の制限」 Chap.2–Sec.4

建築確認総合③

CHECK! 過去の本試験 R2-10月-問17

重要度 ★★

建築基準法に関する次の記述のうち、正しいものはどれか。

❶ 階数が２で延べ面積が200㎡の鉄骨造の共同住宅の大規模の修繕をしようとする場合、建築主は、当該工事に着手する前に、確認済証の交付を受けなければならない。

❷ 居室の天井の高さは、一室で天井の高さの異なる部分がある場合、室の床面から天井の最も低い部分までの高さを2.1m以上としなければならない。

❸ 延べ面積が1,000㎡を超える準耐火建築物は、防火上有効な構造の防火壁又は防火床によって有効に区画し、かつ、各区画の床面積の合計をそれぞれ1,000㎡以内としなければならない。

❹ 高さ30mの建築物には、非常用の昇降機を設けなければならない。

数字を正確に覚えているかどうかが勝負だ。

肢別のテーマ	❶建築確認の要否	❷居室の天井の高さ
	❸大規模建築物の防火壁等	❹非常用昇降機

解説 正解 1

❶ ○ 区域を問わず、木造以外（本肢では鉄骨造）」で、①階数「2」以上（本肢ではこれに該当）又は②延べ面積200㎡超のいずれかに該当する**大規模の修繕**をしようとする場合、**建築主**は、工事着手前に、建築確認を受け、**確認済証の交付**を受けなければならない（建築基準法6条1項3号）。

❷ × 「室の床面から天井の最も低い部分までの高さ」ではない。

居室の天井の高さは、2.1m以上でなければならない（施行令21条1項）。その天井の高さは、室の床面から測り、**一室で天井の高さの異なる部分がある場合**、その「平均の高さ」による（同2項）。

❸ × 準耐火建築物は、防火壁又は防火床で1,000㎡以内に区画不要。

耐火建築物・**準耐火建築物**等「以外」の建築物で、延べ面積が1,000㎡超のものは、防火上有効な構造の防火壁又は防火床で有効に**区画**し、かつ、各区画の床面積の合計をそれぞれ1,000㎡以内としなければならない（建築基準法26条1号）。

❹ × 「高さ30mの建築物」には設置不要。

頻出

高さ31m超の建築物には、原則として、**非常用の昇降機**を設けなければならない（34条2項）。

P! ココがポイント

延べ面積1,000㎡超の建築物には、次のような防火措置を講じる必要がある。

① 木造建築物等（同一敷地内に2以上ある場合、その延べ面積の合計）
➡外壁・軒裏で延焼のおそれのある部分を防火構造とし、屋根を一定構造とする。

② 耐火・準耐火建築物以外➡防火壁または防火床で1,000㎡以内に区画する。

「わか合格基本テキスト」 第3編「法令上の制限」 Chap.2–Sec.2・4

事後届出①

CHECK!　過去の本試験　H19-問17

国土利用計画法第23条の届出（以下この問において「事後届出」という。）に関する次の記述のうち、正しいものはどれか。

❶　宅地建物取引業者であるＡとＢが、市街化調整区域内の6,000㎡の土地について、Ｂを権利取得者とする売買契約を締結した場合には、Ｂは事後届出を行う必要はない。

❷　宅地建物取引業者であるＣとＤが、都市計画区域外の２haの土地について、Ｄを権利取得者とする売買契約を締結した場合には、Ｄは事後届出を行わなければならない。

❸　事後届出が必要な土地売買等の契約により権利取得者となった者が事後届出を行わなかった場合には、都道府県知事から当該届出を行うよう勧告されるが、罰則の適用はない。

❹　事後届出が必要な土地売買等の契約により権利取得者となった者は、その契約の締結後、１週間以内であれば市町村長を経由して、１週間を超えた場合には直接、都道府県知事に事後届出を行わなければならない。

肢別のテーマ ❶事後届出の要否 ❷事後届出の要否 ❸事後届出での違反行為への措置 ❹事後届出における届出時期

解説 正解 2

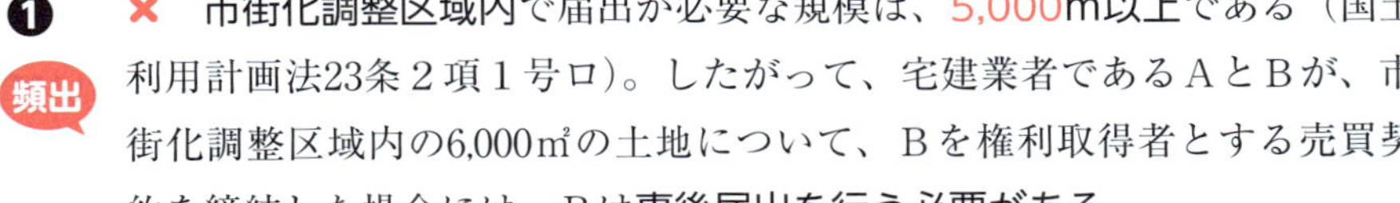

❶ 頻出 × **市街化調整区域内**で届出が必要な規模は、5,000㎡**以上**である（国土利用計画法23条２項１号ロ）。したがって、宅建業者であるＡとＢが、市街化調整区域内の6,000㎡の土地について、Ｂを権利取得者とする売買契約を締結した場合には、Ｂは**事後届出を行う必要がある**。

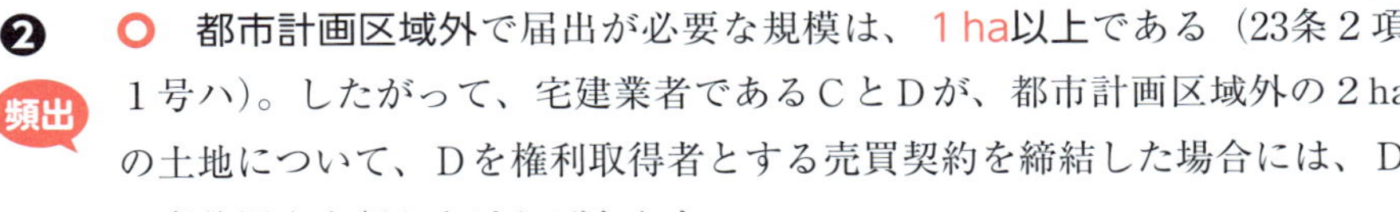

❷ 頻出 ○ **都市計画区域外**で届出が必要な規模は、１ha**以上**である（23条２項１号ハ）。したがって、宅建業者であるＣとＤが、都市計画区域外の２haの土地について、Ｄを権利取得者とする売買契約を締結した場合には、Ｄは事後届出を行わなければならない。

❸ ひっかけ × 事後届出が必要な土地売買等の契約により権利取得者となった者が、事後届出を行わなかった場合には、**罰則**（６ヵ月以下の懲役または100万円以下の罰金）**の適用がある**（47条１号）。なお、「土地の利用目的」に関する変更勧告はあるが、「知事から当該**届出を行うよう勧告**される」という**規定はない**。

❹ 頻出 × 事後届出が必要な土地売買等の契約により権利取得者となった者は、その契約の締結後、２**週間以内**に、当該土地が所在する市町村長を経由して、**知事に事後届出**を行わなければならない（23条１項）。本肢のように、「１週間以内であれば市町村長を経由して、１週間を超えた場合には直接」というような期間の分類規定はない。

P! ココがポイント

① 事後届出制➡契約締結後、2週間以内
② 事前届出制➡契約締結前

「わか合格基本テキスト」 第３編「法令上の制限」 Chap.3−Sec.2

事後届出②

CHECK!　過去の本試験　H20-問17

国土利用計画法第23条に基づく都道府県知事への届出（以下この問において「事後届出」という。）に関する次の記述のうち、正しいものはどれか。

❶　宅地建物取引業者Aが所有する市街化区域内の1,500㎡の土地について、宅地建物取引業者Bが購入する契約を締結した場合、Bは、その契約を締結した日から起算して２週間以内に事後届出を行わなければならない。

❷　甲市が所有する市街化調整区域内の12,000㎡の土地について、宅地建物取引業者Cが購入する契約を締結した場合、Cは、その契約を締結した日から起算して２週間以内に事後届出を行わなければならない。

❸　個人Dが所有する市街化調整区域内の6,000㎡の土地について、宅地建物取引業者Eが購入する契約を締結した場合、Eは、その契約を締結した日から起算して２週間以内に事後届出を行わなければならない。

❹　個人Fが所有する都市計画区域外の30,000㎡の土地について、その子Gが相続した場合、Gは、相続した日から起算して２週間以内に事後届出を行わなければならない。

市街化調整区域での届出の対象面積は？

肢別のテーマ　❶〜❹　事後届出の要否

解説　正解 3

❶ 頻出　× **市街化区域内**にある2,000㎡**以上**の一団の土地を、購入する契約を締結して取得すれば、**届出は必要**となる（国土利用計画法23条２項１号イ）が、本肢は1,500㎡である。したがって、Ａが所有する市街化区域内の1,500㎡の土地について、Ｂが購入する契約を締結した場合、Ｂは、事後届出が不要である。

❷ 頻出　×　土地売買等の契約の**当事者の一方または双方**が、国または**地方公共団体**であるときは、**届出は不要**である（23条２項３号）。したがって、甲市が所有する市街化調整区域内の12,000㎡（市街化調整区域では5,000㎡以上が届出の対象）の土地について、Ｃが購入する契約を締結した場合、Ｃは、事後届出が不要である。

❸ 頻出　○ **市街化調整区域内**にある5,000㎡**以上**の一団の土地を、購入する契約を締結して取得すれば、**届出は必要**となる（23条２項１号ロ）。したがって、Ｄが所有する市街化調整区域内の6,000㎡の土地について、Ｅが購入する契約を締結した場合、Ｅは、その契約を締結した日から起算して２週間以内に事後届出を行わなければならない。

❹ ×　**相続**による取得は、**届出が不要**である（14条１項）。したがって、Ｆが所有する都市計画区域外の30,000㎡（都市計画区域外では10,000㎡以上が届出の対象）の土地について、その子Ｇが相続した場合、Ｇは、事後届出が不要である。

P! ココがポイント

【事後届出・事前届出（注視区域）が必要な規模】

① 市街化区域 ―――― 2,000㎡以上
② 市街化区域以外の都市計画区域 ―― 5,000㎡以上
③ 都市計画区域外 ―――― 10,000㎡以上

「わか合格基本テキスト」　第３編「法令上の制限」　Chap.3−Sec.2

事後届出③

CHECK! 過去の本試験 H21-問15

国土利用計画法第23条の都道府県知事への届出（以下この問において「事後届出」という。）に関する次の記述のうち、正しいものはどれか。

❶ 宅地建物取引業者Aが都市計画区域外の10,000㎡の土地を時効取得した場合、Aは、その日から起算して２週間以内に事後届出を行わなければならない。

❷ 宅地建物取引業者Bが行った事後届出に係る土地の利用目的について、都道府県知事が適正かつ合理的な土地利用を図るために必要な助言をした場合、Bがその助言に従わないときは、当該知事は、その旨及び助言の内容を公表しなければならない。

❸ 宅地建物取引業者Cが所有する市街化調整区域内の6,000㎡の土地について、宅地建物取引業者Dが購入する旨の予約をした場合、Dは当該予約をした日から起算して２週間以内に事後届出を行わなければならない。

❹ 宅地建物取引業者Eが所有する都市計画区域外の13,000㎡の土地について、4,000㎡を宅地建物取引業者Fに、9,000㎡を宅地建物取引業者Gに売却する契約を締結した場合、F及びGはそれぞれ、その契約を締結した日から起算して２週間以内に事後届出を行わなければならない。

❷の論点で公表できるのは、「何」に従わないケースだったのか？

肢別のテーマ	❶事後届出の要否	❷事後届出における助言
	❸事後届出の要否	❹事後届出の要否

解説 正解 3

❶ × 事後届出を行わなくてよい。

「時効」で取得した場合は、「土地売買等の契約」に該当しない（国土利用計画法14条１項）。したがって、宅建業者Ａが都市計画区域外の10,000㎡の土地を時効取得しても、Ａは事後届出を行わなくてよい。

❷ 頻出 × 勧告を受けた者がその「勧告」に従わないとき、知事は、その旨およびその勧告の内容を公表できる（26条）。また、知事は届出があった場合、その届出をした者に対し、必要な助言ができる（27条の２）。助言に従わないとき、その旨および助言の内容を公表できる旨の規定はない。

❸ 頻出 ○ 「売買予約」は、「土地売買等の契約」に該当する（23条１項、14条１項参照）。

したがって、市街化調整区域内の6,000㎡（5,000㎡以上に該当）の土地について、購入する旨の予約をした場合、権利取得者Ｄは、予約をした日から２週間以内に事後届出を行わなければならない（23条２項１号ロ）。

❹ 頻出 × 都市計画区域外の13,000㎡（10,000㎡以上に該当）の土地について、4,000㎡を宅建業者Ｆに、9,000㎡を宅建業者Ｇに売却する契約を締結した場合、権利取得者ＦおよびＧが取得した土地の面積は、それぞれ届出対象面積未満となる。したがって、ＦもＧも事後届出を行う必要はない（23条２項１号ハ）。

国土利用計画法第23条の都道府県知事への届出（以下この問において「事後届出」という。）に関する次の記述のうち、正しいものはどれか。

❶ 宅地建物取引業者Aが、自ら所有する市街化区域内の5,000㎡の土地について、宅地建物取引業者Bに売却する契約を締結した場合、Bが契約締結日から起算して２週間以内に事後届出を行わなかったときは、A及びBは６月以下の懲役又は100万円以下の罰金に処せられる場合がある。

❷ 事後届出に係る土地の利用目的について、甲県知事から勧告を受けた宅地建物取引業者Cは、甲県知事に対し、当該土地に関する権利を買い取るべきことを請求することができる。

❸ 乙市が所有する市街化調整区域内の10,000㎡の土地と丙市が所有する市街化区域内の2,500㎡の土地について、宅地建物取引業者Dが購入する契約を締結した場合、Dは事後届出を行う必要はない。

❹ 事後届出に係る土地の利用目的について、丁県知事から勧告を受けた宅地建物取引業者Eが勧告に従わなかった場合、丁県知事は、その旨及びその勧告の内容を公表しなければならない。

勧告に従わなかったときの知事の公表は、必須？それとも任意？

肢別のテーマ	❶違反行為に対する措置 ❸事後届出の要否	❷届出における買取請求の可否 ❹届出における公表

解説　正解 3

❶ × 売主Aが罰則を受けることはない。

権利取得者（B）は、契約締結日から起算して**2週間以内に事後届出**を行わなかったときは、**6月以下の懲役又は100万円以下の罰金**に処せられる（国土利用計画法23条1項、47条1号）。

❷ × 買取請求は不可。

規制区域（許可制）内の土地の権利者は、許可の申請をして**不許可処分を受けた**場合は、知事に対し、当該土地に関する権利の**買取請求ができる**（19条1項）。しかし、**届出制**（本肢では事後届出制）には、土地に関する権利の**買取請求制度はない**。もし勧告に基づき利用目的が変更された場合、知事は、必要があれば、あっせんその他の措置を講ずるよう努めなければならない（27条）。

❸ ○ 取引当事者の**一方又は双方**が、国・**地方公共団体**等である場合は、**届出不要**である（23条2項3号）。したがって、乙市が所有する市街化調整区域内の10,000㎡の土地と丙市が所有する市街化区域内の2,500㎡の土地について、Dが購入する契約を締結した場合、Dは事後届出を行う必要はない。

❹ × 「公表しなければならない」ではない。

知事は、**勧告に従わなかった**場合、その旨及びその勧告の内容を**公表「できる」**（26条）。

P! ココがポイント

事後届出制の違反行為事由	罰　則	契約の効力
契約締結後に事後届出をしなかった場合	懲役または罰金（6ヵ月以下、100万円以下）	有　効
虚偽の届出をした場合		
報告義務違反または虚偽の報告をした場合	罰金（30万円以下）	

「わか合格基本テキスト」 第3編「法令上の制限」 Chap.3–Sec.2

事後届出⑤

過去の本試験 H24-問15

国土利用計画法第23条の届出（以下この問において「事後届出」という。）に関する次の記述のうち、正しいものはどれか。

❶ 土地売買等の契約による権利取得者が事後届出を行う場合において、当該土地に関する権利の移転の対価が金銭以外のものであるときは、当該権利取得者は、当該対価を時価を基準として金銭に見積った額に換算して、届出書に記載しなければならない。

❷ 市街化調整区域においてAが所有する面積4,000㎡の土地について、Bが一定の計画に従って、2,000㎡ずつに分割して順次購入した場合、Bは事後届出を行わなければならない。

❸ C及びDが、E市が所有する都市計画区域外の24,000㎡の土地について共有持分50％ずつと定めて共同で購入した場合、C及びDは、それぞれ事後届出を行わなければならない。

❹ Fが市街化区域内に所有する2,500㎡の土地について、Gが銀行から購入資金を借り入れることができることを停止条件とした売買契約を、FとGとの間で締結した場合、Gが銀行から購入資金を借り入れることができることに確定した日から起算して2週間以内に、Gは事後届出を行わなければならない。

❹について、「停止条件とした売買契約」は「土地売買等の契約」に当てはまるか？また、当てはまる場合、届出期間は、いつから起算したか？

肢別のテーマ	❶届出書への記載事項	❷事後届出の要否
	❸事後届出の要否	❹事後届出の要否

解　説　正解 1

❶ ○　事後届出では、**権利取得者**は、土地売買等の契約に係る土地に関する**権利の移転**または設定の**対価の額**について、**届出の対象**となり、届出書に記載する**必要がある**（国土利用計画法23条１項６号）。なお、**対価が金銭以外**のものなら、**時価を基準**として**金銭に見積った額**とする（同かっこ書）。

❷ 頻出 ×　事後届出では、**市街化調整区域**の届出対象面積は「**5,000㎡以上**」である。また、事後届出制での届出対象面積の判断は、権利取得者が取得した面積で判断する（23条２項１号ロ）。本肢では、4,000㎡の土地について、Ｂが一定の計画に従って、2,000㎡ずつに分割して順次購入しているが、Ｂは届出対象面積未満を取得しているので、事後届出が不要である。

❸ 頻出 ×　土地売買等の契約の当事者の**一方**または双方が、国または**地方公共団体**（本肢では市）であるときは、**届出は不要**である（23条２項３号）。したがって、Ｅ市が所有する都市計画区域外の24,000㎡（都市計画区域外では10,000㎡以上が届出の対象）の土地について共有持分50％（12,000㎡）ずつと定めて共同で購入した場合でも、ＣとＤは、事後届出が不要である。

❹ ひっかけ ×　「Ｇが銀行から購入資金を借り入れることができることに**確定した日から**」**ではない**。

停止条件付売買契約は**土地売買等の契約**になるので、届出対象面積以上であれば、原則として、その「**契約締結日**」から起算して**２週間以内に事後届出が必要**である（23条１項）。したがって、Ｆが市街化区域内に所有する2,500㎡（**市街化区域**では**2,000㎡以上**が届出の対象）の土地について、Ｇが銀行から購入資金の借入れが可能なことを停止条件とした売買契約を、ＦとＧとの間で締結した場合、契約締結日から２週間以内に、Ｇは事後届出が必要である。

P! ココがポイント

【事後届出の届出事項】

① 当事者の氏名（名称）および住所、法人のときはその代表者の氏名
② 契約締結の年月日　③ 土地の所在地および面積
④ 土地に関する権利の種別および内容　⑤ 土地の利用目的
⑥ 土地の対価の額（審査事項ではないことに注意！）等

「わか合格基本テキスト」　第３編「法令上の制限」 Chap.3–Sec.2

事後届出⑥

重要度

CHECK!　過去の本試験 R2-12月-問22

国土利用計画法第23条の届出（以下この問において「事後届出」という。）に関する次の記述のうち、正しいものはどれか。なお、この問において「都道府県知事」とは、地方自治法に基づく指定都市にあってはその長をいうものとする。

❶ 都道府県知事は、事後届出に係る土地の利用目的及び対価の額について、届出をした宅地建物取引業者に対し勧告することができ、都道府県知事から勧告を受けた当該業者が勧告に従わなかった場合、その旨及びその勧告の内容を公表することができる。

❷ 事後届出が必要な土地売買等の契約により権利取得者となった者が事後届出を行わなかった場合、都道府県知事から当該届出を行うよう勧告されるが、罰則の適用はない。

❸ 国が所有する市街化区域内の一団の土地である1,500㎡の土地と500㎡の土地を個人Aが購入する契約を締結した場合、Aは事後届出を行う必要がある。

❹ 個人Bが所有する都市計画区域外の11,000㎡の土地について、個人CがBとの間で対価を支払って地上権設定契約を締結した場合、Cは事後届出を行う必要がある。

事後届出で、勧告の対象となる場合は？　「土地の利用目的」に問題があるときだったはず。

肢別のテーマ ❶届出における公表 ❷違反行為に対する措置 ❸事後届出の要否 ❹事後届出の要否

解説 正解 4

❶ × **対価の額は勧告対象外。**

知事は、事後届出に係る土地に関する権利の移転等の対価の額が、その届出書に記載された土地に関する権利の相当な価額に照らし著しく適正を欠くときでも、当該「**対価の額**」については**勧告できない**。**勧告の対象になるのは**、「**土地の利用目的**」だけである（国土利用計画法24条１項）。また、知事から勧告を受けた当該業者が**勧告に従わなかった場合**、**その旨及びその勧告の内容を公表**できる（26条）。

❷ × **勧告されないが、罰則の適用はある。**

事後届出が必要な土地売買等の契約を締結したにもかかわらず、権利取得者となった者が、当該契約締結後２週間以内にこの**届出を行わなかった**場合、**懲役**（６ヵ月以下）**又は罰金**（100万円以下）に処されるが（47条１号・23条１項）、「**勧告される**」という**規定はない**。

❸ × **届出は不要。**

取引当事者の**一方**又は**双方**が、**国**・地方公共団体等である場合は、**届出は不要**である（23条２項３号）。したがって、国が所有する市街化区域内の一団の土地である1,500㎡の土地と500㎡の土地を個人Ａが購入する契約を締結した場合でも、Ａは事後届出が不要である。

❹ ○ **都市計画区域外**では**10,000㎡以上**の土地売買等の契約を締結した場合、**事後届出を要する**（23条２項１号ハ）。したがって、個人Ｂが所有する都市計画区域外の11,000㎡の土地について、個人ＣがＢとの間で**権利金等の授受のある**（対価を支払って）**地上権設定契約**を締結した場合、Ｃは**事後届出を要する**。

P! ココがポイント

届出制の違反行為に対する措置を確認しよう！

違反行為事由	罰則	契約の効力
届出をしたが、勧告に従わなかった場合	なし（公表）	有効

「わか合格基本テキスト」 第３編「法令上の制限」 Chap.3−Sec.2

事後・事前届出

CHECK! 過去の本試験 H23-問15

国土利用計画法（以下この問において「法」という。）に関する次の記述のうち、正しいものはどれか。なお、この問において「事後届出」とは、法第23条に規定する都道府県知事への届出をいう。

❶ 都道府県知事は、法第24条第１項の規定による勧告に基づき当該土地の利用目的が変更された場合において、必要があると認めるときは、当該土地に関する権利の処分についてのあっせんその他の措置を講じなければならない。

❷ 都道府県知事が、監視区域の指定について土地利用審査会の確認を受けられなかったときは、その旨を公告しなければならない。なお、監視区域の指定は、当該公告があったときは、その指定の時にさかのぼって、その効力を失う。

❸ Ａが、市街化区域において、2,500㎡の工場建設用地を確保するため、そのうち、1,500㎡をＢ社から購入し、残りの1,000㎡はＣ社から贈与で取得した。この場合、Ａは、事後届出を行う必要はない。

❹ Ｄが所有する市街化調整区域内の土地5,000㎡とＥが所有する都市計画区域外の土地12,000㎡を交換した場合、Ｄ及びＥは事後届出を行う必要はない。

贈与（対価性なし）・交換（対価性あり）は、土地売買等の契約に該当する？

肢別のテーマ
❶あっせん等の措置　❷監視区域の指定
❸事後届出の要否　❹事後届出の要否

解説　正解 3

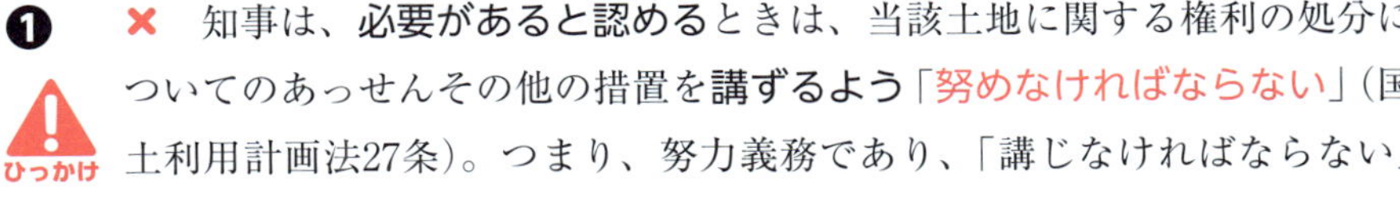

❶ ひっかけ ✕ 知事は、**必要があると認める**ときは、当該土地に関する権利の処分についてのあっせんその他の措置を**講ずるよう**「努めなければならない」(国土利用計画法27条)。つまり、努力義務であり、「講じなければならない」ではない。

❷ ✕ 「**監視区域**」**を指定**しようとする場合、知事は、あらかじめ、**土地利用審査会**及び関係市町村長の「**意見**」を聴かなければならない(27条の6第2項)。また知事は、「**監視区域」を指定**する場合、その旨及びその区域等を**公告**しなければならない(27条の6第3項、12条3項)。これに対し、「**規制区域」の指定**では、知事は、**土地利用審査会の確認を受けられなかった**ときは、その旨を公告し(12条8項)、公告があったときは、**その指定の時にさかのぼってその効力を失う**(12条9項)。「監視区域」には、「規制区域」のような上記規定はない(27条の6第3項、12条8項・9項を準用していない)。

❸ 頻出 ○ 「**贈与**」は対価性がなく、**土地売買等の契約に該当しない**(14条1項参照)。したがって、Aが取得した市街化区域内の2,500㎡の土地のうち、贈与で取得した1,000㎡を除く、購入で取得した1,500㎡のみを考えればよいが、**届出対象面積未満**なので、Aは、**事後届出が不要**である(23条1項・2項1号イ)。

❹ 頻出 ✕ 「**交換**」は、**土地売買等の契約に該当する**。したがって、Dが所有する**市街化調整区域内の土地5,000㎡以上**(本肢は5,000㎡ちょうど)とEが所有する**都市計画区域外の土地10,000㎡以上**(本肢は12,000㎡)を交換した場合、それぞれの取得面積は**届出対象面積以上**なので、D及びEは**事後届出が必要**となる(23条1項・2項1号ロ・ハ)。

「わか合格基本テキスト」第3編「法令上の制限」Chap.3–Sec.2·3

許可・届出①

□□□ CHECK! 過去の本試験 H14-問23改

農地法に関する次の記述のうち、正しいものはどれか。

❶ 農地の所有者がその土地に住宅を建設する場合で、その土地が市街化区域内にあるとき、必ず農地法第４条の許可を受けなければならない。

❷ 採草放牧地の所有者がその土地に500㎡の農業用施設を建設する場合、農地法第４条の許可を受けなければならない。

❸ 建設業者が、工事終了後農地に復元して返還する条件で、市街化調整区域内の農地を６ヵ月間資材置場として借り受けた場合、農地法第５条の許可を受ける必要はない。

❹ 都道府県知事（農林水産大臣が指定する市町村の区域内では、指定市町村長）は、農地法第５条の許可を要する転用について、その許可を受けずに転用を行った者に対して、原状回復を命ずることができる。

無許可で転用したのだから…。

肢別のテーマ	
❶市街化区域内特例（4条）	❷4条許可
❸5条許可	❹許可を受けないでした行為の効果

解　説　正解 4

❶ × 農業委員会に届け出れば許可は不要。

農地の所有者がその土地に住宅を建設する場合、その土地が**市街化区域内**にあるときは、**農業委員会に届け出る**ことで、農地法４条の許可を受ける**必要はなくなる**（農地法４条１項７号）。

❷ × 許可は不要。

採草放牧地の所有者がその土地に500㎡の**農業用施設を建設**する場合（権利移動を伴わない転用）は、**農地法上の制限がない**。したがって、４条の許可を受ける必要はない（４条参照）。

❸ × 許可が必要。

農地法５条の許可は、①「農地を農地以外」、②「採草放牧地を農地・採草放牧地以外」にする転用目的で、権利移動を行う場合に必要となる。したがって本肢のような、**短期間の貸借でもこれに該当**し、**農地法５条の許可を受ける必要がある**（５条１項）。

❹ ○ 本肢のとおり。

知事等は、相当の期限を定めて**原状回復を命ずることができる**（51条１項）。

P! ココがポイント

【無許可の行為】

効果＼許可	3条	4条	5条
契約無効	○	—	○
原状回復措置	—	○	○

「わか合格基本テキスト」　第３編「法令上の制限」 Chap.4−Sec.2

許可・届出②

□□□ CHECK!　過去の本試験 H13-問23改

農地法に関する次の記述のうち、正しいものはどれか。

❶　現況は農地であるが、登記簿上の地目が「山林」である土地を住宅建設の目的で取得する場合には、農地法第５条の許可を要しない。

❷　農地法第３条又は第５条の許可を要する農地の権利移転について、これらの許可を受けないでした行為は、その効力を生じない。

❸　市街化区域内の農地を耕作目的で取得する場合には、あらかじめ農業委員会に届け出れば、農地法第３条の許可を要しない。

❹　農地法第４条の許可を受けた農地について、転用工事に着手する前に同一の転用目的で第三者にその所有権を移転する場合には、改めて農地法第５条の許可を要しない。

3条では、市街化区域内の特例がなかったはず。

肢別のテーマ ❶定義・5条許可 ❷許可を受けないでした行為の効果 ❸3条許可 ❹4条・5条許可

解説 正解 2

❶ × **許可が必要。**

登記簿上の地目が「山林」である土地でも、**現況が農地**なら、**農地法でいう「農地」の定義に該当する**（農地法2条1項）。よって、当該農地を住宅建設の目的で取得する場合には、5条の許可を要する。

❷ ○ **3条・5条の無許可行為は契約無効。**

3条または5条の許可を要する農地の権利移転について、これらの許可を受けないでした行為は、**無効**となる（3条6項、5条3項）。

❸ × **3条許可が必要。**

市街化区域内の農地を耕作目的で取得する場合には、**3条の許可を要する**。あらかじめ農業委員会に届け出ることで、許可を不要とする**市街化区域内の特例措置**は、**3条の許可にはない**（4条1項7号、5条1項6号）。

❹ × **許可が必要。**

農地法4条の許可を受けた農地について、転用工事に着手する前に同一の転用目的で**第三者にその所有権を移転**する場合には、**改めて5条の許可を要する**。

P! ココがポイント

農地の具体的判断基準を確認しておこう！

(1) 客観的な土地の**事実状態**で判断し、①登記簿上の地目とは関係がなく、②土地所有者の主観的な利用目的とも関係がなく、③**休耕地・休閑地**等も**農地となる**。

(2) 土地に関して**肥培管理**を行って作物を栽培しているか否かで判断する。**家庭菜園**は**農地に該当しない**。

「わか合格基本テキスト」 第3編「法令上の制限」 Chap.4−Sec.1・2

許可・届出③

CHECK!　過去の本試験　H20-問24

農地法（以下この問において「法」という。）に関する次の記述のうち、正しいものはどれか。

❶　現況は農地であるが、土地登記簿上の地目が原野である市街化調整区域内の土地を駐車場にするために取得する場合は、法第５条第１項の許可を受ける必要はない。

❷　建設業者が、農地に復元して返還する条件で、市街化調整区域内の農地を一時的に資材置場として借りる場合は、法第５条第１項の許可を受ける必要がある。

❸　市街化調整区域内の農地を宅地に転用する場合は、あらかじめ農業委員会へ届出をすれば、法第４条第１項の許可を受ける必要はない。

❹　市街化区域内の４ヘクタール以下の農地を住宅建設のために取得する場合は、法第５条第１項により農業委員会の許可を受ける必要がある。

農地とは、耕作目的に供される土地であり、客観的な土地の**事実状態**で判断されたはず。

肢別のテーマ		
	❶定義・5条許可	❷5条許可
	❸4条許可	❹市街化区域内特例（5条）

解説　正解 2

❶ 頻出 × 登記簿上の地目が何であろうと、現況が農地であれば、その土地は農地法上の農地に該当する（農地法2条1項）。したがって、その農地を転用目的で取得するのだから、5条許可が必要となる（5条1項）。

❷ ○ 農地を転用目的で賃借する場合、たとえ後で農地に復元するときでも、一時的でも、5条許可が必要となる（5条1項）。

❸ ひっかけ × 市街化区域内では、農地を転用するときは、あらかじめ農業委員会へ届出という4条許可の特例を適用すれば、4条許可は不要となる（4条1項7号）。本肢は、市街化調整区域であるから、市街化区域「外」である。したがって、特例は適用されず、原則として、4条許可が必要となる。

❹ 頻出 × 市街化区域内では、農地を転用目的で取得するときは、農地の面積にかかわらず、あらかじめ農業委員会へ届出という5条許可の特例を適用すれば、5条許可は不要となる（5条1項6号）。

許可・届出④

CHECK! 過去の本試験 H21-問22改

農地法（以下この問において「法」という。）に関する次の記述のうち、正しいものはどれか。

❶　土地区画整理法に基づく土地区画整理事業により道路を建設するために、農地を転用しようとする者は、法第４条第１項の許可を受けなければならない。

❷　農業者が住宅の改築に必要な資金を銀行から借りるため、自己所有の農地に抵当権を設定する場合には、法第３条第１項の許可を受けなければならない。

❸　市街化区域内において２ha（ヘクタール）の農地を住宅建設のために取得する者は、法第５条第１項の都道府県知事（農林水産大臣が指定する市町村の区域内では、指定市町村長。以下「都道府県知事等」という。）の許可を受けなければならない。

❹　都道府県知事等は、法第５条第１項の許可を要する農地取得について、その許可を受けずに農地の転用を行った者に対して、必要な限度において原状回復を命ずることができる。

❷について、抵当権設定をした場合、農地は誰が使える？

肢別のテーマ
❶許可不要のケース ❷定義
❸市街化区域内特例（5条） ❹許可を受けないでした行為の効果

解　説　正解 4

❶ 難 × 土地区画整理法に基づく**土地区画整理事業**により**道路**、公園等公共施設を**建設する目的で、農地を転用**する場合は、**4条許可は不要**となる（農地法4条1項8号、規則29条5号）。

❷ × **抵当権の設定**は、使用収益権が移転しないので、**許可は不要**である（農地法3条1項）。

❸ 頻出 × **市街化区域内**では、**農地を転用目的で取得**するときは、あらかじめ農業委員会へ**届出**という5条許可の特例を適用すれば、**5条の知事等の許可は不要**となる（5条1項6号）。

❹ ○ 5条許可を受けずにした**契約は無効**になり、知事等は原状回復命令ができる（51条1項）。

P! ココがポイント

(1) 使用収益権の移転・設定とは、①所有権の移転、②地上権の設定・移転、③永小作権の設定・移転、④賃借権の設定・移転、⑤使用貸借権の設定・移転、⑥質権の設定・移転だ。

(2) (1)に**該当しない**ものの代表的な例は、①**抵当権**の設定・移転、②**売買予約**だ。

「わか合格基本テキスト」 第3編「法令上の制限」 Chap.4−Sec.1・2

農地法（以下この問において「法」という。）に関する次の記述のうち、誤っているものはどれか。

❶ 登記簿上の地目が山林となっている土地であっても、現に耕作の目的に供されている場合には、法に規定する農地に該当する。

❷ 法第３条第１項又は第５条第１項の許可が必要な農地の売買について、これらの許可を受けずに売買契約を締結しても、その所有権は移転しない。

❸ 市街化区域内の農地について、あらかじめ農業委員会に届け出てその所有者が自ら駐車場に転用する場合には、法第４条第１項の許可を受ける必要はない。

❹ 砂利採取法による許可を受けた砂利採取計画に従って砂利を採取するために農地を一時的に貸し付ける場合には、法第５条第１項の許可を受ける必要はない。

❹について、「砂利採取法による認可を受けた砂利採取計画に従って砂利を採取するために農地を一時的に貸し付ける」ことは「農地転用で権利移動をする」ことに当てはまる！

肢別のテーマ	❶定義	❷許可を受けないでした行為の効果
	❸市街化区域内特例（４条）	❹５条許可

解　説　正解 4

❶ 頻出 ○　農地法上の農地かどうかは、客観的な事実状態によって判断する。したがって登記簿上の地目が何であろうと、客観的に耕作の目的に供される土地は農地に該当する（農地法２条１項）。本肢は、登記簿上の地目が山林であるが、現に耕作の目的に供されているので、農地に該当する。

❷ ○　３条１項・５条１項の許可を要する農地取得（本肢では売買）について、その許可を受けずにした契約は無効となる（３条６項、５条３項）。

❸ 頻出 ○　農地の所有者がその土地を駐車場に転用する場合、その土地が市街化区域内にあるときは、あらかじめ農業委員会に届け出ることで、４条１項許可は不要となる（４条１項７号）。

❹ ×　農地を一時的に貸し付ける場合でも、転用目的の権利移動である（５条１項）。したがって、本肢のように、「砂利採取法による認可を受けた砂利採取計画に従って砂利を採取する」ために農地を一時的に貸し付ける場合、５条１項許可が必要となる。

P! ココがポイント

3条➡権利移動、4条➡転用、5条➡権利移動＋転用。

「わか合格基本テキスト」　第３編「法令上の制限」 Chap.4–Sec.1・2

許可・届出⑥

CHECK! 過去の本試験 H29-問15

農地に関する次の記述のうち、農地法（以下この問において「法」という。）の規定によれば、正しいものはどれか。

❶ 市街化区域内の農地を耕作のために借り入れる場合、あらかじめ農業委員会に届出をすれば、法第３条第１項の許可を受ける必要はない。

❷ 市街化調整区域内の４ヘクタールを超える農地について、これを転用するために所有権を取得する場合、農林水産大臣の許可を受ける必要がある。

❸ 銀行から500万円を借り入れるために農地に抵当権を設定する場合、法第３条第１項又は第５条第１項の許可を受ける必要がある。

❹ 相続により農地の所有権を取得した者は、遅滞なく、その農地の存する市町村の農業委員会にその旨を届け出なければならない。

「農業者が相続により農地を取得」なら3条許可は不要だったはず。

肢別のテーマ	
❶3条許可	❷5条許可
❸定義	❹相続等の場合の届出

解　説　　正解 4

❶ ×　**3条にはこの特例の規定がないので、市街化区域でも3条許可が必要。**

市街化区域内では、あらかじめ**農業委員会**へ**届出という特例が適用**されるのは、「転用がからむ**4条・5条だけ**」である（農地法4条1項7号、5条1項6号）。

❷ ×　**「農林水産大臣の許可」ではない。**

市街化調整区域内の**農地を転用する目的で**所有権を**取得**する場合は、その面積にかかわらず、「**知事**または**農林水産大臣が指定する市町村長（指定市町村長）の許可**」が必要となる（5条1項）。

❸ ×　**許可は不要。**

抵当権の設定は、使用収益権が移転しないので、**許可は不要**となる（3条1項、5条1項）。

❹ ○　**相続**により農地の所有権を取得した者は、**遅滞なく**、**農業委員会**に**届出が必要**となる（3条の3）。

頻出

【5条許可対象（農地の面積にかかわらず）】

① 市街化区域外➡知事または指定市町村長の許可。

② 市街化区域内➡農業委員会へ届出をすれば①の許可不要。

「わか合格基本テキスト」　第3編「法令上の制限」　Chap.4–Sec.1・2

農地に関する次の記述のうち、農地法（以下この問において「法」という。）の規定によれば、正しいものはどれか。

❶ 耕作目的で原野を農地に転用しようとする場合、法第４条第１項の許可は不要である。

❷ 金融機関からの資金借入れのために農地に抵当権を設定する場合、法第３条第１項の許可が必要である。

❸ 市街化区域内の農地を自家用駐車場に転用する場合、法第４条第１項の許可が必要である。

❹ 砂利採取法による認可を受けた採取計画に従って砂利採取のために農地を一時的に貸し付ける場合、法第５条第１項の許可は不要である。

肢別のテーマ	❶定義（転用）	❷定義（権利移動）
	❸市街化区域内特例（4条）	❹5条許可

解説　正解 1

❶ ○ 農地法４条の「**農地転用**」とは、「**農地**」を耕作以外の目的で使用するために「**農地以外**」のものにすることをいう。したがって、原野（農地以外）を農地に転用しようとする場合は、**4条1項の許可は不要**である（農地法４条１項）。

ひっかけ

❷ × **抵当権の設定**は、使用収益権が移転しないので、**許可は不要**である（３条１項）。

❸ × **届出により、許可は不要。**

頻出

市街化区域内の農地を自家用駐車場に転用する場合、**あらかじめ農業委員会に届け出ることで、4条1項許可は不要**となる（４条１項７号）。

❹ × **許可が必要。**

農地を一時的に貸し付ける場合でも、**転用目的の権利移動**である（５条１項）。したがって、本肢のように、「砂利採取法による認可を受けた砂利採取計画に従って砂利採取」のために農地を一時的に貸し付ける場合、**5条1項許可が必要**となる。

P! ココがポイント

市街化区域内の特例を確認しよう！

	3 条	4 条	5 条
市街化区域の特例	特 例 な し	農業委員会への届出でOK	

「わか合格基本テキスト」 第３編「法令上の制限」 Chap.4−Sec.1・2

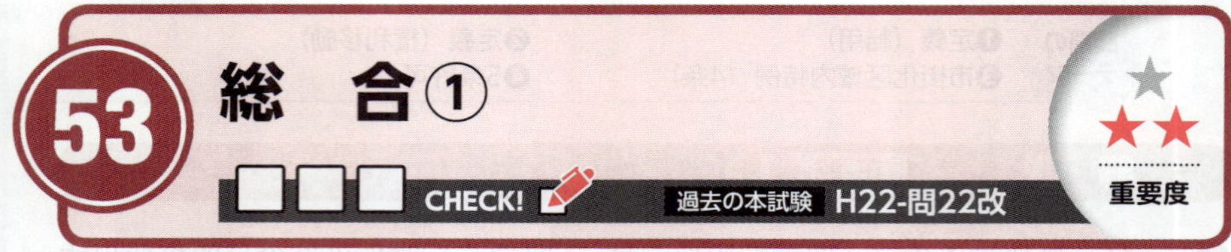

農地法（以下この問において「法」という。）に関する次の記述のうち、誤っているものはどれか。

❶ 農地を相続した場合、その相続人は、法第３条第１項の許可を受ける必要はないが、遅滞なく、農業委員会にその旨を届け出なければならない。

❷ 宅地に転用する目的で市街化区域外の農地を購入する場合は、農地の権利移動に係る法第３条第１項の許可のほか、農地転用に係る法第４条第１項の都道府県知事（農林水産大臣が指定する市町村の区域内では、指定市町村長）の許可を受ける必要がある。

❸ 会社の代表者が、その会社の業務に関し、法の規定に違反して転用行為をした場合は、その代表者が罰せられるのみならず、その会社も１億円以下の罰金刑が科せられる。

❹ 賃貸借の存続期間については、民法上は50年を超えることができないこととされており、農地の賃貸借についても、50年までの存続期間が認められる。

肢別のテーマ	
❶相続等の場合の届出	❷５条許可
❸両罰規定	❹農地の賃貸借の存続期間

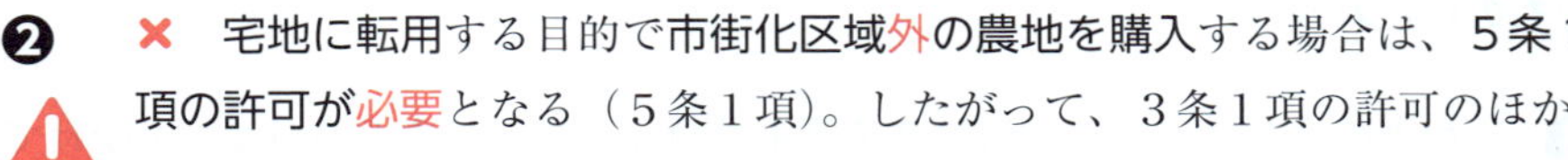

解説 正解 2

❶ 頻出 ○ 農地を相続した場合、相続人は、３条１項の許可を受ける必要はないが、遅滞なく、農業委員会に届出が必要となる（農地法３条の３）。

❷ ひっかけ × 宅地に転用する目的で市街化区域外の農地を購入する場合は、５条１項の許可が必要となる（５条１項）。したがって、３条１項の許可のほか、４条１項の知事等の許可を必要とする本肢は誤りである。

❸ 難 ○ 会社の代表者が、その会社の業務に関し、４条１項・５条１項の違反行為をした場合等は、代表者が罰せられる（３年以下の懲役または300万円以下の罰金）のみならず（64条）、その会社も１億円以下の罰金刑が科せられる（67条１号）。

❹ ○ 民法上、賃貸借の存続期間は、50年を超えることができないとされており、農地または採草放牧地の賃貸借についても、50年までの存続期間が設定できる（民法604条１項）。

P! ココがポイント

5条許可が必要なケースを確認しよう！

内　容	転用目的で使用収益権を移転・設定する場合 ① 農　　地➡農地以外 ② 採草放牧地➡農地・採草放牧地以外 ※ 採草放牧地➡農地は3条許可が必要
許可権者	知事または指定市町村長

「わか合格基本テキスト」 第３編「法令上の制限」 Chap.4–Sec.1·2

農地法（以下この問において「法」という。）に関する次の記述のうち、正しいものはどれか。

❶　農地の賃貸借について法第３条第１項の許可を得て農地の引渡しを受けても、土地登記簿に登記をしなかった場合、その後、その農地について所有権を取得した第三者に対抗することができない。

❷　雑種地を開墾し、現に畑として耕作されている土地であっても、土地登記簿上の地目が雑種地である限り、法の適用を受ける農地には当たらない。

❸　国又は都道府県（都道府県又は農林水産大臣が指定する市町村）が市街化調整区域内の農地（１ヘクタール）を取得して学校を建設する場合、都道府県知事（指定市町村の区域内では、指定市町村長）との協議が成立しても法第５条第１項の許可を受ける必要がある。

❹　農業者が相続により取得した市街化調整区域内の農地を自己の住宅用地として転用する場合でも、法第４条第１項の許可を受ける必要がある。

農地の賃貸借の対抗要件は、借家権と同様だったはず！

肢別のテーマ ❶農地の賃貸借の対抗要件 ❷定義 ❸協議成立によるみなし許可 ❹４条許可

解説 正解 4

❶ ✕ 農地又は採草放牧地の賃貸借は、その登記がなくても、農地又は採草放牧地の引渡しがあったときは、これをもってその後その農地又は採草放牧地について所有権等を取得した第三者に対抗できる（農地法16条）。

❷ 頻出 ✕ 「農地」とは、耕作の目的に供される土地をいう（２条１項）。この農地か否かは、客観的な土地の事実状態で判断するので、登記簿上の地目とは関係ない。したがって、現に畑として耕作されていれば、地目が雑種地であっても、農地であり、法の適用を受ける。

❸ ✕ 国または都道府県が、市街化調整区域内の農地等を病院・学校・社会福祉施設・庁舎等に「転用」するために取得する場合、国または都道府県と知事等との協議成立をもって、許可があったものとみなされる（５条４項）。したがって、別個の許可は不要となる。

❹ 頻出 ○ 農業者が、市街化調整区域内の農地を自己の住宅用地として転用する場合、４条許可が必要となる（４条１項）。なお、相続により取得した場合、３条は許可不要のケースに該当するので、比較しておこう。

P! ココがポイント

【国・都道府県等が行うときでも許可が必要な場合】

（1）転用のケース（４条８項）

国または都道府県が、農地を病院・学校・社会福祉施設・庁舎等に転用する場合、国または都道府県と知事等との協議成立をもって、許可があったものとみなされる。

（2）権利移動＋転用のケース（５条４項）

国または都道府県が、農地等を病院・学校・社会福祉施設・庁舎等に転用するために取得する場合、国または都道府県と知事等との協議成立をもって、許可があったものとみなされる。

「わか合格基本テキスト」 第３編「法令上の制限」 Chap.4−Sec.1・2

土地区画整理事業に関する次の記述のうち、土地区画整理法の規定によれば、誤っているものはどれか。

❶ 個人施行者について、施行者以外の者への相続、合併その他の一般承継があった場合においては、その一般承継者は、施行者となる。

❷ 土地区画整理組合が施行する土地区画整理事業は、市街化調整区域内において施行されることはない。

❸ 市町村が施行する土地区画整理事業については、事業ごとに土地区画整理審議会が置かれる。

❹ 都道府県が施行する土地区画整理事業は、すべて都市計画事業として施行される。

土地区画整理審議会は、「公的施行者」と「事業対象となる土地の権利者」とのパイプ役だ！

肢別のテーマ
❶事業の一般承継者　❷都市計画事業との関連
❸土地区画整理審議会　❹都市計画事業との関連

解説　正解 2

❶ ○ 本肢のとおり（土地区画整理法11条１項）。

❷ × 施行されることがある。

土地区画整理事業は、都市計画区域内で行われる（２条１項）。ただし、公的施行者が施行する事業は、必ず都市計画事業（市街地開発事業）として行われるため、市街化調整区域内で施行されることはない。しかし、組合が施行する事業は、都市計画事業以外として行われることもあり、市街地調整区域内で施行されることがある。

❸ ○ 公的施行者では土地区画整理審議会が設置。

市町村等の公的施行者が施行する土地区画整理事業については、事業ごとに土地区画整理審議会が置かれる（56条１項）。

❹ ○ 公的施行者の事業は都市計画事業となる。

土地区画整理事業が、都市計画において当該事業の施行区域として定められた区域の土地において施行されるときは、都市計画事業として施行される（２条８項、３条の４第１項）。そして、都道府県等の公的施行者が施行する土地区画整理事業は、必ず都市計画事業として施行される。

P! ココがポイント

施行者＼場所等	施行できる場所	都市計画法との関連	
民間施行者	施行区域以外でもできる	都市計画区域内なら都市計画事業でなくてもかまわない	市街化調整区域でも施行できる
公的施行者	施行区域のみ	必ず都市計画事業（市街地開発事業）として行う	市街化調整区域では施行できない

「わか合格基本テキスト」 第３編「法令上の制限」 Chap.5−Sec.1・2

56 行為制限

CHECK!　過去の本試験　H9-問22改

土地区画整理事業（国土交通大臣が施行するものを除く。）の施行地区内における建築行為等の制限に関する次の記述のうち、土地区画整理法の規定によれば、正しいものはどれか。

❶　土地区画整理組合が施行する土地区画整理事業にあっては、事業の完成による解散についての認可の公告の日までは、施行地区内における建築物の新築について都道府県知事（市の区域内で施行する事業においては市の長。以下「都道府県知事等」という。）の許可を受けなければならない。

❷　都道府県知事等は、建築行為等の許可をしようとするときに、土地区画整理審議会の意見を聴かなければならないことがある。

❸　階数が２以下で、かつ、地階を有しない木造建築物の改築については、都道府県知事等は、必ず建築行為等の許可をしなければならない。

❹　建築行為等の制限に違反して都道府県知事等の許可を受けずに建築物を新築した者から当該建築物を購入した者は、都道府県知事等から当該建築物の除却を命じられることがある。

建築行為等の制限は？
「事業計画の認可」の公告日～「換地処分」の公告日

肢別のテーマ ❶〜❹ 建築行為等の制限

解説 正解 4

❶ × 「解散の認可公告日」ではない。

土地区画整理組合が施行する土地区画整理事業では、「**換地処分の公告日まで**」の間、一定の行為は**知事**（市の区域内では**市長**。以下「知事等」という）**の許可**が必要である（土地区画整理法76条1項）。

❷ × 「土地区画整理審議会の意見」ではない。

知事等が許可をしようとするときは、「**施行者の意見**」を聴かなければならない（76条2項）。

❸ × 「地階を有しない木造の改築は必ず許可しなければならない」という規定はない。

❹ ○ **知事等**（または国土交通大臣）は、違反があった場合、**違反者**（違反者から「**購入した者**」**も含む**）に対して相当の期間を定めて、原状回復、物件の移転・**除却を命じる**ことができる（76条4項）。

難

P! ココがポイント

許可が必要な建築行為等		許可権者
①土地の形質の変更 ②建築物の建築 （新築、増改築等） ③工作物の建設	事業施行の障害となるおそれがある場合に限る	・知事等 ・（国土交通大臣施行の場合）国土交通大臣
④移動の容易でない5トン超の物件の設置・堆積		

「わか合格基本テキスト」 第3編「法令上の制限」 Chap.5–Sec.2

土地区画整理法に関する次の記述のうち、誤っているものはどれか。なお、この問において「組合」とは、土地区画整理組合をいう。

❶　組合は、事業の完成により解散しようとする場合においては、都道府県知事の認可を受けなければならない。

❷　施行地区内の宅地について組合員の有する所有権の全部又は一部を承継した者がある場合においては、その組合員がその所有権の全部又は一部について組合に対して有する権利義務は、その承継した者に移転する。

❸　組合を設立しようとする者は、事業計画の決定に先立って組合を設立する必要があると認める場合においては、７人以上共同して、定款及び事業基本方針を定め、その組合の設立について都道府県知事の認可を受けることができる。

❹　組合が施行する土地区画整理事業に係る施行地区内の宅地について借地権のみを有する者は、その組合の組合員とはならない。

肢別のテーマ	❶事業計画に定める事項	❷換地計画の認可
	❸定款・事業計画等	❹組合の組合員

解説　正解 4

❶ ○ 知事の認可が必要。

「**事業の完成**」は、組合の**解散事由の１つ**になる（土地区画整理法45条１項４号)。そして、組合は、この事由により解散しようとする場合、その解散について**知事の認可を必要**とする（45条２項)。

❷ ○ 承継した者に移転。

施行地区内の宅地について組合員の有する**所有権の全部または一部を承継**した者がある場合、その組合員がその所有権の全部または一部について組合に対して有する権利義務は、その**承継した者に移転**する（26条１項)。

❸ ○ **組合の設立者**は、事業計画の決定に先立って組合を設立する必要があると認める場合、**７人以上**共同して、**定款**および**事業基本方針**を定め、**知事の認可**を受けることができる（14条２項)。

❹ × 借地権のみを有する者も、その組合の組合員となる。

頻出

組合が施行する施行地区内の**宅地の所有権または借地権者**は、**すべて組合の組合員**と**なる**（25条１項)。

P! ココがポイント

【組合の解散事由】

① 設立についての認可の取消
② 総会の議決
③ 定款で定めた解散事由の発生
④ **事業の完成**またはその完成の不能
⑤ 合併
⑥ 事業の引継

組合は、上記②～④の事由により解散しようとする場合、その解散について、施行地区を管轄する市町村長を経由して**知事の認可**が必要となる。

「わか合格基本テキスト」　第３編「法令上の制限」　Chap.5−Sec.2

行為制限・組合・仮換地

CHECK! 過去の本試験 H16-問22

土地区画整理法に関する次の記述のうち、正しいものはどれか。

❶ 土地区画整理事業の施行地区内においては、土地区画整理法第76条の規定により、一定の建築行為等について、国土交通大臣又は都道府県知事の許可を必要とする規制がなされるが、仮換地における当該建築行為等については、仮換地の換地予定地的な性格にかんがみ、当該規制の対象外となっている。

❷ 土地区画整理法による建築行為等の規制に違反して建築された建築物等については、施行者は、事業の施行のため必要となったときは、いつでも移転又は除却をすることができる。

❸ 仮換地指定の結果、使用し、又は収益する者のなくなった従前の宅地についても、従前の宅地に関する所有権は残るので、施行者は、土地区画整理事業の工事を行うためには、当該従前の宅地の所有者の同意を得なければならない。

❹ 組合施行の土地区画整理事業において、施行地区内の宅地について所有権又は借地権を有する者は、すべてその組合の組合員となるので、当該宅地について事業施行中に組合員から所有権を取得した者は、当該組合の組合員となる。

❷では、「施行者」が命じるのか、「いつでも」か？

肢別のテーマ	❶建築行為等の制限	❷建築行為等の制限
	❸土地の管理	❹組合の組合員

解説 正解 4

❶ × 土地区画整理事業では、**換地処分の公告日まで**の間は、事業の施行の**障害となるおそれ**がある建築行為等は、**知事**（市の区域内では**市長**）**または国土交通大臣の許可が必要**である（土地区画整理法76条1項）。仮換地は、換地処分の公告日前に指定されるので、仮換地での建築行為等も、許可が必要である。

❷ 難 × 「**知事**（市の区域内では**市長**）**または国土交通大臣**」は、❶の規定に違反があった場合、違反者（承継者を含む）に対して、「**相当の期間を定めて**」、原状回復、物件の**移転・除却を命じる**ことができる（76条4項）。

❸ 頻出 × 仮換地の指定により、使用収益できる者がなくなった**従前の宅地**は、換地処分の公告日まで、**施行者が管理する**（100条の2）。したがって、そのような従前の宅地で工事を行うときに、従前の宅地の所有者の同意は不要である。

❹ ○ 組合が施行する施行地区内の**宅地の所有者および借地権者**は、**すべて組合の組合員となる**（25条1項）。組合員には、元の組合員から所有権・借地権を取得した者も含まれる。

P! ココがポイント

① 宅地の所有者・借地権者➡すべて組合の組合員。
② 借家権者➡組合員に含まれない。

「わか合格基本テキスト」 第3編「法令上の制限」 Chap.5–Sec.2

土地区画整理事業の仮換地の指定に関する次の記述のうち、土地区画整理法の規定によれば、正しいものはどれか。

❶ 施行者は、仮換地を指定した場合において、特別の事情があるときは、その仮換地について使用又は収益を開始することができる日を仮換地の指定の効力発生日と別に定めることができる。

❷ 仮換地となるべき土地について質権や抵当権を有する者があるときは、これらの者に仮換地の位置及び地積並びに仮換地の指定の効力発生の日を通知しなければならない。

❸ 土地区画整理組合が仮換地を指定した場合において、当該処分によって使用し又は収益することができる者のなくなった従前の宅地については、換地処分の公告がある日までは、当該宅地の存する市町村がこれを管理する。

❹ 土地区画整理組合は、仮換地を指定しようとする場合においては、あらかじめ、その指定について、土地区画整理審議会の意見を聴かなければならない。

仮換地の使用収益開始日が別に定められるのは、移動先の仮換地に障害等があるからだ。その障害等がなくなるまで従前の宅地の使用収益を認めると、その従前の宅地に仮換地として指定されている人も移動できず、その被害が拡大する。そこで、被害を最少限にくい止めるため、従前の宅地から仮換地に移動できない人にだけ犠牲になってもらい、その人に損失の補償をするのである。

肢別のテーマ　❶使用収益開始日を別に定めた場合　❷仮換地の指定
❸仮換地無指定地の管理　❹土地区画整理審議会

解説　正解 1

❶　○　本肢のとおり（土地区画整理法99条2項前段）。

❷　×　質権者には通知が必要だが、抵当権者には通知は不要。

仮換地となるべき土地について地上権、永小作権、賃借権その他の土地を使用し、収益できる権利を有する者があるときは、これらの者に仮換地の位置および地積ならびに仮換地の指定効力発生日を通知しなければならない（98条6項）。

❸　×　「市町村」ではなく、「施行者」が管理する（100条の2）。

❹　×　「土地区画整理審議会の意見」ではなく、「総会等の同意」を得ればよい。

土地区画整理審議会は、公的施行者の場合のみ、設置される（56条1項）。したがって、民間施行者である組合が「審議会の意見」を聴くことはない。

P! ココがポイント

【仮換地指定についての同意等】

① 個人施行者➡従前の宅地・仮換地所有者、借地権者等の同意
② 組合➡総会もしくはその部会または総代会の同意
③ 区画整理会社➡所有者・借地権者の同意（$\frac{2}{3}$以上）
④ 公的施行者➡土地区画整理審議会の意見

「わか合格基本テキスト」　第3編「法令上の制限」　Chap.5−Sec.2

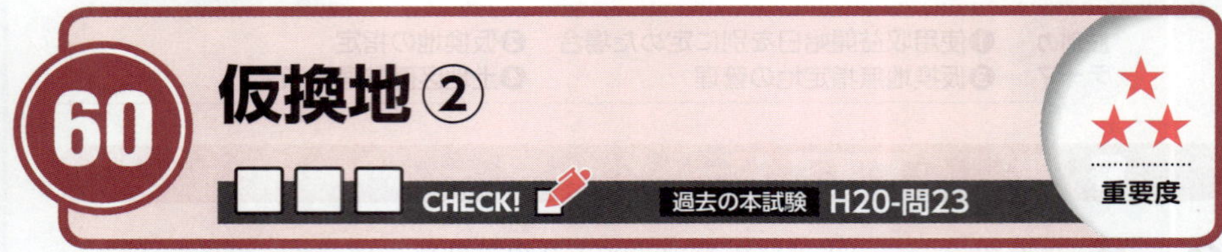

60 仮換地②

CHECK! 過去の本試験 H20-問23

重要度 ★★★

土地区画整理法における仮換地指定に関する次の記述のうち、誤っているものはどれか。

❶ 土地区画整理事業の施行者である土地区画整理組合が、施行地区内の宅地について仮換地を指定する場合、あらかじめ、土地区画整理審議会の意見を聴かなければならない。

❷ 土地区画整理事業の施行者は、仮換地を指定した場合において、必要があると認めるときは、仮清算金を徴収し、又は交付することができる。

❸ 仮換地が指定された場合においては、従前の宅地について権原に基づき使用し、又は収益することができる者は、仮換地の指定の効力発生の日から換地処分の公告がある日まで、仮換地について、従前の宅地について有する権利の内容である使用又は収益と同じ使用又は収益をすることができる。

❹ 仮換地の指定を受けた場合、その処分により使用し、又は収益することができる者のなくなった従前の宅地は、当該処分により当該宅地を使用し、又は収益することができる者のなくなった時から、換地処分の公告がある日までは、施行者が管理するものとされている。

土地区画整理事業は、完了するまで、10年～30年程の長い期間がかかることがあるので、仮清算金の徴収・交付というしくみは必要性が高い。

肢別のテーマ ❶土地区画整理審議会 ❷仮清算金の徴収・交付 ❸仮換地指定の効果 ❹仮換地無指定地の管理

解説 ……正解 1

❶ × **民間施行者である組合が「審議会の意見」を聴くことはない。**

土地区画整理審議会は、**公的**施行の場合にのみ、設置される（土地区画整理法56条１項）。

❷ ○ 施行者は、仮換地の指定に関し、清算金に準じて、**仮清算金を徴収・交付ができる**（102条１項）。

❸ ○ 仮換地が指定されたとき、**従前の宅地について権原に基づき使用収益できる者**（従前の宅地の所有者等）は、仮換地指定の効力発生日から換地処分の公告日まで、**仮換地を使用収益できる**（99条１項）。

頻出

❹ ○ 仮換地の指定により、使用収益できる者がなくなった従前の宅地は、換地処分の公告日まで、**施行者が管理**する（100条の２）。

頻出

「わか合格基本テキスト」 第３編「法令上の制限」 Chap.5–Sec.2

61 換地計画・仮換地・換地処分

重要度

□□□ CHECK!　過去の本試験 H21-問21

土地区画整理法に関する次の記述のうち、誤っているものはどれか。

❶　土地区画整理事業の施行者は、換地処分を行う前において、換地計画に基づき換地処分を行うため必要がある場合においては、施行地区内の宅地について仮換地を指定することができる。

❷　仮換地が指定された場合においては、従前の宅地について権原に基づき使用し、又は収益することができる者は、仮換地の指定の効力発生の日から換地処分の公告がある日まで、仮換地について、従前の宅地について有する権利の内容である使用又は収益と同じ使用又は収益をすることができる。

❸　土地区画整理事業の施行者は、施行地区内の宅地について換地処分を行うため、換地計画を定めなければならない。この場合において、当該施行者が土地区画整理組合であるときは、その換地計画について都道府県知事及び市町村長の認可を受けなければならない。

❹　換地処分の公告があった場合においては、換地計画において定められた換地は、その公告があった日の翌日から従前の宅地とみなされ、換地計画において換地を定めなかった従前の宅地について存する権利は、その公告があった日が終了した時において消滅する。

❶では、仮換地指定の要件を２つ思い出そう。

肢別のテーマ
❶仮換地指定の要件　❷仮換地指定の効果
❸換地計画策定の手続　❹換地処分の効果

解説　正解 3

❶ ○ **施行者**は、換地処分を行う前において、①土地の区画形質の変更・公共施設の新設・変更に係る工事のために必要がある場合、または、②**換地計画に基づき換地処分を行うために必要**がある場合に、**仮換地を指定**できる（土地区画整理法98条１項前段）。

❷ 頻出 ○ 仮換地が指定されたとき、**従前の宅地について権原に基づき使用収益できる者**（従前の宅地の所有者等）は、**仮換地指定の効力発生日から換地処分の公告日まで、仮換地を使用収益**できる（99条１項）。

❸ ひっかけ × 施行者は、換地処分のために、換地計画を定めなければならず、（**都道府県・国土交通大臣「以外」**の）**施行者**は、**「知事」**の**認可**を受けなければならない（86条１項）。「知事及び市町村長の認可」ではない。

❹ ○ **換地処分の公告日の翌日**に、**換地は従前の宅地とみなされる**（104条１項）。また、**換地処分の公告日が終了**した時に、換地を定めなかった従前の**宅地上の権利**は消滅する（同）。

換地処分

□□□ CHECK!　過去の本試験　H10-問23

土地区画整理事業における換地処分に関する次の記述のうち、土地区画整理法の規定によれば、正しいものはどれか。

❶　換地処分は、換地計画に係る区域の全部について土地区画整理事業の工事がすべて完了した場合でなければ、することができない。

❷　土地区画整理組合が施行する土地区画整理事業の換地計画において保留地が定められた場合、当該保留地は、換地処分の公告のあった日の翌日においてすべて土地区画整理組合が取得する。

❸　換地処分の公告があった日後においては、施行地区内の土地及び建物に関して、土地区画整理事業の施行による変動に係る登記が行われるまで、他の登記をすることは一切できない。

❹　土地区画整理事業の施行により公共施設が設置された場合、施行者は、換地処分の公告のあった日の翌日以降に限り、公共施設を管理する者となるべき者にその管理を引き継ぐことができる。

「すべて」「一切」「限り」という限定表現ばかり。基本知識のなかで勝負しよう！　保留地の取得者と取得時期は？

肢別のテーマ ❶換地処分 ❷保留地の取得者 ❸登記の変動 ❹公共施設の管理

解 説 正解 2

❶ × 例外としてできることがある。

換地処分は、原則、区域全部について土地区画整理事業の工事が完了した後、遅滞なくしなければならないが、規準、規約、定款または施行規程に別段の定めがある場合、それ以前においても換地処分ができる（土地区画整理法103条２項）。

❷ ○ 保留地は、換地処分公告日の翌日に、施行者が取得する（104条11項）。

土地区画整理組合が施行する土地区画整理事業にあっては、保留地は組合がすべて取得することとなる。

❸ × 例外としてできることがある。

原則、土地区画整理事業の施行による変動に係る登記が行われるまで、他の登記はできないが、登記の申請人が確定日付のある証書により、換地処分の公告前に登記原因が生じたことを証明した場合、他の登記ができる（107条３項）。

❹ × 「公告日の翌日以降に限り」ではなく、「公告日以前」でも引き継げる。

施行者は、換地処分の公告がある日以前においても、公共施設に関する工事が完了した場合には、その公共施設を管理する者となるべき者にその管理を引き継ぐことができる（106条２項）。

P! ココがポイント

換地処分公告日の翌日に発生する項目をあげると、①換地は、従前の宅地とみなされ、換地計画に所有権者として定められた者が取得する、②清算金が確定する、③保留地は施行者が取得する、④公共施設は原則として市町村の管理に属する、がある。

「わか合格基本テキスト」 第３編「法令上の制限」 Chap.5−Sec.2

仮換地・換地処分

□□□ CHECK! 過去の本試験 H27-問20

土地区画整理法に関する次の記述のうち、誤っているものはどれか。

❶ 仮換地の指定は、その仮換地となるべき土地の所有者及び従前の宅地の所有者に対し、仮換地の位置及び地積並びに仮換地の指定の効力発生の日を通知してする。

❷ 施行地区内の宅地について存する地役権は、土地区画整理事業の施行により行使する利益がなくなった場合を除き、換地処分があった旨の公告があった日の翌日以降においても、なお従前の宅地の上に存する。

❸ 換地計画において定められた保留地は、換地処分があった旨の公告があった日の翌日において、施行者が取得する。

❹ 土地区画整理事業の施行により生じた公共施設の用に供する土地は、換地処分があった旨の公告があった日の翌日において、すべて市町村に帰属する。

「公共施設の管理」と「公共施設用地の帰属」とを区別して考えよう！

肢別のテーマ ❶仮換地指定 ❷地役権の扱い ❸保留地の取得者 ❹公共施設の土地の帰属・管理

解　説　正解 4

❶ ○ **仮換地の指定**は、その仮換地となるべき**土地所有者**及び**従前の宅地の所有者**に対し、**仮換地の位置・地積**及び**仮換地の指定効力発生日を通知**して行う（土地区画整理法98条5項）。

❷ ○ 施行地区内の宅地について存する**地役権**は、換地処分があった旨の公告日の翌日以降においても、なお**従前の宅地の上に存する**（104条4項）。しかし、土地区画整理事業の施行により**行使する利益がなくなった地役権**は、換地処分があった旨の公告日が終了した時で**消滅する**（同5項）。

ひっかけ

❸ ○ 換地計画において定められた**保留地**は、換地処分があった旨の**公告日の翌日**において、**施行者**が**取得**する（104条11項）。

❹ × 換地処分の公告日の翌日に公共施設を管理するのは、原則として市町村である（106条1項）。そして、土地区画整理事業の施行により生じた**公共施設の用に供する土地**は、換地処分があった旨の**公告日の翌日**において、**原則**として、その「**公共施設を管理すべき者**」に**帰属**する（105条3項）。したがって、市町村以外の者（たとえば、国）が公共施設を管理することは、例外的に可能であるので、「すべて市町村に帰属する」とは限らない。

ひっかけ

P! ココがポイント

「民法等」での**地役権**の**扱い**を思い出してみよう。

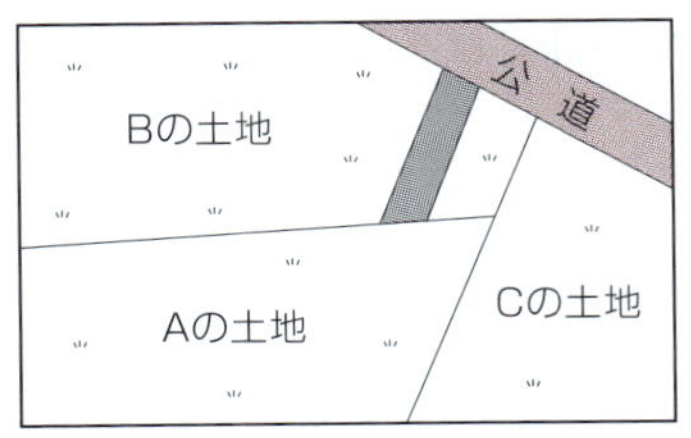

Bの土地にはAの土地のための通行地役権（濃いグレーの部分）と眺望地役権が設定されていた。

換地処分

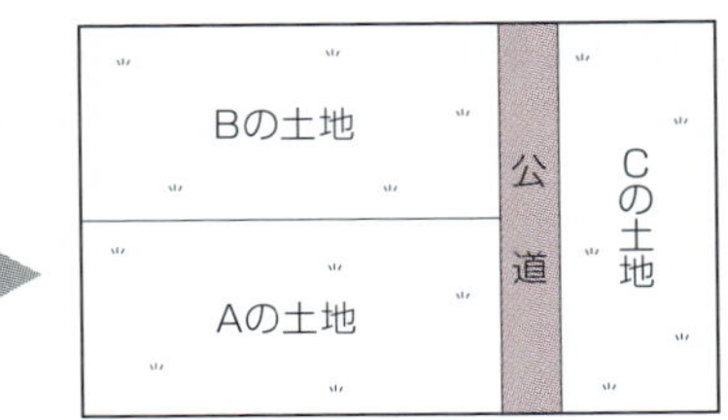

眺望地役権はそのまま存続するが、通行地役権は行使する利益がなくなったため消滅する。

宅地造成等工事規制区域①

CHECK!　過去の本試験 H27-問19改

宅地造成及び特定盛土等規制法に関する次の記述のうち、誤っているものはどれか。なお、この問において「都道府県知事」とは、地方自治法に基づく指定都市及び中核市にあってはその長をいうものとする。

❶ 都道府県知事は、宅地造成等工事規制区域内の土地について、宅地造成等に伴う災害を防止するために必要があると認める場合には、その土地の所有者に対して、擁壁等の設置等の措置をとることを勧告することができる。

❷ 宅地造成等工事規制区域の指定の際に、当該宅地造成等工事規制区域内において宅地造成等に関する工事を行っている者は、当該工事について改めて都道府県知事の許可を受けなければならない。

❸ 宅地造成及び特定盛土等に関する工事の許可を受けた者が、工事施行者を変更する場合には、遅滞なくその旨を都道府県知事に届け出ればよく、改めて許可を受ける必要はない。

❹ 宅地造成等工事規制区域内において、宅地造成等をするために切土をする土地の面積が500㎡であって盛土が生じない場合、切土をした部分に生じる崖の高さが1.5mであれば、都道府県知事の許可は必要ない。

肢別のテーマ	❶勧告	❷工事等の届出
	❸変更の許可・届出	❹宅地造成等の定義・知事の許可

解説　正解 2

❶ ○　知事は、宅地造成等工事規制区域内の土地について、宅地造成等に伴う災害の防止のため必要があると認める場合、その土地の所有者・管理者・占有者、工事主または工事施行者に対し、擁壁等の設置または改造その他宅地造成等に伴う災害の防止のため必要な措置をとることを勧告できる（宅地造成および特定盛土等規制法（以下「盛土規制法」という）22条2項）。

❷ ×　「改めて知事の許可」を受けるのではない。

宅地造成等工事規制区域の指定の際、当該規制区域内において行われている宅地造成等に関する工事の工事主は、その指定日から「21日以内」に、当該工事について知事に「届出」をしなければならない（21条1項）。

❸ ○　改めて許可を受ける必要はない。

宅地造成および特定盛土等に関する工事の許可を受けた者は、当該許可に係る宅地造成等に関する工事の計画の変更をしようとする場合、原則として知事の許可が必要だが、軽微な変更をしようとする場合、許可は不要である（16条1項）。工事施行者の変更はこの「軽微な変更」に該当するので、遅滞なくその旨を知事に届け出ればよい（同2項、施行規則38条1項1号）

❹ ○　知事の許可は必要ない。

宅地造成等工事規制区域内で、宅地造成等をするために、①高さ1m超の崖を生ずる盛土、②高さ2m超（本肢では1.5m）の崖を生ずる切土、③盛土と切土を同時にする場合において、当該盛土および切土をした土地の部分に高さ2m超の崖を生ずることとなるときにおける当該盛土および切土（上記①②に該当する盛土または切土を除く）、④上記①③に該当しない盛土であって、高さ2m超のもの、⑤切土または盛土をする土地の面積が500㎡超（本肢では500㎡ちょうど）のいずれかの土地の形質の変更を行う場合は、知事の許可が必要となる（盛土規制法2条2号、施行令3条）。本肢はいずれにも該当しない。

「わか合格基本テキスト」　第3編「法令上の制限」　Chap.6−Sec.1・2

宅地造成等工事規制区域②

重要度

□□□ CHECK! 過去の本試験 H30-20改

宅地造成及び特定盛土等規制法に関する次の記述のうち、誤っているものはどれか。なお、この問において「都道府県知事」とは、地方自治法に基づく指定都市及び中核市にあってはその長をいうものとする。

❶ 宅地造成等工事規制区域内において、過去に宅地造成等に関する工事が行われ現在は工事主とは異なる者がその工事が行われた土地を所有している場合、当該土地の所有者は、宅地造成等に伴う災害が生じないよう、その土地を常時安全な状態に維持するように努めなければならない。

❷ 宅地造成等工事規制区域内において行われる宅地造成等に関する工事について許可をする都道府県知事は、当該許可に、工事の施行に伴う災害を防止するために必要な条件を付することができる。

❸ 宅地を宅地以外の土地にするために行う土地の形質の変更は、宅地造成に該当しない。

❹ 宅地造成等工事規制区域内において、切土であって、当該切土をする土地の面積が400㎡で、かつ、高さ1mの崖を生ずることとなるものに関する工事を行う場合には、一定の場合を除き、都道府県知事の許可を受けなければならない。

宅地造成とは、「宅地」として造成するために行う土地の形質の変更である。

肢別のテーマ	❶保全義務	❷工事の許可条件
	❸宅地造成の定義	❹宅地造成等の定義・知事の許可

解説　正解 4

❶ 頻出 ○　**宅地造成等工事規制区域内**の土地の**所有者**・管理者・占有者は、宅地造成等に伴う災害が生じないよう、その**土地を常時安全な状態に維持するように努めなければならない**（盛土規制法22条1項）。過去に宅地造成等に関する工事が行われ現在は工事主とは異なる者がその工事が行われた宅地を所有している場合も、その「所有者」に努力義務がある。

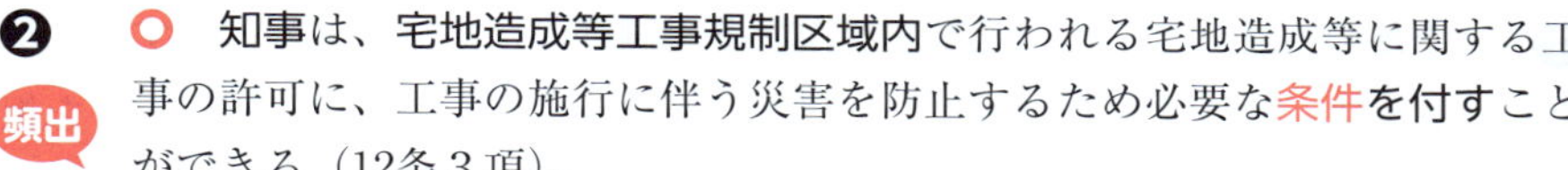

❷ 頻出 ○　**知事**は、**宅地造成等工事規制区域内**で行われる宅地造成等に関する工事の許可に、工事の施行に伴う災害を防止するため必要な**条件を付すこと**ができる（12条3項）。

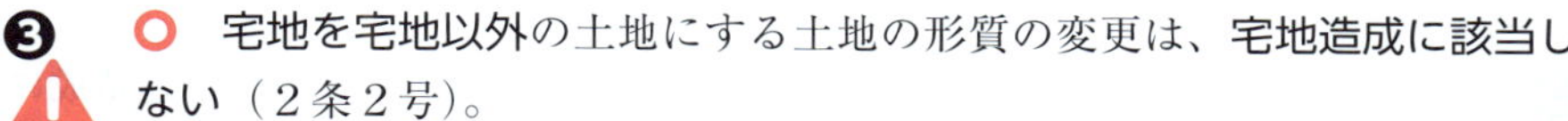

❸ ひっかけ ○　**宅地を宅地以外**の土地にする土地の形質の変更は、**宅地造成に該当しない**（2条2号）。

❹ 頻出 ×　**知事の許可は必要ない。**

宅地造成等工事規制区域内で、**宅地造成等**をするために、①高さ1m超の崖を生ずる盛土、②高さ**2m超**（本肢では1m）の崖を生ずる**切土**、③盛土と切土を同時にする場合において、当該盛土および切土をした土地の部分に高さ2m超の崖を生ずることとなるときにおける当該盛土および切土（上記①②に該当する盛土または切土を除く）、④上記①③に該当しない盛土であって、高さ2m超のもの、⑤**切土**または盛土をする土地の面積が**500㎡超**（本肢では400㎡）のいずれかの土地の形質の変更を行う場合は、**知事の許可が必要**となる（2条2号、施行令3条）。本肢は**いずれにも該当しない**。

P! ココがポイント

規制区域と造成宅地防災区域の比較

区域 ＼ 比較内容	規制区域		造成宅地防災区域
	宅地造成等工事規制区域	特定盛土等規制区域	
土地の保全義務（努力）	常時安全な状態に維持		必要な措置を講ずる
	所有者・管理者・占有者が務める		

「わか合格基本テキスト」　第3編「法令上の制限」 Chap.6−Sec.1・2

宅地造成等工事規制区域③

重要度

CHECK! 過去の本試験 R2-10月-問19改

宅地造成及び特定盛土等規制法に関する次の記述のうち、誤っているものはどれか。なお、この問において「都道府県知事」とは、地方自治法に基づく指定都市及び中核市にあってはその長をいうものとする。

❶ 土地の占有者は、都道府県知事が、基礎調査のために他人の占有する土地に立ち入って測量又は調査を行う場合、正当な理由がない限り、立入りを拒み、又は妨げてはならない。

❷ 宅地を宅地以外の土地にするために行う土地の形質の変更は、宅地造成に該当しない。

❸ 宅地造成等工事規制区域内において、公共施設用地を宅地に転用する者は、宅地造成等に関する工事を行わない場合でも、都道府県知事の許可を受けなければならない。

❹ 宅地造成又は特定盛土等に関する工事の許可を受けた者が、工事施行者を変更する場合には、遅滞なくその旨を都道府県知事に届け出ればよく、改めて許可を受ける必要はない。

肢別のテーマ	❶知事等の立入り	❷宅地造成の定義
	❸工事等の許可・届出	❹変更の許可・届出

解説 正解 3

❶

○ 知事は、基礎調査のために他人の占有する土地に立ち入って測量または調査を行う必要があるときは、その必要の限度において、他人の占有する土地に、自ら立ち入り、またはその命じた者もしくは委任した者に立ち入らせることができる（盛土規制法5条1項）。土地の占有者は、知事またはその命じた者もしくは委任した者が、基礎調査のために他人の占有する土地に立ち入って測量または調査を行う場合、正当な理由がない限り、立入りを拒み、または妨げてはならない（同5項）。

❷

○ 宅地を宅地以外の土地にする土地の形質の変更は、宅地造成に該当しない（2条2号）。

❸

× 宅地とは、農地、採草放牧地および森林（以下「農地等」という）ならびに道路、公園、河川その他政令で定める公共の用に供する施設の用に供されている土地（以下「公共施設用地」という）以外の土地をいう（2条1号）。宅地以外の土地を宅地にするために行う盛土その他の土地の形質の変更で、政令で定めるものは、「宅地造成」に該当するので、宅地造成等工事規制区域内では、原則として、知事の許可が必要である（12条1項本文、2条2号）。本肢のように、当該規制区域内で宅地造成等に関する工事を行わない場合には、公共施設用地を宅地または農地等に転用した者は、転用後14日以内に、知事に届出が必要である（21条4項）。

❹

○ 改めて許可を受ける必要はない。

宅地造成または特定盛土等に関する工事の許可を受けた者は、当該許可に係る宅地造成等に関する工事の計画の変更をしようとする場合、原則として知事の許可が必要だが、軽微な変更をしようとする場合、許可は不要である（16条1項）。工事施行者の変更は「軽微の変更」に該当するので、遅滞なくその旨を知事に届け出ればよい（同2項、施行規則38条1項1号）。

P! ココがポイント

次の工事を行おうとする者は、許可や一定の届出を受ける必要がない場合でも、知事に次の届出が必要となる。

届出をしなければならない者	届出期間
特定盛土等規制区域内において、公共施設用地を宅地または農地等に転用した者（許可・変更等許可を受け、または軽微な変更の届出をした者を除く）	転用日から14日以内

「わか合格基本テキスト」 第3編「法令上の制限」 Chap.6−Sec.1・2

宅地造成等工事規制区域④

CHECK!　過去の本試験　R2-12月-問19改

重要度

宅地造成及び特定盛土等規制法に関する次の記述のうち、誤っているものはどれか。なお、この問において「都道府県知事」とは、地方自治法に基づく指定都市及び中核市にあってはその長をいうものとする。

❶　宅地造成等工事規制区域は、基本方針に基づき、かつ、基礎調査の結果を踏まえ、宅地造成等に伴い災害が生ずるおそれが大きい市街地又は市街地になろうとする土地の区域であって、宅地造成等に関する工事につき規制を行う必要があるものについて、国土交通大臣が指定することができる。

❷　宅地造成等工事規制区域内において宅地造成等に関する工事を行う場合、宅地造成等に伴う災害を防止するために行う高さが５ｍを超える擁壁の設置に係る工事については、政令で定める資格を有する者の設計によらなければならない。

❸　都道府県（地方自治法に基づく指定都市又は中核市の区域内の土地については、それぞれ指定都市又は中核市）は、宅地造成等工事規制区域の指定のために行う測量又は調査のため他人の占有する土地に立ち入ったことにより他人に損失を与えたときは、その損失を受けた者に対して、通常生ずべき損失を補償しなければならない。

❹　宅地造成及び特定盛土等規制法第12条第１項の許可を受けた宅地造成等に関する工事が完了した場合、当該許可を受けた工事主は、都道府県知事の検査を申請しなければならない。

肢別のテーマ　❶宅地造成等工事規制区域の指定　❷一定の技術的基準・資格者の設計　❸土地の立入り等に伴う損失の補償　❹検査

解説 …… 正解 1

❶ 
× **「国土交通大臣」が指定するのではない。**
宅地造成等工事規制区域は、基本方針に基づき、かつ、基礎調査の結果を踏まえ、宅地造成等に伴い災害が生ずるおそれが大きい市街地または市街地になろうとする土地の区域であって、宅地造成等に関する工事につき規制を行う必要があるものについて、「**知事**（指定都市等では**指定都市等の長**）」**が指定できる**（盛土規制法10条１項）。

❷ 頻出
○ **宅地造成等工事規制区域内**において宅地造成等に関する工事を行う場合、一定の技術的基準に従い、擁壁等の設置その他宅地造成等に伴う災害を防止するため必要な措置が講ぜられたものでなければならない（13条１項）。そして、次のいずれかの規模の工事は、**一定の資格者の設計**によらなければならない（同２項、施行令21条）。

① 高さが「**５ｍ超**」**の擁壁の設置**
② 盛土または切土をする土地の面積が1,500㎡超の土地の排水施設の設置

❸ ○ **都道府県**（指定都市等を含む）は、宅地造成等工事規制区域指定のために行う測量または調査のため他人の占有する土地に**立ち入ったことにより他人に損失を与えた**ときは、その損失を受けた者に対して、通常生ずべき**損失を補償**する必要がある（盛土規制法８条１項、５条１項）。

❹ 頻出
○ **宅地造成等工事規制区域内**において行われる宅地造成等に関する**工事が完了**した場合、当該許可を受けた**工事主**は、**知事**（指定都市等では**指定都市等の長**）**の検査を申請**しなければならない（17条１項・４項）。

P! ココがポイント

規制区域と造成宅地防災区域の比較

区域／比較内容	規制区域		造成宅地防災区域
	宅地造成等工事規制区域	特定盛土等規制区域	
指定場所	宅地造成等に伴い災害が生ずるおそれが大きい市街地・市街地となろうとする土地の区域等	特定盛土等または土石の堆積が行われた場合、これに伴う災害により市街地等区域その他の区域の居住者等の生命・身体に危害を生ずるおそれが特に大きいと認められる区域	宅地造成又は特定盛土等（宅地で行うものに限る）に伴う災害で相当数の居住者等に危害を生ずるものの発生のおそれが大きい一団の造成宅地
		宅地造成等工事規制区域以外	宅地造成等工事規制区域以外

「わか合格基本テキスト」 第３編「法令上の制限」 Chap.6−Sec.1・2

宅地造成等工事規制区域⑤

重要度

□□□ CHECK!　過去の本試験 R3-12月-問19改

宅地造成及び特定盛土等規制法に関する次の記述のうち、誤っているものはどれか。なお、この問において「都道府県知事」とは、地方自治法に基づく指定都市及び中核市にあってはその長をいうものとする。

❶ 宅地造成等工事規制区域外において行われる宅地造成等に関する工事について、工事主は、工事に着手する前に都道府県知事に届け出なければならない。

❷ 都道府県知事は、宅地造成等工事規制区域内における土地の所有者、管理者又は占有者に対して、当該土地又は当該土地において行われている工事の状況について報告を求めることができる。

❸ 宅地造成等工事規制区域内において宅地造成等に関する工事を行う場合、宅地造成等に伴う災害を防止するために行う高さ５ｍを超える擁壁に係る工事については、政令で定める資格を有する者の設計によらなければならない。

❹ 都道府県知事は、偽りその他不正な手段によって宅地造成等工事規制区域内において行われる宅地造成等に関する工事の許可を受けた者に対して、その許可を取り消すことができる。

肢別のテーマ	
❶宅地造成等に関する工事許可	❷宅地造成等工事規制区域内での報告徴収
❸一定の技術的基準・資格者の設計	❹宅地造成等に関する工事許可の取消し

解　説　……正解 1

❶ **× 当該規制区域「外」は対象にならない。**

宅地造成等工事規制区域「内」において行われる宅地造成等に関する工事については、**工事主**は、当該工事に着手する前に、**知事**の**「許可」**を受けなければならない（盛土規制法12条１項本文）。この許可を受ける必要がない一定の場合でも知事に届出が必要となる。

❷ **○ 知事**は、宅地造成等工事規制区域内における土地の**所有者**・**管理者**・**占有者**に対して、当該土地または当該土地において行われている工事の状況について**報告**を求めることができる（25条）。

❸ **○ 宅地造成等工事規制区域内**において宅地造成等に関する工事を行う場合、一定の技術的基準に従い、擁壁等の設置その他宅地造成等に伴う災害を防止するため必要な措置が講ぜられたものでなければならない（13条１項）。そして、次のいずれかの規模の工事は、**一定の資格者の設計**によらなければならない（同２項、施行令21条）。

頻出

① 高さが「**５ｍ超**」の擁壁**の設置**
② 盛土または切土をする土地の面積が1,500㎡超の土地の排水施設の設置

❹ **○ 知事**は、**偽りその他不正な手段**により宅地造成等工事規制区域内において行われる宅地造成等に関する工事の**許可を受けた者**等に対して、その**許可**を**取り消す**ことができる（盛土規制法20条１項）。

P! ココがポイント

【知事の監督処分】

		工事中	工事終了後
処分内容	許可の取消	工事施行の停止	土地の使用禁止・制限
		擁壁等の設置	
		その他災害防止の措置	
処分事由	不正手段で許可を受けた	許可を受けずに工事施行	許可を受けずに宅地造成等
	許可の条件違反		完了検査・確認等を申請しない等
	—	技術的基準に不適合	
処分対象者	工事主（許可を受けた者）		
		工事請負人（下請負含む） 現場管理者	—
		—	（土地の） 所有者・管理者・占有者

「わか合格基本テキスト」　第３編「法令上の制限」　Chap.6−Sec.1・2

宅地造成等工事規制区域・造成宅地防災区域①

CHECK! 過去の本試験 R3-10月-問19改 重要度 ★★★

宅地造成及び特定盛土等規制法（以下この問において「法」という。）に関する次の記述のうち、誤っているものはどれか。なお、この問において「都道府県知事」とは、地方自治法に基づく指定都市及び中核市にあってはその長をいうものとする。

❶ 宅地造成等工事規制区域内において、土地を造成するために切土をする土地の面積が500㎡であって盛土を生じない場合、切土をした部分に生じる崖の高さが1.5mであれば、都道府県知事の法第12条第１項本文の工事の許可は不要である。

❷ 都道府県知事は、法第12条第１項本文の工事の許可の申請があったときは、遅滞なく、文書をもって許可又は不許可の処分を申請者に通知しなければならない。

❸ 都道府県知事は、一定の場合には都道府県（地方自治法に基づく指定都市又は中核市の区域にあっては、それぞれ指定都市又は中核市）の規則で、宅地造成等工事規制区域内において行われる宅地造成等に関する工事の技術的基準を強化し、又は付加することができる。

❹ 都道府県知事は、基本方針に基づき、かつ、基礎調査の結果を踏まえ、この法の目的を達成するために必要があると認めるときは、宅地造成等工事規制区域内で、宅地造成又は特定盛土等（宅地において行うものに限る。）に伴う災害で相当数の居住者等に危害を生ずるものの発生のおそれが大きい一団の造成宅地の区域であって一定の基準に該当するものを、造成宅地防災区域として指定することができる。

「規制区域」の指定と「造成宅地防災区域」の指定は、重なるのか？

肢別のテーマ　❶宅地造成等の定義・知事の許可　❷宅地造成等に関する工事許可の申請　❸技術的基準　❹造成宅地防災区域の指定

解説　正解 4

❶ 

○ **知事の許可は必要ない。**

宅地造成等工事規制区域内で、**宅地造成等**をするために、①高さ1m超の崖を生ずる盛土、②高さ**2m**超（本肢では1.5m）の崖を生ずる切土、③盛土と**切土**を同時にする場合において、当該盛土および切土をした土地の部分に高さ2m超の崖を生ずることとなるときにおける当該盛土および切土（上記①②に該当する盛土または切土を除く）、④上記①③に該当しない盛土であって、高さ2m超のもの、⑤切土または盛土をする土地の面積が**500㎡超**（本肢では500㎡ちょうど）のいずれかの土地の形質の変更を行う場合は、**知事の許可が必要**となる（盛土規制法2条2号、施行令3条）。本肢は**いずれにも該当しない**。

❷ 

○ **宅地造成等工事規制区域内**において行われる宅地造成等に関する工事については、工事主は、原則として、工事着手前に、知事の許可が必要である（盛土規制法12条1項本文）。知事は、この許可の申請があった場合は、**遅滞なく、許可または不許可の処分**をしなければならず（14条1項）、この処分をするには、**文書**をもって当該申請者に**通知**しなければならない（同2項）。

❸ ○ **知事**は、その地方の気候・風土・地勢の特殊性により、宅地造成等に伴う崖崩れまたは土砂の流出の防止の目的を達し難いと認める場合には、**都道府県**（指定都市等にあっては、それぞれ指定都市等）**の規則**で、宅地造成等工事規制区域内において行われる宅地造成等に関する工事の**技術的基準**を**強化**し、または必要な**技術的基準**を**付加**できる（施行令20条2項）。

❹ ×　**「宅地造成等工事規制区域内」では指定できない。**

ひっかけ

知事は、基本方針に基づき、かつ、基礎調査の結果を踏まえ、この法の目的を達成するために必要があると認めるときは、宅地造成または特定盛土等（宅地において行うものに限る）に伴う災害で**相当数の居住者等に危害を生ずるものの発生のおそれが大きい一団の造成宅地（宅地造成等工事規制区域内の土地を「除く」）**の区域であって一定の基準に該当するものを、**造成宅地防災区域として指定**できる（盛土規制法45条1項）。

「わか合格基本テキスト」　第3編「法令上の制限」 Chap.6–Sec.1・2

宅地造成等工事規制区域・造成宅地防災区域②

CHECK! 過去の本試験 R元-問19改

宅地造成及び特定盛土等規制法に関する次の記述のうち、正しいものはどれか。なお、この問において「都道府県知事」とは、地方自治法に基づく指定都市及び中核市にあってはその長をいうものとする。

❶ 宅地造成等工事規制区域外において行われる宅地造成等に関する工事については、工事主は、工事に着手する日の14日前までに都道府県知事に届け出なければならない。

❷ 宅地造成等工事規制区域内において行われる宅地造成等に関する工事の許可を受けた者は、主務省令で定める軽微な変更を除き、当該許可に係る工事の計画の変更をしようとするときは、遅滞なくその旨を都道府県知事に届け出なければならない。

❸ 宅地造成等工事規制区域の指定の際に、当該宅地造成等工事規制区域内において宅地造成等に関する工事を行っている者は、当該工事について都道府県知事の許可を受ける必要はない。

❹ 都道府県知事は、宅地造成等に伴い災害が生ずるおそれが大きい市街地又は市街地となろうとする土地の区域であって、宅地造成等に関する工事について規制を行う必要があるものを、造成宅地防災区域として指定することができる。

次の工事を行おうとする者は、許可や一定の届出を受ける必要がない場合でも、**知事**に次の**届出**が必要となる。

届出をしなければならない者	届出期間
(1) 特定盛土等規制区域の**指定の際**、当該特定盛土等規制区域内において**行われている**特定盛土等または土石の堆積に関する工事の**工事主**	**指定があった日から21日**以内
(2) 特定盛土等規制区域内の土地（公共施設用地を除く）において、「**擁壁・崖面崩壊防止施設**で**高さ2m超のもの**」、「地表水等を排除するための**排水施設**」または「**地滑り抑止ぐい**」等の**全部・一部の除却工事を行おうとする者**（許可・変更等許可を受け、または軽微な変更の届出をした者を除く）	工事着手日の**14日前まで**

肢別のテーマ	❶工事等の届出	❷変更の許可・届出
	❸工事等の許可・届出	❹宅地造成等工事規制区域・造成宅地防災区域の指定

解　説　……正解 3

❶ ✕ 宅地造成等に関する工事について、**届出**や許可の対象になるのは、**宅地造成等工事規制区域**「内」で行われるものに限られる（盛土規制法21条1項・3項・4項、施行令26条）。本肢は、当該規制区域「外」で行われるものであるから、規制の対象外となり、届出は不要である。

ひっかけ

❷ ✕ 宅地造成等工事規制区域内で行われる宅地造成等に関する工事の許可を受けた者は、**工事の計画の変更**をしようとする場合、**知事の許可**を受けなければならないが、一定の**軽微な変更**をしようとする場合、この**必要はない**（盛土規制法16条1項）。なお、一定の「**軽微な変更**」をした場合は、**遅滞なく**、**知事に**「届出」をしなければならない（同2項）。

ひっかけ

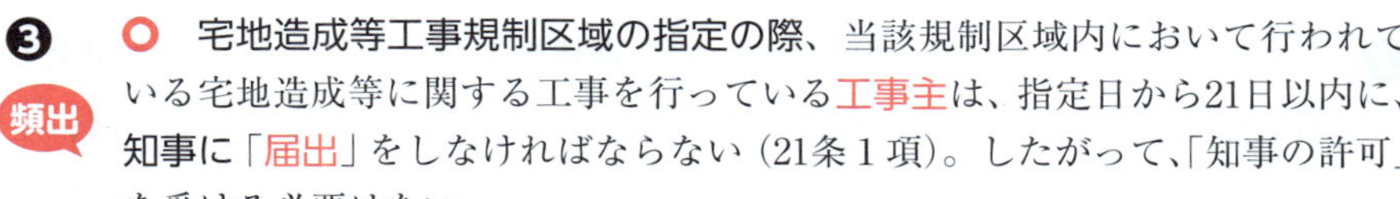

❸ ○ **宅地造成等工事規制区域の指定の際**、当該規制区域内において行われている宅地造成等に関する工事を行っている工事主は、指定日から21日以内に、**知事に**「届出」をしなければならない（21条1項）。したがって、「知事の許可」を受ける必要はない。

頻出

❹ ✕ **造成宅地防災区域ではなく、宅地造成等工事規制区域として指定できる。**
　知事（指定都市等では指定都市等の長）は、基本方針に基づき、かつ、基礎調査の結果を踏まえ、宅地造成等に伴い**災害が生ずる**おそれが大きい市街地または**市街地になろうとする土地の区域**であって、宅地造成等に関する工事につき規制を行う必要があるものを、「**宅地造成等工事規制区域**」**として指定**できる（10条1項）。これに対し、「造成宅地防災区域」として指定できるのは、基本方針に基づき、かつ、基礎調査の結果を踏まえ、この法の目的を達成するために必要があると認めるとき、宅地造成または特定盛土等（宅地において行うものに限る）に伴う災害で相当数の居住者等に危害を生ずるものの発生のおそれが大きい一団の造成宅地（宅地造成等工事規制区域内の土地を除く）の区域であって一定の基準に該当するものである（45条1項）。

ひっかけ

P! ココがポイント

「規制区域」と「造成宅地防災区域（規制区域は除かれる）」には、同じようなしくみの規定（保全義務・勧告・改善命令・報告の聴取）が存在する。これらを比較しながら覚えよう。

「わか合格基本テキスト」　第3編「法令上の制限」 Chap.6−Sec.1・2

宅地造成等工事規制区域・造成宅地防災区域③

□□□ CHECK!　過去の本試験 R4-問19改

重要度 ★★★

宅地造成及び特定盛土等規制法に関する次の記述のうち、誤っているものはどれか。なお、この問において「都道府県知事」とは、地方自治法に基づく指定都市及び中核市にあってはその長をいうものとする。

❶ 宅地造成等工事規制区域内において、雨水その他の地表水又は地下水を排除するための排水施設の除却工事を行おうとする場合は、一定の場合を除き、都道府県知事への届出が必要となる。

❷ 宅地造成等工事規制区域内において、森林を宅地にするために行う切土であって、高さ３mの崖を生ずることとなるものに関する工事については、工事主は、原則として、工事に着手する前に、都道府県知事の許可（当該区域の指定後に都市計画法第29条第１項又は第２項の許可を受けて行われる当該宅地造成等に関する工事について許可とみなされるものを含む。）を受けなければならない。

❸ 宅地造成等工事規制区域内で過去に宅地造成等に関する工事が行われ、現在は工事主とは異なる者がその工事が行われた土地を所有している場合において、当該土地の所有者は宅地造成等に伴う災害が生じないよう、その土地を常時安全な状態に維持するよう努めなければならない。

❹ 宅地造成等工事規制区域外に盛土によって造成された一団の造成宅地の区域において、造成された盛土の高さが５m未満の場合は、都道府県知事は、当該区域を造成宅地防災区域として指定することができない。

肢別のテーマ	❶工事等の届出	❷宅地造成等の定義・知事の許可
	❸保全義務	❹造成宅地防災区域の指定

解　説　　正解 4

❶ ○ 宅地造成等工事規制区域内の土地（公共施設用地を除く）で、擁壁等に関する工事その他の工事で、①高さ２m超の擁壁または崖面崩壊防止施設、②雨水その他の地表水等を排除するための排水施設または③地滑り抑止ぐい等の全部または一部の除却工事を行おうとする者は、原則として、工事着手の14日前までに、知事に届出を必要とする（盛土規制法21条３項、施行令26条１項、７条１号）。

❷ ○ 宅地とは、農地、採草放牧地および森林並びに道路、公園、河川その他政令で定める公共の用に供する施設の用に供されている土地以外の土地をいう（盛土規制法２条１号）。宅地以外の土地を宅地にするために行う盛土等の土地の形質の変更で、「政令で定めるもの」は、「宅地造成」に該当するので、宅地造成等工事規制区域内では、原則として、知事の許可が必要である（12条１項本文、２条２号）。この「政令で定めるもの」とは、宅地造成等をするために、高さ２m超（本肢では３m）の崖を生ずる切土等をいう（２条２号、施行令３条）。なお、宅地造成等工事規制区域の指定後に都市計画法第29条第１項または第２項の許可を受けたときは、当該宅地造成等に関する工事については、当該工事の許可を受けたものとみなされる（盛土規制法15条２項）。

❸ ○ 宅地造成等工事規制区域内の土地の所有者・管理者・占有者は、宅地造成等（当該工事規制区域の指定前に行われたものを含む）に伴う災害が生じないよう、その土地を常時安全な状態に維持するように努めなければならない（22条１項）。過去に宅地造成等に関する工事が行われ現在は工事主とは異なる者がその工事が行われた土地を所有している場合も、その「所有者」に努力義務がある。

❹ × 次のいずれかに該当する一団の造成宅地の区域（盛土をした土地の区域に限る）であって、安定計算によって、地震力およびその盛土の自重による当該盛土の滑り出す力がその滑り面に対する最大摩擦抵抗力その他の抵抗力を上回ることが確かめられたもの等であれば、当該区域を造成宅地防災区域として指定できる（施行令35条１項１号）。

① 盛土をした土地の面積が3,000㎡以上であり、かつ、盛土をしたことにより、当該盛土をした土地の地下水位が盛土をする前の地盤面の高さを超え、盛土の内部に浸入しているもの（同号イ）

② 盛土をする前の地盤面が水平面に対し20度以上の角度をなし、かつ、盛土の高さが５m以上であるもの（同号ロ）

したがって、造成された盛土の高さが５m未満の場合であっても、上記①に該当すれば、知事は、当該区域を造成宅地防災区域として「指定できる」。

「わか合格基本テキスト」　第３編「法令上の制限」 Chap.6−Sec.1・2

制限法令①

CHECK!　過去の本試験 H20-問25改

次の記述のうち、誤っているものはどれか。

❶ 自然公園法によれば、風景地保護協定は、当該協定の公告がなされた後に当該協定の区域内の土地の所有者となった者に対しても、その効力が及ぶ。

❷ 土壌汚染対策法によれば、形質変更時要届出区域が指定された際、当該形質変更時要届出区域内で既に土地の形質の変更に着手している者は、その指定の日から起算して14日以内に、都道府県知事にその旨を届け出なければならない。

❸ 密集市街地における防災街区の整備の促進に関する法律によれば、防災再開発促進地区の区域内の一団の土地において、土地の所有者が一者しか存在しなくても、市町村長の認可を受ければ避難経路協定を定めることができ、当該協定はその認可の日から効力を有する。

❹ 急傾斜地の崩壊による災害の防止に関する法律によれば、傾斜度が30度以上である土地を急傾斜地といい、急傾斜地崩壊危険区域内において、土石の集積を行おうとする者は、原則として都道府県知事の許可を受けなければならない。

2018年度は、「制限法令」からの出題はなかったが、問72・73にある内容は"基本論点"。試験対策のためにも、ここでの内容は覚えておいたほうが無難である。

肢別のテーマ	❶自然公園法	❷土壌汚染対策法
	❸密集市街地における防災街区の整備の促進に関する法律	❹急傾斜地の崩壊による災害の防止に関する法律

解説　正解 3

❶ ○　自然公園法によれば、**風景地保護協定**は、協定の公告後に**土地所有者**等になった者に対しても、**効力が及ぶ**（自然公園法48条）。

❷ ○　土壌汚染対策法によれば、形質変更時要届出区域が指定された際、当該**形質変更時要届出区域内**で既に土地の形質変更を行っている者は、届出区域指定日から**14日以内**に、**知事に届出**が必要である（土壌汚染対策法12条２項）。

❸ ×　防災街区整備事業の**施行地区内**では、土地所有者が１人でも「**避難経路協定**」を定めることができ、その一人協定は、市町村長の「**認可日から３年以内に２以上の土地所有者等が存することになった時**」から**効力を有する**（密集市街地における防災街区の整備の促進に関する法律298条１項・４項）。「認可の日から効力を有する」ではない。

❹ ○　**急傾斜地**とは、傾斜度**30度以上**の土地をいう（急傾斜地の崩壊による災害の防止に関する法律２条１項）。**急傾斜地崩壊危険区域内**で、土石の集積等をするときは、**知事の許可**が必要である（７条１項）。

P! ココがポイント

【知事の許可】

法律	区域	行為	
(1) 地すべり等防止法	地すべり防止区域	地下水が増加する一定の行為等	（原則）知事の許可※
	ぼた山崩壊防止区域	土石の採取・集積等	
(2) 急傾斜地の崩壊による災害の防止に関する法律	急傾斜地崩壊危険区域（急傾斜地：傾斜度30度以上）	一定の行為	
(3) 流通業務市街地の整備に関する法律	流通業務地区	一定の行為	
(4) 都市再開発法	市街地再開発促進区域	一定の建築行為	
(5) 密集市街地における防災街区の整備の促進に関する法律	施行地区	（防災街区整備事業の施行の障害となるおそれのある） ①土地の形質変更 ②建築物の建築等	
(6) 特定都市河川浸水被害対策法	特定都市河川流域	雨水浸透阻害行為	
		雨水貯留浸透施設の機能を阻害するおそれのある行為	
(7) 津波防災地域づくりに関する法律	特別警戒区域	特定開発行為	

※なお、(3)〜(5)について、市の区域内では市長の許可が必要。

「わか合格基本テキスト」　第３編「法令上の制限」　Chap.6−Sec.3

制限法令②

CHECK!

過去の本試験 H25-問22

重要度

次の記述のうち、正しいものはどれか。

❶ 地すべり等防止法によれば、地すべり防止区域内において、地表水を放流し、又は停滞させる行為をしようとする者は、一定の場合を除き、市町村長の許可を受けなければならない。

❷ 国土利用計画法によれば、甲県が所有する都市計画区域内の7,000㎡の土地を甲県から買い受けた者は、事後届出を行う必要はない。

❸ 土壌汚染対策法によれば、形質変更時要届出区域内において土地の形質の変更をしようとする者は、非常災害のために必要な応急措置として行う行為であっても、都道府県知事に届け出なければならない。

❹ 河川法によれば、河川区域内の土地において工作物を新築し、改築し、又は除却しようとする者は、河川管理者と協議をしなければならない。

肢別のテーマ		
	❶地すべり等防止法	❷国土利用計画法
	❸土壌汚染対策法	❹河川法

解説 正解 2

❶ × 地すべり防止区域内で、**地表水を放流**し、または**停滞させる行為**をしようとする者は、原則として、「**知事の許可**」を受けなければならない（地すべり等防止法18条1項2号）。「市町村長の許可」ではない。

❷ ○ 取引当事者の**一方または双方**が、国・**地方公共団体**等である場合は、**届出不要**である（国土利用計画法23条2項3号）。したがって、都市計画区域内（市街化区域2,000㎡以上、市街化調整区域・非線引都市計画区域5,000㎡以上）の7,000㎡の土地を甲県から買い受けた者でも、事後届出を行う必要はない。

❸ × **形質変更時要届出区域内**で**土地の形質の変更**をしようとする者は、当該土地の形質の変更に着手する日の14日前までに、一定の事項を**知事に届け出**なければならない。ただし、次の行為は、**届出不要**である（土壌汚染対策法12条1項）。

> ① 土地の形質の変更の施行および管理に関する方針（一定基準に適合する旨の知事の確認を受けたものに限る）に基づく次のア）イ）両方に該当する土地の形質の変更
> ア）土地の土壌の特定有害物質による汚染が専ら自然または専ら土地の造成に係る水面埋立てに用いられた土砂に由来するものとして、一定の要件に該当する土地における土地の形質の変更
> イ）人の健康に被害が生ずるおそれがない一定の土地の形質の変更
> ② 通常の管理行為、軽易な行為その他の行為であって、一定のもの
> ③ 形質変更時要届出区域が指定された際既に着手していた行為
> ④ **非常災害のために必要な応急措置**として行う行為

❹ × **河川区域内**の土地において**工作物を新築・改築・除却**しようとする者は、**河川管理者の許可**を受けなければならない（河川法26条1項）。「協議」ではない。

P! ココがポイント

【管理者の許可】

道路法	一定の行為		(原則)道路管理者の許可
河川法	河川区域 河川保全区域 河川予定地	一定の行為	(原則)河川管理者の許可
海岸法	海岸保全区域	一定の行為	(原則)海岸管理者の許可
港湾法	港湾区域内または港湾隣接地域	一定の行為	(原則)港湾管理者の許可
津波防災地域づくりに関する法律	津波防護施設区域内	一定の行為	(原則)津波防護施設管理者の許可

「わか合格基本テキスト」 第3編「法令上の制限」 Chap.6−Sec.3

TAC
出版
TAC PG

2024年度版

わかって合格(うか)る

宅建士

分野別過去問題集

第4編 その他関連知識

第 4 編

その他関連知識

テーマ	『基本テキスト』の対応	問題番号
不動産に関する税金 **【不動産取得税、固定資産税、所得税、印紙税、登録免許税】**	Chap.1-Sec.1 ～ 5	1～18
不動産鑑定評価基準・地価公示法	Chap.2-Sec.1	19～24
住宅金融支援機構法	Chap.2-Sec.2	25～27
景表法【公正競争規約】	Chap.2-Sec.3	28～31
土地・建物	Chap.2-Sec.5	32～37

不動産取得税①

CHECK! 過去の本試験 H16-問26改

重要度

不動産取得税に関する次の記述のうち、正しいものはどれか。ただし、認定長期優良住宅については考慮しないものとする。

❶ 不動産取得税は、不動産の取得に対し、当該不動産の所在する市町村において、当該不動産の取得者に課される。

❷ 宅地の取得に係る不動産取得税の課税標準は、当該取得が令和６年中に行われた場合、当該宅地の価格の３分の１の額とされる。

❸ 不動産取得税の課税標準となるべき額が９万円である土地を取得した者が当該土地を取得した日から６ヵ月後に隣接する土地で、その課税標準となるべき額が５万円であるものを取得した場合においては、それぞれの土地の取得について不動産取得税を課されない。

❹ 床面積が240㎡で、床面積１㎡当たりの価格が20万円である住宅を令和６年５月１日に建築した場合、当該住宅の建築に係る不動産取得税の課税標準の算定については、当該住宅の価格から1,200万円が控除される。

肢別のテーマ		
	❶課税主体	❷宅地の課税標準の特例
	❸免税点	❹課税標準の特例

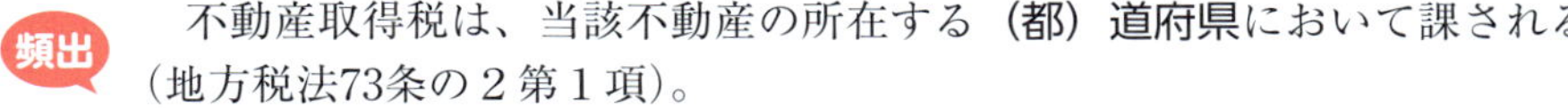

解説 正解 4

❶ 頻出 × 「市町村」ではなく、「(都)道府県」。

不動産取得税は、当該不動産の所在する(都)道府県において課される(地方税法73条の2第1項)。

❷ 頻出 × 「3分の1」ではなく、「2分の1」。

宅地の取得に係る不動産取得税の課税標準は、令和6年3月31日※までに取得した場合、当該宅地の2分の1の額とされる(附則11条の5第1項)。

❸ × 14万円の土地の取得として、不動産取得税が課される。

不動産取得税の免税点は、土地取得の場合は10万円である(地方税法73条の15の2第1項)。そして、土地の取得者が当該土地取得日から1年以内に当該土地に隣接する土地を取得した場合、その前後の取得をもって、1つの土地の取得とみなして免税点を考える(73条の15の2第2項)。

❹ ○ 住宅の取得に係る課税標準の特例は、床面積要件が50㎡以上240㎡以下、控除額が1,200万円である(73条の14第1項、施行令37条の16第1号)。1㎡当たりの単価要件はない。

P! ココがポイント

【不動産取得税の課税標準の特例】

内容・要件 / 特例対象	特例の内容	要件
一定の新築住宅(貸家も可)を取得したとき(個人、法人を問わない)	住宅に係る不動産取得税の課税標準から1戸(共同住宅の場合には独立的に区画された1室で1戸)につき1,200万円が控除される。(認定長期優良住宅の場合には、1,300万円が控除される)	50㎡(40㎡)以上240㎡以下
一定の既存住宅(貸家不可)を取得したとき(個人のみ)	課税標準からその新築時期に応じて一定額が控除される。	50㎡以上240㎡以下
宅地を取得したとき	土地の価格の$\frac{1}{2}$とする。	令和6年3月31日※までに取得

※ 期間延長については、後日「法律改正点レジュメ」にて確認のこと

「わか合格基本テキスト」 第4編「その他関連知識」 Chap.1−Sec.2

不動産取得税②

重要度

CHECK!　過去の本試験　H22-問24

不動産取得税に関する次の記述のうち、正しいものはどれか。

❶　生計を一にする親族から不動産を取得した場合、不動産取得税は課されない。

❷　交換により不動産を取得した場合、不動産取得税は課されない。

❸　法人が合併により不動産を取得した場合、不動産取得税は課されない。

❹　販売用に中古住宅を取得した場合、不動産取得税は課されない。

肢別のテーマ　❶～❹　不動産取得の定義

解説　正解 3

❶ ×　生計を一にする親族から不動産を取得した場合に、不動産取得税を非課税とする旨の規定はない（地方税法73条の７参照）。

ひっかけ

❷ ×　売買･交換により不動産を取得した場合、不動産取得税は課される（73条の２第１項）。

❸ ○　相続・合併により不動産を取得した場合、不動産取得税は課されない（73条の７第１号・２号）。

❹ ×　販売用に中古住宅を取得した場合に、不動産取得税を非課税とする旨の規定はない（73条の２第１項）。

ひっかけ

【不動産の取得とは】

不動産の所有権を現実に取得することをいい、登記の有無は問わない。また、有償・無償も問わない。

① 該当するもの
- ア）有償による取得…売買、交換等
- イ）無償による取得…贈与、寄附、相続人以外の者に対する遺贈等
- ウ）建築による取得…新築、増築、改築（価格が増加した場合）
- ※　生計を一にする親族からの取得も課税対象となる。
- ※　販売用の中古住宅の取得も課税対象となる。

② 該当しないもの

相続（包括遺贈および被相続人から相続人に対してなされた遺贈を含む）、法人の合併等

また、所有権以外の権利（地上権や永小作権など）の取得も該当しない。

「わか合格基本テキスト」　第４編「その他関連知識」　Chap.1−Sec.2

不動産取得税③

CHECK!　過去の本試験 H24-問24改

不動産取得税に関する次の記述のうち、正しいものはどれか。

❶　不動産取得税の課税標準となるべき額が、土地の取得にあっては10万円、家屋の取得のうち建築に係るものにあっては１戸につき23万円、その他のものにあっては１戸につき12万円に満たない場合においては、不動産取得税が課されない。

❷　令和６年４月に取得した床面積250㎡である新築住宅に係る不動産取得税の課税標準の算定については、当該新築住宅の価格から1,200万円が控除される。

❸　宅地の取得に係る不動産取得税の課税標準は、当該取得が令和６年３月31日※までに行われた場合、当該宅地の価格の４分の１の額とされる。

❹　家屋が新築された日から２年を経過して、なお、当該家屋について最初の使用又は譲渡が行われない場合においては、当該家屋が新築された日から２年を経過した日において家屋の取得がなされたものとみなし、当該家屋の所有者を取得者とみなして、これに対して不動産取得税を課する。

固定資産税の税額減額の面積要件は、50㎡以上280㎡以下。これとの違いに注意。

肢別のテーマ
❶免税点　❷新築住宅
❸宅地の課税標準の特例　❹納税義務者

解説　正解 1

❶ 頻出 ○ **不動産取得税の免税点**（課税標準となるべき額が当該金額未満である場合には課税できない）は、**土地の取得にあっては10万円、家屋の取得のうち建築に係るものにあっては１戸につき23万円、その他のものにあっては１戸につき12万円**である（地方税法73条の15の２第１項）。

❷ 頻出 × 240㎡以下。
新築住宅に係る不動産取得税の課税標準の特例が適用されるための**床面積要件は50㎡以上240㎡以下、控除額は1,200万円**である（73条の14第１項、施行令37条の16第１号）。

❸ 頻出 × 「４分の１」ではなく、「２分の１」。
宅地の取得に係る不動産取得税の課税標準は、当該取得が令和６年３月31日※までに行われた場合、当該宅地の価格の２分の１の額とされる（附則11条の５第１項）。

❹ × 「２年」ではなく、１年。
家屋が新築された場合、当該家屋について**最初の使用・譲渡日において家屋の取得がなされたもの**とみなし、当該家屋の所有者・譲受人を取得者とみなして、これに対して不動産取得税を課するのが**原則**である。しかし、宅建業者等が売り渡す場合、当該家屋の新築日から**１年**（本則は６ヵ月）を経過しても、なお、当該家屋について最初の使用・譲渡が行われない場合、当該家屋の新築日から**１年**（本則は６ヵ月）を経過した日において家屋の取得がなされたものとみなし、当該家屋の所有者である宅建業者等を取得者とみなして、これに対して不動産取得税を課する（地方税法73条の２第２項、附則10条の３第１項）。

P! ココがポイント

【免税点】 取得した不動産の課税標準となるべき額が、次の金額未満の場合、不動産取得税は課税されない。

区　分		課税標準となるべき額
土地の取得		10万円
家屋の取得	新築・増築・改築	１戸23万円
	売買・交換・贈与	1戸12万円

※ 期間延長については、後日「法律改正点レジュメ」にて確認のこと

「わか合格基本テキスト」 第４編「その他関連知識」 Chap.1－Sec.2

固定資産税①

CHECK!　過去の本試験　H11-問27改

固定資産税に関する次の記述のうち、正しいものはどれか。ただし、認定長期優良住宅については考慮しないものとする。

❶　家屋に係る固定資産税は、登記簿に登記されている所有者に対して課税されるので、家屋を建築したとしても、登記をするまでの間は課税されない。

❷　固定資産税の納税通知書は、遅くとも、納期限前10日までに納税者に交付しなければならない。

❸　新築住宅に対しては、その課税標準を、中高層耐火住宅にあっては５年間、その他の住宅にあっては３年間その価格の３分の１の額とする特例が講じられている。

❹　年の途中において、土地の売買があった場合には、当該土地に対して課税される固定資産税は、売主と買主でその所有の月数に応じて月割りで納付しなければならない。

肢別のテーマ
❶固定資産課税台帳のしくみ　❷納税通知書の交付
❸税額控除の特例　❹納税義務者

解説　正解 2

❶ × **登記をしなくても、課税される。**

難

家屋に係る固定資産税の納税義務者は、原則として、登記簿や家屋補充課税台帳に所有者として登記や登録がされている者である。家屋を新築等した場合、登記簿に**登記されていなくても**、**家屋補充課税台帳に登録**されれば、その者に対して**納税通知**がなされる（地方税法343条１項・２項）。

❷ ○ **納税通知書**は、遅くとも**納期限前10日までに納税者に交付**される（364条９項）。

❸ × **「３分の１」ではなく、「２分の１」。**

課税標準の特例ではなく、税額控除の特例で、２分の１に減額される。

新築住宅に対する特例は、「税額控除の特例」であり、120㎡までの部分の固定資産税額が２分の１に**減額**される（附則15条の６）。

❹ × **「月割りで納付」ではなく、「賦課期日の所有者」が納付する。**

ひっかけ

固定資産税の納税義務者は、原則として、賦課**期日**（１月１日）に所有者として登記または登録されている者だ。したがって、**年度中に売買**があっても、賦課**期日の所有者に納税義務が課せられる**（地方税法343条１項・２項、359条）。

P! ココがポイント

【固定資産税の税額控除の特例】

新築住宅	一定の要件を満たす新築住宅（50㎡以上280㎡以下）	新たに固定資産税を課される年度から3年度間、その家屋の、120㎡までの部分の税額の $\frac{1}{2}$ が減額される
新築住宅	一定の要件を満たす新築の中高層耐火建築物または準耐火建築物（地上階数3以上のもの）（50㎡以上280㎡以下）	新たに課税される年度から5年度間、その家屋の120㎡までの部分の税額が $\frac{1}{2}$ に減額される

「わか合格基本テキスト」　第４編「その他関連知識」 Chap.1−Sec.3

固定資産税②

CHECK! 過去の本試験 H14-問28

固定資産税に関する次の記述のうち、正しいものはどれか。

❶ 固定資産の評価の基準並びに評価の実施の方法及び手続（固定資産評価基準）は、総務大臣が定めることとされている。

❷ 200㎡以下の住宅用地に対して課する固定資産税の課税標準は、価格の２分の１の額とする特例措置が講じられている。

❸ 固定資産税の納税者は、固定資産課税台帳に登録された事項に不服がある場合には、固定資産評価審査委員会に対し登録事項のすべてについて審査の申出をすることができる。

❹ 固定資産税の納期は、４月、７月、12月及び２月のそれぞれ末日であり、市町村がこれと異なる納期を定めることはできない。

難しい肢もあるが、なんとか消去法で正解にたどり着こう。

肢別のテーマ	❶固定資産評価基準	❷課税標準の特例
	❸審査の申出	❹納期

解説 正解 1

❶ ○ 総務大臣は、固定資産評価基準を定め、これを告示しなければならない（地方税法388条1項）。

❷ × 「2分の1」ではなく、「6分の1」。

200㎡以下の住宅用地に対して課する固定資産税の課税標準は、課税標準となるべき価格の6分の1の額とされる（349条の3の2第2項）。

❸ × 「すべてについて」申出ができるわけではない。

納税者は固定資産課税台帳の「登録価格」について不服がある場合は、固定資産評価審査委員会に審査の申出ができるが（432条1項）、登録事項のすべてについて審査の申出ができるわけではない。

❹ × 定めることができる。

固定資産税の納期は、4月、7月、12月および2月中において、当該市町村の条例で定める。ただし、特別の事情がある場合においては、これと異なる納期を定めることができる（362条1項）。

P! ココがポイント

【固定資産税の課税標準の特例】

住宅用敷地	200㎡以下の小規模住宅用地および200㎡を超える住宅用地のうち200㎡までの部分	固定資産課税台帳価格の $\frac{1}{6}$ が課税標準とされる
	200㎡を超える住宅用地の200㎡を超える部分	固定資産課税台帳価格の $\frac{1}{3}$ が課税標準とされる

「わか合格基本テキスト」 第4編「その他関連知識」 Chap.1−Sec.3

固定資産税③

□□□ CHECK! 過去の本試験 H23-問24改

固定資産税に関する次の記述のうち、正しいものはどれか。

❶ 固定資産税の納税者は、減免申請に対する不許可処分の不服申立てに対し固定資産評価審査委員会が行った却下決定に不服があるときは、その取消しの訴えを提起することができる。

❷ 市町村長は、不動産鑑定士に当該市町村所在の固定資産の状況を毎年少なくとも一回実地に調査させなければならない。

❸ 家屋について賃借権を有する者は、固定資産課税台帳のうち当該権利の目的である家屋の敷地である土地について記載された部分を閲覧することができる。

❹ 市町村は、独立行政法人に対しては、固定資産税を課することができない。

❸で、固定資産課税台帳は、市町村長が、納税義務者「等」の求めに応じ、閲覧に供することになる。

肢別のテーマ	❶不服申立て	❷固定資産の実地調査
	❸固定資産課税台帳の閲覧	❹課税対象者

解　説　正解 3

❶ ✕ 「固定資産評価審査委員会が行った却下決定」という記述は誤り。

固定資産税の納税者は、その納付すべき当該年度の固定資産税に係る固定資産について、**固定資産課税台帳に登録された価格に不服がある場合**、原則として**固定資産評価審査委員会**に審査の申出（**不服申立て**）ができる（地方税法432条１項）。しかし、減免**申請に対する不許可処分の不服申立て**は、市町村長**に対する審査請求**という方法によらなければならない（19条９号、施行規則１条の７第５号、行政不服審査法４条）。

❷ ✕ 市町村長は、固定資産評価員または固定資産評価補助員に当該市町村所在の固定資産の状況を**毎年少なくとも一回実地に調査**させなければならない（地方税法408条）。

❸ ○ **家屋について賃借権**その他の使用収益を目的とする権利（対価が支払われるものに限る）**を有する者**は、固定資産課税台帳のうち当該権利の目的である家屋およびその**敷地である土地について記載された部分を閲覧**できる（382条の２第１項、施行令52条の14）。

❹ ✕ 「独立行政法人」に対して、固定資産税を課することができる。

市町村は、**国・都道府県・市町村・特別区**、これらの組合・財産区・合併特例区に対しては、**固定資産税を課することはできない**（地方税法348条１項）。

P! ココがポイント

【審査の申出】

固定資産税の納税者は、固定資産課税台帳の登録価格について不服がある場合、一定期間内に文書をもって、固定資産評価審査委員会に審査の申出ができる。

- 登録事項のすべてについて審査申出ができるわけではない。
- 減免申請に対する不許可処分の不服申立ては、市町村長に対する審査請求という方法によらなければならない。

「わか合格基本テキスト」 第４編「その他関連知識」 Chap.1−Sec.3

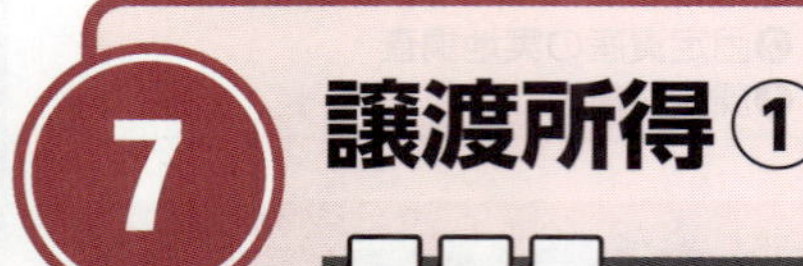

譲渡所得①

個人が、令和６年中に、令和６年１月１日において所有期間が10年を超える家屋を譲渡した場合において、居住用財産を譲渡した場合の長期譲渡所得の課税の特例（以下この問において「軽減税率の特例」という。）に関する次の記述のうち、正しいものはどれか。

❶　その家屋を火災により滅失した場合を除き、その家屋を譲渡する直前まで自己の居住の用に供していなければ、軽減税率の特例の適用を受けることができない。

❷　その家屋の譲渡について居住用財産を譲渡した場合の3,000万円特別控除の適用を受けるときは、3,000万円特別控除後の譲渡益について軽減税率の特例の適用を受けることができない。

❸　その家屋の譲渡について特定の居住用財産の買換えの特例の適用を受ける場合は、譲渡があったものとされる部分の譲渡益があるときであっても、その譲渡益について軽減税率の特例の適用を受けることができない。

❹　その家屋以外に自己の居住の用に供している家屋（所有期間10年超）を有しており、これらの家屋を同一年中に譲渡した場合には、いずれの家屋の譲渡についても軽減税率の特例の適用を受けることができる。

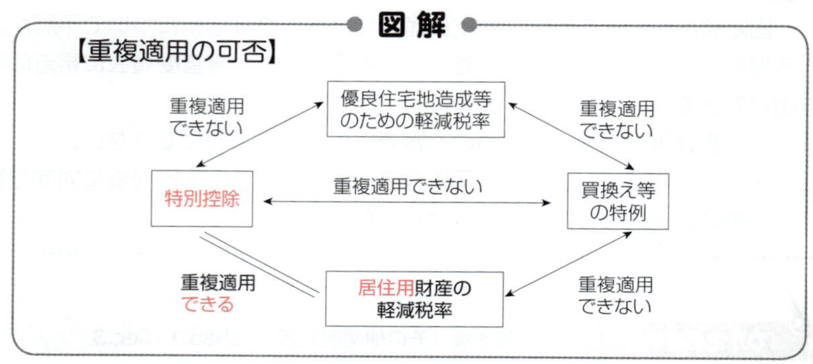

肢別のテーマ		
	❶軽減税率の適用要件	❷特別控除と軽減税率
	❸買換え等の特例と軽減税率	❹軽減税率の適用要件

解説 …… 正解 3

❶ ✕ 一定時期までに譲渡すれば適用を受けることができる。

頻出

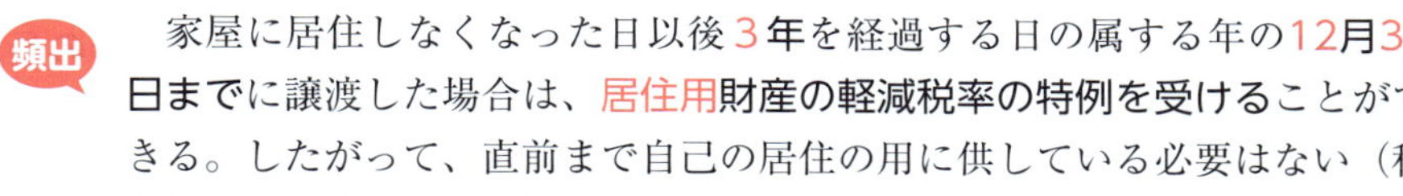

家屋に居住しなくなった日以後3年を経過する日の属する年の12月31日までに譲渡した場合は、居住用財産の軽減税率の特例を受けることができる。したがって、直前まで自己の居住の用に供している必要はない（租特法31条の３第２項２号）。

❷ ✕ 適用を受けることができる。

頻出

設問の場合、居住用財産を譲渡した場合の3,000万円特別控除と居住用財産を譲渡した場合の軽減税率の特例とは、重複適用ができる（31条の３第１項、35条１項）。

❸ ○ 適用を受けることができない。

特定の居住用財産の買換えの特例の適用を受ける場合、居住用財産を譲渡した場合の軽減税率の特例を適用することはできない(31条の３第１項、36条の２)。

❹ ✕ 主として居住用のものに限り、適用を受けることができる。

居住用の家屋が複数あっても、主として居住用に供しているもの１つだけが、軽減税率の適用を受けることができる（施行令20条の３第２項）。

P! ココがポイント

【❶に関する「譲渡する居住用財産」の要件】

家屋に居住しなくなった日以後3年を経過する日の属する年の12月31日までにその家屋、家屋の敷地の用に供されていた土地やその上に存する権利の譲渡

① 居住しなくなってから空家となっている場合、また貸家や事業用に使っていたものでもよい。

② 居住していた家屋を取り壊した場合のその敷地は、取壊し後1年以内に土地売買契約を完了し、その間貸付けや事業用に使用していないこと。

「わか合格基本テキスト」 第４編「その他関連知識」 Chap.1−Sec.4

譲渡所得②

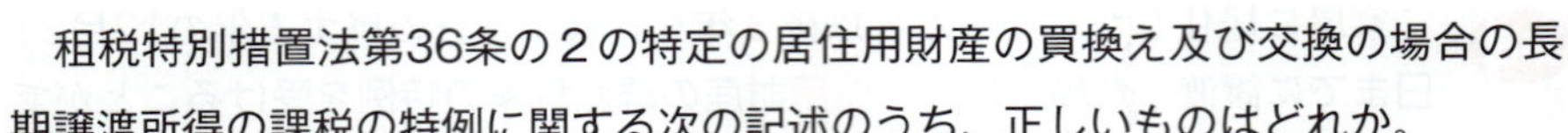

租税特別措置法第36条の２の特定の居住用財産の買換え及び交換の場合の長期譲渡所得の課税の特例に関する次の記述のうち、正しいものはどれか。

❶　譲渡資産とされる家屋については、居住の用に供しているもの、又は居住の用に供されなくなった日から同日以後５年を経過する日の属する年の12月31日までに譲渡されるものであることが、適用要件とされている。

❷　譲渡資産とされる家屋については、その譲渡をした日の属する年の１月１日における所有期間が10年を超えるもののうち国内にあるものであることが、適用要件とされている。

❸　買換資産とされる家屋については、譲渡資産の譲渡をした日からその譲渡をした日の属する年の翌年12月31日までの間に取得することが、適用要件とされている。

❹　買換資産とされる家屋については、その床面積のうち自己が居住の用に供する部分の床面積が50㎡以上500㎡以下のものであることが、適用要件とされている。

取得資産の面積要件は、土地面積が500㎡以下、では、建物の床面積は？

肢別のテーマ　❶〜❹　買換特例の要件

解説　正解 2

❶ 
× 「５年」ではなく、「３年」。
　譲渡資産の家屋は、「居住期間10年以上」が要件。居住期間が10年以上あれば、すでに居住していなくても、居住しなくなって３年を経過する年の12月31日までに譲渡される場合には対象となる（租特法36条の２第１項、施行令24条の２、以下同じ）。

❷ ○ 譲渡資産の家屋は、「所有期間が10年超である国内所在の住宅」が要件である。

❸ 
× 譲渡前年の１月１日から原則として、譲渡年の12月31日まで。
　買換資産の家屋は、「譲渡年の前年の１月１日から、当該譲渡日の属する年の12月31日（一定の場合には譲渡年の翌年の12月31日）までの間に取得」が要件である。

❹ 
× 「50㎡以上500㎡以下」ではなく、「50㎡以上（上限なし）」。
　買換資産の家屋は、「その居住用に供する床面積が50㎡以上」が要件である。

P! ココがポイント

(1) 譲渡資産の要件

① 所有期間	・10年を超える
② 物件種別	・居住用財産（譲渡に係る対価額が１億円以下）
③ 居住期間	・10年以上
④ 適用期間	・令和５年12月31日※までに譲渡

(2) 買換資産の要件

① 取得の時期	・譲渡年の前年、譲渡年、譲渡年の翌年末までに取得
② 取得・居住の時期	・譲渡年の前年に取得・譲渡年に取得➡譲渡年の翌年末までに居住 ・譲渡年の翌年中に取得➡取得年の翌年末までに居住
③ 面積	・家屋…床面積50㎡以上、敷地…面積が500㎡以下
④ 家屋要件	・新耐震基準に適合している住宅用家屋
⑤ 物件種別	・居住用財産

※ 期間延長については、後日「法律改正点レジュメ」にて確認のこと

「わか合格基本テキスト」　第４編「その他関連知識」 Chap.1−Sec.4

過去の本試験 H15-問26

居住用財産を譲渡した場合における所得税の課税に関する次の記述のうち、正しいものはどれか。

❶ 譲渡した年の1月1日において所有期間が10年以下の居住用財産を譲渡した場合には、居住用財産の譲渡所得の特別控除を適用することはできない。

❷ 譲渡した年の1月1日において所有期間が10年を超える居住用財産を譲渡した場合において、居住用財産を譲渡した場合の軽減税率の特例を適用するときには、居住用財産の譲渡所得の特別控除を適用することはできない。

❸ 居住用財産を配偶者に譲渡した場合には、居住用財産の譲渡所得の特別控除を適用することはできない。

❹ 居住用財産の譲渡所得の特別控除の適用については、居住用財産をその譲渡する時において自己の居住の用に供している場合に限り適用することができる。

特別控除は、長期・短期問わず適用できた。

肢別のテーマ
❶居住用財産の3,000万円特別控除　❷特別控除と軽減税率
❸特別控除の適用要件　❹特別控除の適用要件

解説　正解 3

❶ × 適用できる。

頻出

居住用財産の譲渡所得の3,000万円特別控除は所有期間にかかわりなく適用される（租特法35条１項）。

❷ × 適用できる。

頻出

居住用財産の譲渡所得の3,000万円特別控除と居住用財産の軽減税率の特例は重複適用できる（31条の３第１項）。

❸ ○ 譲渡した相手が譲渡人の配偶者および直系血族、生計を一にしている親族等である場合には適用されない（35条１項、施行令23条２項、20条の３第１項）。

❹ × 自己の居住の用に供している場合に限るわけではない。

居住の用に供されなくなった場合でも、居住の用に供されなくなった日から同日以後３年を経過する日の属する年の12月31日までの譲渡に対して適用される（租特法35条１項）。

P! ココがポイント

【居住用財産の特別控除の適用が受けられない者】

① 配偶者
② 直系血族
③ 生計を一にする親族
④ 内縁等の関係にある者

「わか合格基本テキスト」 第４編「その他関連知識」 Chap.1−Sec.4

10 譲渡所得④

CHECK!　過去の本試験　H17-問26

重要度 ★★

所得税法に関する次の記述のうち、正しいものはどれか。

❶　譲渡所得とは資産の譲渡による所得をいうので、個人の宅地建物取引業者が販売の目的で所有している土地を譲渡した場合には、譲渡所得として課税される。

❷　建物等の所有を目的とする土地の賃借権の設定の対価として支払を受ける権利金の金額がその土地の価額の10分の５に相当する金額を超える場合には、譲渡所得として課税される。

❸　譲渡所得の基因となる資産をその譲渡の時における価額の２分の１に満たない金額で個人に対して譲渡した場合には、その譲渡の時における価額に相当する金額によりその資産の譲渡があったものとみなされる。

❹　個人が所有期間５年以内の固定資産を譲渡した場合には、譲渡益から譲渡所得の特別控除額を差し引いた後の譲渡所得の金額の２分の１相当額が課税標準とされる。

肢別のテーマ
❶譲渡所得と事業所得　❷土地賃借権設定における権利金
❸譲渡所得の計算　❹譲渡所得の計算

解　説　正解 2

❶ ×　譲渡所得ではない。

個人の宅建業者が販売目的で所有している土地を譲渡した場合には、事業所得として課税される（所得税法33条2項1号）。

❷ 難 ○　土地賃借権の設定の対価として支払いを受ける権利金の額が、その土地の価額の10分の5に相当する金額を超える場合には、譲渡所得として課税される（33条1項、施行令79条1項）。

❸ ×　個人に対しての譲渡には適用されない。

譲渡所得の計算は、実売価額を収入金額として行うのが原則である。しかし、譲渡所得の基因となる資産の譲渡時における価額の2分の1に満たない金額で「法人」に対して譲渡した場合には、その譲渡時における本来の価額に相当する金額により、資産の譲渡があったものとみなして計算をする（所得税法59条1項2号、施行令169条）。

❹ ×　2分の1相当額ではない。

個人が所有期間5年以内の固定資産を譲渡した場合には短期譲渡所得となるが、このときの課税標準は譲渡所得金額である（所得税法33条3項、22条2項2号）。

「わか合格基本テキスト」第4編「その他関連知識」Chap.1－Sec.4

譲渡所得⑤

□□□ CHECK!　過去の本試験 H24-問23改

重要度

令和６年中に、個人が居住用財産を譲渡した場合における譲渡所得の課税に関する次の記述のうち、正しいものはどれか。

❶　令和６年１月１日において所有期間が10年以下の居住用財産については、居住用財産の譲渡所得の3,000万円特別控除（租税特別措置法第35条第１項）を適用することができない。

❷　令和６年１月１日において所有期間が10年を超える居住用財産について、収用交換等の場合の譲渡所得等の5,000万円特別控除（租税特別措置法第33条の４第１項）の適用を受ける場合であっても、特別控除後の譲渡益について、居住用財産を譲渡した場合の軽減税率の特例（同法第31条の３第１項）を適用することができる。

❸　令和６年１月１日において所有期間が10年を超える居住用財産について、その譲渡した時にその居住用財産を自己の居住の用に供していなければ、居住用財産を譲渡した場合の軽減税率の特例を適用することができない。

❹　令和６年１月１日において所有期間が10年を超える居住用財産について、その者と生計を一にしていない孫に譲渡した場合には、居住用財産の譲渡所得の3,000万円特別控除を適用することができる。

肢別のテーマ	❶特別控除	❷特別控除と軽減税率
	❸軽減税率	❹特別控除

解説 正解 2

❶ × 適用することはできる。

頻出

居住用財産の譲渡所得の3,000万円特別控除は、居住用財産の所有期間にかかわらず適用される（租特法35条1項）。

❷ ○ 居住用財産を譲渡した場合の軽減税率の特例は、譲渡した年の1月1日における所有期間が10年を超えていることが適用要件となっている（31条の3第1項）。そして、収用交換等の場合の譲渡所得等の5,000万円特別控除の適用を受ける場合でも、特別控除後の譲渡益について、居住用財産を譲渡した場合の軽減税率の特例を重複適用できる（31条の3第1項）。

頻出

❸ × 適用することはできる。

頻出

居住用財産を譲渡した場合の軽減税率の特例の適用を受けることができる「居住用財産」には、譲渡時に自己の居住の用に供していた財産だけではなく、居住しなくなった日以後3年を経過する日の属する年の12月31日までに譲渡した財産も含まれる（31条の3第2項2号）。

❹ × 適用することはできない。

居住用財産の譲渡所得の3,000万円特別控除は、譲渡した相手が譲渡人の配偶者および直系血族（本肢「孫」は直系血族に該当する）、生計を一にしている親族等特別の関係がある者である場合には適用されない（35条2項、施行令23条2項、20条の3第1項）。つまり、配偶者・直系血族の場合は、「生計を一にしている」という限定はない。

「わか合格基本テキスト」 第4編「その他関連知識」 Chap.1−Sec.4

住宅ローン控除

CHECK!　過去の本試験 H18-問26改

住宅借入金等を有する場合の所得税額の特別控除（以下この問において「住宅ローン控除」という。）に関する次の記述のうち、誤っているものはどれか。

❶　令和６年中に居住用家屋を居住の用に供した場合において、その前年において居住用財産の買換え等の場合の譲渡損失の損益通算の適用を受けているときであっても、令和６年分以後の所得税について住宅ローン控除の適用を受けることができる。

❷　令和６年中に居住用家屋を居住の用に供した場合において、その前年において居住用財産を譲渡した場合の3,000万円特別控除の適用を受けているときであっても、令和６年分以後の所得税について住宅ローン控除の適用を受けることができる。

❸　令和６年中に居住用家屋の敷地の用に供するための土地を取得し、居住用家屋を建築した場合において、同年中に居住の用に供しなかったときは、令和６年分の所得税から住宅ローン控除の適用を受けることができない。

❹　令和６年中に居住用家屋を居住の用に供した場合において、住宅ローン控除の適用を受けようとする者のその年分の合計所得金額が2,000万円を超えるときは、その超える年分の所得税について住宅ローン控除の適用を受けることはできない。

「住宅ローンの適用除外」と「譲渡所得の重複適用の可否」をよく思い出して解答しよう！

肢別のテーマ		
	❶適用除外	❷適用除外
	❸控除要件	❹控除要件

解　説　正解 2

❶　○　居住用財産の**買換え等の場合の**譲渡損失**の損益通算**および**繰越控除**の適用を前年に受けていても、**住宅ローン控除を受けることが**できる（租特41条23項、41条の５）。

❷　×　適用できない。

居住用財産の**3,000万円特別控除**の適用を**前年**に受けている場合には、**住宅ローン控除の適用を受けることが**できない（41条23項、35条）。

❸　○　住宅ローン控除を受けるためには、**取得してから**６**ヵ月以内に自己の居住の用**に供さなければならない。それがその年中にできなければ、その年からの住宅ローン控除を受けることはできない（41条１項）。

❹　○　住宅ローン控除を受けるための要件のひとつに、「その者の**年間合計所得金額**が2,000**万円以下**であること」というものがある。したがって、これを超える所得がある場合には、その年について、住宅ローン控除を受けることができない（41条１項）。

P! ココがポイント

居住者が居住の用に供した日の属する年の**前々年**から**翌々年**までのいずれかの年において次の特例を受けている場合は、この税額控除の**適用**を受けることが**できない**。

①　居住用財産を譲渡した場合の3,000万円特別控除
②　所有期間10年を超える居住用財産を譲渡した場合の軽減税率
③　居住用財産の買換え・交換の特例

※　なお、収用交換等の場合の5,000**万円特別控除**、居住用財産の買換え等の場合の譲渡損失**の**損益通算およびの繰越**控除**との**併用は可能**である。

「わか合格基本テキスト」　第４編「その他関連知識」　Chap.1−Sec.4

印紙税①

CHECK! 過去の本試験 H17-問27改

印紙税に関する次の記述のうち、正しいものはどれか。

❶ 「時価3,000万円の土地を贈与する。」旨を記載した契約書について、印紙税の課税標準となる当該契約書の契約金額は、3,000万円である。

❷ 一の契約書に土地の譲渡契約（譲渡金額3,000万円）と建物の建築請負契約（請負金額2,000万円）をそれぞれ記載した場合、印紙税の課税標準となる当該契約書の契約金額は、5,000万円である。

❸ A社の発行する「土地の賃貸借契約に係る権利金として、B社振出しの令和６年４月１日付No.1234の手形を受領した。」旨が記載された領収書は、記載金額のない売上代金に係る有価証券の受取書として印紙税が課される。

❹ A社の発行する「建物の譲渡契約に係る手付金として、500万円を受領した。」旨が記載された領収書は、記載金額500万円の売上代金に係る金銭の受取書として印紙税が課される。

売上金に係る金銭の受取書は課税文書となる。ただし、営業に関しない受取書は非課税文書となる。

肢別のテーマ		
	❶契約書の記載金額	❷契約書の記載金額
	❸課税の対象	❹課税の対象

解説 正解 4

贈与契約においては、譲渡の対価となる金額がないので、**記載金額はないものとして課税される**（印紙税法基本通達23条）。

❷ × **記載金額は3,000万円となる。**

一つの契約書に不動産の**売買契約と請負契約が併記**されている場合は、原則として、「**売買契約に係る文書**」となる。ただし、契約金額の記載があり、**請負代金のほうが高い**ときには、「**請負契約による文書**」となる（印紙税法通則３ロ）。

❸ × **受取金額を記載金額とする。**

売上代金として受け取る手形等の有価証券の受取書に、その有価証券の発行者の名称、発行日、記号、番号等の一定事項の記載があり、当事者間において当該売上代金に係る**受取金額が明らか**であるときは、その明らかである**受取金額を記載金額として印紙税が課される**（通則４ホ（三））。

❹ ○ **営業に関しない**金銭または有価証券の**受取書は課税されないが、営業に関するもの**であるならば**課税される**。そして売上代金に係るものとして課税される場合には、その金額によって税額が異なり、本肢の場合に当てはめると、500万円の金銭の受取書ということができる（別表第１第17号）。

「わか合格基本テキスト」 第４編「その他関連知識」 Chap.1−Sec.5

14 印紙税②

過去の本試験 H20-問27

印紙税に関する次の記述のうち、正しいものはどれか。

❶　建物の賃貸借契約に際して敷金を受け取り、「敷金として20万円を領収し、当該敷金は賃借人が退去する際に全額返還する」旨を記載した敷金の領収証を作成した場合、印紙税は課税されない。

❷　土地譲渡契約書に課税される印紙税を納付するため当該契約書に印紙をはり付けた場合には、課税文書と印紙の彩紋とにかけて判明に消印しなければならないが、契約当事者の代理人又は従業者の印章又は署名で消印しても、消印をしたことにはならない。

❸　当初作成の「土地を１億円で譲渡する」旨を記載した土地譲渡契約書の契約金額を変更するために作成する契約書で、「当初の契約書の契約金額を2,000万円減額し、8,000万円とする」旨を記載した変更契約書は、契約金額を減額するものであることから、印紙税は課税されない。

❹　国を売主、株式会社Ａ社を買主とする土地の譲渡契約において、双方が署名押印して共同で土地譲渡契約書を２通作成し、国とＡ社がそれぞれ１通ずつ保存することとした場合、Ａ社が保存する契約書には印紙税は課税されない。

[契約金額を変更する変更契約書]

① 金額の増加 ➡ 増加金額

② 金額の減少 ➡ 記載がないものとする

肢別のテーマ	❶課税の対象 ❸課税の対象（変更契約書）	❷消印 ❹国等と一般者との共同作成文書

解説　正解 4

❶ ✕ **敷金の領収証を作成した場合、印紙税が課税される**（印紙税法２条、別表第１第17号２）。なお、「建物の賃貸借契約書」そのものなら印紙税は課税されない。

❷ ✕ **消印をしたことになる。**

課税文書の作成者は、課税文書と印紙の彩紋とにかけ、判明に消印をしなければならない。そして、消印をする場合、**自己またはその代理人**（法人の代表者を含む）、**使用人その他の従業者の印章または署名**で消さなければならない（８条２項、施行令５条）。

❸ 頻出 ✕ 本肢のように、契約金額を**減額する変更契約書は、記載金額のない契約書として、200円の印紙税が課税される**（別表第１第１号、通則４ニ）。

❹ 頻出 ○ **国等が作成**したものには、**印紙税が課税されない**（印紙税法５条２号）。したがって、A社が保存する契約書は国等が作成したものとみなされ（４条５項）、印紙税は課税されない。

P! ココがポイント

国・地方公共団体等と一般の者が共同で作成した文書では、次のようになる！

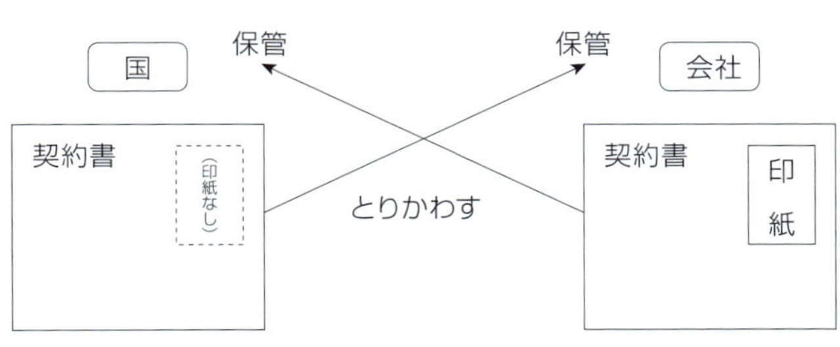

「わか合格基本テキスト」　第４編「その他関連知識」　Chap.1－Sec.5

印紙税③

CHECK!　過去の本試験　H23-問23

印紙税に関する次の記述のうち、正しいものはどれか。

❶　当初作成した土地の賃貸借契約書において記載がされていなかった「契約期間」を補充するために「契約期間は10年とする」旨が記載された覚書を作成したが、当該覚書にも印紙税が課される。

❷　本契約書を後日作成することを文書上で明らかにした、土地を8,000万円で譲渡することを証した仮契約書には、印紙税は課されない。

❸　「甲土地を6,000万円、乙建物を3,500万円、丙建物を1,500万円で譲渡する」旨を記載した契約書を作成した場合、印紙税の課税標準となる当該契約書の記載金額は、6,000万円である。

❹　「Aの所有する土地（価額7,000万円）とBの所有する土地（価額１億円）とを交換し、AはBに差額3,000万円支払う」旨を記載した土地交換契約書を作成した場合、印紙税の課税標準となる当該契約書の記載金額は、3,000万円である。

肢別のテーマ
❶課税文書（契約書）　❷課税文書（仮契約書）
❸課税標準　❹課税標準

解説　正解 1

❶ ○ **覚書にも印紙税が課される。**

課税文書となる「契約書」には、**名称のいかんを問わず**、契約内容の**補充の事実を証すべき文書**等を含める（印紙税法別表第１、通則５）。

❷ ✕ 後日、正式文書を作成することとなる場合、一時的に作成する**仮文書（仮契約書）**でも、当該文書が課税事項を証明する目的で作成するものは、**課税文書に該当する**（基本通達58条）。

ひっかけ

❸ ✕ **記載金額は１億1,000万円。**

不動産の売買契約書に**２以上の不動産の記載金額**がある場合、これらの金額の**合計額**を、当該**文書の記載金額**とする（別表第１第１号、通則４イ）。

❹ ✕ **契約書の記載金額は１億円。**

頻出

交換契約書に交換対象物の**双方の価額が記載**されているときは、いずれか**高い方**（等価交換なら、いずれか一方）の金額を、**交換差金のみが記載**されているときは、当該**交換差金**をそれぞれ記載金額とする（基本通達23条（1）ロ）。

P! ココがポイント

（1）**課税文書**
- 不動産の譲渡に関する契約書
- 地上権・土地の賃借権の設定、譲渡に関する契約書
- 売上金にかかる金銭の受取書（営業に関しない受取書は除く）等

（2）**課税標準**（次の契約書等の形態により分類される）
- 不動産の譲渡にかかる契約書➡売買➡売買金額（原則）
- 仮契約書、仮領収書
- **贈与**契約書➡**記載金額のない**もの（印紙税額200円）
- 地上権・土地の賃借権の設定、譲渡に関する契約書
  ➡①権利金等
  ➡②賃貸料、敷金・保証金等➡**記載金額のない**もの

「わか合格基本テキスト」第４編「その他関連知識」 Chap.1−Sec.5

登録免許税①

CHECK!

過去の本試験 H14-問27

不動産登記に係る登録免許税に関する次の記述のうち、正しいものはどれか。

❶ 土地の所有権の移転登記に係る登録免許税の税率は、移転の原因にかかわらず一律である。

❷ 土地の売買に係る登録免許税の課税標準は、売買契約書に記載されたその土地の実際の取引価格である。

❸ 土地の所有権の移転登記に係る登録免許税の納期限は、登記を受ける時である。

❹ 土地の売買に係る登録免許税の納税義務は、土地を取得した者にはなく、土地を譲渡した者にある。

肢別のテーマ		
	❶税率	❷課税標準
	❸納期限	❹納税義務者

解　説　正解 3

❶ × 「移転原因にかかわらず一律」ではなく、「登記原因」によって異なる。

土地の所有権の移転登記に係る登録免許税の**税率**は、売買・相続・贈与等の登記原因によって**異なる**（登録免許税法９条、別表第１）。

❷ 頻出 × 「実際の取引価格」ではなく、「台帳価額」。

土地の売買による登録免許税の**課税標準**は、「**不動産の価額**」であり、これは**固定資産課税台帳の登録価額**である。実際の取得価格ではない（登録免許税法10条、附則７条）。

❸ 頻出 ○ 登録免許税の**納期限**は、**登記を受ける時**である（登録免許税法27条１号）。

❹ 頻出 × 納税義務は「土地を譲渡した者」（登記義務者）ではなく、「土地を取得した者」（登記権利者）と「譲渡した者」（登記義務者）が**連帯して納付義務**を負う。

納税義務者は、登記等を受ける者である。この場合の登記を受ける者が２人以上あるときは、これらの者は、連帯して登録免許税を納付する義務を負う（３条）。

P! ココがポイント

【登録免許税（所有権移転）の税率】

登記の種類		課税標準	税　率	
			原　則	建物の特例
所有権移転登記	売　買	不動産の価額	20/1,000	3/1,000 (注1・2)
	相　続	不動産の価額	4/1,000	－
	贈　与	不動産の価額	20/1,000	－

（注1）令和６年3月31日※まで。
（注2）特例の対象となる新築住宅・既存住宅で、自己の居住の用に供し、取得後１年以内に所有権移転登記をすることが必要。

※ 期間延長については、後日「法律改正点レジュメ」にて確認のこと

「わか合格基本テキスト」　第４編「その他関連知識」 Chap.1－Sec.5

登録免許税②

CHECK! 過去の本試験 H21-問23

住宅用家屋の所有権の移転登記に係る登録免許税の税率の軽減措置（以下この問において「軽減措置」という。）に関する次の記述のうち、正しいものはどれか。

❶ 軽減措置の適用対象となる住宅用家屋は、床面積が100㎡以上で、その住宅用家屋を取得した個人の居住の用に供されるものに限られる。

❷ 軽減措置は、贈与により取得した住宅用家屋に係る所有権の移転登記には適用されない。

❸ 軽減措置に係る登録免許税の課税標準となる不動産の価額は、売買契約書に記載された住宅用家屋の実際の取引価格である。

❹ 軽減措置の適用を受けるためには、その住宅用家屋の取得後6か月以内に所有権の移転登記をしなければならない。

肢別のテーマ
❶軽減措置の適用対象　❷軽減措置の適用対象
❸課税標準となる不動産の価額　❹軽減措置の適用対象

解説　正解 2

❶ × 「100㎡以上」ではない。

この軽減措置を受けることができる住宅用家屋の床面積は、50㎡以上である（租特法73条、施行令42条1項1号、41条1号）。

❷ ○ この軽減措置は、**贈与**によって取得した住宅用家屋について受ける所有権移転登記には**適用**されない（42条3項）。

❸ × 課税標準となる不動産の価額は、**固定資産課税台帳に登録されている価額**。売買契約書に記載された実際の取引価格ではない（登録免許税法10条、附則7条）。

頻出

❹ × 「6ヵ月以内」ではない。

この軽減措置は、新築または取得後**1年以内**に登記することが適用要件の1つとなっている（租特法73条）。

P! ココがポイント

【建物の特例（住宅用家屋の税率の軽減）の要件】

一定の**住宅用家屋**に関する保存登記、移転登記（売買）、新築・取得資金の貸付に係る抵当権設定登記については、税率が軽減される（令和6年3月31日※まで）。

① 新築・取得（売買または競落によるものに限る）であること
（贈与による取得には適用されない）
② **個人**が自己の**居住用**の**住宅**として使用すること
③ **新築**または**取得**後**1年以内**に登記すること
④ 床面積が50**㎡以上**
⑤ 新耐震基準に適合している住宅用家屋（登記簿上の建築日付が昭和57年1月1日以降の家屋はこれとみなされる）

なお、過去にこの「建物の特例」の適用を受けた場合でも、適用要件を満たせば再度適用を受けることができる。

※ 期間延長については、後日「法律改正点レジュメ」にて確認のこと

「わか合格基本テキスト」　第4編「その他関連知識」　Chap.1−Sec.5

登録免許税③

CHECK!　過去の本試験 H26-問23改

住宅用家屋の所有権の移転登記に係る登録免許税の税率の軽減措置に関する次の記述のうち、正しいものはどれか。

❶　この税率の軽減措置は、一定の要件を満たせばその住宅用家屋の敷地の用に供されている土地に係る所有権の移転の登記にも適用される。

❷　この税率の軽減措置は、個人が自己の経営する会社の従業員の社宅として取得した住宅用家屋に係る所有権の移転の登記にも適用される。

❸　この税率の軽減措置は、以前にこの措置の適用を受けたことがある者が新たに取得した住宅用家屋に係る所有権の移転の登記には適用されない。

❹　この税率の軽減措置は、所有権の移転の登記に係る住宅用家屋が、新耐震基準に適合している住宅用家屋に該当していても、床面積が50㎡未満の場合には適用されない。

肢別のテーマ　❶〜❹　住宅用家屋の税率の軽減

解　説　正解 4

❶ × 適用されない。

この税率の軽減措置は、**住宅用家屋に係る所有権の移転の登記に適用される**（租特法73条、施行令42条）。「**住宅用家屋**」に**限定**されていることから、「**住宅用家屋の敷地の用に供されている土地**」に係る所有権の移転の登記には**適用**されない。

❷ × 適用されない。

この税率の軽減措置の要件として、「**個人が自己の居住用**の住宅として使用」することが必要であり、「個人が自己の経営する会社の従業員の社宅として使用」する場合には**適用**されない（租特法73条、施行令42条）。

❸ × 適用される。

過去にこの税率の軽減措置の**適用を受けた場合**でも、適用要件を満たせば**再度適用**を受けることができる（租特法73条、施行令42条）。

❹ ○ この税率の軽減措置は、住宅用家屋の床面積が50㎡**以上**である場合に**適用される**（租特法73条、施行令42条1項1号、41条1号）。なお、「新耐震基準に適合している住宅用家屋に該当」することは、この税率の軽減措置の原則的な要件の1つである。

頻出

19 不動産の鑑定評価①

□□□ CHECK!　過去の本試験 H17-問29改

重要度 ★★★

不動産の鑑定評価に関する次の記述のうち、不動産鑑定評価基準によれば、誤っているものはどれか。

❶ 不動産の鑑定評価によって求める価格は、基本的には正常価格であり、正常価格とは、市場性を有する不動産について、現実の社会経済情勢の下で合理的と考えられる条件を満たす市場で形成されるであろう市場価値を表示する適正な価格をいう。

❷ 証券化対象不動産に係る鑑定評価目的の下で、投資家に示すための投資採算価値を表す価格を求める場合は、正常価格ではなく、特定価格として求めなければならない。

❸ 取引事例比較法における取引事例は、地域要因の比較を不要とするため、近隣地域に存する不動産に係るもののうちから選択しなければならない。

❹ 収益価格を求める方法には、直接還元法とDCF（Discounted Cash Flow）法とがあるが、いずれの方法を適用するかについては、収集可能な資料の範囲、対象不動産の類型及び依頼目的に即して適切に選択することが必要である。

① 直接還元法……**一定期間**の純収益を還元利回りによって還元する方法

② DCF法…………**連続する複数の期間**に発生する純収益および復帰価格を、その発生時期に応じて現在価値に割り引き、それぞれを合計する方法

肢別のテーマ
❶正常価格 ❷特定価格
❸取引事例比較法 ❹収益還元法

解説 正解 3

❶ 頻出 ○ 不動産の鑑定評価とは、不動産の適正な価格を求め、その適正な価格の形成に資すべきものであるから、**鑑定評価によって求める価格の種類は**、基本的には「正常価格」である。そして、正常価格とは、**市場性を有する不動産**について、現実の社会経済情勢の下で**合理的と考えられる条件を満たす市場で形成される**であろう市場価値を表示する適正な価格をいう（基準総論5章3節1－1）。

❷ ○ 証券化対象不動産に係る鑑定評価目的の下で、**投資家に示すための投資採算価値を表す価格を求める**場合は、「特定価格」として求めなければならない（5章3節1－3）。

❸ ひっかけ × **近隣地域に存する不動産に係るものからだけ選択するのではなく**、同一需給圏内の**類似地域に存する事例では、地域要因の比較が必要**（7章1節3－2）。

取引事例比較法は、選択した事例（取引事例）について、事情補正、時点修正、地域要因の比較、個別的要因の比較を行って求められた価格を比較考量し、対象不動産の試算価格を求めるものである（7章1節3－1）。そして、取引事例は、原則として**近隣地域または同一需給圏内の類似地域に存する不動産に係るもののうちから選択**する。

❹ ○ **収益価格**を求める手法には、**直接還元法とDCF法**とがあるが、いずれの方法を適用するかについては、収集可能な資料の範囲、対象不動産の類型および依頼目的に即して**適切に選択することが必要**である（7章1節4－3（3））。

「わか合格基本テキスト」 第4編「その他関連知識」 Chap.2−Sec.1

不動産の鑑定評価②

CHECK! 過去の本試験 H20-問29改

不動産の鑑定評価に関する次の記述のうち、不動産鑑定評価基準によれば、正しいものはどれか。

❶ 不動産の価格を求める鑑定評価の手法は、原価法、取引事例比較法及び収益還元法に大別され、鑑定評価に当たっては、原則として案件に応じてこれらの手法のうち少なくとも一つを選択して適用すべきこととされている。

❷ 土地についての原価法の適用において、宅地造成直後と価格時点とを比べ、公共施設等の整備等による環境の変化が価格水準に影響を与えていると認められる場合には、地域要因の変化の程度に応じた増加額を熟成度として加算できる。

❸ 特殊価格とは、市場性を有する不動産について、法令等による社会的要請を背景とする評価目的の下で、正常価格の前提となる諸条件を満たさない場合における不動産の経済価値を適正に表示する価格をいう。

❹ 収益還元法は、対象不動産が将来生み出すであろうと期待される純収益の現在価値の総和を求めることにより対象不動産の試算価格を求める手法であることから、賃貸用不動産の価格を求める場合に有効であり、自用の住宅地には適用すべきでない。

土地の再調達原価の求め方について、原価法の適用で、宅地造成直後と価格時点とを比べ、価値が増加すれば、その額を熟成度として加算してよいか？ 常識的に考えてみるとよい…。

肢別のテーマ	❶鑑定評価の3方式 ❸特定価格・特殊価格	❷原価法 ❹収益還元法

解　説　正解 2

❶ 
× 「少なくとも１つを選択して適用」ではない。
不動産の価格を求める鑑定評価の基本的な手法は、**原価法、取引事例比較法**および**収益還元法に大別**され、鑑定評価にあたっては、**複数の鑑定評価の手法を適用**すべきである（基準総論７章１節、８章７節）。

❷ 
○ 土地についての原価法の適用において、**宅地造成直後の対象地の地域要因と価格時点における対象地の地域要因とを比較し、公共施設、利便施設等の整備および住宅等の建設等**により、社会的、経済的環境の変化が価格水準に影響を与えていると認められる場合には、地域要因の変化の程度に応じた**増加額を熟成度として加算**できる（７章１節２－２（２））。

❸ 
× 本肢は、特定価格の記述である。
これに対し、特殊価格とは、**文化財等の一般的に市場性を有しない不動産**について、その利用現況等を前提とした不動産の経済価値を適正に表示する価格をいう（５章３節１－４）。

❹ × 収益還元法は、**賃貸用不動産の価格を求める場合に有効**であり、**自用の住宅地でも、賃貸を想定することにより適用**される（７章１節４－１）。

P! ココがポイント

原価法の適用	対象不動産が土地のみである場合、再調達原価を求めうる造成地・埋立地等の場合に有効だが、既成市街地の土地は、再調達原価の把握が困難なので、一般に原価法は適用できない。
取引事例比較法の適用	不動産の取引が極めて乏しい地域や取引されることが極めて少ない神社・仏閣、学校・公園等の公共・公益的の不動産については、その適用は困難である。
収益還元法の適用	賃貸用不動産または賃貸以外の事業の用に供する不動産の価格を求める場合に、特に有効であり、自用の不動産といえども、賃貸を想定することにより適用されるものである。

「わか合格基本テキスト」　第４編「その他関連知識」　Chap.2–Sec.1

不動産の鑑定評価③

CHECK! 過去の本試験 H22-問25

不動産の鑑定評価に関する次の記述のうち、不動産鑑定評価基準によれば、誤っているものはどれか。

❶ 原価法は、求めた再調達原価について減価修正を行って対象物件の価格を求める手法であるが、建設費の把握が可能な建物のみに適用でき、土地には適用できない。

❷ 不動産の効用及び相対的稀(き)少性並びに不動産に対する有効需要の三者に影響を与える要因を価格形成要因といい、一般的要因、地域要因及び個別的要因に分けられる。

❸ 正常価格とは、市場性を有する不動産について、現実の社会経済情勢の下で合理的と考えられる条件を満たす市場で形成されるであろう市場価値を表示する適正な価格をいう。

❹ 取引事例に係る取引が特殊な事情を含み、これが当該取引事例に係る価格等に影響を及ぼしているときは、適切に補正しなければならない。

肢別のテーマ	
❶原価法	❷価格形成要因
❸正常価格	❹取引事例比較法（事情補正）

解説　正解 1

❶ × 土地に適用できないわけではない。

原価法は、求めた再調達原価について減価修正を行って対象物件の価格を求める手法なので、前半部分は正しい。しかし、対象不動産が土地（**造成地・埋立地**等）でも、再調達原価を適切に求めることができるときは、**原価法を適用できる**のであるから、後半部分が誤りである（基準総論７章１節２－１）。なお、既成市街地の土地は、再調達原価の把握が困難であるため、一般に原価法は適用できない。

❷ 難 ○ 不動産の**効用**および**相対的稀少性**並びに不動産に対する**有効需要**の三者に影響を与える要因を**価格形成要因**といい、「一般的要因・地域要因・個別的要因」に分けられる（３章前文）。

❸ 頻出 ○ 正常価格とは、市場性を有する不動産について、**現実の社会経済情勢の下で合理的と考えられる条件を満たす市場**で形成されるであろう市場価値を表示する適正な価格をいう（５章３節１－１）。不動産の価格の種類としては、他に限定価格・特定価格・特殊価格がある。

❹ ○ 取引事例に係る取引が**特殊な事情**を含み、これが当該取引事例に係る価格等に影響を及ぼしているときは、**適切に補正**しなければならない（７章１節３－２）。これを事情補正という。

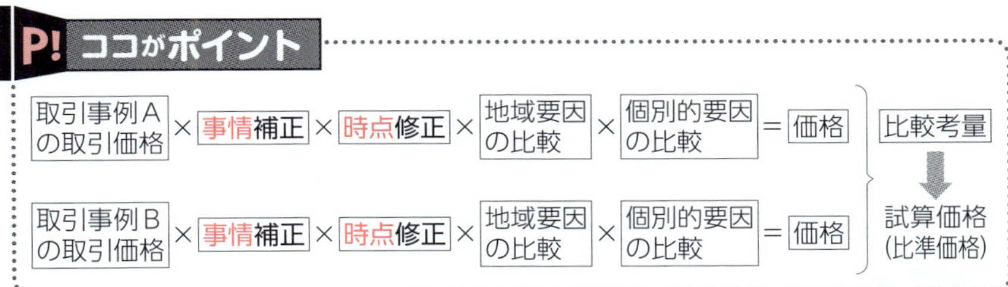

地価公示法①

□□□ CHECK! 過去の本試験 H21-問25

地価公示法に関する次の記述のうち、正しいものはどれか。

❶ 公示区域内の土地を対象とする鑑定評価においては、公示価格を規準とする必要があり、その際には、当該対象土地に最も近接する標準地との比較を行い、その結果に基づき、当該標準地の公示価格と当該対象土地の価格との間に均衡を保たせる必要がある。

❷ 標準地の鑑定評価は、近傍類地の取引価格から算定される推定の価格、近傍類地の地代等から算定される推定の価格及び同等の効用を有する土地の造成に要する推定の費用の額を勘案して行われる。

❸ 地価公示において判定を行う標準地の正常な価格とは、土地について、自由な取引が行われるとした場合において通常成立すると認められる価格をいい、当該土地に、当該土地の使用収益を制限する権利が存する場合には、これらの権利が存するものとして通常成立すると認められる価格をいう。

❹ 地価公示の標準地は、自然的及び社会的条件からみて類似の利用価値を有すると認められる地域において、土地の利用状況、環境等が最も優れていると認められる一団の土地について選定するものとする。

❶では、当該対象土地に最も近接する標準地との比較を行う必要はあっただろうか？

肢別のテーマ　❶公示価格の効力　❷鑑定評価　❸標準地の正常な価格　❹標準地の選定

解　説　正解 ②

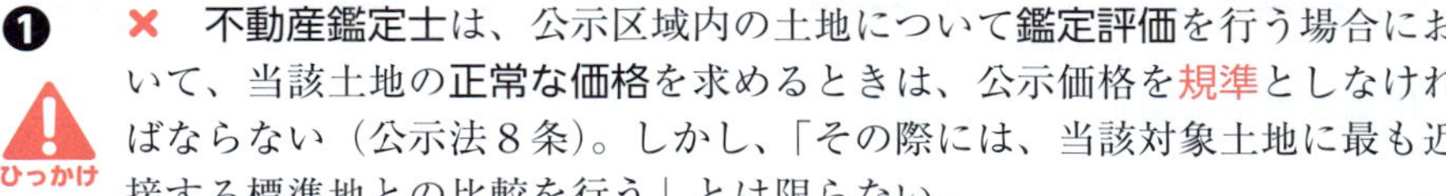

❶ ×　**不動産鑑定士**は、公示区域内の土地について**鑑定評価**を行う場合において、当該土地の**正常な価格**を求めるときは、公示価格を**規準**としなければならない（公示法8条）。しかし、「その際には、当該対象土地に最も近接する標準地との比較を行う」とは限らない。

ひっかけ

❷ ○　不動産鑑定士が**標準地の鑑定評価**を行うにあたっては、本肢のとおり、一定の価格等を**勘案**してこれを行う（4条）。

❸ ×　**権利が存しても、存しないものとする。**

頻出

正常な価格とは、土地について、**自由な取引**が行われるとした場合におけるその取引において**通常**成立すると認められる価格をいい、当該土地に、建物等の定着物がある場合または地上権その他当該土地の使用収益を制限する権利が存する場合には、これらの**定着物または権利が「存しないものとして」**通常成立すると認められる価格をいう（2条2項）。

❹ ×　**最も優れているではなく「通常」と認められる一団の土地について選定。**

ひっかけ

標準地は、**土地鑑定委員会**が、自然的および社会的条件からみて類似の利用価値を有すると認められる地域において、土地の利用状況、環境等が「**通常**」と認められる一団の土地について選定する（3条）。

P! ココがポイント

公示価格の効力を確認しよう！

（1）指標
　都市およびその周辺地域等における土地取引

（2）規準
　① 不動産鑑定士が鑑定評価を行う場合
　② 土地収用法やその他の法律によって土地を収用することのできる事業（公共・公益事業）の用に供するため取得する場合において、その土地の取得価格を定めるとき
　③ 収用委員会が、事業認定の告示の時における相当な価格を算定するとき

「わか合格基本テキスト」　第4編「その他関連知識」　Chap.2−Sec.1

地価公示法②

□□□ CHECK!　過去の本試験 H23-問25

地価公示法に関する次の記述のうち、正しいものはどれか。

❶　公示区域とは、土地鑑定委員会が都市計画法第４条第２項に規定する都市計画区域内において定める区域である。

❷　土地収用法その他の法律によって土地を収用することができる事業を行う者は、公示区域内の土地を当該事業の用に供するため取得する場合において、当該土地の取得価格を定めるときは、公示価格を規準としなければならない。

❸　土地の取引を行う者は、取引の対象土地に類似する利用価値を有すると認められる標準地について公示された価格を指標として取引を行わなければならない。

❹　土地鑑定委員会が標準地の単位面積当たりの正常な価格を判定したときは、当該価格については官報で公示する必要があるが、標準地及びその周辺の土地の利用の状況については官報で公示しなくてもよい。

❹で、「標準地」だけでなく、「その周辺の土地の利用状況」も、知りたい情報の１つであったはず！

肢別のテーマ	❶公示区域	❷公示価格の効力
	❸公示価格の効力	❹官報公示事項

解説 正解 2

❶ × **公示区域は、都市計画区域の内外を問わず選定OK。**

　公示区域とは、都市計画法4条2項に規定する**都市計画区域その他の土地取引が相当程度見込まれるものとして国土交通省令で定める区域**（国土利用計画法12条1項の規定により指定された規制区域を除く）のことである（公示法2条1項）。

❷ ○ 土地収用法その他の法律で**土地を収用**できる事業者は、公示区域内の土地を当該事業の用に供するため取得する場合（当該土地に地上権等の権利が存するときは、当該土地を取得し、かつ、当該権利を消滅させるとき）、当該**土地の取得価格**（当該土地に地上権等の権利が存するときは、当該権利を消滅させるための対価を含む）を定めるときは、公示価格を**規準としなければならない**（9条）。

❸ × **努力義務であることに注意。**

　土地の取引を行う者は、取引の対象土地に類似する利用価値を有すると認められる標準地について公示された価格を**指標**として取引を行うよう「**努めなければならない**」（1条の2）。

❹ × **土地鑑定委員会**は、標準地の単位面積当たりの正常な価格を判定したときは、すみやかに、「**標準地・その周辺の土地の利用状況**」を官報で**公示しなければならない**（6条）。

P! ココがポイント

官報で公示する事項を確認しよう！

① 標準地の所在の郡、市、区、町村および字並びに地番
② 標準地の単位面積当たりの価格および価格判定の基準日
③ 標準地の地積および形状
④ 標準地およびその周辺の土地の利用の現況
⑤ その他国土交通省令で定める事項

「わか合格基本テキスト」 第4編「その他関連知識」 Chap.2−Sec.1

地価公示法③

□□□ CHECK!　過去の本試験 H29-問25

重要度 ★★

地価公示法に関する次の記述のうち、正しいものはどれか。

❶　土地鑑定委員会は、標準地の単位面積当たりの価格及び当該標準地の前回の公示価格からの変化率等一定の事項を官報により公示しなければならないとされている。

❷　土地鑑定委員会は、公示区域内の標準地について、毎年２回、２人以上の不動産鑑定士の鑑定評価を求め、その結果を審査し、必要な調整を行って、一定の基準日における当該標準地の単位面積当たりの正常な価格を判定し、これを公示するものとされている。

❸　標準地は、土地鑑定委員会が、自然的及び社会的条件からみて類似の利用価値を有すると認められる地域において、土地の利用状況、環境等が通常であると認められる一団の土地について選定するものとされている。

❹　土地の取引を行う者は、取引の対象となる土地が標準地である場合には、当該標準地について公示された価格により取引を行う義務を有する。

肢別のテーマ	❶官報で公示すべき事項	❷価格の審査・判定
	❸標準地の選定	❹公示価格の効力（指標）

解　説　正解 3

❶ ×「前回の公示価格からの変化率」は、官報で公示すべき事項とはされていない。

土地鑑定委員会は、標準地の単位面積当たりの正常な価格を判定したときは、すみやかに、官報で公示しなければならない（公示法6条、施行規則5条）。

❷ ×　土地鑑定委員会は、公示区域内の標準地について、毎年「1回」、2人以上の不動産鑑定士の鑑定評価を求め、その結果を審査し、必要な調整を行って、一定の基準日における当該標準地の単位面積当たりの正常な価格を判定し、公示する（公示法2条1項）。

❸ ○　標準地は、土地鑑定委員会が、自然的および社会的条件からみて類似の利用価値を有すると認められる地域において、土地の利用状況、環境等が通常と認められる一団の土地について選定する（3条）。

❹ ×「努力義務」である。

都市およびその周辺の地域等において、土地の取引を行う者は、取引の対象土地に類似する利用価値を有すると認められる標準地について公示された価格を指標として取引を行うよう努めなければならない（1条の2）。

P! ココがポイント

【手続きのフローチャート】

(1) 標準地の選定 …土地鑑定委員会が選定する
↓
(2) 鑑定評価 …不動産鑑定士が評価する
↓
(3) 審査・判定 …土地鑑定委員会が、審査・調整を行い、価格を判定する
↓
(4) 官報で公示 …土地鑑定委員会が官報で公示する
↓
(5) 送付 …土地鑑定委員会が関係市町村の長に書面等を送付
↓
(6) 閲覧 …市町村の長が、送付を受けた書面等を閲覧に供する

「わか合格基本テキスト」　第4編「その他関連知識」　Chap.2−Sec.1

住宅金融支援機構①

重要度

CHECK! 過去の本試験 H20-問46

独立行政法人住宅金融支援機構（以下この問において「機構」という。）に関する次の記述のうち、誤っているものはどれか。

❶　機構は、民間金融機関により貸付けを受けた住宅ローン債務者の債務不履行により元利金を回収することができなかったことで生じる損害をてん補する住宅融資保険を引き受けている。

❷　機構は、災害復興融資、財形住宅融資、子育て世帯向け・高齢者世帯向け賃貸住宅融資など、政策上重要で一般の金融機関による貸付けを補完するための融資業務を行っている。

❸　機構は、あらかじめ貸付けを受けた者と一定の契約を締結し、その者が死亡した場合に支払われる生命保険金を当該貸付に係る債務の弁済に充てる団体信用生命保険を業務として行っている。

❹　機構は、貸付けを受けた者が景況の悪化や消費者物価の上昇により元利金の支払が困難になった場合には、元利金の支払の免除をすることができる。

景況の悪化や消費者物価の上昇で元利金の支払いが困難となった場合に、果たして元利金の支払免除まで認められるものだろうか？

肢別のテーマ	❶融資保険業務	❷直接融資業務
	❸団体信用生命保険業務	❹緊急の必要がある場合の対応

解説　正解 4

❶ ○　機構は、住宅融資保険法による保険を業務として行う（住宅金融支援機構法13条１項３号）。

❷ ○　機構は、災害復興融資、財形住宅融資、子育て世帯向け・高齢者世帯向け賃貸住宅融資など、一般の金融機関による融通を補完するための融資を業務として行う（13条１項５号・８号・９号、２項５号）。

❸ ○　機構は、あらかじめ貸付けを受けた者と一定の契約を締結し、その者が死亡した場合に支払われる生命保険の保険金を当該貸付に係る債務の弁済に充てる団体信用生命保険を業務として行う（13条１項11号）。

❹ ×　本肢のような規定はない。

本肢のように、「貸付けを受けた者が景況の悪化や消費者物価の上昇により元利金の支払が困難になった場合、機構は、元利金の支払の免除をすることができる」とする規定はない。

P! ココがポイント

【住宅金融支援機構の主な業務】

①証券化支援業務、②直接融資業務、③融資保険業務、④団体信用生命保険業務、⑤情報の提供業務、⑥既往債権の管理・回収業務、⑦その他一定の業務

「わか合格基本テキスト」 第４編「その他関連知識」 Chap.2–Sec.2

住宅金融支援機構②

CHECK! 過去の本試験 H21-問46

重要度 ★★

独立行政法人住宅金融支援機構（以下この問において「機構」という。）に関する次の記述のうち、誤っているものはどれか。

❶ 機構は、民間金融機関が貸し付けた住宅ローンについて、住宅融資保険を引き受けることにより、民間金融機関による住宅資金の供給を支援している。

❷ 機構は、民間金融機関が貸し付けた長期・固定金利の住宅ローンについて、民間保証会社の保証を付すことを条件に、その住宅ローンを担保として発行された債券等の元利払いを保証する証券化支援事業（保証型）を行っている。

❸ 機構は、貸付けを受けた者が経済事情の著しい変動に伴い、元利金の支払が著しく困難となった場合には、一定の貸付条件の変更又は元利金の支払方法の変更をすることができる。

❹ 機構は、高齢者が自ら居住する住宅に対して行うバリアフリー工事又は耐震改修工事に係る貸付けについて、毎月の返済を利息のみの支払とし、借入金の元金は債務者本人の死亡時に一括して返済する制度を設けている。

肢別のテーマ ❶融資保険業務 ❷証券化支援事業 ❸貸付条件・支払方法の変更 ❹高齢者向け返済特例制度

解説 正解 2

❶ ○ 住宅金融支援機構は、民間金融機関が貸し付けた住宅ローンについて、**住宅融資保険法による保険**を行うことにより、民間金融機関による住宅資金の供給を支援している（住宅金融支援機構法13条1項3号）。

❷ × **「民間保証会社の保証を付すことを条件に」というわけではない。**

住宅金融支援機構は、民間金融機関が貸し付けた住宅ローンについて、その**住宅ローンを担保として発行された債券等の元利払いを保証する証券化支援事業（保証型）**を行っている（13条1項2号）。

❸ ○ 住宅金融支援機構は、貸付けを受けた者が経済事情の著しい変動に伴い、**元利金の支払が著しく困難**となった場合、一定の**貸付条件の変更または支払方法の変更ができる**（業務方法書26条）。

❹ ○ 本肢は、**「高齢者向け返済特例制度」**のことである。

高齢者が自ら居住する住宅にバリアフリー工事または耐震改修工事を行う場合、返済期間を申込本人の死亡時までとし、毎月の返済を利息のみとして、借入金の元金は**申込本人の死亡時に一括して返済**するという制度である（24条4項）。

P! ココがポイント

【証券化支援業務】

(1) **買取型**

証券化とは、住宅金融支援機構が民間の金融機関から住宅ローンを買い取り、その債権を信託し、それを担保とした証券を投資家に発行することで住宅ローン買取りのための資金調達を行うこと。民間の金融機関は、住宅金融支援機構に住宅ローンを買い取ってもらうので、長期固定金利の住宅ローンの提供がしやすくなる。「フラット35」等。

(2) **保証型**

民間金融機関の長期固定金利の住宅ローンに対して保険を付した上で、それを担保として発行された債券等について、期日どおりの元利払いを保証すること。

「わか合格基本テキスト」 第4編「その他関連知識」 Chap.2−Sec.2

住宅金融支援機構③

CHECK!　過去の本試験　H30-問46

独立行政法人住宅金融支援機構（以下この問において「機構」という。）に関する次の記述のうち、誤っているものはどれか。

❶　機構は、住宅の建設又は購入に必要な資金の貸付けに係る金融機関の貸付債権の譲受けを業務として行っているが、当該住宅の建設又は購入に付随する土地又は借地権の取得に必要な資金の貸付けに係る金融機関の貸付債権については、譲受けの対象としていない。

❷　機構は、金融機関による住宅資金の供給を支援するため、金融機関が貸し付けた住宅ローンについて、住宅融資保険を引き受けている。

❸　機構は、証券化支援事業（買取型）において、MBS（資産担保証券）を発行することにより、債券市場（投資家）から資金を調達している。

❹　機構は、高齢者の家庭に適した良好な居住性能及び居住環境を有する住宅とすることを主たる目的とする住宅の改良（高齢者が自ら居住する住宅について行うものに限る。）に必要な資金の貸付けを業務として行っている。

住宅金融支援機構が買い取る（譲り受ける）貸付債権の対象とは、①住宅の建設または購入に必要な資金の貸付債権、②住宅の建設または購入に付随する行為（土地または借地権の取得）に必要な資金の貸付債権だったはず。

肢別のテーマ　❶住宅の建設等に付随する行為　❷住宅融資保険業務　❸証券化支援業務　❹直接融資業務

解説　正解 1

❶ × **土地・借地権取得に必要な資金の貸付けに係る貸付債権の譲受けも対象。**
住宅金融支援機構は、**住宅の建設または購入に必要な資金**（当該住宅の建設または購入に**付随する行為**で「**政令で定めるもの**」に**必要な資金**を含む）の貸付けに係る主務省令で定める金融機関の**貸付債権の譲受け**を業務として行っている（住宅金融支援機構法13条1項1号）。この「**政令で定めるもの**」とは、土地または借地権の取得等のことである（施行令5条1項1号）。

❷ ○ 住宅金融支援機構は、金融機関による住宅資金の供給を支援するため、金融機関が貸し付けた住宅ローンについて、**住宅融資保険法による保険**（住宅ローン債務者の債務不履行により、債権者に生じる損害をてん補）**を引き受けている**（住宅金融支援機構法13条1項3号）。

❸ ○ 住宅金融支援機構は、**証券化支援事業（買取型）**において、買い取った住宅ローン債権を担保として**MBS（資産担保証券）を発行**することにより、**債券市場（投資家）から資金を調達**している（13条1項1号、19条1項）。なお、この証券化支援事業（買取型）の代表的なものに、フラット35がある。

❹ ○ 住宅金融支援機構は、**高齢者の家庭**に適した良好な居住性能および居住環境を有する住宅とすることを主たる目的とする**住宅の改良**（**高齢者が自ら居住する住宅**について行うものに限る）**に必要な資金**または高齢者の居住の安定確保に関する法律に規定する登録住宅（賃貸住宅であるものに限る）とすることを主たる目的とする人の居住の用に供したことのある住宅の購入に必要な資金（当該住宅の購入に付随する行為で政令で定めるものに必要な資金を含む）**の貸付けを業務**として行っている（13条1項9号）。

「わか合格基本テキスト」　第4編「その他関連知識」　Chap.2−Sec.2

公正競争規約①

重要度

CHECK! 過去の本試験 H12-問47改

不当景品類及び不当表示防止法（以下この問において「景品表示法」という。）に関する次の記述のうち、正しいものはどれか。

❶ 宅地建物取引業者が、不動産の販売広告において販売する物件の最寄駅の表示を行う場合で、新設予定駅の方が現に利用できる最寄駅より近いときは、鉄道会社が駅の新設を公表したものであれば、現に利用できる駅に代えて新設予定駅を表示することができる。

❷ 懸賞によらないで提供する景品類の最高額は、景品表示法に基づき、一般的には、取引価額10分の２の範囲内と定められているが、不動産業においては、取引価額の10分の１または50万円のいずれか低い金額の範囲内と定められている。

❸ 宅地建物取引業者は、宅地の造成工事の完了前において宅地の販売広告を行う場合で、宅地建物取引業法第33条に規定する許可等の処分のほか、地方公共団体の条例に規定する確認等の処分が必要なときは、これを受けた後でなければ広告することはできない。

❹ 宅地建物取引業者が、不動産の販売広告において販売済みの物件を掲載した場合で、そのことにつき故意や過失がないときは、景品表示法上の不当表示になるおそれはない。

未完成物件において、行政がタッチしていれば、完成物件と広告内容のくい違いは防げるはず。

肢別のテーマ		
	❶新設予定の駅の表示	❷景品類の制限
	❸広告等の開始時期の制限	❹おとり広告の禁止

解　説　……正解 3

❶ ×　代えて新設予定駅を表示できない。

電車、バス等の公共交通機関は**現に利用できるものを表示**する（不動産の表示に関する公正競争規約施行規則９条５号）。そして、新設予定の駅等やバスの停留所は、当該路線の運行主体が公表したものに限り、その新設予定時期を明示して表示できる（同６号）。

❷ ×　「50万円」ではなく、「100万円」。

懸賞によらないで提供する場合、不動産業においては、**取引価額の10分の１または100万円のいずれか低い金額の範囲内**とされている（不動産業における景品類の提供の制限に関する公正競争規約３条１項２号）。

❸ ○　宅地の造成等に関する工事の完了前は、当該工事に関し必要とされる**許可等の処分**または地方公共団体の条例に定める**確認等の処分があった後**でないと、当該工事に係る宅地や建物の内容・取引条件に関する広告等はできない（表示規約５条）。

❹ ×　不当表示のおそれがある。

販売済みの物件を表示することは、「物件は存在するが、実際には取引の対象となり得ない物件についての表示」に該当し、おとり**広告**として不当表示となるおそれがある。**故意や過失の有無は問わない**（21条２号）。

P! ココがポイント

❷について、懸賞により提供する場合は、取引価額の20倍または10万円のいずれか低い額だ。ただし、この場合に提供できる景品類の総額は、その懸賞にかかる取引予定額の$\frac{2}{100}$以内。

「わか合格基本テキスト」　第４編「その他関連知識」　Chap.2−Sec.3

公正競争規約②

CHECK! 過去の本試験 H14-問47改

宅地建物取引業者が行う広告に関する次の記述のうち、不当景品類及び不当表示防止法（不動産の表示に関する公正競争規約を含む。）の規定によれば、正しいものはどれか。

❶ 販売代理を受けた宅地及び建物の広告を行う場合、自らが調査した周辺地域における当該物件と同程度の物件の平均的な価格を「市価」として当該物件の販売価格に併記してもよい。

❷ 現在の最寄駅よりも近くに新駅の設置が予定されている分譲住宅の販売広告を行うに当たり、当該鉄道事業者が新駅設置及びその予定時期を公表している場合、広告の中に新駅設置の予定時期を明示して、新駅を表示してもよい。

❸ 新聞折り込み広告で分譲マンションの販売広告を行う場合、取引する全ての住戸の価格を表示する必要があるが、新築分譲住宅、新築分譲マンション及び一棟リノベーションマンションの価格については、パンフレット等の媒体を除き１戸当たりの最低価格、最高価格及び最多価格帯並びにその価格帯に属する住戸の戸数のみで表示し、管理費については契約時に説明を行えば、不当表示となるおそれはない。

❹ 高圧線下にある宅地を販売するための広告を行ったところ、当該宅地が高圧線下に所在する旨の表示がされていなかったが、意図的に表示しなかったものではないことが判明した場合には、不当表示となるおそれはない。

１戸当たりの月額表示は？

肢別のテーマ	❶不当な二重価格表示の禁止	❷新設予定の駅の表示
	❸価格の表示	❹高圧電線路下にある土地の明示

解　説　正解 2

❶　× 併記できない。

販売価格に、販売価格以外の価格を併記する等の方法により、実際のものもしくは競争事業者に係るものよりも**有利であると誤認されるおそれのある広告表示**を**してはならない**（不動産の表示に関する公正競争規約20条）。

❷　○ **運行主体が公表**すれば、その新設予定時期を明示して**表示できる**（規則9条6号）。

❸　× 不当表示のおそれがある。

取引する**全ての住戸の価格を表示**する必要があるが、新築分譲住宅、新築分譲マンションおよび一棟リノベーションマンションの価格については、**パンフレット等の媒体を除き**、1戸当たりの**最低価格**、**最高価格**および**最多価格帯ならびにその価格帯に属する住戸の戸数のみで表示**できる。なお、販売戸数が**10戸未満**であるときは、**最多価格帯の表示を省略**できる（9条38号・39号）。また、**管理費**については、**1戸当たりの月額を表示**する。ただし、全ての住宅の管理費を示すことが困難であるときは、**最低額**および**最高額**のみで表示できる（同41号）。管理費についても、契約時に説明するだけでは足りず、あらかじめ広告に表示する必要がある。

❹　× 不当表示のおそれがある。

土地の全部または一部が高圧電線路下にある場合、その旨およびそのおおむねの面積を表示しなくてはならない（7条12号）。これは**意図的に表示しなかったものでなくても**その表示がない以上、**不当表示**となるおそれがある。

「わか合格基本テキスト」　第4編「その他関連知識」　Chap.2–Sec.3

公正競争規約③

重要度

CHECK!　過去の本試験　H22-問47改

宅地建物取引業者が行う広告等に関する次の記述のうち、不当景品類及び不当表示防止法（不動産の表示に関する公正競争規約を含む。）の規定によれば、正しいものはどれか。

❶　路地状部分のみで道路に接する土地を取引する場合は、その路地状部分の面積が当該土地面積の50％以上を占めていなければ、路地状部分を含む旨及び路地状部分の割合又は面積を明示せずに表示してもよい。

❷　不動産物件について表示する場合、当該物件の近隣に、現に利用できるデパート、スーパーマーケット、コンビニエンスストア等の商業施設が存在することを表示する場合は、当該物件からの道路距離及び徒歩所要時間を明示して表示しなければならない。

❸　傾斜地を含むことにより当該土地の有効な利用が著しく阻害される場合は、原則として、傾斜地を含む旨及び傾斜地の割合又は面積を明示しなければならないが、マンションについては、これを明示せずに表示してもよい。

❹　温泉法による温泉が付いたマンションであることを表示する場合、それが温泉に加温したものである場合であっても、その旨は明示せずに表示してもよい。

肢別のテーマ	❶路地状部分のみで道路に接する土地　❷商業施設 ❸傾斜地を含む土地　❹温泉付マンション

解　説　正解 ❸

❶　× 「50%」ではなく、「30%」。

路地状部分のみで道路に接する土地を取引する場合は、その**路地状部分の面積**が当該土地面積のおおむね**30%以上を占めているときは**、路地状部分を含む旨および路地状部分の割合または面積を**明示しなければならない**（表示規約規則7条8号）。

❷　× 道路距離または徒歩所要時間を明示して表示する。

不動産物件について表示する場合、当該物件の近隣に、**現に利用できるデパート、スーパーマーケット、コンビニエンスストア等の商業施設**が存在することを表示する場合は、当該物件からの**道路距離**または**徒歩所要時間を明示して表示しなければならない**（9条31号本文）。

❸　○ **傾斜地**を含むことにより当該土地の有効な利用が著しく阻害される場合は、原則として、傾斜地を含む旨および傾斜地の割合または面積を明示しなければならないが、**マンション**については、これを**明示せずに表示してもよい**（7条9号）。

❹　× 加温であれば明示して表示する。

温泉法による温泉が付いたマンションであることを表示する場合、それが温泉に**加温**したものである場合、**その旨を明示して表示しなければならない**（9条26号ア）。

公正競争規約④

□□□ CHECK!　過去の本試験 H29-問47改　重要度 ★★

宅地建物取引業者がインターネット不動産情報サイトにおいて行った広告表示に関する次の記述のうち、不当景品類及び不当表示防止法（不動産の表示に関する公正競争規約を含む。）の規定によれば、正しいものはどれか。

❶ 物件の所有者に媒介を依頼された宅地建物取引業者Ａから入手した当該物件に関する情報を、宅地建物取引業者Ｂが、そのままインターネット不動産情報サイトに表示し広告を行っていれば、仮に入手した物件に関する情報が間違っていたとしても不当表示に問われることはない。

❷ 新築の建売住宅について、建築中で外装が完成していなかったため、当該建売住宅と構造、階数、仕様は同一ではないが同じ施工業者が他の地域で手掛けた建売住宅の外観写真を、施工例である旨を明記して掲載した。この広告表示が不当表示に問われることはない。

❸ 取引しようとする賃貸物件から最寄りの甲駅までの徒歩所要時間を表示するため、当該物件から甲駅までの道路距離を80mで除して算出したところ5.25分であったので、1分未満を四捨五入して「甲駅から５分」と表示した。この広告表示が不当表示に問われることはない。

❹ 新築分譲マンションについて、パンフレットには当該マンションの全戸数の専有面積を表示したが、インターネット広告には当該マンションの全戸数の専有面積のうち、最小面積及び最大面積のみを表示した。この広告表示が不当表示に問われることはない。

徒歩による所要時間を算出するには、実際に道路に出て距離を測る必要がある！

肢別のテーマ	❶広告表示	❷写真
	❸徒歩による所要時間の表示	❹建物の面積

解説　正解 4

❶ × 宅建業者Bは、不当表示に問われる可能性がある。

規約における「表示」とは、顧客を誘引するための手段として**事業者**（**宅建業者**）が不動産（物件）の内容または取引条件その他取引（事業者自らが貸借の当事者となって行う取引を含む）に関する事項について行う**広告表示**であって、**インターネットによる広告表示も該当する**（表示規約4条4項・5項1号）。

❷ × 「構造・階数・仕様は同一ではないが同じ施工業者が他の地域で手掛けた外観写真を、施工例である旨を明記」して掲載することは、不当表示に問われる。

取引する建物が**建築工事の完了前**である等その**建物の写真・動画を用いることができない事情がある**場合、**一定のもの**（取引する建物を施工する者が**過去に施工した建物**であり、かつ、下記の①②のものに限る）**に限り、他の建物の写真・動画を用いることが**できる。この場合、当該写真・動画が他の建物である旨および①に該当する場合、取引する建物と異なる部位を、写真の場合は**写真に接する位置**に、動画の場合は画像中に明示しなければならない（施工規則9条22号）。

① 建物の**外観**は、取引する建物と**構造・階数・仕様が**同一であって、**規模・形状・色等が**類似するもの（ただし、当該写真・動画を大きく掲載するなど、取引する建物であると誤認されるおそれのある表示をしてはならない）

② 建物の**内部**は、写される部分の**規模・仕様・形状等が**同一のもの

❸ × 「甲駅から徒歩5分」との表示は、不当表示に問われる。

徒歩による所要時間は、**道路距離80mにつき1分間**を要するものとして算出した数値を表示し、**1分未満の端数が生じたときは1分として計算**する必要がある（9条9号）。したがって、本肢では、徒歩による所要時間は「**甲駅から6分**」と表示しなければならない。

❹ ○ **新築分譲マンションの専有面積は**、パンフレット等の媒体を除き、**最小面積および最大面積のみで表示できる**（「規約8条に規定する必要な表示事項」別表6の17）。したがって、本肢の広告表示が**不当表示に問われることはない**。

なお、「パンフレット等」以外の広告手段（**最小面積および最大面積のみの表示で許容されるもの**）としては、住宅専門雑誌記事中広告、新聞記事下広告、新聞折込チラシ等、その他の新聞・雑誌広告、**インターネット広告**がある。

「わか合格基本テキスト」 第4編「その他関連知識」 Chap.2−Sec.3

32 土　地①

重要度 ★★★

□□□ CHECK!　過去の本試験 H22-問49

土地に関する次の記述のうち、不適当なものはどれか。

❶ 地すべり地の多くは、地すべり地形と呼ばれる独特の地形を呈し、棚田などの水田として利用されることがある。

❷ 谷出口に広がる扇状地は、地盤は堅固でないが、土石流災害に対して安全であることが多い。

❸ 土石流は、流域内で豪雨に伴う斜面崩壊の危険性の大きい場所に起こりやすい。

❹ 断層地形は、直線状の谷など、地形の急変する地点が連続して存在するといった特徴が見られることが多い。

肢別のテーマ	❶地すべり地	❷扇状地
	❸土石流	❹断層地形

解説 正解 2

❶ ○ 地すべり地の多くは、地すべり地形と呼ばれる独特の地形を呈し、棚田などの水田として利用されることがある。

❷ × 安全とはいえない。

頻出

谷出口に広がる扇状地は、鉄砲水のおそれがあり、土石流災害に対して注意が必要である。

❸ ○ 土石流は、流域内で豪雨に伴う斜面崩壊の危険性の大きい場所に起こりやすい。

❹ ○ 断層地形は、直線状の谷、滝など、地形の急変する地点が連続して存在するといった特徴が見られることが多い。

P! ココがポイント

【断層の知識】

① 断層は、ある面を境にして地層が上下または水平方向にくい違っているものであり、その周辺の地盤は安定せず、断層に沿った崩壊、地すべりが発生する危険性が高い。

② 断層地形は、直線状の谷、滝その他の地形の急変する地点が連続して存在するといった特徴が見られることが多い。

「わか合格基本テキスト」 第4編「その他関連知識」 Chap.2−Sec.5

土地に関する次の記述のうち、最も不適当なものはどれか。

❶　住宅地としての立地条件として最も基本的な条件は、地形、地盤に関することである。

❷　山麓部の利用に当たっては、背後の地形、地質、地盤について十分吟味する必要がある。

❸　低地は一般に津波や地震などに対して弱く、防災的見地からは住宅地として好ましくない。

❹　埋立地は一般に海面に対して数mの比高を持ち、干拓地より災害に対して危険である。

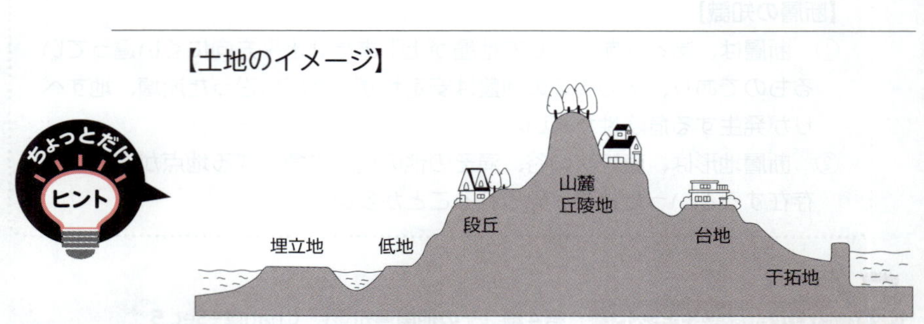

肢別のテーマ	❶住宅地の立地条件	❷山麓部
	❸低地	❹埋立地

解説　正解 4

❶ ○ **住宅地としての立地条件**として**最も基本的な条件**は、**地形、地盤**に関することである。建物を建てる土台となる土地は、安全・安心であることが求められている。

❷ ○ 山麓部の利用に当たっては、**背後の地形、地質、地盤**について**十分吟味**する必要がある。背後の地形が急斜面であったり、軟弱な地質・地盤であったりすると、土砂崩れの危険性が高まるからである。

❸ ○ 低地は**一般**に津波や地震などに対して弱く、防災的見地からは**住宅地として好ましくない**。もっとも、低地であっても、扇状地・自然堤防等、比較的住宅地として適している場合もありうる。

❹ × 埋立地は一般に海面に対して数mの比高を持ち、**干拓地よりは安全**である。

ひっかけ

P! ココがポイント

(1) 山麓部では、地すべり、土石流、崩壊などの災害が起こることがある。主に宅地として**不向きな土地**は、①古い土石流の堆積でできた地形（崩壊のおそれ）、②地すべりによってできた地形（再度地すべりの発生）等だ。

(2) 丘陵地等では、一般的に水はけがよく、地耐力もあり、洪水や地震に対する安全度も比較的高いので宅地として適している。主に宅地として**不向きな土地**は、切土部分と盛土部分にまたがった土地等だ。

「わか合格基本テキスト」 第4編「その他関連知識」 Chap.2−Sec.5

土地に関する次の記述のうち、最も不適当なものはどれか。

❶ 旧河道は、地震や洪水などによる災害を受ける危険度が高い所である。

❷ 地盤の液状化は、地盤の条件と地震の揺れ方により、発生することがある。

❸ 沿岸地域は、津波や高潮などの被害を受けやすく、宅地の標高や避難経路を把握しておくことが必要である。

❹ 台地や丘陵の縁辺部は、豪雨などによる崖崩れに対しては、安全である。

肢別のテーマ		
	❶旧河道の安全性	❷液状化の発生
	❸沿岸地域	❹台地・丘陵の縁辺部

解説 正解4

❶ ○ 旧河道は、地盤が軟弱で、地震による被害を受けることが多い。また、洪水による被害を受けることも多い。

❷ ○ 地盤の液状化は、地盤の条件と地震の揺れ方により、発生することがある。これは、地震の振動により地中の水分と地盤を構成する砂が混ざり、地盤が飽水状態になることで砂が摩擦力を失い、軟弱な地盤になる現象である。比較的粒径のそろった砂地盤で、地下水位の浅い地域で発生しやすい。

❸ ○ 沿岸地域とは、海岸線沿いの地域のことであるから、内陸部に比べて、津波や高潮などの被害を受けやすく、宅地の標高や避難経路を把握しておくことが必要である。

❹ × 縁辺部は安全とはいえない。

頻出

台地や丘陵は一般的に安全であるが、台地や丘陵上の浅い谷や縁辺部は、豪雨の際、崖崩れによる被害を受けることが多い。

P! ココがポイント

低地部のなかで、特に**安全性の低い**主なところは、①旧河道（堆積物上部が厚い粘土質なら軟弱地盤の可能性あり）、②沼沢地、③自然堤防に囲まれた後背低地等だ。

「わか合格基本テキスト」 第４編「その他関連知識」 Chap.2−Sec.5

35 建物①

過去の本試験 H14-問50

建築物の構造に関する次の記述のうち、正しいものはどれか。

❶ 木造の建築物に、鉄筋の筋かいを使用してはならない。

❷ 鉄筋コンクリート造に使用される鉄筋は、コンクリートの表面にできる限り近づけて設けるのがよい。

❸ 免震建築物の免震層には、積層ゴムやオイルダンパー（油の粘性を利用して振動や衝撃を和らげる装置）が使用される。

❹ 鉄骨造では、必ず溶接によって接合しなければならない。

建築物の下にゴム状のものがあると、地震などの振動は和らぐ。

肢別のテーマ	
❶筋かい	❷鉄筋コンクリート造の鉄筋
❸免震建築物の免震層	❹鉄骨造

解説　正解 3

❶ × 使ってもよい。

筋かいは、木材や鉄筋を使用することができる（建築基準法施行令45条1項・2項）。

❷ × 表面とは一定の距離を置くほうがよい。

鉄筋は熱と錆に弱いため、コンクリートの表面から一定の距離を設けることが望ましい。よって、コンクリートの表面近くに鉄筋を設けることはよくない。

❸ ○ 免震建築物の免震層には、積層ゴムやオイルダンパーが使用される。

❹ × 「必ず溶接」というわけではない。

鉄骨造の接合は、溶接に限らずボルトやリベット（鋼材を接合する鋲で、鋼材の孔に赤く焼いたリベットを入れて頭を押さえて、他の端部を叩きつぶして頭を作る）等によることもある。

P! ココがポイント

免震建築物についての知識があれば、迷わず正解できたと考えられる。反対に、この知識がなくても、他の肢についての基本的な知識があれば、消去法でも解答は可能だろう。

「わか合格基本テキスト」　第４編「その他関連知識」 Chap.2−Sec.5

36 建　物②

CHECK!　過去の本試験　H25-問50

重要度 ★★★

建築の構造に関する次の記述のうち、最も不適当なものはどれか。

❶　耐震構造は、建物の柱、はり、耐震壁などで剛性を高め、地震に対して十分耐えられるようにした構造である。

❷　免震構造は、建物の下部構造と上部構造との間に積層ゴムなどを設置し、揺れを減らす構造である。

❸　制震構造は、制震ダンパーなどを設置し、揺れを制御する構造である。

❹　既存不適格建築物の耐震補強として、制震構造や免震構造を用いることは適していない。

制震構造も免震構造も、地震対策として効果のあるものだ。

肢別のテーマ		
	❶耐震構造	❷免震構造
	❸制震構造	❹耐震補強

解説　正解 4

❶ ○ 耐震構造は、建物の柱、はり、耐震壁（柱・はりと一体になった壁）などで剛性（地震に抵抗する度合い）を高め、地震に対して十分耐えられるようにした構造である。

❷ ○ 免震構造は、建物の下部構造と上部構造との間に積層ゴムなどを設置し、地震力に対して建物がゆっくりと水平移動し、建物に伝わる揺れを減らす構造である。

❸ ○ 制震構造は、制震ダンパー（地震のエネルギーを吸収する部材）などを設置し、揺れを制御する構造である。

❹ × 「適していない」とはいえない。

既存不適格建築物といえども安全に関わる耐震補強は必要であり、制震構造や免震構造を用いることは可能であるし、むしろ用いるべきである。

「わか合格基本テキスト」　第4編「その他関連知識」 Chap.2–Sec.5

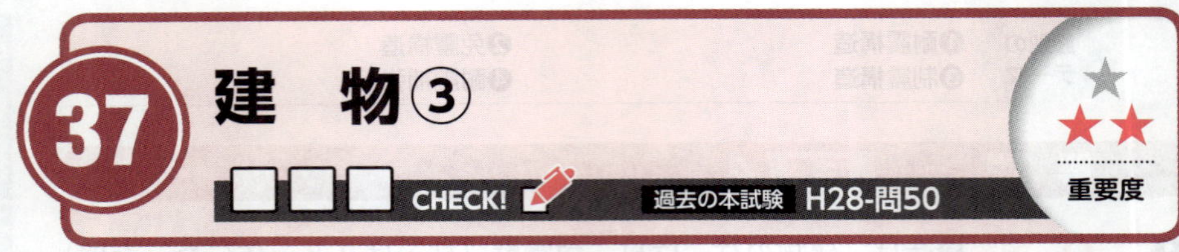

37 建　物③

□□□ CHECK!　過去の本試験 H28-問50

重要度 ★★★

建築物の構造に関する次の記述のうち、最も不適当なものはどれか。

❶　鉄骨造は、自重が大きく、靱性(じん)が小さいことから、大空間の建築や高層建築にはあまり使用されない。

❷　鉄筋コンクリート造においては、骨組の形式はラーメン式の構造が一般に用いられる。

❸　鉄骨鉄筋コンクリート造は、鉄筋コンクリート造にさらに強度と靱性(じん)を高めた構造である。

❹　ブロック造を耐震的な構造にするためには、鉄筋コンクリートの布基礎及び臥梁(がりょう)により壁体の底部と頂部を固めることが必要である。

肢別のテーマ	
❶鉄骨造	❷鉄筋コンクリート造
❸鉄骨鉄筋コンクリート造	❹ブロック造

解　説　正解 1

❶ **最も不適当　自重が小・靭性が大で、大空間の建築・高層建築に使用される。**

「**鉄骨造**」は、鉄筋コンクリート造と比較すると**自重が**「小さく」、木造と比較すると**靭性が**「大きい」ことから、**大空間の建築や高層建築に使用**されている。

❷ **適　当**

「**鉄筋コンクリート造**」においては、骨組の形式は**ラーメン式の構造**（柱と梁を剛接合して組み合わせた直方体で構成する構造）が一般に用いられる。

❸ **適　当**

「**鉄骨鉄筋コンクリート造**」は、鉄筋コンクリート造にさらに**強度と靭性を高めた構造**である。これは、高層建築物や超高層建築物にも使用される構造である。

❹ **適　当**

「**ブロック造**」を**耐震的**な構造にするためには、鉄筋コンクリートの**布基礎**（壁の下に配置する基礎）により壁体の「**底部**」を固め、そして**臥梁**（各階の壁体頂部を一体的に固める梁）により**壁体の**「**頂部**」を固めることが必要である。

「わか合格基本テキスト」　第４編「その他関連知識」　Chap.2−Sec.5

TAC
出版
TAC PG